明清之際西學漢籍序跋目錄集

謝輝 整理

北京外國語大學"雙一流"建設科研項目
"明清西學漢籍序跋目録類著作研究"
（YY19ZZB016）成果

教育部中外語言交流合作中心
"近代域外漢語教學文獻整理與研究"
項目成果

北京外國語大學中國文化走出去協同創新中心
2018年度後期資助項目

前　言

明萬曆年間,羅明堅(Michele Ruggieri,1543—1607)、利瑪竇(Matteo Ricci,1552—1610)等第一批西方傳教士來華,並約在萬曆十二年(1584),撰成並刻印了號稱"西士華文著述之第一書"[①]的《天主聖教實錄》。此後僅三十餘年的萬曆四十三年(1615),一部西學文章總集《絕徼同文紀》即已誕生。全書以輯録明代後期的西學漢籍序跋爲主,很大程度上可將其看作一部序跋集,此外也兼收一部分涉及天主教、傳教士的奏疏公文與護教文章。王重民先生曾評之曰:"陳援菴先生有仿《釋氏弘明集》編輯《天教弘明集》的意思,這部《絕徼同文紀》,真是援菴先生所想像的《天教弘明集》了。"[②]至於清康熙年間,又由《絕徼同文紀》衍生出了另一部同類著作《天學集解》,收録文章數量超出前者數倍,可謂蔚爲大觀。此外,在

[①]　徐宗澤:《明清間耶穌會士譯著作提要》,上海書店,2010年,第105頁。

[②]　王重民:《評〈楊淇園先生年譜〉》,《冷廬文藪》,上海古籍出版社,1992年,第496頁。

清代前期,還出現了《天主聖教書目》《曆法格物窮理書目》等西學典籍專科目録,《福州府欽一堂書板目録》等刻書目録,與《耶穌會西來諸位先生姓氏》等西人著述目録。這些序跋集與目録的出現,反映出西學在明清之際的蓬勃發展,特别是西人與西學的著述,數量上由少至多,類型上由單一走向多元的趨勢。在研究明末西學漢籍刊刻流傳與西方思想文化入華方面,具有不容忽視的價值。

一、《絶徼同文紀》之編者

《絶徼同文紀》之編者,自從王重民先生《評〈楊淇園先生年譜〉》定爲楊廷筠後,歷代學者多無異説。王卓《論〈絶徼同文紀〉對西學漢籍的整理》(東北師範大學2017年度碩士論文),更是拿出一章的篇幅對楊氏生平進行論述,似乎此説已成定論。但值得注意的是,無論是法國國家圖書館藏明刻二卷本,還是日本藏明刻五卷殘本與摘抄本,卷前都没有題作者名。意大利傳教士艾儒略(Giulio Aleni, 1582—1649)口述、丁志麟筆受的《楊淇園先生超性事蹟》,記載其著述有"《代疑篇》《代疑續編》《聖水紀言》《西學十誡注解》《西釋辨明》《廣放生説》",[1]並未提及《同文紀》。比利時學者鍾鳴旦(Nicolas Standaert)舉楊

---

[1] (明)丁志麟:《楊淇園先生超性事蹟》,《梵蒂岡圖書館藏明清中西文化交流史文獻叢刊》(第一輯),第23册,大象出版社,2014年,第306頁。

氏《代疑編》曾言及該書，以證其爲《同文紀》之編者。① 但今按其文，僅云："自乙卯以前，朝貴咸尊利氏學，以序贊相贈，如《同文紀》所載，推評揚詡，且擬於聖、侔於畸，何曾有疑？"② 也未明言爲何人所編。推想起來，諸家之所以將此書歸爲楊廷筠之作品，很大程度上是由於其卷前有萬曆四十三年（1615）楊氏序文。其序中有一段話，頗值得注意：

> 今其國人稽顙闕廷，尚方賓禮之，恩賚有加，高賢大良樂與交遊，索其攜來圖籍，華言譯之，成如干種。見者歎爲奇絕，爭售諸梓，洋洋纚纚，成一家言。而同志者又慮簡帙浸多，難以遍閱，復梓其題贈之文，揀珠崑崙，搜玉縣圃，無非維駒及烏之意，良亦勤矣。

此段序文明言編《同文紀》之人，乃是楊廷筠之"同志者"，並非楊氏本人。這一點神田喜一郎已經注意到，其在《〈絕徼同文紀〉解題》中即指出：圖書寮本與內閣文庫本均未題編者，只有卷前楊廷筠序文中提到本書編者爲其同志，其姓名尚不清楚。③ 惜此前學者均未注意這一觀點。

---

① ［比］鍾鳴旦：《楊廷筠：明末天主教儒者》，社會科學文獻出版社，2002年，第82頁。
② （明）楊廷筠：《代疑篇》，《梵蒂岡圖書館藏明清中西文化交流史文獻叢刊》（第一輯），第23冊，第115頁。
③ ［日］神田喜一郎：《〈絕徼同文紀〉解題》，《神田喜一郎全集》第三卷，同朋舍，1984年，第132頁。

從楊氏序文來看，編輯《同文紀》之"同志"，應是與其交好的中國文人天主教徒。由此推測，似乎李之藻是較爲可能的編者人選。李氏與楊氏交往密切，在其受洗入教過程中發揮了重要作用，且在明末編刻西學漢籍多種。《同文紀》最早的版本，收文約六十篇（詳情見後），其序跋部分涉及十八種著作，即：《天主實義》《畸人十篇》《交友論》《萬國坤輿圖》《二十五言》《幾何原本》《勾股義》《表度説》《天問略》《簡平儀説》《測量法義》《泰西水法》《七克》《聖水紀言》《同文算指》《渾蓋通憲圖説》《測候圖説》《圜容較義》。其中十五種後被李氏編入《天學初函》中，其餘《聖水紀言》與《萬國坤輿圖》均有李氏序文，與李氏找不出聯繫的，僅有已亡佚的《測候圖説》一種。尤可注意的是，其譯述之《同文算指》，亦以"同文"爲名。其序言中所謂"若乃聖明在宥，遐方文獻，何嫌並蓄兼收，以昭九譯同文之盛"，[①]也與《同文紀》之宗旨有契合之處。由此而言，説李之藻是《同文紀》的編者，似不無可能。

然而，此推測有一不足之處：楊廷筠在爲《同文算指》所作序文中，屢稱"李水部爲推《算指》""振之夙禀靈心"，[②]均明言李之藻姓名。以此推之，《同文紀》如確爲李氏所編，則楊氏作序時似不應不稱其名而籠統稱之爲"同志"。從這一點來看，還存在着另外一種可能性，即《同文

[①] （明）李之藻：《同文算指序》，《天學初函》，學生書局，1978年，第2783頁。

[②] （明）楊廷筠：《同文算指通編序》，《天學初函》，第2905、2909頁。

紀》爲若干中國教徒集體編纂。《幾何原本》卷前列有考訂校閱者許樂善、周炳謨、張萱、黃建衷、姚士慎五人,而徐光啓序言稱"因偕二三同志刻而傳之",[①]《同文紀》的情況可能與之類似。總之,由於材料缺乏,《絶徼同文紀》的編者究爲何人,目前仍待進一步研究,但其非楊廷筠所編,則是可以肯定的。

二、《絶徼同文紀》的版本

目前所知,《絶徼同文紀》傳世的版本有四種,其中僅有法國國家圖書館藏刻本一種,相對較爲完整。該本今館藏號 Chinois 9254,最早見於儒蓮(Stanislas Julien, 1797—1873)《皇家圖書館中文、滿文、蒙文和日文新藏書目録》(*Catalogue des Livres Chinois, Mandchous, Mongols et Japonais du Nouveau Fonds de la Bibliothèque Impériale*)之著録(舊編號 3341)。該目録約編於 1853 年,可知該本在此之前已入藏法國。書衣鈐"IHS"橢圓印章,蓋爲法國耶穌會舊藏。全書一册,半頁十行二十一字,總計收録各類文章七十九篇。卷前有萬曆四十三年(1615)楊廷筠《絶徼同文紀序》,以及《絶徼同文紀目録》。《目録》分二卷,卷上爲"題贈",包括西學漢籍序跋七十篇,與《天教駢述》《用夏解》《答鄉人書》三篇論天主教文章。卷下爲"公移",包括奏疏、碑記、公文七

---

① (明)徐光啓:《刻幾何原本序》,《天學初函》,第 1926 頁。

篇,其中《順天府給文看守執照》一篇有目無文。正文不分卷,其中《天教駢述》一文爲補抄,其餘刻印部分,乃用兩種字體刻成,詳見下文。

除了此本之外,《絕徼同文紀》的其他三種版本情況如下:

第一,五卷殘本。此本藏日本内閣文庫(館藏號307-0100),全書一册,半頁九行十九字。卷前鈐"林氏藏書"印,乃林大學頭家舊藏。卷前有楊廷筠序,但僅殘存第五至七頁。正文存十九篇,具體篇目如下表所示:

序號	標　題	作　者	卷數	頁數	是否見於明末刻本
1	七克篇序	陳亮采	卷一	41—43	是
2	七克自序	龐迪我	卷一	44—47	是
3	西聖七編序	彭端吾	卷一	48—49	是
4	聖水紀言序	李之藻	卷一	65—67	是
5	用夏解	張　賡	卷二	1—3	是
6	答鄉人書	劉胤昌	卷二	4—5	是
7	天學初函序	李之藻	卷二	25	否
8	譯幾何原本引	利瑪竇	卷三	3—10	是
9	幾何原本雜議	徐光啓	卷三	11—13	是
10	輿地全圖總敍	馮應京	卷三	14—16	是
11	題萬國全圖	艾儒略	卷二	99—100	否

續　表

序號	標　題	作　者	卷數	頁數	是否見於明末刻本
12	題萬國二圜圖敍	徐光啓	卷三	27—28	是
13	水法本論	熊三拔	卷三	66—68	是
14	兩儀玄覽圖序	常胤緒	卷二	91—92	否
15	兩儀玄覽圖敍	侯拱宸	卷三	93	否
16	西儒耳目資序	張問達	卷四	19—20	否
17	欽敕大西洋國士葬地居舍碑文	王應麟	卷五	14—17	是
18	南昌府公移	蘇宇庶	卷五	27—28	是
19	禮部批准旅資執照		卷五	31—32	否

此外，梵蒂岡圖書館藏《大西西泰利先生行跡》（館藏號 Borg. cin 350.3）卷末，也附有五卷本的一些殘葉，包括吴道南《禮部爲給地收葬一本》（卷五第十至十三頁）、王應麟《欽敕大西洋國士葬地居舍碑文》（卷五第十四至十七頁），後一文與日本藏五卷殘本重合。經比對，二本應爲同一版本。

第二，日本摘抄本。此本藏日本早稻田大學，乃日人矢野容齋所抄。全書一册，半頁十行二十一字。卷前有《絕徼同文紀取要目録》與楊廷筠《絕徼同文紀序》，另有奏疏四段，王雯璐考得其節録自《禮部爲明曆法一本》《禮科爲訂正曆法一本》《禮部爲給地收葬一本》,[①]甚是。書中收録《絶徼同文紀》中西方科技類序跋二十五篇,計有:李之藻《題萬國坤輿圖》、楊景淳《題萬國坤輿圖》、祁光宗《題萬國坤輿圖》、吴中明《題萬國坤輿圖》、陳民志《跋萬國坤輿圖》、利瑪竇《題萬國坤輿圖》、利瑪竇《譯幾何原本引》、徐光啓《刻幾何原本序》、徐光啓《勾股義序》、徐光啓《勾股義》、李之藻《表度説序》、熊明遇《表度説序》、周子愚《表度説序》、周希令《題天問略》、孔貞時《天問略小序》、王應熊《刻天問略題詞》、陽瑪諾(Emmanuel Diaz junior, 1574—1659)《天問略自序》、徐光啓《簡平儀説序》、徐光啓《題測量法義》、楊廷筠《同文算指通編序》、徐光啓《刻同文算指序》、李之藻《同文算指序》、李之藻《渾蓋通憲圖説序》、王臣夔《題測候圖説》、李之藻《圜容較義序》。卷末記存目篇章曰:

〇〇《絶徼同文紀》中,抄出繫於曆象、算數者而載之右,其餘略焉。其所略之目列於左。《天主實義》二條。《畸人十篇》五條。《交友論》一條。《二十五言》二條。《泰西水法》四條。《聖德來遠》一條。《七克》十五條,伏傲、平妒、解貪、熄忿、塞饕、坊淫、策怠。《聖水紀言》一條。《天教駢述》一條。共計三十二條略之。

其後又有矢野容齋跋文,題"元文紀號之初孟春之日

---

① 王雯璐:《日藏西學漢籍研究初涉》,北京外國語大學碩士論文,2014年,第55頁。

容齋書",可知此本應抄於元文元年(1736)。早稻田大學圖書館著録作元文二年(1737),不知何故。另有古賀侗庵抄本,藏宫内廳圖書寮,[1]今未見。

第三,法藏抄本。此本亦藏法國國家圖書館,附於前述刻本之後,合爲洋裝一册,半頁九行十九字。内容爲《禮部爲明曆法一本》《禮科爲訂正曆法一本》《禮部爲給地收葬一本》《欽敕大西洋國士葬地居舍碑文》《南昌府公移》《禮部給文看守執照》,相當於法藏刻本最後的六篇文章,即《目録》列爲卷二的部分。從文字異同及抬格的情况來看,大約即是從法藏刻本抄出。書衣簽墨筆題書名,下題"卷五"。

以上四種版本,學界普遍認爲第一種法國藏刻本,其刊刻時間即爲楊廷筠作序的萬曆四十三年,乃本書之初刻本。但實際情况恐並非如此。通觀此本,有一極爲明顯的特點,即:除了熊士旂《天教騈述》一文爲補抄外,其餘刻印部分行款雖同,而版式字體卻有所不同,一部分爲無行格的寫刻體,另一部分則爲有行格的匠體字。其中寫刻部分十七篇,目録如下:

序號	篇　名	作者	原書次序	版心頁碼
1	實義序	顧鳳翔	卷一之3	17—18
2	天主實義重刻序	李之藻	卷一之4	無(19—20)[2]

---

[1] 王雯璐:《日藏西學漢籍研究初涉》,第89頁。
[2] 括號中爲作者擬補之頁碼,下同。

續　表

序號	篇　名	作者	原書次序	版心頁碼
3	重刻天主實義跋	汪汝淳	卷一之 5	無(21)
4	畸人十篇序	劉胤昌	卷一之 7	15
5	山海輿地全圖總序	馮應京	卷一之 13	1、無(2)
6	地輿萬國全圖總説	利瑪竇	卷一之 14	墨釘(8)、9—10、無(11)
7	題萬國圖小序	程百二	卷一之 15	墨釘(4)
8	方輿勝略引	王錫爵	卷一之 16	3
9	題萬國二圜圖序	徐光啓	卷一之 17	墨釘(5—6)
10	題萬國小圖序	張京元	卷一之 23	7
11	幾何原本雜議	徐光啓	卷一之 29	無(22—24)
12	西聖七編序	彭端吾	卷一之 52	12、墨釘(13)
13	西聖七編跋	樊鼎遇	卷一之 61	14
14	西士超言小引	張汝霖	卷一之 70	16
15	用夏解	張賡	卷一之 72	1—3
16	答鄉人書	劉胤昌	卷一之 73	21
17	南昌府公移		卷二之 4	19—20

除此之外，全書卷前的目録亦爲寫刻體。其餘匠體字部分，版心僅上題書名，而無頁碼。文字排列歪斜，欄線不清，墨色濃淡不均，板框連接處可見明顯縫隙。字體粗劣，較寫刻部分遜色很多。某些篇目版心所題"絶徼同

文紀"且誤作"絶徼文紀同",①頗疑此部分爲活字印刷,排版工人排字有誤,才會出現此種情况。

法藏刻本以兩種不同的字體刻印一部完整著作的情况,頗值得深入思考。特别是在與日本早稻田大學藏摘抄本對比之下,更能看出問題所在。上文已經闡明,該本收録西方科技類序跋二十五篇,存目三十二篇,卷前另有自三篇奏疏中節録之文。以此計算,摘抄本所據的《絶徼同文紀》,至少應包括六十篇文章。其中摘抄本全文收録的二十五篇序跋,以及節録的三篇奏疏,皆已見於法藏刻本。存目的三十二篇,只列出某書序跋若干篇,而不列具體篇名。通過與法藏刻本的比較,可見其中一部分在數量上能與之對應,如摘抄本列有"《二十五言》二條",而法藏刻本即收録《二十五言》序跋二篇。但亦有不能對應者,如摘抄本載"《天主實義》二條",而法藏刻本《天主實義》序跋五篇,多出三篇。參考上文所列法藏刻本寫刻篇目,可以發現,凡爲法藏刻本較摘抄本多出的存目篇目,其數量恰能與寫刻篇目相對應,具體情况可見下表:

摘抄本存目	法　藏　本	法藏本寫刻篇目
《天主實義》二條	五條(多三條)	顧鳳翔《實義序》
		李之藻《天主實義重刻序》
		汪汝淳《重刻天主實義跋》

---

① 如《禮部爲明曆法一本》《禮科爲訂正曆法一本》末頁皆如此。

續　表

摘抄本存目	法　藏　本	法藏本寫刻篇目
《畸人十篇》五條	六條(多一條)	劉胤昌《畸人十篇序》
《七克》十五條	十七條(多二條)	彭端吾《西聖七編序》 樊鼎遇《西聖七編跋》

此種情況似乎說明，矢野容齋在摘抄《絶徼同文紀》時，沒有看到以上六篇寫刻的序跋。再將摘抄本全文收録的序跋與法藏刻本相比較，也能看出類似的現象。例如，摘抄本收録了李之藻、楊景淳、祁光宗、吴中明、陳民志、利瑪竇對《萬國坤輿圖》的序跋六篇，而法藏刻本在李之藻序後尚有徐光啓《題萬國二圜圖序》，在陳民志跋後有張京元《題萬國小圖序》，此二文摘抄本未收，恰爲寫刻。又如摘抄本收利瑪竇《譯幾何原本引》與徐光啓《刻幾何原本序》，而法藏刻本於其後尚有徐光啓《幾何原本雜議》，同樣爲寫刻，摘抄本即未收。由此可以推測，法藏刻本所有的十七篇寫刻文章，應該都不見於摘抄本所據之本。

除去寫刻的這一部分之外，法藏刻本剩餘的六十一篇匠體字序跋文章，有五十九篇爲摘抄本或録全文，或予存目，補抄的《天教馹述》也見於摘抄本的存目。僅《欽敕大西洋國士葬地居舍碑文》《禮部給文看守執照》尚需討論。此兩篇文章中，《欽敕大西洋國士葬地居舍碑文》撰於萬曆四十三年(1615)三月，是否見於摘抄本所據之本，尚不能肯定。《禮部給文看守執照》成於萬曆四十五年（1617），則可能爲後來補入。因摘抄本卷前有楊廷筠序文，與法藏刻本同題萬曆四十三年冬月，在此之前。雖然古代典籍中，作序在前、成書在後的情況並不少見，但摘抄本所收六十篇文章，其撰述時間可考者，最晚爲陽瑪諾《天問略自序》的萬曆四十三年八月，[①]仍比楊序略早。其撰述時間不甚可考的，大致也都在楊序之前。如李之藻《聖水紀言序》，只説"西賢入中國三十餘年"，[②]而未言具體作序時間，但序言中提到的《天主實義》《畸人十篇》《二十五言》《七克》《幾何原本》《天問略》《表度説》諸書，全部成於萬曆四十三年之前，李氏序估計也不會晚於此年。比較有疑問的，只有熊士旂《天教駢述》。此文在熊氏另一著作《策怠警喻》卷前序言中曾有提及，萬曆四十七年（1619），熊氏於杭州見楊廷筠、李之藻，《策怠警喻》成於此後。[③] 但熊氏、楊氏序文中，只説"士旂偶駢述西學一篇，辱嘉與知言""熊子先有《天教駢述》，膾炙人口"，[④]據此只能知道《天教駢述》早於《策怠警喻》，而不知其具體撰述時間。《天教駢述》中雖然説到"四十載後先諸友，十

---

① 此序文的撰述時間，參見《天學初函》，第2632頁。
② （明）孫學詩：《聖水紀言》，《梵蒂岡圖書館藏明清中西文化交流史文獻叢刊》（第一輯），第23册，第681頁。
③ （明）熊士旂：《策怠警喻》，《徐家匯藏書樓明清天主教文獻》第1册，方濟出版社，1996年，第141頁。
④ 同上書，第142、145—146頁。

數人彼此異邦"，[①]但也不能簡單地以利瑪竇來華的萬曆九年(1581)向後推四十年，得出此文作於天啓元年(1621)左右的結論。《聖水紀言》中曾言"利西泰來中國已三十餘年，又先利而來通者四十餘年"，[②]不能排除熊氏以"先利而來通者"計算的可能，因而也不能必其成於楊序之後。綜合以上論述，可以推測，摘抄本所據之《同文紀》，所收文章應該都在楊序的萬曆四十三年冬月之前，如此則成於萬曆四十五年的《禮部給文看守執照》，就不應該包括在此本之內。

總之，《絕徼同文紀》的最早刻本，應是一種包括約六十篇文章的版本，亦即日本藏摘抄本所據之本，其刊刻時間應在卷前楊廷筠序文所題的萬曆四十三年冬月後不久。法國國家圖書館所藏的刻本，已經是一個後出的增補本，增補的篇目，至少包括該本中以寫刻體刻印的十七篇文章與《禮部給文看守執照》。其出現的時間，很可能晚至天啓之後，因寫刻文中有張賡《用夏解》一篇，而張氏至天啓元年(1621)方接觸到天主教。[③] 目前能查找到的有關此增補本的最早記載，爲明人馬朴《與譚廣文論崇奉西教書》，謂譚生贈其《絕徼同文紀》，中有顧鳳翔《實義

[①] （明）佚名：《絕徼同文紀》，《法國國家圖書館明清天主教文獻》第6冊，第296頁。

[②] （明）孫學詩：《聖水紀言》，《梵蒂岡圖書館藏明清中西文化交流史文獻叢刊》（第一輯），第23冊，第707頁。

[③] 方豪：《中國天主教史人物傳》，宗教文化出版社，2007年，第184頁。

序》,正爲法藏刻本增補的十七篇寫刻體文章之一。馬氏於萬曆四十二年(1614)由襄陽府知府升任雲南按察司副使,四十四年(1616)告歸,①崇禎六年(1633)卒。② 文中言"僕淺陋老腐,雅不敢是非人",③玩其詞意,應是作於告歸之後的晚年,據此亦可大致推斷增補本出現的時間。贈書之譚生,蓋即顧鳳翔序文中提到的"詔有譚生某某",則此增補本的出現,可能與其有一定關係。綜合來看,將其刻印時間定於明末較爲合適。

　　法藏刻本爲何以兩種不同的字體刻印？推測起來,可能是由於該本非一時一地刻成。明清之際西學漢籍中,有一部分爲募資陸續刻成。如法國國家圖書館藏《開天寶鑰》(館藏號 Chinois 7043),卷前目録列出十五篇文章,其中《景教碑頌解》《澳門記》等五篇下注"未刻",此二文書中所收者爲抄本,而於文前注明"此篇募刻"。可見此書是由編者募資,分別刻其中一篇或幾篇,最後湊成一部完整的著作。法藏刻本大約也是此種情況。該本中各篇文章均不相連屬,哪怕前一篇文章之末尚剩餘大半頁,後文也要另起一頁,而不接刻,應該就是爲了方便分篇募刻。其卷前目録雖然分二卷,但卷中並没有卷端題名,標

---

　　① (明)馬樸:《明孝廉徐君墓誌銘》,馬先登輯:《爌餘志過録》,清同治九年(1870)刻本。
　　② (明)韓爌:《誥授中憲大夫雲南按察司副使洱海道敦若馬公墓誌銘》,馬先登輯:《關西馬氏世行續録》卷一一,清同治七年(1868)刻。
　　③ (明)馬樸:《與譚廣文論崇奉西教書》,馬先登輯:《爌餘志過録》。以上所引馬樸材料與譚生之情況,參見湯開建《利瑪竇明清中文文獻資料匯釋補遺》,《國際漢學》2018年第4期。

明卷一、卷二之起訖,更能説明並非整卷刊刻者。其寫刻部分篇目版心的頁碼,與實際排列次序並不相同,如馮應京《山海輿地全圖總序》與張賡《用夏解》,頁碼皆自一始,而這兩篇文章,並不是卷一、卷二的第一篇。其頁碼雖然多有空白和墨釘,但亦有不少能夠連排。據此推斷,似乎該增補本原擬將新收入的篇目單獨立卷,且很可能至少要另補二卷,後來才改爲與原來的篇目混排。卷前目録爲寫刻,且次序能與正文對應,説明目録爲最後編刻而成。但按其目録,卷上、卷下篇幅相差極大,卷上收文章七十三篇,卷下並有目無文者也僅七篇,很不合理。可能卷下原本還編有其他文章,後因募集不到足夠資金,只得放棄不刻,將已刻的篇目草草刻成目録了事。其目録卷一的最後四篇文章,即《西士超言小引》《天教駢述》《用夏解》《答鄉人書》,標題作小字刊刻,恐是由於其中兩篇文章,在目録已刻完後方才補入,只得將目録修版,將四篇文章的題目擠入兩行之内。總之,法藏刻本雖爲目前所見相對完整之本,但實際並不十分完善。

此外,關於五卷本的情況,也有一些值得探討之處。日本内閣文庫藏殘本,只存十九篇文章,加以梵蒂岡圖書館藏殘葉中的《禮部爲給地收葬一本》,共得二十篇。此外,利類思(Louis Buglio, 1606—1682)《天主正教約徵》中還有一段論述:

> 其二論司教之人,言行相符與否。此不敢自言,恐難逃自譽之罪。惟引《絶徼同文紀》中,明徐公光

啓、楊公廷筠二人之言。①

以下所引徐、楊二人之文,出自《辨學章疏》與《鴞鸞不並鳴説》。這兩篇文章,不見於法藏刻本,很可能出自五卷本。五卷本目前可考的篇目,大略止此。其刊刻的時間,內閣文庫定爲明代。按其所收文章中出現最晚者,爲天啓六年(1626)《西儒耳目資序》與《禮部批准旅資執照》,該本編刻更在其後,至少應成於明末,甚至有可能晚至清初。因卷前楊廷筠序文,法藏刻本題"萬曆乙卯冬月浙人鄭圃居士楊廷筠撰",此本則將"萬曆乙卯冬月"六字删去,似有避諱之意。

從形制上來看,五卷本比法藏刻本規整了不少。張賡《用夏解》爲該本卷二之首,文前題"絕徼同文紀卷二",説明各卷端都有題名。其版式一律爲左右雙邊,版心題書名、卷數、頁數亦均完備。卷中逢"天主""上帝"等詞,皆空一格。但也有一些不盡完善之處,如常胤緒《兩儀玄覽圖序》爲卷二第九十一至九十二頁,緊接其後的侯拱宸《兩儀玄覽圖敍》頁數題九十三,卷數卻題爲卷三,顯然有誤。該本現存卷三的《譯幾何原本引》《幾何原本雜議》《輿地全圖總敍》《水法本論》四篇文章,版心全部爲白魚尾,而侯氏文爲黑魚尾,益可見其不屬卷三,"三"應爲"二"之誤。

---

① [意]利類思:《天主正教約徵》,《梵蒂岡圖書館藏明清中西文化交流史文獻叢刊》(第一輯),第14册,第521—522頁。

從内容上來看,五卷本較法藏刻本應有較大規模的增補。五卷本的現存部分中,卷二《題萬國全圖》一文,頁碼已至一百頁,卷一《聖水紀言序》、卷三《水法本論》皆至六十餘頁。而法藏刻本全書僅一百六十頁左右。儘管行格疏密不同,但總的來看,五卷本的篇幅仍至少應爲法藏刻本的一倍以上。其篇章有一部分應沿襲自法藏刻本。以徐光啓《題萬國二圜圖序》爲例,二本訛誤之處基本一致。如"猶山高千尺,不能差毫髀量之","不能差毫"爲"以周"之誤;"又因而柳札焉魯丁","柳札焉魯丁"爲"抑札馬魯丁"之誤。可見五卷本此文很可能即是取自法藏刻本。但也有一些篇章,雖然二本皆有,但並不同源。最具代表性者,當屬馮應京《輿地全圖總敍》。五卷本此文開篇曰:"西泰子輿圖,凡三授梓,遞增國土,而此刻最後乃最詳。"而法藏刻本此句則作"謹按:西泰先生輿圖"。又五卷本篇末云:"應京嘗備員職方,見其獻圖於上,倍蓰掌故,乃悉其蘊,序而傳之。用昭咸賓之盛,且以資學者宏覽云。"法藏刻本則在"序而傳之"之後,多出"以屬程生百二,纂四夷奉貢種落於後"十五字。可見二本所收雖爲同一篇文章,但文字差距很大。其原因在於,馮氏此文本來即有兩個版本,法藏刻本所收者來源於《方輿勝略》,而五卷本所收者則源自《兩儀玄覽圖》。[1] 其餘如《南昌府公

---

[1] 有學者認爲,《方輿勝略》所收之馮序,乃經編刻者程百二篡改,以抬高自己。見黃時鑒、龔纓晏《利瑪竇世界地圖研究》,上海古籍出版社,2004年,第39頁。

移》《欽敕大西洋國士葬地居舍碑文》等，五卷本較法國藏本，都有比較明顯的文字出入。這種現象説明，五卷本並不是簡單的以法藏刻本爲基礎再增補若干篇目重編而成，而很可能是以法藏刻本作爲選目依據，一部分篇章直接采自法藏本，另一部分則别尋其他出處采録。而法國藏另一抄本所收《南昌府公移》《欽敕大西洋國士葬地居舍碑文》等文，與五卷本文字并不相同，而同於法藏刻本，也可説明此抄本雖然簽題"卷五"，但並非從五卷本抄出。

三、從《絶徼同文紀》到《天學集解》

在《絶徼同文紀》出現數十年後的清康熙年間，另一部西學文章總集《天學集解》誕生。該書目前僅有一清抄本，藏於今俄羅斯國家圖書館（前帝國公共圖書館）。半頁九行二十字，版心題頁碼，卷前有目録。總計收録二百八十四篇文章，其中序跋二百四十九篇，論議、公文、碑記、壽序等三十五篇，分爲九卷。卷中"弘"字闕筆，乃避乾隆之諱。1852年編成的《聖彼得堡皇家公共圖書館東方寫本與刻本目録》，[1]已著録該本。據杜鼎克（Adrian Dudink）稱，該本函套上有俄文題識，謂1827年進入皇家

---

[1] 張西平主編：《歐洲藏漢籍目録叢編》第6册，廣東人民出版社，2020年，第4019頁。

公共圖書館。① 由此可大約推測該本出現的時間，大約在乾隆至道光間。原書未署編者，但部分文章後附有批注，如卷九《福州重建天主聖堂記》附注有"凝受而讀之"云云。杜鼎克據此考證其爲清初儒家天主教徒劉凝所編。劉凝卒年未詳，或謂康熙五十四年(1715)，或謂康熙四十九年(1710)。② 而《天學集解》中收錄的時代最晚的文章，爲卷五明圖《賀天教碑記》，該文是爲康熙五十年(1711)重修而成的宣武門天主堂而作，由此可推測其寫作時間。劉凝壽至九十，此時即便在世，也未必更能有所著述。且全書所收文章的百分之九十以上，都出於康熙十八年(1679)之前，而明圖之文並未見於卷前目錄。由此推斷，今本《天學集解》或經後人訂補，但主體部分仍應出於劉凝之手。③

《天學集解》的體例宗旨，與《絶徼同文紀》極爲類似，二書之間存在着何種關係，值得加以深入探討。從二書收錄文章的篇目來看，《天學集解》的編者，應是看到了法

---

① 亦有謂此本爲1832年卡緬斯基贈送者，見肖玉秋主編《中俄文化交流史·清代民國卷》，天津人民出版社，2016年，第242頁。按《聖彼得堡皇家公共圖書館東方寫本與刻本目錄》前言，謂1832年"修道院院长Pierre Kamensky的北京之行，带回了48卷汉语、满语及蒙古语书籍"，則此本來源於北京。

② 肖清和：《清初儒家基督徒劉凝生平事跡與人際網絡考》，《中國典籍與文化》2012年第4期。

③ 以上論述除注明者外，皆參考 Adrian Dudink. *The Rediscovery of a Seventeenth-century Collection of Chinese Christian Texts: The Manuscript 'Tian xue ji jie'*. Sino-Western cultural relations journal，1993，15：1-2.

藏刻本《絶徼同文紀》並加以利用。法藏刻本中前七十三篇文章與卷前楊廷筠序文,均被《集解》收入,前述杜鼎克的文章也已指出此點。其未收最後六篇文章,或是因爲皆爲奏疏、碑記等明代官方文獻,有所忌諱。當然,從理論上來講,《集解》編者也完全有可能通過其他途徑蒐集到這些文章,如直接從某一西學漢籍的卷首、卷末采録序跋,但這種可能性並不大。其原因有二:

一方面,某些文章並不一定有其他來源。例如,法藏刻本《同文紀》收録王臣夔《題測候圖説》一文,應是出自王氏《測候圖説》。此書較早見於《紅雨樓書目》,①《千頃堂書目》②《明史·藝文志》亦有記載,但其後便不見於著録,今已不傳,《集解》編纂時未必能看到。故其於卷八收録此文,更有可能是自法藏刻本轉録。又如,法藏刻本有樊鼎遇《西聖七編跋》,謂:"直指使彭公臨旌陽,以鼎遇曾識歐邏巴利瑪竇也,出其友龐迪我所著書,凡七編。切中時病,醒心豁目。察其微討窮蒐,反覆致意,覺莊生《人間世》爲淺耳。遂請鏤簡於旌陽,將罄綿江之竹,繕印萬部,逢人輒送,以廣喻俗情,普闢聖路。"可知應是出於龐迪我(Diego de Pantoja, 1571—1618)《七克》之明代四川旌陽刻本。但該本早佚,僅有此跋文流傳下來。《集解》卷二

---

① (明)徐𤊹:《紅雨樓書目》卷三,上海古籍出版社,2014年,第289頁。

② (清)黃虞稷:《千頃堂書目》卷一三,上海古籍出版社,2001年,第357頁。

亦收此文,除了法藏刻本之外,恐也無處蒐求。

另一方面,《天學集解》中的一部分文章,與傳世的通行本有比較明顯的異文,而與法藏刻本所載者相同。其中最爲典型者,當屬徐光啓《幾何原本雜議》。此文又見於《幾何原本》卷首,通行者爲《天學初函》本,至"即知諸篇自首迄尾,悉皆顯明文句"止。[1] 而《集解》卷七所引,於此後又多出三段文字:

> 幾何之學,深有益於致知。明此,知向所揣摩造作,而自詭爲工巧者皆非也。一也。明此,知吾所已知,不若吾所未知之多,而不可算計也。二也。明此,知向所想像之理,多虛浮而不可按也。三也。明此,知向所立言之可得而遷徙移易也。

> 此書有五不可學:躁心人不可學,麤心人不可學,滿心人不可學,妒心人不可學,傲心人不可學。故學此者,不止增才,亦德基也。

> 昔人云:"鴛鴦繡出從君看,不把金針度與人。"吾輩言幾何之學,政與此異。因反其語曰:"金針度去從君用,未把鴛鴦繡與人。"若此書者,又非止金針度與而已。直是教人開卝冶鐵,抽線造針,又是教人植桑飼蠶,涷絲染縷。有能此者,其繡出鴛鴦,直是等閑細事。然則何故不與繡出鴛鴦? 曰:能造金針者能繡鴛鴦,方便得鴛鴦者誰肯造金針? 又恐不解

---

[1] (明)徐光啓:《幾何原本雜議》,《天學初函》,第1944頁。

造金針者,菟絲棘刺,聊且作鴛鴦也。其要欲使人人真能自繡鴛鴦而已。

此三段文字,不僅不見於《天學初函》本,也不見於《幾何原本》的絕大部分傳世版本。目前所知,僅國家科學圖書館藏明萬曆刻本有之,但爲後人補抄,也非刻印。[①] 而法藏刻本所載《雜議》,則與《集解》同。類似的例子還有很多,如《天學初函》本《二十五言》,卷前徐光啓跋文云:"啓生平善疑,至是若披雲然。"[②]"生平善"三字,法藏刻本引作"自昔多",《集解》卷六同。甚至一些訛文誤字,二者都是相同的。如《天學初函》本《表度説》,卷前熊明遇序云:"誰云桂海無天,冰天無地。"[③]《文直行書》所引者同,[④] 而法藏刻本與《集解》卷八所引,"無天"之"天"即均誤作"灰"。由此益可見《集解》蹈襲法藏刻本《同文紀》之實。

然而,《集解》的文字亦有與法藏刻本不同者。一個較爲明顯的區別是,法藏刻本所收文章,其作者皆題於文前標題下方,篇末不再題作者與撰述時間等,而《集解》篇末則往往有之。如馮應京《天主實義序》爲法藏刻本所收

---

① 鄭誠:《介紹國家科學圖書館藏〈幾何原本〉批校本兼論明刊〈原本〉之版本異同》,《徐光啓與〈幾何原本〉》,上海交通大學出版社,2011年,第222—223頁。
② (明)徐光啓:《跋二十五言》,《天學初函》,第327頁。
③ (明)熊明遇:《表度説序》,《天學初函》,第2525頁。
④ (明)熊明遇:《西域天官書引》,《文直行書》文選卷四,《四庫禁燬書叢刊·集部》第106冊,第254頁。

第一篇文章,《集解》卷四亦收,但在篇末即多出"萬曆二十九年孟春穀旦後學馮應京謹序"十七字。類似的情況,在《集解》中有二十多篇。此外正文中的文字也間有不同,如法藏刻本載顧鳳翔《實義序》,有云:"因引瞻天主像,指示出處,且出《天主實義》,得研討焉。"而《集解》卷四所引,在"且出"下,則多"其友利西泰先生所著"九字。此種情況可能與五卷本的情況類似,或是由於《集解》在編纂時,一方面以法藏刻本作爲其資料來源,另一方面又以其作爲線索,蒐集部分文章的其他傳本加以收錄,或對法藏刻本進行校補。如上述馮應京序文卷末所多十七字,即見於《天學初函》本《天主實義》;而顧鳳翔序文中所多九字,則見於欽一堂本《天主實義》。《集解》編者可能看到並參考了這些版本。而對於其無法從別的途徑看到的一些文章,則没有太多異文與訂補,如上所引王臣爕《題測候圖說》與樊鼎遇《西聖七編跋》,即是如此。即便是經過校改之文,仍能看出法藏刻本的痕跡。以顧鳳翔序爲例,《集解》所載者云:"且聞龍先生之友利西泰者,業已其教奏進九重。""龍先生之友"五字,欽一堂本無而法藏刻本有,《集解》從之。這也有力地說明,《集解》所收序跋文章,不是其自行蒐集者,而是在很大程度上依賴了法藏刻本《同文紀》。

  需要指出的是,《天學集解》在編纂的過程中,似乎只見到了《同文紀》的法藏刻本,而未見後出的五卷本。上文已經闡明,日本内閣文庫藏五卷殘本中,常胤緒、侯拱宸爲《兩儀玄覽圖》所作兩篇序文,不見於法藏刻本,應是五卷本後來增補者。這兩篇文章,《天學集解》就沒有收錄。又利類思《天主正教約徵》提及的《辨學章疏》與《鴞鸞不並鳴説》,同樣不見於法藏刻本《同文紀》,只能出自五卷本,而《集解》亦未收。《集解》收明人奏疏公文很少,不收《辨學章疏》或有可能,但其收錄了楊氏辨教、護教文多篇,如卷七《論釋氏之非》、卷九《格言六則》,不收《鴞鸞不並鳴説》似不應該。利氏《天主正教約徵》約成於康熙初年,與《集解》大致同時,這説明五卷本《同文紀》當時確有流傳,只是《集解》編者未能看到。由此也可見,儘管五卷本中有《幾何原本雜議》,亦較通行本《幾何原本》所載者多出三段文字,但不會是《集解》的來源。

四、清代前期出現的西學漢籍書目

除了《絶徼同文紀》與《天學集解》兩部以序跋爲主的總集之外,隨着西學東傳的不斷發展,在清代前期,又陸續出現了一批以著錄西學漢籍爲主的各類目錄,大致可分爲三類:

第一類爲天主教與西方科技類典籍的專科目錄。屬於此類的目錄有兩種,即《天主聖教書目》與《曆法格物窮理書目》,以梵蒂岡圖書館藏本(館藏號 RACCOLTA GENERALE-ORIENTE STRAGRANDI 13a)爲代表。該本爲長幅單頁,由上至下分爲三欄。上欄爲《引》。中欄爲《天主聖教書目》,收錄《昭祀經典》至《問世編》共一百二十三種著作。下欄爲《曆法格物窮理書目》，收錄《康熙永年曆法》至《獅子說》共八十九種著作。末題"極西耶穌會士仝著述"。收錄諸書多僅著錄書名與卷數，而不署作者，間有卷數亦不署者，如《聖教約言》《聖體答疑》僅著錄書名，而《昭祀經典》則著錄"一部"。其編者不詳，據《天主聖教書目》著錄有利類思《超性學要目錄》《物元實證》等書，《曆法格物窮理書目》著錄有《康熙永年曆法》，可知當成於清康熙年間。此外梵蒂岡尚藏有《天主聖教書目》與《曆法格物窮理書目》單刻各一種。《天主聖教書目》館藏號 RACCOLTA GENERALE-ORIENTE STRAGRANDI 13b，亦爲長幅單頁，由上至下分爲八列，著錄文獻一百二十五種，多《神鬼正紀》與《善惡報答問》二種。間有合刻本不著錄卷數，而此件有者，如《聖體答疑》《物元實證》，此本均著錄"一卷"，而合刻即無。卷末題"極西耶穌會士仝著述，計二百一十六卷"。《曆法格物窮理書目》館藏號 RACCOLTA GENERALE-ORIENTE STRAGRANDI 13c，形制同《天主聖教書目》，收錄文獻數量與合刻本同。亦有增注卷數者，如《恒星曆指》著錄"四卷"，《黃赤距度表》著錄"一卷"，合刻本無。梵蒂岡又有抄本《北京刊行聖教書目》與《曆法格物窮理書目》，附於《類纂古文字考》（館藏號 Borg. cin. 473）之後。《北京刊行聖教書目》亦著錄典籍一百二十三種，內容與《天主聖教書目》類似，間有出入。《曆法格物窮理書目》收書九十種，較刻本多《民曆鋪注解惑》一種。法國國家圖書館藏抄本《聖教要緊的道理》(館藏號 Chinois 7046)後亦抄有《曆法格物窮理書目》，則無《民曆鋪注解惑》。德國巴伐利亞州立圖書館別藏一單頁抄件(館藏號 Cod. sin. 13)，形制爲由左至右，前爲《曆法格物窮理書目》，收書五十種，後爲《天主聖教書目》，收書七十三種。卷末有比利時傳教士安多(Antoine Thomas，1644—1709)1701年拉丁文題識。

第二類爲各地天主堂刊刻西學漢籍目錄。此類目錄共有五種，皆附於梵蒂岡藏《類纂古文字考》後。依次爲：《福州府欽一堂書板目錄》(五十二種)、《北京刊行聖教書目》(一百二十三種，與前述梵蒂岡藏第一種《天主聖教書目》相似)、《杭州書板目錄》(三十八種)、《廣東書板目錄》(十六種)、《廣東聖方濟各會堂書板目錄》(二十三種)。法國國家圖書館藏《聖教要緊的道理》後，也附抄有《北京刊行天主聖教書目》《福建福州府欽一堂刊書板目》《浙江杭州府天主堂刊書板目錄》，排列次序及内容與梵蒂岡藏本略有出入。如法藏《浙江杭州府天主堂刊書板目錄》，較梵蒂岡藏《杭州書板目錄》多《小悔罪經》一種，又《聖教約言》重出，後一種書名下注"一單"。按此當指蘇如望(Jean Soerio，1566—1607)《天主聖教約言》的兩種版本，一本内容較詳，爲線裝；另一本較簡略，僅爲一長幅單頁。而法藏《福建福州府欽一堂刊書板目》，則較梵蒂岡本少《聖教日課》一種。總的來看，法藏本不如梵蒂岡本之完善，因梵蒂岡本杭州目錄於書名後有價目，福州目錄有卷數,而法藏本皆無。

第三類爲西人著述目録,以《耶穌會西來諸位先生姓氏》爲代表。該書附於韓霖、張賡《聖教信證》後,以明清之際來華傳教士爲綱,自方濟各·沙勿略(San Francisco Xavier,1506—1552)以下,每人立一簡短傳記,共著録九十餘名傳教士姓氏、國籍、入華傳教地、卒年、埋葬地等生平信息,以及其中部分傳教士的著作名稱、卷數、刊刻情況等,體例頗類似於元代戲曲目録《録鬼簿》。書中有頗多闕文之處,可能是由於部分信息尚未查明,留待以後修版補入。其書在國内外均産生了明顯影響,成書後不久,比利時傳教士柏應理(Philippe Couplet,1624—1692)即將其翻譯成拉丁文,以《耶穌會神父名録》爲名,於1686年在巴黎出版,其後法國學者費賴之(Louis Pfister,1833—1891)又在柏應理書的基礎上增訂而成《在華耶穌會士列傳及書目》。[1] 清末王韜《泰西著述考》,實亦本諸此書而略加改訂而已。[2] 其書包括兩種版本:

第一種版本以梵蒂岡藏本爲代表。該本梵蒂岡藏五部,館藏號 BARBERINI ORIENT 134.4,BORGIA CINESE 350.31,RACCOLTA GENERALE ORIENTE

---

[1] 羅瑩:《儒學概念早期西譯初探》,外語教學與研究出版社,2014年,第86—88頁。參見費賴之著、馮承鈞譯《在華耶穌會士列傳及書目》,中華書局,1995年,第7—8頁。

[2] 姚名達:《中國目録學史》,上海古籍出版社,2002年,第186頁。

Ⅲ 222.10、222.11、246.6。① 該本半頁九行二十字,白口,左右雙邊,單魚尾。版心上題"姓氏",下題頁數,共三十四頁。卷端題"後學晉絳韓霖、閩漳張賡暨同志公述",卷中有大量墨釘。所載傳教士情况,時間最晚者爲康熙十七年(1678)法國人穆宜各(Nicolas Motel,1617—1657)、穆格我(Clauder Motel,1619—1671)移葬於湖廣武昌府事。而上述五本中,後三部皆爲柏應理約於康熙二十一年(1682)返回歐洲時帶歸。由此可大致推斷出其刻印時間,應在康熙十七年至二十一年間。此時韓霖、張賡早已逝世,當是經後人增補重刻者。此外法國國家圖書館藏本中,館藏號爲 Chinois 6903 者,爲最早進入該館的中文典籍之一。經目驗,與梵蒂岡藏本爲同一版本。耶穌會羅馬檔案館(館藏號 Jap. Sin. Ⅰ 192)、② 比利時布魯塞爾皇家圖書館(館藏號 LP 11.988 A)等地,③ 也均有此本收藏。

第二種版本以法國國家圖書館藏本爲代表。該本館藏號 Chinois 6905,已影印收入《法國國家圖書館明清天主教文獻》。與梵蒂岡藏本相比,此本同樣是附於《聖教

---

① 另有館藏號爲 BORGIA CINESE 364.8 之一部,僅有《聖教信證》,無《耶穌會西來諸位先生姓氏》部分,斷板處略多,似爲後印。

② Albert Chan, *Chinese Books and Documents in the Jesuit Archives in Rome: A Descriptive Catalogue: Japonica-Sinica Ⅰ - Ⅳ*. New York: M. E. Sharpe, 2002. pp. 250 - 251

③ Adrian Dudink, *Chinese Books and Documents (pre-1900) in the Royal Library of Belgium at Brussels*. Archief-en bibliotheekwezen in België, Brussel, 2006, pp. 101 - 103.

信證》之後，但有諸多不同：

首先，此本自第十二頁起爲傳教士生平著述部分，卷端僅題"姓氏"，未題作者。第十一頁後半頁多出一段文字"自遠西至中國九萬里"至"俟後查明開載"一段文字。

其次，此本版式行款與梵蒂岡本同，但版心題"聖教信證"，且《姓氏》部分與前《聖教信證》部分頁碼連排，總計四十八頁。而梵蒂岡本則《耶穌會西來諸位先生姓氏》部分單獨計頁。

第三，記載傳教士生平與著述不同。如利瑪竇之著作，此本載十四種，較前本少《同文算指》十一卷，且排列次序與卷數亦有所不同。又如，利類思之生平，前本僅謂"西濟利亞國人，明崇禎十年丁丑至，傳教江南、浙江、四川等處。清朝定鼎，駐修輦轂下，蒙今上時加寵渥"，以下爲大段墨釘。此本其下則有"康熙二十一年臥疾"至"送至塋地"一段文字，記載利氏去世之事。

總的來看，此本當是據前本翻刻，並對傳教士事跡作了增補刪改。所記最晚之事，爲康熙二十三年（1684）恩理格（Christian Herdtricht，1624—1684）去世，當是成於此之後。此本流傳較稀，目前僅知耶穌會羅馬檔案館尚藏一部（館藏號 Jap. Sin. I 191）。① 王重民先生謂"《聖教

---

① ALBERT CHAN, *Chinese Books and Documents in the Jesuit Archives in Rome: A Descriptive Catalogue: Japonica-Sinica I - IV*, pp. 249-250.

信證》有兩刻本，甲本紀事至康熙十七年，乙本至二十三年"，[①]非常準確地概括了此兩種版本的情況。

本次對《絕徼同文紀》等一系列著作進行合並整理，一方面因諸書傳本多在海外，學者利用不便，整理後可略省翻檢之勞，另一方面，也希望能通過此批序跋與目錄，在一定程度上反映出明清之際西學漢籍在華刻印、流傳的情況與其影響。整理過程中，得到諸多師友的幫助和指導。北京外國語大學張西平教授，將其所藏的《天學集解》複印件舉以相贈。此複印件似是從膠卷翻印，因原書裝訂原因，中縫壓字嚴重，部分頁面靠近中縫的兩行幾無一字可辨。張教授曾專程派人到俄羅斯抄補缺失文字，使其藏本成爲國內難得一見的較爲完善之本，爲整理工作奠定了堅實的基礎。其後香港中文大學宋剛教授，又將其到訪俄羅斯時所獲得的一個電子版慷慨贈予。此電子版雖亦有中縫壓字問題，但清晰度較複印件爲佳。通過參酌二本，《天學集解》的整理工作才最終完成，謹於此向兩位教授的大力支持深致謝意。不足之處，敬請讀者批評指正。

北京外國語大學國際中國文化研究院　謝輝

[①] 王重民：《道學家傳跋》，《中國善本書提要》，中華書局，1983年，附錄第4頁。

目 録

絶徼同文紀 / 1

天學集解 / 157

明清間西學漢籍書目十種 / 575

絕徼同文紀

整理說明

本次對《絕徼同文紀》的整理，以法國國家圖書館藏明末刻本（館藏號 Chinois 9254）爲底本。原書卷前目錄分爲二卷，而書中不分卷，今遵照原書面貌，亦不分卷。書前新編目錄，而將原目錄附後，以供參考。

本書傳世的其他版本中，法國國家圖書館藏抄本與日本早稻田大學藏摘抄本，訛誤處多與底本同，校勘價值不高，故未取用。日本内閣文庫藏五卷殘本，僅保存有十九篇文章，其中十三篇見於底本。部分較稀見的篇目（如張賡《用夏解》）文字較優，今酌情取校，簡稱"五卷本"。另有一些篇目雖有較爲明顯的異文（如馮應京《山海輿地全圖總序》），但顯係五卷本另行采入，與底本非同一來源，此類則不再出校。另有六篇不見於底本者，其中李之藻《天學初函序》、艾儒略《題萬國全圖》、張問達《西儒耳目資序》見於《天學集解》，故不再收錄。常胤緒《兩儀玄覽圖序》、侯拱宸《兩儀玄覽圖敘》與《禮部批准旅資執照》，《天學集解》未收，今附書後。

此外，本次整理還參校了俄羅斯國家圖書館藏清抄本《天學集解》（簡稱"天學集解"）與台灣學生書局 1978 年影印本《天學初函》（簡稱"天學初函"）。《天學集解》各篇後多題撰述時間，部分篇目尚有小字夾批，今將其作爲附注，以資參考。其餘參校資料如下：

《畸人十篇序》：法國國家圖書館藏清康熙三十四年(1695)北京金臺聖母領報會重刻本《畸人十篇》卷首（館藏號 Chinois 6832，簡稱"法圖本"。後凡該館藏本皆同）。

《畸人十篇後跋》：法國國家圖書館藏明刻《天學初函》後印本《畸人十篇》卷末（館藏號 Chinois 6831）。

《山海輿地全圖總序》《題萬國二圜圖序》《題萬國小圖序》：《四庫禁燬書叢刊》影印明萬曆三十八年(1610)刻本《方輿勝略》外夷卷一。

《地輿萬國全圖總説》至《題萬國坤輿圖》（利瑪竇）：梵蒂岡圖書館藏明刻本《坤輿萬國全圖》（館藏號 Barberini Orientale 150，簡稱"梵蒂岡本"。後凡該館藏本皆同）。

《表度説序》：梵蒂岡圖書館藏明刻《天學初函》本《表度説》卷首（館藏號 Barberini Orientale 142.8。台灣學生書局影印《天學初函》本脱此序文）。

《表度序》：《四庫禁燬書叢刊》影印清順治十七年(1660)刻本《文直行書》文選卷四。

《七克序》（楊廷筠）至《七克自序》：《四庫全書存目叢書》影印《天學初函》本《七克》卷首（簡稱"《四庫存目》本"。台灣學生書局影印《天學初函》本序跋不全,故改用此本)。

《西聖七編序》至《策怠小序》:法國國家圖書館藏明刻欽一堂本《七克》卷首(館藏號 Chinois 7179)。

《刻聖水紀言序》:《梵蒂岡圖書館藏明清中西文化交流史文獻叢刊》(第一輯)影印明刻本《聖水紀言》卷首(簡稱"梵蒂岡本")。

目 録

絕徼同文紀序　楊廷筠 / 11
天主實義序　馮應京 / 12
天主實義引　利瑪竇 / 14
實義序　顧鳳翔 / 16
天主實義重刻序　李之藻 / 18
重刻天主實義跋　汪汝淳 / 20
刻畸人十篇序　李之藻 / 21
畸人十篇序　劉胤昌 / 23
重刻畸人十篇引　周炳謨 / 24
題畸人十篇小引　王家植 / 26
畸人十篇跋　李之藻 / 27
畸人十篇後跋　汪汝淳 / 28
刻交友論序　馮應京 / 29
山海輿地全圖總序　馮應京 / 30
地輿萬國全圖總説　利瑪竇 / 31
題萬國圖小序　程百二 / 35
方輿勝略引　王錫爵 / 35
題萬國坤輿圖　李之藻 / 36
題萬國二圜圖序　徐光啓 / 39

題萬國坤輿圖　祁光宗 / 40
題萬國坤輿圖　吳中明 / 41
題萬國坤輿圖　楊景淳 / 42
跋萬國坤輿圖　陳民志 / 43
題萬國小圖序　張京元 / 44
題萬國坤輿圖　利瑪竇 / 45
重刻二十五言序　馮應京 / 47
跋二十五言　徐光啓 / 48
譯幾何原本引　利瑪竇 / 50
刻幾何原本序　徐光啓 / 55
幾何原本雜議　徐光啓 / 57
勾股義序　徐光啓 / 59
勾股義　徐光啓 / 62
表度說序　李之藻 / 63
表度序　熊明遇 / 65
表度說序　周子愚 / 67
題天問略　周希令 / 68
天問略小序　孔貞時 / 69
刻天問略題詞　王應熊 / 70
天問略自序　陽瑪諾 / 72
簡平儀說序　徐光啓 / 74
題測量法義　徐光啓 / 76
泰西水法序　曹于汴 / 77
泰西水法序　鄭以偉 / 78

泰西水法序　徐光啓 / 80
水法本論　熊三拔 / 82
聖德來遠序　彭惟成 / 84
七克序　楊廷筠 / 87
七克序　曹于汴 / 89
七克序　鄭以偉 / 90
七克引　熊明遇 / 92
七克篇序　陳亮采 / 93
七克自序　龐迪我 / 95
西聖七編序　彭端吾 / 98
大西洋龐子七克總序　崔淐 / 99
伏傲小序　崔淐 / 102
平妒小序　崔淐 / 103
解貪小序　崔淐 / 104
熄忿小序　崔淐 / 105
塞饕小序　崔淐 / 106
坊淫小序　崔淐 / 107
策怠小序　崔淐 / 108
西聖七編跋　樊鼎遇 / 109
七克後跋　汪汝淳 / 110
刻聖水紀言序　李之藻 / 111
同文算指通編序　楊廷筠 / 113
刻同文算指序　徐光啓 / 114
同文算指序　李之藻 / 117

渾蓋通憲圖說序　李之藻 / 118
題測候圖說　王臣夔 / 121
圜容較義序　李之藻 / 122
西士超言小引　張汝霖 / 125
天教駢述　熊士旂 / 126
用夏解　張賡 / 133
答鄉人書　劉胤昌 / 135
禮部爲明曆法一本 / 136
禮科爲訂正曆法一本　姚永濟 / 139
禮部爲給地收葬一本　吴道南 / 141
南昌府公移　蘇守庶 / 143
欽敕大西洋國士葬地居舍碑文　王應麟 / 145
禮部給文看守執照 / 147

附錄一：原書目録 / 149
附錄二：五卷本增補文章三篇 / 153
　　兩儀玄覽圖序　常胤緒 / 153
　　兩儀玄覽圖敍　侯拱宸 / 154
　　禮部批准旅資執照 / 154

絶徼同文紀序

大西洋距此八九萬里，可不稱絶徼乎哉？風氣不通，象胥未列，自古唐堯虞舜聖帝焉而不能臣，秦皇漢武威力焉而不能服。今其國人稽顙闕廷，尚方賓禮之，恩賚有加。高賢大良樂與交遊，索其攜來圖籍，華言譯之，成如干種。見者嘆爲奇絶，爭售諸梓，洋洋纚纚，成一家言。而同志者又慮簡帙浸多，難以遍閱，復梓其題贈之文，揀珠崑崙，搜玉縣圃，無非維駒及烏之意，良亦勤矣。我中國神皋奧區，天苞地采，人瑞物華，何所不有。獨是異人異書，古昔未聞，今始創獲，則王會之侈事哉！而予尤感於同文之盛焉。夫文以區分，教因俗別。中華字成而有音，西國音成而有字。中華字有盡、音無盡，西國音無窮、字更無窮。中華以六書盡萬字之體，西國以二十三字母該萬字之用。列之職方，九譯且不能解。何以西儒至此，僅十餘年，便遍曉華言，兼通大義。筆之於書，雖不甚調，竟流傳膾炙。名卿哲匠，咸樂許可，執橐從之，惟恐或後。此曷故哉？地有中邊，人分夷漢，此各囿方隅，自生畛域之見。上帝視之，同在地球之上，同覆圓蓋之中。何東何西[1]，何內何外？天命之性，厥賦惟均，從是性光，攝受敷施，明悟愛欲，安容殊異？諸儒之言，皆是性學，原本天命。雖與此中傳習間有出入，或此詳而彼則略，或此隱而彼則顯。要以參伍錯綜，交眠互證，同中異，異中同，政不妨於大同。若全同全異，此中多有明者，敝帚視之，不足貴矣。利、龐諸儒以今上庚子抵長安，爲時方逾一紀，而諸紳嘉與讚誦，已不啻其口。矧茲以往，應機轉利，析義轉微，鳴和應求，不更有進焉者乎？乃深於西學者又云：諸子之筆不如舌，舌不如躬履也。如有所譽[2]，其有所試。遠覽君子，能大心以照，知六經之外，自有文字；九洲之表，更有畸人。由是紀以索觀其書，由讀書以接遘其人，而親承舌音，密闚躬履也。其爲接引投分，又當何如？行見六合聯爲一家，九流[3]歸於共貫。天之未喪，文不在茲，予實有厚望焉。

萬曆乙卯冬月，浙人鄭圃居士楊廷筠撰。

校勘記：

[1] 何東何西：《天學集解》作"何西何東"。

[2] 所譽：《天學集解》作"譽者"。

[3] 流：《天學集解》作"州"。

天主實義序

後學馮應京謹撰

《天主實義》，泰西國利子及其鄉會友與吾中國人問答之詞也。天主何？上帝也。寔云者，不空也。吾國六經四子，聖聖賢賢，曰畏上帝，曰助上帝，曰事上帝，曰格上帝，夫誰以爲空？空之説，漢明自天竺得之，好事者曰：孔子嘗稱西方聖人，殆謂佛與？相與鼓煽其説，若出吾六經上。烏知天竺中國之西，而太西又天竺之西也？佛家始[1]竊閟[2]他臥剌[3]勸誘愚俗之言而衍之爲輪回，中竊老氏芻狗萬物之説而衍之爲絶[4]滅。一切塵芥六合，直欲超脱之以爲高。中國聖遠言湮，鮮有能服其心而障其勢。且或內樂悠閑虛静之便，外慕汪洋宏肆之奇，前厭馳騁名利之勞，後懾沉淪六道之苦。古倦極呼天，而今呼佛矣。古祀天地社稷、山川祖禰，而今祀佛矣。古學者知天順天，而今念佛作佛矣。古仕者寅亮天工，不敢自暇自逸，以瘝天民，而今大隱居朝，逃禪出世矣。夫佛，天竺之君師也。吾國自有君師，三皇、五帝、三王、周公、孔子，及我太祖以來皆是也。彼君師侮天而駕説於其上，吾君師繼天而立極於其下，彼國從之無責爾，吾舍所學而從彼何居？程子曰："儒者本天，釋氏本心。"師心之與法天，有我、無我之別也，兩者足以定志矣。是書也，歷引吾六經之語以證其寔，而深詆譚空之誤，以西攻[5]西，以中化中。見謂人之棄人倫、遺事物，猥言不著不染，要爲脱輪回也，乃輪回之誕明甚。其畢智力於身謀，分町畦於膜外，要爲獨親其親、獨子其子也，乃乾父之爲公又明甚。語性則人大異於禽獸，語學則歸於爲仁，而始於去欲。時亦或有吾國之素所未聞，而所嘗聞而未用力者，十居九矣。利子周遊八萬里,高測九天,深測九淵,皆不爽毫末。吾所未嘗窮之形象,既已窮之有確據,則其神理當有所受不誣也。吾輩即有所存而不論,論而不議,至所嘗聞而未用力者,可無憬然悟、惕然思,孜孜然而圖乎？愚生也晚,足不遍閫域,識不越井天,第目擊空譚之弊,而樂夫人之譚實也。謹題其端,與明達者共繹焉。①

校勘記：

［1］始：《天學初函》本與《天學集解》作"西"。

［2］閉：原誤作"閑",據《天學初函》本改。

［3］刺：此下,《天學初函》本與《天學集解》皆有"人名"二小字。原件此處空二格。

［4］絶：《天學初函》本與《天學集解》作"寂"。

［5］攻：《天學初函》本與《天學集解》作"政"。

天主實義引

泰西利瑪竇書

平治庸理,惟竟於一,故聖賢勸臣以忠。忠也者,無二之謂也。五倫甲乎君,君臣爲三綱之首。夫正義之士,

---

① 《天學集解》末題："萬曆二十九年孟春穀旦,後學馮應京謹序。"《四庫全書存目叢書》影印《天學初函》本同,台灣學生書局影印本脱。

此明此行，在古昔值世之亂，群雄分爭，眞主未決，懷義者莫不深察正統所在焉，則奉身殉之，罔或與易也。邦國有主，天地獨無主乎？國統於一，天地有二主乎？故乾坤之原，造化之宗，君子不可不識而仰思焉。人流之抗罔，無罪不犯，巧奪人世，猶未饜足，至於圖僭天帝之位，而欲越居其上。惟天之高不可梯升，人欲難遂，因而謬布邪說，欺誑細民，以泯沒天主之跡，妄以福利許人，使人欽崇而祭祀之。蓋彼此[1]獲罪於上帝，所以天之降災世世以重也。而人莫思其故，哀哉！哀哉！豈非認偷爲主者乎？聖人不出，醜類胥煽，誠實之理，幾於銷滅矣。竇也從幼出鄉，廣遊天下，視此厲毒，無陬不及。意中國堯、舜之氓，周公、仲尼之徒，天理、天學必不能移而染焉。而亦間有不免者，竊欲爲之一證。復惟遐方孤旅，言語文字與中華異，口手不能開動。矧材質鹵莽，恐欲昭而彌瞑之，鄙懷久有慨焉。二十餘年，旦夕瞻天泣禱，仰惟天主矜宥生靈，必有開曉匡正之日。忽承二三友人見示，謂雖不識正音，見偷不聲固爲不可。或傍有仁惻矯毅，聞聲興起攻之，竇乃述答中士下問吾儕之意，以成一帙。嗟嗟！愚者以目所不睹之爲無也，猶瞽者不見天，不信天有日也。然日光寔在，目自不見，何患無日？天主道在人心，人自不覺，又不欲省。不知天之主宰雖無其形，然全爲目則無所不見，全爲耳則無所不聞，全爲足則無所不到。在肖子如父母之恩也，在不肖如憲判之威也。凡爲善者，必信有上尊者理夫世界。若云無是尊，或有而弗預人事，豈不塞行善之門,而大開行惡之路也乎?人見霹靂之響徒擊枯樹,而不即及於不仁之人,則疑上無主焉。不知天主[2]報咎,恢恢不漏,遲則彌重耳。顧吾人欽若上尊,非特焚香祭祀,在常想萬物原父造化大功,而知其必至智以營此,至能以成此,至善以備此。以致各物萬類所需,都無缺欠,始爲知大倫者云。但其理隱而難明,廣博而難盡知,知而難言,然而不可不學。雖知天主之寡,其寡之益,尚勝於知他事之多。願觀《實義》者,勿以文微而微天主之義也。若夫天主,天地莫載,小篇孰載之?①

校勘記:

[1] 此:此下,《天學初函》本與《天學集解》有"皆"字。
[2] 主:《天學初函》本與《天學集解》作"之"。

實 義 序[1]

雲間顧鳳翔

己酉夏,余以陪巡之役過韶陽,聞有西士龍先生者,以天主之教行化[2]中國,廬此者二十餘年。其人奇[3]也,乃造訪之。比見,則道貌高古,襟懷曠洞,令人肅然起敬。

---

① 《天學集解》末題:"時萬曆三十一年歲次癸卯七月既望,利瑪竇書。"《天學初函》本同。

與之談，非空非玄，似儒而非儒。始則宏論浩博，茫乎無所窺其畔岸，既而探本窮源，則又甚簡甚易，初非高大難行，以拂情遠俗而爲事者。因引瞻天主像，指示出處，且出[4]《天主實義》，得研討焉。其教約而不煩，言言皆實境，悉掃二氏之藩籬，直登吾儒之堂奧。及探其精微所詣，則儒氏亦糟粕矣。天主之教，莽乎大哉，如六合之不可以丈尺度也；淵乎深哉，如滄海之不可以涓滴盡也。於是退而歉然不自懌，口哆而不能合，舌舉而不能收者累日。昔者宣尼一見老子而稱之猶龍，蓋必有以動之也。西方固有聖人，徒以隔[5]越海甸，中國士民向不得聞。意者天主憫我東土之生靈，默相龍先生以其教遠來化度，俾東土之人得聆緒論[6]，以歸正道乎？不然，波濤浩渺，島嶼迢遙，涉魚龍之窟，經神鬼之區，程歷十萬，行逾數歲，龍先生胡爲乎來哉？先生來，服[7]中國之服，言[8]中國之言，而行西方之教。此教行，而千神萬聖皆爲幻[9]妄，千經萬卷皆爲卮言。獨尊天主而遠出三教，指迷垂訓，覺悟萬世，其爲功德寧有津涯？韶有譚生某某，久宗天主之教，遂捐其居址，鼎建天主之堂，將精嚴香火，以永其傳，屬敍於余。余以爲龍先生得弟子矣。龍先生以西國之產而入化[10]中國，故當時開教，頗爲不易。今譚生以中國之儒而行化域中，因枝傳葉，闡教何難？且聞龍先生之友利西泰者，業以其教奏進九重，而長安縉紳中亦多有服其義而稱揚之者。吾知此世界中，將不終墮二氏之迷徑，而幸得[11]窺天主之正道者，固龍大師之洪慈。而譚生異日之功力,豈眇小哉!

校勘記:

[1] 實義序:《天學集解》作"天主實義跋"。
[2][10] 化:此下,《天學集解》有"吾"字。
[3] 奇:此下,《天學集解》有"士"字。原件此處空一格。
[4] 出:此下,《天學集解》有"其友利西泰先生所著"九字。
[5] 隔:原作"嗝",據《天學集解》改。
[6] 論:原作"綸",據《天學集解》改。
[7] 服:此下,《天學集解》有"吾"字。
[8] 言:此下,《天學集解》有"吾"字。
[9] 幻:原作"幼",據《天學集解》改。
[11] 幸得:《天學集解》作"得幸"。

天主實義重刻序

虎林李之藻

昔吾夫子語修身也,先事親而推及乎知天。至孟氏存養事天之論,而義乃綦備。蓋即知即事,事天事親同一事,而天其事之大原也。説天莫辨乎《易》,《易》爲文字祖,即言乾元統天,爲君爲父,又言帝出乎震。而紫陽氏解之,以爲帝者,天之主宰。然則天主之義,不自利先生創矣。世俗謂天幽遠不暇論,竺乾氏者出,不事其親,亦已甚矣。而敢於幻天貌帝，以自爲尊。儒其服者，習聞夫天命、天理、天道、天德之說，而亦浸淫入之。然則小人之不知不畏也，亦何怪哉？利先生學術，一本事天，譚天之所以爲天甚晰。睹世之褻天佞佛也者，而昌言排之，原本師說，演爲《天主實義》十篇，用以訓善坊惡。其言曰：人知事其父母，而不知天主之爲大父母也。人知國家有正統，而不知惟帝統天之爲大正統也。不事親不可爲子，不識正統不可爲臣，不事天主不可爲人。而尤懃懇於善惡之辨、祥殃之應。具論萬善未備不謂純善，纖惡累性亦謂濟惡。爲善若登，登天福堂，作惡若墜，墜地冥獄。大約使人悔過徙義，遏欲全仁，念本始而惕降監，綿顧畏而遄澡雪，以庶幾無獲戾於皇天上帝。彼其梯航琛贄，自古不與中國相通，初不聞有所謂羲文周孔之教。故其爲說，亦初不襲吾濂洛關閩之解。而特於知天事天大旨，乃與經傳所紀如券斯合。獨是天堂地獄，拘者未信，要於福善禍淫，儒者恒言。察乎天地，亦自實理。舍善逐惡，比於厭康莊而陟崇山、浮漲海，亦何以異？苟非赴君父之急，關忠孝之大，或告之以虎狼蛟鱷之患而弗信也，而必欲投身試之，是不亦冥頑弗靈甚哉？臨女無貳，原自心性實學，不必疑及禍福。若以懲愚儆惰，則命討遏揚合存是義，訓俗立教固自苦心。嘗讀其書，往往不類近儒，而與上古《素問》《周髀》《考工》、漆園諸編默相勘印，顧粹然不詭於正。至其檢身事心，嚴翼匪懈，則世所謂皋比而儒者未之或先。信哉，東海、西海，心同理同，所不同者，特言語文字之際。而是編者出,則同文雅化又已爲之前茅。用以鼓吹休明,贊教厲俗,不爲偶然,亦豈徒然,固不當與諸子百家同類而視矣。余友汪孟樸氏重刻於杭,而余爲僭弁數語。非敢炫域外之書,以爲聞所未聞,誠謂共戴皇天而欽崇要義,或亦有習聞而未之用力者,於是省焉,而存心養性之學,當不無裨益云爾。①

重刻天主實義跋

新都汪汝淳

自昔聖賢之生,救世爲急。蓋體陰騭之微權,隨時而登之覺路,繼天立極,有自來矣。三代以還,吾儒主盟。自象教東流,彼説遂熾。夫世衰道微,押闔變詐之機,相爲蟊賊,毋亦惟是狗生執有之見致然。竺乾居士予以正覺,超乘而上,庶幾不墮於迷塗。蓋化實而歸於虛,欲人人越諸塵累,不謂於世道無補也。夫始而入,既而濡,乃今虚幻之談,浸爲冥諦。學人不索之昭明,而求之象罔,喝棒則揚眉,持呪則瞬目,豈不謂三昧正受乎哉,何夢夢也? 利先生憫焉,乃著爲《天主實義》。夫上帝降衷,厥性有恒,時行物生,天道莫非至教,舍倫常物則之外,又安所

---

① 《天學集解》末題:"萬曆疆圉叶洽之歲,日躔在心,浙西後學李之藻盥手謹序。"《天學初函》本同。

庸其繕修！此吾儒大中至正之理，不券而符者也。蓋道隆則從而隆，道污則從而污，持今日救世之微權，非挽虛而歸之實不可。夫逃空虛者，得聞足音，跫然而喜，不亦去人愈久，悦人滋深乎？今聖道久湮，得聞利先生之言，不啻昆弟親戚之謦欬其側也。淳不佞，深有當焉，特爲梓而傳之。①

刻畸人十篇序

虎林李之藻

西泰子浮槎九萬里而來，所歷沉沙狂颶與夫啖人、略人之國，不知幾許。而不菑不害，孜孜求友，酬應頗繁，一介不取，又不致乏[1]絕，始不肖以爲異人。已睹其不婚不宦，寡言飭行，日惟是潛心修德以昭事乎上帝，以爲是獨行人也。復徐叩之，其持議崇正闢邪，居恒手不釋卷，經目能逆順誦，精及性命，博及象緯輿地，旁及句股算術，有中國儒先累世發明未晰者，而悉倒囊若數一二，則以爲博聞有道術之人。迄今近十年所，而習之益深，所稱妄言、妄行、妄念之戒消融都淨，而所修和天、和人、和己之德純粹以精，意期善世而行絕畛畦，語無擊排，不知者莫測其

---

① 《天學初函》本末題："萬曆三十五年歲次丁未仲秋日新都後學諸生汪汝淳書。"

倪，而知者相悅以解。間商以事，往往如其言則當，不如其言則悔，而後識其爲至人也。至人侔於天，不異於人。乃西泰子近所著書十篇，與《天主寔義》相輔行世者，顧自命曰"畸人"。其言關切人道，大約澹泊以明志，行法以俟命，謹言苦志以禔身，絕欲廣愛以通乎天載。雖强半先聖賢所已言，而警喻博證，令人讀之而迷者豁、貪者醒、傲者愧、妒者平、悍者涕。至於常念死候，引善坊惡，以祈宥於帝天，一唱三嘆，尤爲砭世至論，何畸之與有？蓋常悲夫死之必於不免，且不能以遲速料也，上帝之臨汝而不可貳也，獲罪於天之莫禱也，惡人齋戒之可以事帝也，童而習之，智愚共識。然而迷繆本原，怠忽秪事，年富力强而無志迅奮，鐘鳴漏盡而尚諱改圖者衆也。非譚玄以罔生，即佞佛爲超死，死可超，生可罔，世有是哉？人心之病愈劇，而救心之藥不得不瞑眩，瞑眩適於德，猶是膏粱之適於口也，有知十篇之於德適也，不畸也[1]。

校勘記：

[1] 乏：原作"之"，據《天學初函》本與《天學集解》改。

---

① 《天學集解》末題："萬曆戊申歲日在箕，虎林李之藻盥水謹識。""水"當爲"手"之誤。《天學初函》本不誤。

畸人十篇序

浣城劉胤昌

利先生者，出自西國，來遊中華。余從郡伯翁公得其書寓目焉，作而嘆曰：言固一新至是乎。其所載之道，曰自責自省，利行爲祥，要以薰惡而迪善。乃其言不爲吾儒，并不爲柱下漆園、竺乾氏，而獨揭天主之教以爲之宗，古未之前聞也。至若篇中談生死之際、世出世之法，旁引博喻，其事種種創獲，而其旨[1]附會合離，宛轉關生，無所不入，使人煩讀之而清，怒讀之而愉，昏倦欲瞑，讀之而醒，俗念忽消，道念潛滋。嗚呼，寧獨其言之新以[2]若是哉？抑儒之變而爲柱下漆園也，柱下漆園之變而爲竺乾氏也。雖大旨歸於薰惡迪善，而其說由實入虛，由近入遠，漸墮乎恍惚沆洋、不可端倪之域。故賢者借之以融其執滯，不肖者亦借之以濟其跳匿，蓋利害各得半焉。若茲篇者，根極彜則，救救[3]懋繩檢，約遠傳近，課虛徵實，不可得而影響模稜，以閃寄於善惡之間，此吾儒之藩圉，百世利而無害者也。今朝廷方統一聖真，矯易邪慝，諸有以二氏之宗，標幟啓疆者，輒從司敗。是編揆諸功令，政自合符，豈可廢而不存哉！

校勘記：

［1］旨：原作"肯"，據《天學集解》與法圖本改。

［2］以：《天學集解》與法圖本作"奇"。

［3］欶欶：疑衍其一。

重刻畸人十篇引

勾吳周炳謨書

余遊於利先生，習其人，蓋庶乎古所稱至人也，而名其與諸公問答之語曰"畸人"。余讀之，求所爲畸人者何在？其大者在不怖死。其不怖死何也？信以天也。至其自信以天，又非矯誣於冥冥也，曰天所祐者善耳。吾善乏，蘄有善焉；吾善細，蘄大善焉。密之念念刻刻，用以克厭天心者，永食天報，而去來之際，自無弗灑然也。夫世之芒於死生者，驟聞若說，有不駭以爲吊詭者耶？即謂之畸人宜也。抑余考載籍所稱天主、天堂、地獄諸論，二氏書多有之。然其言若河漢，櫺柄莫執，而西庠之傳不然。其指玄，其功實，本天之宗，與吾聖學爲近。第聖學言現在，不言未來，故曰"未知生，焉知死"，蓋藏隱於顯，先民於神也。至其獨參獨證，而指點於朝聞夕死之可，則所謂"性與天道，中人不可得聞"矣。乃彼中師傳曹習，終日言而不離乎是，何也？大抵吾儒之學，主於責成賢哲，①以故御天之聖，首出庶物，而立命之期，亦無貳於殀壽之數，彼百姓特日用不知耳。而西庠之學，兼於化誨凡愚，②是以其教之行，能使家喻户曉，人人修事天之節，而不及參贊一截事。③此則同而不同者也。雖然，吾華誦說聖言者不少矣，利害得失臨之而能不動者幾人，況生死乎？童而習焉，白首而莫知體勘者衆耳。今試取兹篇讀之，耳目一新，神理畢現，直指處何寤弗醒，反覆處何結弗破，不令人爽然自失，而竦然若上帝之臨汝耶？則兹刻之裨世道非小也。客有問於余曰："如子言，西學其遂大行於吾土耶？"應之曰："是未可知也。乃余嘗讀《墨子·天志》諸篇矣，其道在尊天事鬼，兼利天下而不蓄私，每篇之中，於天[1]意三致意焉。雖出於道家，多附會，較《畸人十篇》精麤殊科，然大指可睹矣。夫墨子者，固周漢間與孔氏並稱者也。吾以知兹刻之行於華，與天壤並[2]矣。"客曰："然。"遂並書之，以復於利先生云。④

校勘記：

［1］天：原作"大"，據《天學初函》本與《天學集解》改。
［2］並：原作"益"，據《天學初函》本與《天學集解》改。

---

① 此句旁，《天學集解》有小字注云："吾儒亦未嘗不化誨凡愚。"
② 此句旁，《天學集解》有小字注云："西庠未嘗不責成聖賢。"
③ 此句旁，《天學集解》有小字注云："知天正是參贊根原。"
④ 此文後，《天學集解》云："前半看得透徹，後半參合處俱尚隔一塵。"

題畸人十篇小引

渤海王家植識

　　木仲子因徐子而見利子。利子者，大西國人也，多髯寡言，持其國二十經者甚力。間以語聽者不解，利子乃爲《天主寔義》以著其凡；能聽者解矣，利子乃爲《畸人十篇》以析其義。木仲子終其業，而深嘆利子之異也。西國去中州十萬里，有天有地而不能相通，通之自利子始。利子經國都以百數，獨喜中州。其航海也，蛟龍獺[1]鬼之區，諸唻膾人類者不少，利子從枕席井竈上過之。去身毒爲最近，獨深闢其教。所習爲崇善重倫事天語，往往不詭於堯舜周孔大指。每過一國都，輒習其國都。入中州，即習其語言文字、經史聲韻之詳，不少乖盭，且不難變其俗而從中州冠履之便。爲利子者有八難，世俗所服爲能離遠、能杜慾者不與焉。木仲子終其策，而深嘆利子之異也。噫！世無二理，人無二心，事無二善，仰無二天，天無二主。謂利子之異爲吾人之常，豈不可乎？即木仲子所演十規，木仲子之心也，利子之心也，人人之心也，亦天主之心也。即世無利子，利子之道固行矣。彼牖處視月，牖中窺日，存乎其人，何與利子？請不以世代之古今、道路之遠近、幽明[2]之隔閡障之。

校勘記：

［1］獾：原作"巢"，據《天學初函》本與《天學集解》改。
［2］明：原作"冥"，據《天學初函》本改。

畸人十篇跋

涼庵居士識

或問：畸人之言天堂地獄也，於傳有諸？曰：未之睹也。雖然，其説辯矣。顔貧夭，跖富壽，令不天堂不地獄也，而可哉？大德受命，受命而德施彌溥，報以蒼梧伐木削跡之身，兩楹奠而素王終，即血食萬世，浪得身後榮，聖人不起而享也。報在子孫乎？丹朱傲，外丙、仲壬殤，伯邑考醢，奚報焉？惟是衍聖之爵延世，顧易世而子孫之面目、名號、賢愚，悉不可知。以代聖人受賞，此足以厚聖人乎？不天堂又不可也。或曰：秦熖酷而其義不存，是一説也。顧西泰子所稱引經傳非一，固可繹也。然則與瞿曇氏奚異，而云儒？曰：彼所爲寶玉大弓之竊，西泰子別有辯也。經術所未睹，理所必有，拘儒疑焉。令瞿曇氏竊焉，又支誕其説以惑世。而西泰子孑身入中國，奪而歸之吾儒，以佐殘闕而振聾憒，不顧詹詹者之疑且訕。其論必傳不朽，其原則創非常，是以自謂畸人。①

---

① 《天學集解》末題："涼庵居士李之藻謹識。"

畸人十篇後跋

新都汪汝淳

利先生有《天主實義》行於世,淳既爲板而傳之矣。復有《畸人十篇》,蓋述其與縉紳士人答問之語。淳得而讀之,則皆身心修証之微言。其間釋疑辨惑,罕譬而喻,較之《實義》爲更切。今世學士務爲恢奇,習聖賢之言,往往取道於葱嶺,豈真有所證合哉?闇托微燐,徒立義以救饑耳。利先生從西域來,推天主之教以羽翼聖真,此豈有所畸[1]於人,而曰畸人,何居?莊子曰:畸人者,畸於人而侔於天。惟今人自畸於天而侔於人,此利先生所以畸於人而侔於天也。[①]

校勘記:

[1]畸:原脱,據法圖本與《天學集解》補。

---

① 《大學集解》末題:"萬曆辛亥仲春日,新都汪汝淳。"法圖本於"淳"字後有"跋"字。

刻交友論序

盱眙馮應京

西泰子間關八萬里東遊於中國,爲交友也。其悟交道也深,故其相求也切,相與也篤,而論交道獨詳。嗟夫,友之所繫大矣哉!君臣不得不義,父子不得不親,夫婦不得不別,長幼不得不序,是烏可無交?夫交非汎汎然相讙洽、相施報而已。相比相益,相矯相成,根於其中之不容已,而極於其終之不可解,乃稱爲交。世未有我以面而友以心者,亦未有我以心而友以面者。鳥有友聲,人有友生,鳥無僞也,而人容僞乎哉?京不敏,早溺鉛槧,未遑負笈求友,壯遊東西南北,乃因王事敦友誼。視西泰子迢遥山海,以交友爲務,殊有餘愧。爰有味乎其論,而益信東海西海,此心此理同也。付之剞劂,冀觀者知京重交道,勿忍見棄。即顔未承、詞未接,願以神交。如陽燧向日,方諸向月,水火相應以生,京何敢忘德?《交友論》凡百章,藉以爲求友之贄。①

---

① 《天學集解》末題:"明萬曆辛丑春王正月人日,盱眙馮應京書於楚臬司之明德堂。"《天學初函》本無"王"字,"京"後有"敬"字。

山海輿地全圖總序

盱眙馮應京

謹按：西泰先生輿圖，大都以天度定輪廣，以日行別寒燠，以五大州辨疆界，物產民風之瓌奇附焉。於戲！天下之觀此圖者衆矣。或供臥遊之興，或廣經略之謀，或銷蠻觸之褊心，或鶩塵芥之虛見。倘亦有進於道者乎？《記》稱，至聖德業，施及天地之所覆載，而莫不尊親，盛矣。崇伯子作《禹貢》，伊尹作《獻令》，姬公作《王會》，毋亦惟是誕敷文德，以恢無外之仁。乃周職方氏掌天下之圖，四夷八蠻、七閩九貉、五戎六狄止[1]爾。延及我明，多方砥屬。東南際海，若朝鮮、暹邏、爪哇，凡十有七國。西南夷若婆羅、滿剌加，凡二十九國。其由天方通者，又二十八國。西域則泥剌、朵甘[2]，凡七國。其由哈密通者，又二十八國。北虜種類繁夥，僉受羈縻。視古聲教爲尤盛，視此圖僅五之一耳。所稱無遠弗屆，是耶非耶？天下勢分有限，心量無窮。心者，上帝所降衷，宇宙同之，隨分所及，以盡此心，遞相爲唱和，遞相爲感應。擬議一室之中，流行八荒之外，果且以時、地限哉？諦觀殊方風土，尚有穴處者，不粒食不火食者，衣蟲魚皮者，結繩刻木葉者，食人者，食子者，爲鸛鵾食者，死而掛之樹、葬之腹中者。其知宮室、佃漁、耕稼、衣裳、文字、網罟、棺槨、人倫之制，匪賴有聖人之教不及此。聖人立教綏猷，代天以仁萬國，夫亦順人心以利導。而吾徒顧瞻寰宇，傚法前修，各以心之精神，明道淑世，薪火相傳，曷知其盡？即如中國聖人之教，西國固未前聞，而其所傳乾方先聖之書，吾亦未之前聞。乃茲交相發明，交相裨益，惟是六合一家，心心相印，故東漸西被不爽耳。夫物非吾所有者，玩之喪志。悠悠方儀，萬象咸載，吾道放之而皆準，詎忍遐遺？直當視如家園譜牒，油然興並包之思焉。西泰先生云："神之接物，司記者受之，司明者辨之，司愛者處之。要歸事上帝爲公父，聯萬國爲弟兄，是乃繪此坤輿之意與。"應京嘗備員職方，見其獻圖於上，倍蓰掌故，乃悉其蘊，序而傳之。以屬程生百二，纂四夷奉貢種落於後，用昭咸賓之盛，且以資學者宏覽云。

校勘記：

[1] 止：原作"正"，據《方輿勝略》與《天學集解》改。
[2] 甘：原作"耳"，據《方輿勝略》改。

地輿萬國全圖總説

利瑪竇撰

地與海本是圓形，而合爲一球，居天球之中，誠如卵黃[1]。有謂地爲方者,乃語其定而不移之性,非語其形體也。天既包地,則彼此相應,故天有南北二極,地亦有之。天分三百六十度,地亦同之。天中有赤道,自赤道而南二十三度半爲南道,赤道而北二十三度半爲北道。據中國在北道之北,日行赤道則晝夜平,行南道則晝短,行北道則晝長。故天球有晝夜平圈列於中,晝短、晝長二圈列於南北,以著日行之界。地球亦設三圈對於下焉。但天包地外爲甚大,其度廣,地處天中爲甚小,其度狹,此其差異者耳。查得直行北方者,每路二百五十里,覺北極出高一度,南極入低一度;直行南方者,每路二百五十里,覺北極入低一度,南極出高一度。則不特審地形果圓,而並徵地之每一度廣二百五十里,則地之東西南北,各一周有九萬里實數也。是南北與東西,數相等而不容異也。夫地厚二萬八千六百三十六里零百分里之三十六分,上下四旁皆生[2]齒所居,渾淪一球,原無上下。蓋在天之内,何瞻非天。總六合内,凡足所佇即爲下,凡首所向即爲上。其專以身之所居分上下者,未然也。且予自大西浮海入中國,至晝夜平線,已見南北二極皆在平地,略無高低。道轉而南,過大浪山,已見南極出地三十六度,則大浪山與中國上下相爲對待矣。而吾彼時只仰天在上,未視之在下也。故謂地形圓而周圍皆生齒者,信然矣。以天勢分山海,自北而南爲五帶。一在晝長、晝短二圈之間,其地甚熱,帶近日輪故也。二在北極圈之内,三在南極圈之内,此二處地居甚冷,帶遠日輪故也。四在北極、晝長二圈之間，五在南極、晝短二圈之間，此二地皆謂之正帶，不甚冷熱，日輪不遠不近故也。又以地勢分輿地爲五大州，曰歐邏巴，曰利未亞，曰亞細亞，曰南北亞墨利加，曰墨瓦蠟泥加。若歐邏巴者，南至地中海，北至臥蘭的亞及冰海，東至大乃河、墨何的湖、大海，西至大西洋。若利未亞者，南至大浪山，北至地中海，東至西紅海、仙[3]勞冷祖島，西至河摺亞諾滄。即此州只以聖地之下微路與亞細亞相聯，其餘全爲四海所圍。若亞細亞者，南至蘇門答臘、呂宋等島，北至新曾白臘及北海，東至日本島、大明海，西至大乃河、墨河的湖、大海、西紅海、小西洋。若亞墨利加者，全爲四海所圍，南北以微地相聯。若墨瓦蠟泥加者，盡在南方，惟見南極出地，而北極恒藏焉。其界未審何如，故未敢訂之。惟其北邊與大、小爪哇及墨瓦蠟泥峽爲境也。其各州之界[4]當以五色別之，令其便覽。各國繁夥難悉，大約各州俱有百餘國，原宜作圓球，以其入圖不便，不得不易圓爲平，反圈爲線耳。欲知其形，必須相合連東西二海爲一片可也。其經緯線本宜每度畫之，今且惟每十度爲一方，以免雜亂。依是可分置各國於其所。東西緯線數天下之長，自晝夜平線爲中而起，上數至北極，下數至南極。南北經線數天下之寬，自福島起爲一十度，至三百六十度，復相接焉。試如察得南京離中線以上三十二度，離福島以東一百廿八度，則安之於其所也。凡地在中線以上主北極，則實爲北方。凡在中線以下，則實爲南方焉。釋氏謂中國在南瞻部洲，並計須彌山出入地數，其繆可知也。又用緯線以著各極出地幾何。蓋地離晝夜平線度數與極出地度數相等，但在南方則著南極出地之數，在北方則著北極出地之數也。故視京師隔中線以北四十度，則知京師北極高四十度也。視大浪山隔中線以南三十六度，則知大浪山南極高三十六度也。凡同緯之地，其極出地數同，則四季寒暑同態焉。若兩處離中線度數相同，但一離於南，一離於北，其四季并晝夜刻數均同，惟時相反，此之夏爲彼之冬耳。其長晝、長夜離中線愈遠，則其長愈多。余爲式以記於圖邊，每五度其晝夜長何如，則西東上下隔中線數一，則皆可通用焉。用經線以定兩處相離幾何辰也。蓋日輪一日作一周，則每辰行三十度，而兩處相違三十度並謂差一辰。故視女直離福島一百四十度，而緬甸離一百一十度，則明女直於緬甸差一辰。而凡女直爲卯時，緬方爲寅時也。其餘倣是。設差六辰，則兩處晝夜相反焉。如所離中線度數又同而差南北，則兩地人對足底反行。故南京離中線以北三十二度，離福島一百二十八度。而南亞墨利加之瑪八作離中線以南三十二度，離福島三百又零八度，則南京於瑪八作人相對反足底行矣。從此可曉同經線處並同辰，而同時見日月蝕矣。此其大略也，其詳則備於圖云。①

---

① 《天學集解》末題："時大明萬曆年間大西洋波爾都亞國耶穌會修士西泰利瑪竇謹識。"

校勘記：

［1］卵黄：梵蒂岡本與《天學集解》作"雞子黄在青内"。
［2］生：原作"主"，據梵蒂岡本與《天學集解》改。
［3］仙：原作"聖"，據梵蒂岡本與《天學集解》改。
［4］界：原作"略"，據梵蒂岡本與《天學集解》改。

題萬國圖小序

新安程百二

西泰子有云：欲圖方域，須精天文。弗達天文，何以知其圖或在赤道下乎？或赤道之南之北乎？離赤道南北幾里？違福島西東幾度乎？於此地何星恒見，何星恒伏乎？其各處夏冬晝夜長短幾刻乎？若非一一鑿然有據，何以圖焉？故是圖如卵斯員，凡九萬里，五州分藩，周垣其外，是爲九天。然地分與天相應，南北西東，各國各島，無不中度分也。

方輿勝略引

太原王錫爵

軒轅氏方制天下，得百里者萬區。而《禹貢》《周官》

言九州,固在今天子幅帊内耳。及古所稱諸戎,亦多禀正朔矣。漢通西南夷,唐置安西四鎮,皆去中國萬餘里,則古帝王所無有也。而耶律德光遣人窮大地所盡,凡五年而歸,開闢所未嘗至。今利西泰親見南極出地三十六度,是與中國之戴履正相直矣。昔張騫見卭竹蒟醬,知去巴蜀不遠,遂有鑿空之事。後有知地球之可繞而遍也,將無令東出蟠木而入於流沙,北自幽陵而歸以交趾,觀天地之員方,驗星宿之遠近者乎? 爰程生幼輿刻之成帙,故贅數語於簡端若此。①

題萬國坤輿圖

浙西李之藻撰

輿地舊無善版,近《廣輿圖》之刻,本唐賈南皮畫寸分里之法,稍似縝密。然取《統志》《省志》諸書,詳爲校覈,所載四履遠近亦復有漏。緣夫撰述之家非憑紀載,即訪輶軒,然紀載止備沿革,不詳形勝之全,輶軒路出紆回,非合應弦之步,是以難也。《禹貢》之内且然,何況絶域。不謂有上取天文以準地度,如西泰子《萬國全圖》者。彼國歐邏巴原有鏤版,法以南北極爲經,赤道爲緯,周天經緯

---

① 《天學集解》末題:"太原王荆石。《方輿聖略引》,錫爵王有功敬題。"

捷作三百六十度而地應之。每地一度，定爲二百五十里，與《唐書》所稱三百五十一里八十步而差一度者相仿佛，而取里則古今遠近稍異云。其南北則徵之極星，其東西則算之日月衝食，種種皆千古未發之秘。所言地是圓形，蓋蔡邕釋《周髀》，已有天地各中高外下之說；《渾天儀注》亦言地如雞子中黄，孤居天内。其言各處晝夜長短不同，則元人測景二十七所亦已明載。惟謂海水附地，共作圓形，而周圓俱有生齒，頗爲創聞可駭。要於六合之内，論而不議，理苟可據，何妨求野。圜象之昭昭也，晝視日景，宵窺北極，所得離地高低度數，原非隱僻難窮，而人有不及察者，又何可輕議於方域之外。沈括曰："古人候天，自安南至岳臺纔六千里，而北極差十五度稍北不已，庸詎知極星不直在人上乎？"夫極星在人上，是極星下有人焉。再北而背負極星，其理可推也。元人測景雖遠，止於南北海二萬里内，而北極所差已五十度。西泰子汎海，躬經赤道之下，平望南北二極。又南至大浪山，而見南極之高出地三十六度。古人測景，曾有如是之遠者乎？其人恬澹無營，類有道者，所言定應不妄。又其國多好遠遊，而曹習於象緯之學，梯山航海，到處求測，蹤逾章亥，算絕撓隸。所攜彼國圖籍，玩之最爲精備，夫亦奚得無聖作明述焉者？異人異書，世不易遘，惜其年力向衰，無能盡譯。此圖白下諸公曾爲翻刻，而幅小未悉。不佞因與同志爲作屏障六幅，暇日更事殺青，釐正象胥，益所未有，蓋視舊業增再倍，而於古今貢朝[1]中華諸國名尚多闕焉，意或今昔異稱，又或方言殊譯，不欲傳其所疑，固自有見，不深強也。別有南北半球之圖，橫剖赤道，直以極星所當爲中，而以東西上下爲邊，附刻左方，其式亦所創見。然考黃帝《素問》，已有其義。所以立於午而面子，立於子而面午，至於自卯望酉、自酉望卯，皆曰北面。立於卯而負酉，立於酉而負卯，至於自午望南、自子望北，皆曰南面。是皆以天中爲北，而以對之者爲南。南北取諸天中，正取極星中天之義，昔儒以爲最善言天。今觀此圖，意與暗契，東海西海，心同理同，於茲不信然乎？於乎！地之博厚也，而圖之楮墨，頓使萬里納之眉睫，八荒了如弄丸。明晝夜長短之故，可以契曆算之綱，察夷隩析因之殊。因此[2]識山河之孕，俯仰天地，不亦暢矣大觀。而其要歸於使人安稊米之浮生，惜駒隙之光景，想玄功於亭毒，勤昭事於顧諟，而相與偕之乎大道。天壤之間，此人此圖，詎可謂無補乎哉？①

校勘記：

[1] 貢朝：梵蒂岡本作"朝貢"。

[2] 此：梵蒂岡本與《天學集解》作"以"。

---

① 《天學集解》末題："大明萬曆戊戌進士仁和振之我存李之藻謹撰。"

題萬國二圜圖序

雲間徐光啓撰

西泰子之言天地圜體也，猶二五之爲十也。或疑焉，作正、戲、別三論解之。正論曰：古法，北極出地三十六度，此自中州言耳。唐人云：南北相去，每三百五十一里八十步而差一度。宋人云：自交南至于[1]岳臺，六千里而差十五度。此定説也。夫地果平者，即南北相去百億萬里，其北極出地之度，宜恒爲三十六，不能差毫末也。猶山高千尺，以《周[2]髀》量之，自此山之下稍移之平地數十里外，宜恒爲千尺，不能差毫末也。以郭若思之精辨，南北測驗二萬里，北極之差至五十度，而不悟地爲平體，移量北極之不能差毫末，何也？又因而抑[3]札馬[4]魯丁，使其術不顯，何也？戲論曰：嵩高之下，北極出地三十六度。自此以北，每三百五十一里八十步而差一度，則嵩高之北一萬八千九百六十六里，正當北極之下矣。近世渾天之說，明即天爲圜體無疑也。夫天爲圜體，地能爲平體，北極又能爲遞差。則以《周髀》計之，北極之下，自天至地，裁一萬三千八百二十九里而已。次以弧矢截圜法計之，則北極之下更北行四千四百七十六里有奇，而地與天俱盡也。合計之，即自嵩高以北二萬三千四百四十里有奇，而地與天俱盡也。倍之則東西廣、南北袤,各四萬六千八百八十五里有奇,而地與天俱盡也。此三者以爲可不可也？別論曰：揚子雲主蓋天,桓君山詘之,是也。然蓋天能知地平[5],則北極不能爲差。故云北極之下高於中國六萬里。但如其説者,又不能爲圓天,圓[6]天則高於中國六萬里之處,既與天相及矣。故曰：天之北極高於四周亦六萬里,斜倚之令[7]天與地不相及也。若言圓天而不言圓地,政不足以服《周髀》。

校勘記：

[1] 于：原作"子",據《方輿勝略》與《天學集解》改。
[2] 以周：原作"不能差毫",據《方輿勝略》與《天學集解》改。
[3] 抑：原作"柳",據《方輿勝略》與《天學集解》改。
[4] 馬：原作"焉",據《方輿勝略》與《天學集解》改。
[5] 平：原作"乎",據《方輿勝略》與《天學集解》改。
[6] 圓：原作"圖",據《方輿勝略》與《天學集解》改。
[7] 令：原作"合",《方輿勝略》作"今",據《天學集解》改。

題萬國坤輿圖

東郡祁光宗題

昔人謂通天、地、人曰儒。夫通何容易,第令掇拾舊吻,未能抉千古之秘,何必非管窺也,於天地奚裨焉？西泰子流覽諸國，經歷數十年，據所聞見，參以獨解，往往言前人所未言。至以地度應天躔，以讀天地之書爲爲己之學，幾於道矣。余友李振之甫愛而傳之，乃復畫爲圖說，梓之屏障。坐令天地之大，歷歷在眉睫間，非胸中具有是圖，烏能爲此？倘所謂通天、地、人者耶？余未爲聞道，獨於有道之言嗜如飢渴，故不覺津津道之如此。如以余之敍茲圖也，而並以余爲知言，則余愧矣。

題萬國坤輿圖

歙人吳中明撰

鄒子稱中國外如中國者九，裨海環之，其語似闊大不經。世傳崑崙山東南一支入中國，故水皆東流，而西北一支仍居其半，卒亦莫能明其境。夫地廣且大矣，然有形必有盡，而齊州之見，東南不逾海，西不逾崑崙，北不逾沙漠，於以窮天地之際，不亦難乎！囿於所見，或意之爲小；放浪於所不見，或意之爲大，意之類皆妄也。利山人自歐邏巴入中國，著《山海輿地全圖》，薦紳多傳之。余訪其所爲圖，皆彼國中鏤有舊本。蓋其國人及拂郎機國人皆好遠遊，時經絕域，則相傳而誌之。積漸年久，稍得其形之大全。然如南極一帶，亦未有至者，要以三隅推之，理當如是。山人澹然無求，冥修敬天，朝夕自盟以無妄念、無妄動、無妄言。至所著天與日、月、星遠大之數，雖未易了，然其説或自有據，并載之以俟知者。①

題萬國坤輿圖

蜀東楊景淳識

漆園氏曰："六合之内，論而不議。"子思子亦曰："及其至，聖人有所不知。"夫唯不知，是以不議，然未嘗不論，亦未嘗不知也，章亥之步地所從來矣。《禹貢》之書列[1]乎九州，職方之載罄乎四海，班氏因之而作《地理志》，政治風習，靡所不具，此其大章明較著者。而質之六合，蓋且挂一而漏萬，孰有囊括苞舉六合如西泰子者。詳其圖説，蓋上應極星，下窮地紀，仰觀俯瞰，幾乎至矣。即令大撓而在，當或采摭之。其仿佛章步、羽翼禹經、開拓班志之蒐羅者，功詎眇小乎哉！而凡涉之乎輶軒，識之乎心目，亦且窮年，夫豈耳食意[2]決、管窺蠡測者可同日語？而其中有未盡釋者，儻亦論而不議之意乎？第西泰子難矣，而知西泰子亦不易。語云："千載而下有知己者出，猶爲旦暮遇。"元之耶律，浙之青田，其一證矣。兹振之氏與西泰子聯千載於旦暮，非大奇遘耶？此圖一出，而範圍者

---

① 《天學集解》末題："大明萬曆戊戌年徽州歙縣人左海吳中明題。"

籍以宏其規摹,博雅者緣以廣其[3]玄矚,超然遠覽者亦信太倉稊米、馬體豪末之非縴語。寧獨與譚天蝸角之論、倘怳[4]悠謬之見並視之也!不佞淳與振之氏爲同舍郎,稱莫逆,而與西泰子傾蓋如故者。茲刻也,蓋同心云。

校勘記:

[1]列:梵蒂岡本與《天學集解》作"歷"。
[2]意:梵蒂岡本作"臆"。
[3]其:原闕下兩點,不成字,據梵蒂岡本與《天學集解》改。
[4]怳:原作"況",據梵蒂岡本改。

跋萬國坤輿圖

沘陽陳民志跋

西泰子之有是役也,夫寧是浮舟棋局,脛之所不走而以臥遊?蓋裴秀六體鮝匡爾,計然五土蟬緌[1]爾,亥之步而章之蒐,至涯而反爾。方之此圖,窮青冥,極黃壚,四遊九瀛之所未嘗,而纍纍焉臚而指諸掌。彼惡溪沸海、陷河懸度,直以甕牖語人,而叱夜郎爲大於漢。此亦胥象之侈事,柱黿之曠則矣。夫西泰子經行十萬里,越廿禩而屆吾土,入長安,李繕部旦暮而遇之,遇亦奇矣哉。

校勘記：

［1］綾：原作"繡"，據梵蒂岡本與《天學集解》改。

題萬國小圖序

廣陵張京元

先儒曰：天如卵白，地如卵黃，天包地外，而天無一息不旋轉。天以圓轉，則地在天内，亦爲圓體明矣。世徒泥天圓[1]地方之説，凡輿圖悉爲平面方隅之式，不知天圓地方云者，特以動靜性情言之，非以形體言也。假如天以圓包於外，而地以平面方隅在内，則地之平面盡處，與天相接連，即相礙著，天於何隙旋轉？且凡平面之物，雖億萬無算，必有盡處，自古曾未有算到地盡處者，正以地體本圓，人物周環附著，隨其所附，見若平坦然。曰周環，故無盡處，故面面視天，相去皆等，故天運而不覺。蓋地如[2]一丸，爲氣所乘，在圓天之正中，如[3]卵黃在白中，世寧有圓白方黃之卵哉？吾中國人足不履户，執泥局曲，耳目所未經，與之言，輒大駭。西域至人，多泛大海，涉重溟，多者數十載，少者數載，積百年來實聞實見，畫而成圖。西泰翁歸心中夏，謁見今上，以其圖懸之通都，真是得未曾有。但京板列爲屏障，大盈一室，不便閲，閲亦苦遠。予欲縮而小之，西泰翁乃復殫思竭力，爲兩小圖，可懸座右。

因與同門徐子先、姚仲含擊節稱善，共爲捐俸，募善工刻之，遍貽海內。解不解在乎其人，不能強也。[①]

校勘記：

[1] 圓：原件破損闕文，據下文及《天學集解》補。
[2] 如：原脱，據《方輿勝略》與《天學集解》補。
[3] 如：此字上，《方輿勝略》與《天學集解》有"正"字。

題萬國坤輿圖

歐邏巴人利瑪竇謹撰

吾古昔以多見聞爲智，原有不辭萬里之遐往訪賢人，觀名邦者。人壽幾何，必歷年久遠而後得廣覽備學。忽然老至而無遑用焉，豈不悲哉！所以貴有圖史。史記之，圖傳之，四方之士所睹見，古人載而後人觀，坐而可減愚增智焉。大哉，圖史之功乎！敝國雖褊，而恒重信史，喜聞各方之風俗與其名勝，故非惟本國詳載，又有天[1]下列國通志，以至九重天、萬國全圖，無不備者。竇也跧伏海邦，竊慕中華大統萬里聲教之盛，浮槎西來。壬午解纜東粵，東粵人士請圖所過諸國，以垂不朽。彼時竇未熟漢語，雖出所攜圖冊與其積歲札記紬繹刻梓，

---

① 《天學集解》末題："時大明萬曆丁未菊月重陽日張京元題。"

然司賓所譯，奚免無謬。庚子至白下，蒙左海吳先生之教，再爲修訂。辛丑來京，諸大先生曾見是圖者，多不鄙弃羈旅，而辱厚待焉。繕部我存李先生夙志輿地之學，自爲諸生編輯有書，深賞兹圖，以爲地度之上應天躔，乃萬世不可易之法，又且窮理極數，孜孜盡年不捨。慊前刻之隘狹，未盡西來原圖什一，謀更恢廣之。余曰："此乃敝邦之幸，因先生得有聞於諸夏矣，敢不罄意再加校閱。"乃取敝邑原圖及通誌諸書，重爲考定。訂其舊譯之謬，與其度數之失，兼增國名數百。隨其楮幅之空，載厥國俗土産。雖未能大備，比舊亦稍贍云。但地形本圓球，今圖爲平面，其理難於一覽而悟。則又倣敝邑之法，再作半球圖者二焉，一載赤道以北，一載赤道以南，其二極則居二圈當中，以肖地之本形，便於互見。共成大屏六幅，以爲書齋臥遊之具。嗟嗟！不出戶庭，歷觀萬國，此於聞見，不無少補。嘗聞天地一大書，惟君子能讀之，故道成焉。蓋知天地，而可證主宰天地者之至善、至大、至一也。不學者，弃天者也。學不歸原天帝，終非學也。淨絶惡萌以期至善，即善也。姑緩小以急於大，減其繁多以歸於至一，於學也庶乎。竇不敏，譯此天地圖，非敢曰資聞見也，爲己者當自得焉。竊以此望於共戴天履地者。[1]

---

[1] 《天學集解》末題："萬曆壬寅孟秋吉旦，歐邏巴人利瑪竇謹撰。"梵蒂岡本同。

校勘記：

[1]天：原作"大"，據梵蒂岡本與《天學集解》改。

重刻二十五言序

盱眙馮應京書

太上忘言，其次立言，言非爲知者設也。人生而蒙[1]，非言莫覺，故天不言，而世生賢哲以覺之。兹《二十五言》實本天數，泰西國利先生作也。夫泰西於中土，不遼絶乎？唯是學專事天，見爲總總天民罔不交相利濟也者。阽危則拯以力，迷惑則救以言，非力所及，聊因言寄愛焉，故不厭諄諄也。凡人之情，厭飫常餐，則尋珍錯於山海，亦秖以異耳。先生載此道胹，梯航而來，以惠我中國，如龍蠻鳳觜，無所希覯。要以陳得失之林，使衆著於性之不可虧而欲之不可肆，則所關於民用固甚鉅已。於戲！立言難，聽言不易，中國聖人之訓夥矣。然餔糟者見譏於輪人，掞藻者或方之優孟。則今對證而發藥，烏可以已？黨誦斯言者，穆然[2]動深長之思，一切重内輕外，以上達於天德，則不必起游、夏於九原，而尼父覺人之志以續。其視蘭臺四十二章孰可尊用，當必有能辨之者。京既受而卒業，幸裨涼德，乃付殺青，公之吾黨。無寧使人謂我金木方訊，獨藉此免内刑，且聽道説途，於震修無當也。惟是匯流西海，不隱仁人之賜，俾共戴[3]此天者曙所嚮往，則知言君子，將亦有契於予心。①

校勘記：

[1] 蒙：原作"瑩"，據《天學初函》本與《天學集解》改。
[2] 然：原脱，據《天學初函》本與《天學集解》補。
[3] 戴：原作"載"，據《天學初函》本與《天學集解》改。

跋二十五言

雲間徐光啓撰

昔遊嶺嶠，則嘗瞻仰天主像設，蓋從歐邏巴海舶來也。已見趙中丞、吳銓部前後所勒輿圖，乃知有利先生焉。間邂逅留都，略偕之語，竊以爲此海內博物通達君子矣。亡何，齎貢入燕，居禮賓之館，月給大官飱錢。自是四方人士無不知有利先生者，諸博雅名流亦無不延頸願望見焉。稍聞其緒言餘論，即又無不心悅志滿，以爲得所未有。而余亦以間遊從請益，獲聞大旨也。則余向所嘆服者，是乃糟粕煨燼，又是乃糟粕煨燼中萬分之一耳。蓋其學無所不闚，而其大者，以歸誠上帝、乾乾昭事爲宗，朝

---

① 《天學集解》末題："萬曆甲辰歲夏五月穀旦，盱眙馮應京書。"《天學初函》同。

夕瞬息，亡一念不在此。諸凡情感誘慕，即無論不涉其躬，不挂其口，亦絕不萌諸其心，務期掃除淨潔，以求所謂體受歸全者。間嘗反覆送難，以至雜語燕譚，百千萬言中，求一語不合忠孝大指，求一語無益於人心世道者，竟不可得。蓋是其書傳中所無有，而教法中所大誡也。啓自昔多[1]疑，至是若披雲然，了無可疑。時亦欲[2]作解，至是若遊溟然，了亡可解，乃始服膺請事焉。間請其所譯書數種，受而卒業。其從國中攜來諸經書盈篋，未及譯，不可得讀也。自來京師，論著復少。此《二十五言》成於留都，今年夏，楚憲馮先生請以付梨棗，傳之其人，是亦所謂萬分之一也，然大義可睹矣。余更請之曰："先生所攜經書中，微言妙義，海涵地負，誠得同志數輩相共傳譯，使人人飫聞至論，獲厥原本，且得竊其緒餘，以禆益民用，斯亦千古大快也。豈有意乎？"答曰："唯然，無竢子言之。向自西來，涉海八萬里，修途所經，無慮數百國，若行枳棘中。比至中華，獲瞻仁義禮樂、聲明文物之盛，如復撥雲霧見青天焉。時從諸名公遊，與之語，無不相許可者，吾以是信道之不孤也。翻譯經義，今茲未遑，子姑待之耳。"余竊韙其言。嗚呼！在昔帝世，有鳳有凰，巢閣儀庭，世世珍之。今茲盛際，乃有博大真人，覽我德輝，至止於庭，爲我羽儀，其爲世珍，不亦弘乎。提扶歸昌，音聲激揚，以贊贊我文明之休，日可竢哉，日可竢哉！①

---

① 《天學集解》末題："萬曆甲辰長至日，後學雲間徐光啓撰。"《天學初函》本同。

校勘記：

[1] 自昔多：《天學初函》本作"生平善"。
[2] 欲：《天學初函》本作"能"。

譯幾何原本引

泰西利瑪竇謹書

夫儒者之學，亟致其知，致其知，當由明達物理耳。物理眇隱，人才頑昏，不因既明累推其未明，吾知奚至哉！吾西陬國雖褊小，而其庠校所業格物窮理之法，視諸列邦爲獨備焉。故審究物理之書，極繁富也。彼士立論宗旨，惟尚理之所據，弗取人之所意，蓋曰理之審，乃令我知，若夫[1]人之意，又令我意耳。知之謂，謂無疑焉，而意猶兼疑也。然虛理隱理之論，雖據有真指，而釋疑不盡者，尚可以他理駁焉。能引人以是之，而不能使人信其無或非也。獨實理者、明理者，剖散心疑，能強人不得不是之，不復有理以疵之。其所致之知且深且固，則無有若幾何一家者矣。幾何家者，專察物之分限者也。其分者若截以爲數，則顯物幾何衆也；若完以爲度，則指物幾何大也。其數與度，或脫於物體而空論之，則數者立算法家，度者立量法家也。或二者在物體，而偕其物議之，則議數者如在音，相濟爲和，而立律呂樂家。議度者如在動天，迭運爲時，而立天文曆家也。此四大支，流析百派。其一量天地之大，若各重天之厚薄，日月星體去地遠近幾許、大小幾倍，地球圍徑道里之數。又量山嶽與樓臺之高，井谷之深，兩地相距之遠近，土田、城郭、宮室之廣袤，廩庾大器之容藏也。其一測景以明四時之候、晝夜之長短、日出入之辰，以定天地方位，歲首三朝，分至啟閉之期、閏月之年、閏日之月也。其一造器以儀天地，以審七政次舍，以演八音，以自鳴知時，以便民用，以祭上帝也。其一經理水土木石諸工，築城郭作爲樓臺宮殿，上棟下宇，疏河注泉，造作橋樑。如是諸等營建，非惟飾美觀好，必謀度堅固，更千萬年不圮不壞也。其一製機巧，用小力轉大重，升高致遠，以運芻糧，以便泄注，乾水地，水乾地，以上下舫舶。如是諸等機器，或借風氣，或依水流，或用輪槃，或設關捩，或恃空虛也。其一察目視勢，以遠近、正邪、高下之差，照物狀可畫立圓立方之度數於平版之上，可遠測物度及真形。畫小使目視大，畫近使目視遠，畫圜使目視球，畫像有坳突，畫室屋有明闇也。其一爲地理者，自輿地山海全圖，至五方四海，方之各國，海之各島，一州一郡，斂布之簡中，如指掌焉。全圖與天相應，方之圖與全相接，宗與支相稱，不錯不紊。則以圖之分寸尺尋，知地海之百千萬里，因小知大，因邇知遐，不誤觀覽，爲陸海行道之指南也。此類皆幾何家正屬矣。若其餘家，大道小道，無不藉幾何之論，以成其業者。夫爲國從政，必熟邊境形勢，外國之道里遠近、壤地廣狹，乃可以議禮賓來往之儀，以虞不虞之變。不爾，不妄懼之，必誤輕之矣。不計算本國生耗出入錢穀之凡，無以謀其政事。自不知天文，而特信他人傳說，多爲僞術所亂熒也。農人不豫知天時，無以播植百嘉種，無以備旱乾水溢之災，而保國本也。醫者不知察日月五星躔次，與病體相視乖和逆順，而妄施藥石針砭，非徒無益，抑有大害。故時見小恙微疴，神藥不效，少壯多夭折，蓋不明天時故耳。商賈懵於計會，則百貨之貿易、子母之出入、儕類之衰分咸晦混，或欺其偶，或受其偶欺，均不可也。今不暇詳諸家借幾何之術者，惟兵法一家，國之大事，安危之本，所須此道尤最亟焉。故智勇之將，必先幾何之學。不然者，雖智勇無所用之。彼天官時日之屬，豈良將所留心乎！良將所急，先計軍馬芻粟之盈詘，道里地形之遠近、險易、廣狹、死生；次計列營布陣，形勢所宜，或用圓形以示寡，或用角形以示衆，或爲卻月象以圍敵，或作銳勢以潰散之；其次策諸攻守器械，熟計便利，展轉相勝，新新無已。備觀列國史傳所載，誰[2]有經營一新巧機器，而不爲戰勝守固之藉者乎？以衆勝寡，強勝弱，奚貴？以寡弱勝衆強，非智士之神力不能也。以余所聞，吾西國千六百年前，天主教未大行，列國多相兼並。其間英士，有能以贏少之卒當十倍之師，守孤危之城，禦水陸之攻，如中夏所稱公輸、墨翟九攻九拒者，時時有之。彼操何術以然？熟於幾何之學而已。以是可見，此道所關世用，至廣至急也。是故經世之雋偉志士，前作後述，不絕於世，時時紹明增益，論撰綦爲盛隆焉。乃至中古，吾西庠特出一聞士，名曰歐几里得，修幾何之學，邁勝先士而開迪後進，其道益光，所製作甚衆甚精，生平著書，了無一語可疑惑者。其《幾何原本》一書，尤確而當。曰"原本"者，明幾何之所以然，凡爲其説者，無不由此出也。故後人稱之曰：歐几里得以他書逾人，以此書逾己。今詳味其書，規摹次第，洵爲奇矣。題論之首，先標界說，次設公論，題論所據，次乃具題。題有本解，有作法，有推論，先之所徵，必後之所恃。十三卷中，五百餘題，一脈貫通，卷與卷、題與題相結倚，一先不可後，一後不可先，累累交承，至終不絶也。初言實理，至易至明，漸次積累，終竟乃發奧微之義。若暫觀後來一二題旨，即其所言，人所難測，亦所難信。及以前題爲據，層層印證，重重開發，則義如列眉，往往釋然而失笑矣。千百年來，非無好勝强辨之士，終身力索，不能議其隻字。若夫從事幾何之學者，雖神明天縱，不得不藉此爲階梯焉。此書未達，而欲坐進其道，非但學者無所措其意，即教者亦無所措其口也。吾西庠如向所云，幾何之屬幾百家，爲書無慮萬卷，皆以此書爲基。每竪一義，即引爲證據焉。用他書證者，必標其名；用此書證者，直云某卷某題而已，視爲幾何[3]之日用飲食也。至今世又復崛起一名士，爲竇所從學幾何之本師，曰丁先生，開廓此道，益多著述。竇昔遊西海，所過名邦，每邁顓門名家，輒言後世不可知，若今世以前，則丁先生之於幾何無兩也。先生於此書，覃精已久，既爲之集解，又復推求續補凡二卷，與元書都爲十五卷。又每卷之中，因其義類，各造新論，然後此書至詳至備，其爲後學津梁，殆無遺憾矣。竇自入中國，竊見爲幾何之學者，其人與書信自不乏，獨未睹有原本[4]之論。既闕根基，遂難創造，即有斐然述作者，亦不能推明所以然之故。其是者，已亦無從別白；有謬者，人亦無從辨正。當此之時，遽有志翻譯此書，質之當世賢人君子，用酬其嘉信旅人之意也。而才既菲薄，且東西文理又自絶殊，字義相求，仍多闕略。了然於口，尚可勉圖，肆筆爲文，便成艱澀矣。嗣是以來，屢逢志士，左提右挈，而每患作輟，三進三止。嗚呼！此遊藝之學，言象之麤，而齟齬若是。允哉，始事之難也。有志竟成，以需今日。歲庚子，竇因貢獻，僑邸燕臺。癸卯冬，則吳下徐太史先生來。太史既自精心，長於文筆，與旅人輩交遊頗久，私計得與對譯，成書不難。於時以計偕至，及春薦南宮，選爲庶常，然方讀中秘書，時得晤[5]言，多咨論天主大道，以修身昭事爲急，未遑此土苴之業也。客秋，乃詢西庠舉業，余以格物實義應。及譚幾何家之説，余爲述此書之精，且陳翻譯之難，及向來中輟狀。先生曰："吾先正有言，一物不知，儒者之恥。今此一家已失傳，爲其學者皆暗中摸索耳。既遇此書，又遇子不驕不吝，欲相指授，豈可畏勞玩日，當吾世而失之？嗚呼！吾避難，難自長大；吾迎難，難自消微。必成之。"先生就功，命余口傳，自以筆受焉。反覆展轉，求合本書之意，以中夏之文重復訂政，凡三易稿。先生勤，余不敢承以怠，迄今春首，其最要者前六卷，獲卒業矣。但歐几里得本文已不遺旨,若丁先生之文,惟譯注首論耳。太史意方銳,欲竟之。余曰:"止,請先傳此,使同志者習之。果以爲用也,而後徐計其餘。"太史曰:"然。是書也苟爲用,竟之何必在我。"遂輟譯而梓是謀,以公佈之,不忍一日私藏焉。梓成,寶爲撮其大意,弁諸簡端。自顧不文,安敢竊附述作之林?蓋聊敍本書指要,以及翻譯因起,使後之習者,知夫創通大義,緣力俱艱,相共增修,以終美業。庶俾開濟之士究心實理,於向所陳百種道藝,咸精其能,上爲國家立功立事,即寶輩數年來旅食大官,受恩深厚,亦得藉手以報萬分之一矣。①

校勘記:

[1] 夫:原作"天",據《天學初函》本與《天學集解》改。

[2] 誰,原脱,據《天學初函》本與《天學集解》補。

[3] 何:以下,《天學初函》本有"家"字。

[4] 本:原作"木",據《天學初函》本與《天學集解》改。

[5] 晤:原作"悟",據《天學初函》本與《天學集解》改。

刻幾何原本序

吳淞徐光啓書

唐虞之世,自羲和治曆,暨司空、后稷、工、虞、典樂五

---

① 《天學集解》末題:"萬曆丁未,泰西利瑪竇謹書。"《天學初函》本同。

官者，非度數不爲功。《周官》六藝，數與居一焉，而五藝者不以度數從事，亦不得工也。襄曠之於音，般墨之於械，豈有他謬巧哉？精於用法爾已。故嘗謂三代而上，爲此業者，盛有元元本本，師傳曹習之學，而畢喪於祖龍之焰。漢以來多任意揣摩，如盲人射的，虛發無效；或依儗形似，如持螢燭象，得首失尾。至於今而此道盡廢，有不得不廢者矣。《幾何原本》者，度數之宗，所以窮方圓平直之情，盡規矩準繩之用也。利先生從少年時論道之暇，留意藝學。且此業在彼中，所謂師傳曹習者。其師丁氏，又絶代名家也。以故極精其説，而與不佞遊久，講譚餘晷，時時及之。因請其象數諸書，更以華文，獨謂此書未譯，則他書俱不可得論。遂共翻其要約六卷。既卒[1]業而復之，由顯入微，從疑得信。蓋不用爲用，衆用所基，真可謂萬象之形囿，百家之學海。雖實未竟，然以當他書，既可得而論矣。私心自謂，不意古學廢絶二千年後，頓獲補綴唐、虞、三代之闕典遺義，其裨益當世，定復不小。因偕二三同志刻而傳之。先生曰："是書也，以當百家之用，庶幾有羲、和、般、墨其人乎，猶其小者。有大用於此，將以習人之靈才，令細而確也。"余以謂小用、大用，實在其人。如鄧林伐材，棟梁榱桷，恣所取之耳。顧惟先生之學，略有三種。大者修身事天，小者格物窮理。物理之一端，別爲象數。一一皆精實典要，洞無可疑。其分解擘析，亦能使人無疑。而余乃亟傳其小者，趨欲先其易信，使人繹[2]其文，想見其意理，而知先生之學可信不疑，大概如是，則是書之爲用更大矣。他所説幾何諸家,籍此爲用,略具其《自敍》中,不備論。

校勘記:

[1] 卒:原作"平",據《天學初函》本與《天學集解》改。
[2] 繹:原作"譯",據《天學初函》本改。

幾何原本雜議

吴淞徐光啓記

下學工夫,有理有事。此書爲益,能令學理者袪其浮氣,練其精心;學事者資其定法,發其巧思。故舉世無一人不當學。聞西國古有大學師,門生常數百千人。來學者先問能通此書,乃聽入。何故?欲其心思細密而已。其門下所出名士極多。

能精此書者,無一事不可精;好學此書者,無一事不可學。凡他事,能作者能言之,不能作者亦能言之。獨此書爲用,能言者即能作者;若不能作,自是不能言。何故?言時一毫未了,向後不能措一語,何由得妄言之?以故精心此學,不無知言之助。

凡人學問,有解得一半者,有解得十九或十一者,獨幾何之學,通即全通,蔽即全蔽,更無高下分數可論。

人具上資而意理疏莽，即上資無用。人具中材而心思縝密，即中材有用。能通幾何之學，縝密甚矣。故率天下之人而歸於實用者，是或其所由之道也。

此書有五[1]不必：不必疑，不必揣，不必約[2]，不必試，不必改。有四不可得：欲脫之不可得，欲駁之不可得，欲減之不可得，欲前後更置之不可得。有三至三能：似至晦，實至明，故能以其明明他物之至晦；似至繁，實至簡，故能以其簡簡他物之至繁；似至難，實至易，故能以易易他物之至難。易生於簡，簡生於明，綜其妙，在明而已。

此書爲用至廣，在此時尤所急須。余譯竟，隨偕同好者梓傳之。利先生作敘，亦最喜其亟傳也。意皆欲公諸人人，令當世亟習焉，而習者蓋寡。竊意百年之後，必人人習之，即又以爲習之晚也。而謬謂余先識，余何先識之有？

有初覽此書者，疑奧深難通，仍謂余當顯其文句。余對之：度數之理，本無隱奧。至於文句，則爾日推敲再四，顯明極矣。儻未及留意，望之似奧深焉。譬行重山中，四望無路，及行到彼，蹊徑歷然。請假旬日之功，一究其旨，即知諸篇自首迄尾，悉皆顯明文句。

幾何之學，深有益於致知。明此，知向所揣摩造作而自詭爲工巧者，皆非也。一也。明此，知吾所已知不若吾所未知之多，而不可算計也。二也。明此，知向所想像之理多虛浮而不可按也。三也。明此，知向所立言之可得而遷徙移易也。

此書有五不可學：躁心人不可學，麤心人不可學，滿心人不可學，妒心人不可學，傲心人不可學。故學此者，不止增才，亦德基也。

昔人云："鴛鴦繡出從君看，不把金針度與人。"吾輩言幾何之學，政與此異。因反其語曰："金針度去從君用，未把鴛鴦繡與人。"若此書者，又非止金針度與而已，直是教人開卯冶鐵，抽綫造針[3]，又是教人植桑飼蠶，湅絲染縷。有能此者，其繡出鴛鴦直是等閑細事。然則何故不與繡出鴛鴦？曰：能造金針者能繡鴛鴦，方便得鴛鴦者，誰肯造金針？又恐不解造金針者，菟絲棘刺，聊且作鴛鴦也。其要欲使人人真能自繡鴛鴦而已[4]。

校勘記：

［1］五：《天學初函》本作"四"。
［2］不必約：《天學初函》本無。
［3］針：原作"計"，據《天學集解》改。
［4］"幾何之學"至"鴛鴦而已"：《天學初函》本無。

勾股義序[1]

《周髀算經》曰："昔者周公問於商高曰：'竊聞乎大夫善數也，請問古者庖犧立周天歷度。夫天不可階而升，地不可尺寸而度，請問數從安出？'商高曰：'數之法出於圓方,圓出於方,方出於矩,矩出於九九八十一。故折矩以爲句廣三,股修四,徑隅五。既方之外,半其一矩,環而共槃,得成三四五。兩矩共長二十有五,是謂積矩。故禹之所以治天下者,此數之所以[2]生也。'"漢趙君卿注曰:"禹治洪水,決流江河,望山川之形,定高下之勢,除滔天[3]之災,釋昏墊之厄,使東注於海,而無浸溺,乃句股之所由生也。"又曰:"觀其迭相規矩,共爲反覆,互與通分,各有所得。然則統敍群倫,弘紀衆理,貫幽入微,鈎深致遠,故曰'其裁制萬物,惟所爲之也'。"徐光啓曰:《周髀》勾股者,世傳黃帝所作,而經言庖羲,疑莫能明也。然二帝皆用造曆,而禹復籍之以平水土,蓋度數之用,無所不通者也。後世治[4]曆之家,代不絕人,亦且增修遞進。至元郭守敬若思,十得其六七矣,亡不資算術爲用者。獨水學久廢,即有專門名家,代不一二人,亦絕不聞以勾股從事。僅見《元史》載守敬受學於劉秉忠,精算術水利,巧思絕人。世祖召見,面陳水利六事,又陳水利十有一事。又嘗以海面較京師至汴梁,定其地形高下之差。又自孟門而東,循黃河故道,縱廣數百里間,各爲測量地平,或可以分殺河勢,或可以灌溉田土,具有圖志。如若思者,可謂博大精深,繼神禹之絕學者矣。勝國略信用之,若通惠、會通諸役,僅十之一二。後其書復不傳,實可惜也。至乃遡其爲法,不過勾股測量,變而通之[5],故在人耳。又自古迄今,無有言二法之所以然者。自余從西泰子譯得《測量法義》,不揣復作句股諸義,即此法底裏洞然。於以通變施用,如伐材於林，挹水於澤，若思而在，當爲之撫掌一快已。方今曆象之學，或歲月可緩，紛綸衆務，或非世道所急。至如西北治河，東南治水利，皆目前救時至計。然而欲尋禹績，恐此法終不可廢也。有紹明郭氏之業者，必能佐平成之功，周公豈欺我哉！勾股遺言，獨見於《九章》中，凡數十法，不出余所撰正法十五條。元李冶廣之作《測圓海鏡》，近顧司寇應祥爲之分類釋[6]術，余欲爲説其義未遑也。其造端第一論，則此篇之七亦略具矣。《周髀》首章，《九章》勾股之鼻祖，甄鸞、李淳風輩爲之重釋，頗明悉，實爲算術中古文第一。余故爲[7]采摭要語，弁諸篇端，以俟用世之君子不廢芻蕘者。其圖注見他本，爲節解。至於商高問答之後，所謂榮方問於陳子者，言日月天地之數，則千古大愚也。李淳風駁正之，殊爲未辨。若《周髀》果盡此，其學廢弗[8]傳，不足怪。而亦有近理者數十語，絶勝渾天家。余嘗爲雌黄之，別有論。

校勘記：

[1] 序：此下有墨筆書"徐光啓"三字。

[2] 以：《天學初函》本無。

[3] 天：原作"水"，據《天學初函》本改。

[4] 治：原作"台"，據《天學初函》本與《天學集解》改。

[5] 之：原脱，據《天學初函》本與《天學集解》補。

[6] 釋：原作"擇"，據《天學初函》本改。

[7] 爲：原作"謂"，據《天學初函》本改。

[8] 弗：原脱，據《天學初函》本與《天學集解》補。

勾 股 義

吴淞徐光啓撰

勾股,即三邊直角形也。底線爲勾,底上之垂線爲股,對直角邊爲弦。勾股上兩直角方形,并與弦上直角方形等,故句三股四則弦必五。從此可以句股求弦、句弦求股、股弦求句,可以求句股中容方容圓,可以各較求句、求股、求弦,可以各和求句、求股、求弦,可以大小兩句股互相求。可以立表求高深廣遠,以通句股之窮。可以二表四表求極[1]高深、極廣遠,以通立表之窮。其小大相求及立表諸法,《測量法義》所論著略備矣。句股自相求,以至容方容圓、各和各較相求者,舊《九章》中亦有之,第能言其法,不能言其義也。所立諸法蕪陋不堪讀,門人孫初陽氏删爲正法十五條,稍簡明矣。余因各爲論撰其義,使夫精於數學者,攬圖誦説,庶或爲之解頤。

校勘記:

[1] 極:原脱,據《天學初函》本與《天學集解》補。

表度説序

仁和李之藻

天地之遼廓，不可以里法紀也。人藐焉中處，曷術而睨焉？所恃七政，行有貞度，照有貞明。立表而測之，因小而識大，舉近而知遠。凡規儀、方儀、柱儀、平儀、簡儀、百游儀、十字儀、懸繩儀，種種諸器，無不籍表以神其用。古法載在《周髀》，髀即表也，與璿璣玉衡同用者也，而其理未顯。今上御宇，聲教暨於遐荒。利氏來賓，首闡直景倒景之旨，其儕龍君、龐君、熊君漸暢厥義。嘗試用其術，以求平面、墙面二種日晷而周行天下，晝之永短，景之舒縮，道之曲直，無不合也。即墙面[1]倒景一法而周行天下，用之二十四向，乃至三百六十向，無不合也。可以定時，可以求氣，可以辨方正位，其用無所不通。而表度則剖爲十二，分秒而下，相表體之修短置之，極其數，即至百至千，無不可者。器生數，數呈象，絜有定之度於此，而空明中游移不定之景，惟吾所搏捖罄控之，以成其爲一家之書。此司天周君所爲世精其學，而猶醉心卒業於斯編者也。或曰：表修與短孰勝？余曰：不如短也。修之極，裁人身爲度而止。古尺最短，古表八尺，身爲度也。身爲度而斜長之景尚不可窮，顧安所得不可窮之平面而測之？

然而數十百倍之平面，尚可水準繩望而得也。過此以往，不可知已。其裁身之表，猶可垂繩取直定距而算也。過此以往，則取直定距，愈覺不易矣。況論景理，從大照細者，往往表短則真，表長則光盪影澹而反失其真。試作鍼芒小竅，暎日而射，纔離寸許，搖光倍焉。修景多差，此其實據。倘精算術，修短要自同揆。漆園所謂一尺之捶，日取其半，而萬世不竭者也。然則分數之精者，亦奚以多爲乎？或曰：郭太史何以立四丈之表？應之曰：是約略以求午景，而終非其準也。人立平地，仰望四丈之表，迴乎若中天然。範銅爲之，固所不能。植木爲之，太高則末弱而搖，暑雨撼其本，冰雪封其巔，是皆足爲難也。人從何處絜而正焉，繩而直焉，以窮數旬之景而測諸？若依山岳樓臺，趾廣增倍，非無句股求距之法。然日光高射於四丈之下，景落虛無，雖有景符，殆難真確。夫曆術之訛也，緣談天者流，不精測驗，夸毗而好爲欺也。惟是表景之説，若數一二，要而不繁，簡而有用，奚所容其欺乎？表無當於曆，顧曆非[2]表不核，曆無當於諸賢之本業，顧曆有元元本本，非諸賢之論不闡。令盡出其藏譯之，而人人洞見元本，議不厭廣，業豈厭精？司天氏虛衷而逖覽久矣，將亦有意於斯乎？不驕不吝，如諸賢者，詎可當吾世失之，而曆術其小者也。誠竟[3]其業，吾聖朝同文之化，逾九譯，超百王，萬曆之曆，與天無極可已。

校勘記：

［1］墻面：原作"面墻"，據梵蒂岡本與《天學集解》改。
［2］非：原作"菲"，據梵蒂岡本與《天學集解》改。
［3］竟：原作"見"，據梵蒂岡本與《天學集解》改。

表　度　序

豫章熊明遇

　　黃帝考定星曆，建天地物類之官，備哉燦爛，神明之式也。嗣是上稽乾則、炳諸典謨者，莫崇乎唐虞。蓋古曆作於孟春，於時秭鴡先澤，氣物攸建，寅正尚矣。殷、周各據一統，推本天元，夏時近古。春秋之季，存羊禮失，伏螫火愆，孔子譏之。至於迭推五勝，歲首姻訾，舛午猶甚。漢興，號稱網羅[1]文獻矣，然吹律之理微，占符之術鑿，張倉蒙訛於黑時，公孫衒繆於黄龍。事不師資，廣延何取？一行運算，淳風徵文，唐曆屢更，迄無定據。郭太史守敬測景之法最爲合理，而候人乘遽，僅止北漠。誰云桂海無天[2]，冰天無地，一間不達，遂格圜容。表相洪亮之業，得無專待明時哉。乃臺史徒以《九章》爲紃績，曆理茫然，何分[3]天部？故文曜之麗者明愆，歲差之犄者未覺。交食合朔，致野叟之臚言；考誤證真，煩祠官之彙請。而聖明鄭重，宣問未遽，誠慮師説不明，人持意幟，愈改愈悖。愚謂曆者，歷也，日月所歷之次舍也。黃赤之道，終古不忒，揆測奚難？惟坤體彈丸，乾元骿冒，清揚者環動薄靡，重濁者中止澄凝。隨處顚玄趾黃，而目力所際，恒半[4]分三百六十五度，極星高下，斯其燦然者矣。奈人域是域，誰解大全？不謂西方之儒之書，持之有故，言之成理也。或曰：中夏聖神代起，開闢以來，詎閟斯旨，而借才異域爲？熊子曰：古神聖蚤有言之者。岐伯曰："地在天中，大氣舉之。"伯爲黃帝天師，參佐有羲和五官，曆法肇明，上哉夐矣。惟黎亂秦燔，莊荒列寓，疇人耳食，學者臆摩，厥義永晦。若夫竺乾佛氏，唱爲須彌隱日、大寶縮川，切利天宮、金繩地界，其誕愈甚。語曰：百聞不如一見。西域歐邏巴國人四泛大海，周遭地輪，上窺玄象，下采風謠，彙合成書，確然理解。仲尼問官於剡子曰："天子[5]失官，學在四夷。"其語猶信。古未有歐邏巴通中夏，通中夏自今上御曆始。上古至治，龜呈馬負，焜耀簡篇。中古興朝，馴象麒麟，旅贄荒服。至於星槎絶海，禹谷賓王，抱圖史以觀光，陳書契而利見，豈非同文之盛事，無外之上摹哉！儻祠官采譯以聞，大史氏參伍刊定，以補臺監之不及，將三辰定於次，四時定於紀，舉正歸餘，直媲美乎黃軒之曆矣。何漢唐之足云？

校勘記：

[1] 網羅：原作"羅網"，據《天學初函》本改。

[2] 天：原作"灰"，據《天學初函》本改。

［3］分：《文直行書》引作"知"。

［4］半：原不清，據《天學初函》本補。

［5］子：原作"下"，據《文直行書》與《天學集解》改。

表度説序

慈水周子愚

粤古二帝，制璿璣玉衡以齊七政。三代以下，曆法遷改不常，器亦因之。惟元太史郭守敬製造儀象圭表，以測驗而定節氣、成曆法，爲得其要。然最精而簡者，尤莫若任意立表取景，西國之法爲盡善矣。蓋齊七政者必依太陽方位而齊焉，準曆數者必依太陽本[1]動而準焉，定節氣者必依太陽躔度而定焉。而太陽方位、本動躔度俱以表景度分，得其真確，則表度之法信治曆明時之指南也。圭表我中國本監雖有之，然無其書，理未窮，用未著也。余見大西洋諸先生，其諸書内具有此法，請於龍精華先生譯其書，以補本典，用備曆元。龍先生然之，乃以其友熊有綱先生即爲口授，因演成書以行於世。大西洋諸君子所攜本國書典，其種甚廣，各極其妙，我中國人當一一傳而譯之，悉如此書也。憶昔余與利西泰先生嘗談律吕之學，見其精實，可以補本典所無。余願有請也，利先生慨然許之。嗚呼！先生已化，不能無人琴之感矣。今其友龍先生依然道故[2],再請之。龍先生曰:"吾友之本業,則事天主、講學論道也。學道餘晷,偶及曆數耳。貴國諸君子心欲之,吾輩何有吝色乎?"是故大宗伯欲依洪武壬戌故事,以譯大西洋諸書,請明上聞,業已有成緒。盡傳其書,以裨履端考正之功,而佐我國家敬天勤民之政,是亦千古一快事也。余日庶幾望之。①

校勘記:

[1] 本:原作"木",據《天學初函》本與《天學集解》改。
[2] 故:原作"余",據《天學初函》本與《天學集解》改。

題 天 問 略

吾所取大者,道也。道用莫如天,始造天者,萬物之理畢具。學士罕言之,泰西獨以服習精。雖薄蝕旋變、表占杪忽之差,悉能見於方罫之規,一髮之線,其他稱是。世無舉羲前有畫,禹前有圖,孔子前有官,周子前有極者,皆經千載始出,出亦不盡。儒與中國,非神物司之,時至事起,不脛而走,天且弗違乎。語云:賢者識其大。今日之大安在哉? 歲差之於曆也,測量之於漕也,水法之於西

---

① 《天學集解》末題:"萬曆甲寅歲冬十月,加正四品俸、承德郎、欽天監監副慈水周子愚序。"《天學初函》本同。

北地利也，圖經占極之於海運防倭[1]也。通此者，爲事而不必命以事，可以紀遠。子儀父識。①

校勘記：

[1]防倭：《天學初函》本與《天學初函》作"倭防"。

天問略小序

孔貞時題

昔韋宗睹佛檀論議，因嘆其絕[1]奇。以爲五經之外、冠冕之表，別自有人，不必華宗夏士，亦不必八索九丘。旨哉斯言！世固有奇文妙理發於眎聞之外者，第吾人罣步方内，安睹所爲奇人而稱之？予於西泰書，初習之奇，及進而求之，乃知天地間預有此理，西士發之，東士睹之，非西士之能奇，而吾東士之未嘗究心也。《天問》册特其一端，其言黃道，似[2]沈夢溪辨九道之說。其言日蝕由月，似[3]王充太陰太陽之說。其言月借日光，似張衡《靈憲》所什生魄生明之說。其言諸天，似有出諸儒見解之外，而又非佛氏三十三天之說者。嗟乎！往代天官書，唐史甚精，以其多成於李淳風之手，專門校著，視他書揚藻掞天者愈也。今西士以其畢世聰明，求之於天，而通以中

① 《天學集解》末題："江西寧州人，癸丑進士周希令。"

國之書，使考測者乘之，不大有裨助乎！夫精如淳風，而《麟德》之曆不能不爲《太衍》，則義殘積畸所繇然矣。今之積差漸久，緹縠不應，而授時度事亦漸以不符，正之宜亟，則有關於三辰四游者，其書皆宜講求。是書又不止考測之助已也，於徒詫其奇者何有？①

校勘記：

[1] 其絶：《天學初函》本與《天學集解》作"絶其"。

[2][3] 似：原作"以"，據《天學初函》本與《天學集解》改。

刻天問略題詞

巴國王應熊撰

談天家有二患：一曰淺而不專，一曰執而難通。班固之言曰："星事凶悍，非湛密者弗能由也。"貴專也。《易》曰："知變化者，其知神之所爲。"故貴通也。夫不專不通，則紀昌之虱安所大於車輪，公孫之劍亦何關於波磔？即以奏薄技不可得，而況商天地之綱[1]紀，擅神明之制作乎。蓋學者惟無[2]獨守之主，故多拘方之見，至於不怪所可怪，而怪所不可怪，且舉方圓自然之故而惑之已。余攬

---

① 《天學集解》末題："時萬曆乙卯夏四月，中甫孔貞時題。"《天學初函》本同。

西士之爲象緯家言也，窮年累月，精力絕無旁用。比讀吾中國書，盡以通之乎此道。而凡爲樂器，爲算數，爲農田水利諸政，無不以此道通之。非天下之至材，其孰與焉。而或駴以爲奇，又或疑以爲與吾中國異，何也？盍取《洛》《範》諸書一紀律之，又取法象之見前者一表測[3]之？西人之說，乃正自平常，而未始出吾範圍之內。則夫聖作明述，成變化而行鬼神，前人無不剖白。特承習者自迷其木難火齊，而翻謂胡僧有[4]眼，政猶見布而疑黂，見麑而驚麂，亦可嘆已。嗟乎！古道不明，《洛》《範》諸書僅流爲占候推測之用。占候推測又失其官，而象緯家始立言以辨之。噫！抑末矣，然則學者宜[5]何患焉。①

校勘記：

[1] 綱：原作"網"，據《天學初函》本與《天學集解》改。

[2] 無：原作"不"，據《天學初函》本與《天學集解》改。

[3] 測：原作"治"，據《天學初函》本與《天學集解》改。

[4] 有：原作"多"，據《天學初函》本與《天學集解》改。

[5] 宜：原作"空"，據《天學初函》本與《天學集解》改。

---

① 《天學集解》末題："萬曆乙卯季春望後，巴國王應熊書於寶嗇齋中。"《天學初函》本同。

天問略自序

泰西陽瑪諾題

造物主者生人,則賜之形軀及靈神,而又特使之[1]好知。又生天地列象萬物,種種完備妙巧,如肆大筵,陳異品,置人其間,令形軀享厥用,而靈神窮厥理。且愈窮愈細愈眇,以引其好知之心而樂之。故從古即至聖極聰,惟窮理是務。身心之餘,間及事物,物理愈微,其求悟亦愈殷,幸而悟亦愈樂。嘗辟知心於財心,增一知彌增知渴,益一財彌益財貪也。吾西格物之學,門廡而府藏,枝屬而源備,於天論則尤所詳慎。故其説能剖決心疑,使人不得不是之。如以手指物示人,舉目即得,名爲指論。吾西欲證一切講辨最確無疑、最實無虛者,即曰天文指論。論天文者約有二端,一則測天重之多寡厚薄,日月星之運旋遲速、大小上下,去地之遠近,及出入、朔望、弦食、晝夜、寒暑。斯類者雖有實理,第不急於日用,謂之測學。一則定節候以便稼穡、以令種植,察行度以知時刻、以程作事,算躔會以識禀受、以治疾病,量極宿以度地里、以便行海。斯類者有益於日用,謂之用學。乃其本旨,則又有説焉。夫學以道德爲本,而道德之學又以識天主、事天主爲本。有爲於此學之學,爲實學、益學、永學;無爲於此學之學,爲虛學、廢學、暫學而已。天論者,所以使人識事真主,輕世界而重天堂者也。譬如入一巨[2]宮，崇而且麗，布置安美，職司勤勸，雖不見其主，必意此室中有主居之治之，且必大富大智大德矣。嗟乎！宮之崇麗孰如圓穹，布置之安美孰如七政列宿，職司之勤勸孰如四時之乘除、萬物之生息？誠孰思之，不可謂天地萬物無主以造之治之也。經云：肉目不能視天主，觀其所造即能識之。既識之，容不愛敬乎？故使人識事天主者，此也。人情非視彼大不知此小，非視彼妍不悟此媸。苟能思天之大且美，則必謂此所立所居、所爭所分之地，乃天中一點耳。其間福樂，以天之福樂視之，不可爲真，乃福樂之景耳。色搦加曰：習於天者忽於地。故使人輕世界而重天堂者，此也。夫天象甚廣且多，難以殫悟，日月附在人目，亦用切人身，特撮大略數端，使同志者稍嘗而喜焉。敢曰天論之入門，天堂之引路乎。然實所私祝矣。①

校勘記：

[1] 之：《天學初函》本無。

[2] 巨：原作"臣"，據《天學初函》本與《天學集解》改。

---

① 《天學集解》末題："萬曆乙卯仲秋月，泰西陽瑪諾題。"《天學初函》本同。

簡平儀説序

吳淞徐光啓

楊子雲未諳曆理而依牻法言理,理於何傳?邵堯夫未嫻曆法而撰私理立法,法於何生?不知吾儒學宗傳有一字曆,能盡天地之道,窮宇極宙,言曆者莫能舍旃。孔子曰"澤火革"、孟子曰"苟求其故"是已。革者,東西南北、歲月日時,靡所弗革。言法不言革,似法非法也。故者,二儀七政參差往復,各有所以然之故,言理不言故,似理非理也。唐虞邈矣,欽若授時,學士大夫罕言之。劉洪、姜岌、何承天、祖沖之之流,越百載一人焉,或二三百載一人焉。無有如羲和、仲叔極議一堂之上者,故此事三千年以還忞忞也。郭守敬推爲精妙,然於革之義庶幾焉。而能言其所爲故者,則斷自西泰子之入中國始。先生嘗爲[1]余言:"西士之精於曆,無他謬巧也。千百爲輩,傳習講求者三千年,其青於藍而寒於水者時時有之。以故言理彌微亦彌著,立法彌詳亦彌簡。"余聞其言而喟然,以彼千百爲輩,傳習講求者三千年,吾且越百載一人焉,或二三百載一人焉,此其間何工拙可較論哉?先生没,賜葬燕中,仍詔聽其同學二三君子依止焚修。諸君子感恩圖報,將欲續成利氏之書,盡闡發其所爲知天事天與[2]窮理盡性之學。而會中朝方修正曆法，特簡宿學名儒蒞正其事，於時司天氏習聞諸君子之言者，争推舉以上大宗伯，欲依洪武壬戌故事，盡譯其書，用備典章。大宗伯以聞，報可。自是一時疇人世業，亡不賈勇摩厲，以勸厥成。盛哉！堯舜在上，下有羲和，庶其將極議一堂之上乎？余以爲諸君子之書成，其裨益世道未易悉數。若星曆一事，究竟其學，必勝郭守敬數倍。其最小者，是儀爲有綱熊先生所手創，以呈利先生。利所嘉嘆，偶爲余解其[3]凡，因手受之，草次成章，未及詳其所謂故也。若其言革也，抑亦文豹之一斑矣。熊子以爲少，未肯傳，余固請行之，爲言曆囑矢焉。第欲究竟其學，爲書且千百是，是非余所能終也。必若博求道藝之士，虛心揚搉，令彼三千年增修漸進之業，我歲月間拱受其成，以光昭我聖朝來遠之盛。且傳之史册，曰：曆理大明，曆法至當，自今伊始，復越前古。亦綦快已。①

校勘記：

[1] 爲：原作"謂"，據《天學初函》本與《天學集解》改。

[2] 與：《天學初函》本與《天學集解》無。

[3] 其：原脱，據《天學初函》本與《天學集解》補。

---

① 《天學集解》末題："萬曆辛亥秋月，吴淞徐光啓序。"《天學初函》本同。

題測量法義

吳淞徐光啓撰

　　西泰子之譯測量諸法也，十年矣。法而繫之義也，自歲丁未始也。曷待乎？於時《幾何原本》之六卷始卒業矣，至是而後能傳其義也。是法也，與《周髀》《九章》之勾股測望異乎？不異也。不異何貴焉？亦貴其義也。劉徽、沈存中之流皆嘗言測望矣，能説一表，不能説重表也。言大、小勾股能相求者，以小股大勾、小勾大股兩容積等，不言何以必等能相求也，猶之乎丁未以前之西泰子也。曷故乎？無以爲之籍也。無以爲之籍，豈惟諸君子不能言之，即隸首、商高亦不得而言之也。《周髀》不言籍乎？非籍也。籍之中又有籍焉，不盡説《幾何原本》不止也。《原本》之能爲用如是乎？未盡也，是鰓之於河而蠡之於海也。曷取是焉先之？數易見也，小數易解也，廣其術而以之治水治田，之爲利鉅、爲務急也，故先之。嗣而有述者焉，作者焉，用之乎百千萬端，夫猶是飲於河而勺於海也，未盡也。是《原本》之爲義也。

泰西水法序

河東曹于汴[1]撰

惟上帝好生，既生人則爲之生食。食出於地，藝於人。人有遺能，地乃有遺利，食乃不足。其不足恆以旱乾，天澤既不可徼，則渠塘溉灌急焉。顧亦罕所講究，而西北之鄉尤未閑習。土高泉寡，井有淺深甘鹹，大段不得水之用。即有用之者，工力繁浩，不償所費。然大禹疏治溝洫，必於冀州，建都之域，不至獨遺。今胡以一望岡鹵，豈阡陌開後因仍墮廢，遂謂水泉之利若靳於此方。田家終歲懸懸，占雲盼雨。雨[2]愆其期，立視苗稿。猥云天實爲之，人力無可奈何，枵腹菜面，展轉爲溝中之瘠而已矣。太史玄扈徐公軫念民隱，於凡農事之可興，靡不采羅。閱泰西水器及水庫之法，精巧奇絕，譯爲書而傳之。規制具陳，分秒有度，江河之水、井泉之水、雨雪之水，無不可資爲用，用力約而收效廣。蓋肇議於利君西泰，其同儕共終厥志，而器成於熊君有綱，中華之有此法自今始。粵稽曩昔盛世，首重民食，而田器亦有司存。《周禮》稻人掌稼，蓄水止水、蕩水均水、舍水瀉水俱有經畫。今也牧民之宰，簿書不遑，過隴畝問桑麻，亦未多睹，他何論哉？雖前人樹藝之方，載於《月令》諸篇[3]，上不倡，下不諳也，食胡以足？竊意冬曹當以此書頒之直省,而方岳之長宜宣告郡邑,倣而行,觸類而長,尚何患粒食之難乎？夫士人談及參贊,遂爲聖神,若無敢望涯涘者,不知此類事即贊化育。井田壞而古今分,雖猝不能言復,然崇重農功,固王道之先也。不圖於是,而欲睎蹤隆古之治,必弗可覬已。且安有尊處民上、坐享民膏,不爲民生熟計,忍令其饑以死,此豈天之意也哉？

校勘記：

[1] 汴：原作"抃",據《天學初函》本改。
[2] 雨：原脫,據《天學初函》本補。
[3] 篇：《天學初函》本作"編"。

泰西水法序

上饒鄭以偉撰

此《泰西水法》,熊先生成利先生之志而傳之者也。法五種：曰龍尾,圖凡五；曰玉衡,圖凡四；曰恒升,圖凡四；曰水庫,圖凡三；而終之以藥露諸器,圖凡一。用以取水,力省而功倍。徐太史子先譜之最悉,一開卷即不必見其具,可按文而匠也。書成,中國不憂傳焉。蓋開闢以來,修水用者數易矣。標枝之世掬而飲,亡何蠡焉、盂焉、尊焉、井焉，使掬者視之，不亦最巧也乎？用矣而未廣。其後偃鴻井其田以受潤，廣矣而未備。又其後阡陌開而陂池興，雨雲從渠[1]插中出也，備矣而未有機。又其後桔橰出，機矣，而井田陂池亦不可復睹。古者水土共爲一官，統之司空，土行不修則水利愈巧。巧固生於窮欹，然未有若此之利者。夫田不可復井，何者？必十年始驅民田入之官，必十年始溝官田畫之澮，墳廬城廓之阻又亡論，則必廢二十餘年耕而可。此可幾乎？意者水田可也，而予郡徐伯繼尚寶一爲而躓，故爲今之農，仰天不雨，惟取土龍而祝之耳。予家世農，見鄉土最墟，浹旬晴則桔江而之田，浹旬雨則又決田而之江。遭苦旱，釀錢爲車，如碓加輪焉，寘筒其表，前軒後輊，與水爲無窮，一晝夜度灌二十鐘。顧必急流而可，不然則法窮。又山之民縋泉於竹以溉而不費人力，顧必山泉而可，不然則法窮。兹法也而傳，急流可，即吳越緩流也亦可；山泉可，即燕齊平蕪也亦可。隨俗之便，或用中土法，或用此法，可以佐水車之不及，而前民用。所謂巧生於窮，而窮亦因巧而濟者也。人云《考工記》可補冬官，予直謂冬官未亡，第錯於他官，如稻人瀦溝之類。徐太史文既酷似《考工記》，此法即不敢補冬官，或可備稻人之采，非墨子蜚鳶比也。利先生爲歐邏巴人，偕其儕用賓於朝。甲辰，予識其人於都中，綠瞳虬鬚，與之言，怐怐有道君子也。予休澣別去，利先生已化，曾爲詩以哭之。至壬子復趨朝，則墓草已宿矣。悲愴久之，乃訪熊先生，見其家削者、槃者、絢者，則治水具也。彼方日以錢易水而飲，顧切切然思人田之毛澤，又且遠臣，此其人豈區區踵頂利所可及哉？永樂時神機火槍法得之交南，嘉靖時刀法佛狼機，鳥嘴炮法得之日本，然金火之用耳。師金火以致利，詘水土而廢巧，則爲敢於殺人而不敢於養人矣。而可乎？大都西洋之學尊天而貴神，其餘伎復善曆算，精於勾股，予每欲學而苦不得暇。至其言物理，則願與之相與質難於無窮。而此不具論，論其水法如此。

校勘記：

[1]渠：原作"其"，據《天學初函》本與《天學集解》改。

泰西水法序

吳淞徐光啓

泰西諸君子以茂德上才，利賓於國。其始至也，人人共嘆異之。及驟與之言，久與之處，無不意消而中悅服者。其實心、實行、實學，誠信於士大夫也。其談道也，以踐形盡性、欽若上帝爲宗。所教戒者，人人可共由，一軌於至公、至正，而歸極於惠迪吉、從逆凶[1]之旨，以分趨避之路。余嘗謂其教必可以補儒易佛，而其緒餘更有一種格物窮理之學，凡世間世外、萬事萬物之理，叩之無不河懸響答，絲分理解。退而思之，窮年累月，愈見其説之必然而不可易也。格物窮理之中，又復旁出一種象數之學。象數之學，大者爲曆法、爲律呂，至其他有形有質之物、有度有數之事，無不賴以爲用，用之無不盡巧極妙者。昔與利先生遊，嘗爲我言："薄遊數十百國，所見中土土地人民，聲名禮樂，實海内冠冕。而其民顧多貧乏，一遇水旱則有道殣，國計亦詘焉者。何也？身被主上禮遇隆恩，思得當以報，顧已久謝人間事矣，筋力之用無所可效。有所聞水法一事，象數之流也，可以言傳器寫。倘得布在將作，即富國足民，或且歲月見效，私願以此爲主上代天養民之助。特恐羈旅孤蹤，有言不信耳。"余嘗留意兹事二十餘年矣，詢諸人人，最多畫餅，驟聞若言，則唐子之見故人也。就而請益，輒爲余説其大指，悉皆意外奇妙，了非疇昔所及。值余銜恤歸，言別，則以其友熊先生來，謂余："昨所言水法不獲竟之，他日可叩之此公可也。"迄余服闋趨朝，而先生已長逝矣。間以請於熊先生，唯唯者久之。察其心神，殆無吝色也，而顧有怍色。余因私揣焉，無吝色者，諸君子講學論道，所求者亡非福國庇民。矧兹土苴以爲人，豈不視猶敝蓰哉？有怍色者，深恐此法盛傳，天下後世見視以公輸、墨翟，即非其數萬里東來，捐頂踵，冒危難，牗世兼善之意耳。輒解之曰："人富而仁義附焉，或東西之通理也。道之精微拯人之神，事理粗跡拯人之形，並説之，並傳之，以俟知者，不亦可乎？先聖有言：'備物致用，立成器以爲天下利，莫大乎聖人。'器雖形下而切世用，兹事體不細已。且窺豹者得一斑，相劍者見若狐甲而知鈍利，因小識大，智者視之，又何遽非維德之隅也？"先生復唯唯。都下諸公聞而亟賞之，多募巧工從受其法，器成即又人人亟賞之。余因筆記其説，實不文，然而諸公實存心於濟物，以命余，其可辭？抑六載成言，亦以此竟利先生之志也。梓成，復命余申言其端。夫諸器利益，諸公已深言之，曷贅爲？然而有兩言焉，嘗試虛心揣之，西方諸君子而猶世局中人也，是者種種有用之學，不乃其秘密家珍乎？亟請之，往往無吝色而有怍色，斯足以窺其人矣。抑人情勞則思，佚則忘善。此器也而爲世用，誰則不佚？倘弗思而忘善乎，不乃階之爲厲矣。余願用兹器者相與共默計之，先生之所爲戚然而色怍也，將無或出於此。[1]

校勘記：

[1] 逆凶：原作"凶逆"，據《天學初函》本改。

水 法 本 論

泰西熊三拔謹撰

昔者造物主之作天地萬物也，如大匠之作宫室器用

---

① 《天學集解》末題："萬曆壬子春月，吴淞徐光啓序。"《天學初函》本同。

也。工人造作，必先庀具土木金石，物具而後攻之。所造宮室器用，必也土木金石爲之體焉。造物之主備大全能，能以無爲有，其始有之物爲元行。元行四：一曰土，二曰水，三曰氣，四曰火。因之以爲體而造萬物也，非獨爲體而已。既生之物，不依四行，不能自存；不賴四行，不能自養。如人一身，全賴四行，會合所生，會合所成。身中温暖，蒸化食飲，令成血氣，是用火行。身中脉絡，出入噓吸，調和内外，是用氣行。身中四液，津潤臟腑，以及百骸，是用水行。百體五内，受質成形，外資食物，草木血肉，是用土行也。人身若此，萬類盡然。因此四行爲是世界所須，至切至急，以故造物之主作此四行，遍在世間，至廣至足。試觀氣行，塞滿空際，人物有生之類呼吸其中，草木百昌，因緣茁發。又觀火行，因緣於日，温暖下濟，萬物發生，成熟變化。土則承載萬生，發育品類。水則遍滋群有，任意斟酌。是此四行，隨處可得，任物取資，不若珍寶諸類，深藏希有。夫珍寶諸類不切世用，則深藏希有。水氣火土，世用至急，則遍滿充足。伊誰之力？實本玄功。以是可推生物之初，必有造物之主。其綜理籌度，悉由仁愛；裁制多寡，具有權量也。四行之論，其理甚廣，其說甚長，宜有專書備論，今獨就水行略言其緒。夫四行各有本所，水之本所當是海也。海不遍大地，即又作爲流泉溝洫、江河川瀆，令平地、高山遍有之。又不能遍大地爲江河，即又作爲地脉，旁通潛演，掘地穿井，無不得之。井養之利，足資人用。人力有限，或燥竭之地，水所不至；高原上地，水脉甚深。物生其間，無由滋潤，遂其長育，即又作爲雨露霜雪，用霑溉生養之。於是爲海爲川，爲井爲雨，皆水之本所。有生之類，受澤於兹，取之無禁，求之至足矣。主宰之恩，猶未既也。復神人靈承天制用，於是古先迪哲，作爲水器以利天下。或取諸江河，或取諸井，或取諸雨雪，籍以救灾捍患，生物養民，積久彌精，變化日新焉。嗟夫！深心實理，巧思圓機，誰令人類得與於斯，斯亦造物之全能乎？學道餘晷，偶及兹事，一二見知，謬相賞嘆，仍令各制一器。夫百工藝事，非道民之本業，竊嘉諸君子哀人之深，勉副其意，仍托筆爲書，梓而傳之。倘當世名賢體天心，立人命，經[1]世務，憂時艱者，賜之蕘采，因而裕民足國，或亦遠臣矢心報效之一班也。①

校勘記：

[1] 經：原作"輕"，據《天學初函》本與《天學集解》改。

聖德來遠序

廬陵彭惟成書

聖明在宥，道化淳備。有歐邏巴利先生，偕其國聰慧

---

① 《天學集解》末題："萬曆壬子初夏，泰西耶穌會士熊三拔謹撰。"《天學初函》本同。

有學者諸儒彥，航海西洋，修我貢事，至懿美也。兩先生曆法律呂，巧奪化工，言動周旋，悉程軌物。澹然忘其家，而設教則歸於天主。彭子於辛丑一見，大玄賞之，自以爲得塵外鑛也。予後供奉鳳池，旋入瑣闥，轉盻十二年，懷人憶舊，欲再見利先生，則拜之北邙矣。低徊悲痛，不能已已。與熊有綱先生依然道故，亦猶之利先生也。予得其日晷，尚難解其測法。又得其取水具，遂命工習之，攜工南行，以廣高人教澤，攄予夙心。熊先生徵予一言，予冗久未相酬。兹於途次，憶其《交友論》《二十五言》《畸人篇》等書，如李冢宰、馮宗伯、曹都諫、李工部、徐太史諸公，鳴珂清暇，相與講德，豈非我聖明雍熙之會，而至德來遠之賜哉？猗歟盛矣！然予實有以見夫往古來今，宇宙寥廓，懷瑾握瑜，彥聖崇閎，而語水語海，固未可束於見也。吾輩所見者，不及几蘧以上，惟讀伏羲、神農、黃帝以來虞、夏、商、周之書。而西洋諸先生，則往往無吾之所有，而又有吾之所無。可嘉尚者，彼其多能而不皦皦以智名，好修而不沾沾以學著。以是將進之於沕穆之世，則有其能，有其修；將偕之於聲華之場，則又無其能，無其修。朝廷予之官不拜，高準碧瞳，方巾青袍，身爲遠臣，日給大官之奉。讀中原書，習中原語，隨人所問，即開心授人。近用廷議，與修曆法，先生輩其高人，而吾輩其玄賞也已。昔者聖人觀象於乾坤，考度於神明，探命曆之去就，省群后[1]之德業。類族辨物，繁有千品。少昊氏都於曲阜，鞮鞻毛人獻其羽裘。渠搜之人服禹之德，獻其珍裘，毛出五彩。今西洋儒彥覯我文明而來，其人皆學識才藝，何啻一羽裘、珍裘之獻乎？吾輩相與邂逅，緬惟疇昔，博物洽聞，吹藜天祿，固已知其所知者，茲於西洋儒彥獲知其所未知焉。吾未知西洋之所知，猶之乎西洋未知吾之所知也。由是而之焉，極天所際如西洋者，又何可勝數？惟是義理無盡，寥廓無邊，超然大觀，可以破小，此借貲於高人而取精於玄賞，不亦奇乎？彭子曰：奇矣而未爲奇也。何也？夫子論"至聖配天"，曰"聰明睿知"，曰"溥博淵泉"，至精微矣。而曰"洋溢中國，施及蠻貊"，則性於天者，中國、蠻貊之所有，即至聖之所有。如水然，隨所洋溢，無不同流。如朋友交際然，此有施及，彼即茹受。夫子固已觀其所以一而不貳者。籍使蠻貊不與中國一，中國不與至聖一，則眸睫之外即相枘鑿，何以曰洋溢、曰施及哉？況熊先生輩，津津理窟，彬彬儒生，縱一葦之所如，而觀光於天朝。其於至聖之妙，當必有所脗合者。吾輩得此雅遊，世不常有，史不多書。所謂奇者，固自真奇矣。熊先生之教在天主，即吾輩事天之學。人身喘息呼吸，無一不與天通；造化聚散升沉，無一不與人應。譬如髮潤則將雨，亦人天合一之證矣。是書成於太史公手，尤邃古，讀之恍然，忘其爲今之人也。因嘆天壤間有一奇事，必有習其精微，筆之書以利天下，傳於後世者。余恨十載京華，未面太史耳。嗟乎！西洋諸先生之得太史以傳也，幸矣哉。

校勘記：

［1］后：原作"俊"，《天學集解》作"俊"，據文意改。

七 克 序

楊廷筠撰

自子思子發明性道原本天命，後世言道術者準焉。至謂天下之至聖，德施洋溢，及乎照墜，命曰配天，殆未易揆測也。今上在宥天下，遠人來賓，乃有泰西諸君子航海而來，計其途八萬餘里，閱三年始抵中國，有古越裳、肅慎、奇肱、身毒所未經涉者，此亦盡乎照墜矣。夫麟遊鳳至，皆稱聖瑞，貴來遠也。物之瑞孰與人爲瑞乎？洋洋哉，聖德配天，非我皇上疇當[1]之？諸君子觀光用賓，大都潔修自好，其爲人不詭時向，其爲學不襲浮説。間用華言譯其書教，皆先聖微旨也。察其燕私屋漏，密修密證，皆鑿鑿不背所聞。其言語文字更僕未易詳，而大指不越兩端，曰欽崇一天主萬物之上，曰愛人如己。夫欽崇天主，即吾儒昭事上帝也。愛人如己，即吾儒民吾同胞也。而又曰一、曰上，見主宰之權至尊無對，一切非鬼而祭皆屬不經，即夫子所謂"獲罪於天，無所禱也"。其持論可謂至大、至正而至實矣。夫課虛崇玄，洸洋無際，要眇何難，要以真實世諦，使人可信可解而不可易，此爲難耳，則畫師圖鬼物、圖狗馬之說也。又以泛而言敬天，稽顙對越皆敬也，必愛人乃爲敬天之真；泛而言愛人，恔惕煦嫗皆愛也，必克己乃有愛人之實。故有所謂食饑者、飲渴者、衣裸者、舍旅者、醫病者，及顧囹圄者、贖虜者、葬死者，皆愛人事也。而又有所謂伏傲、熄忿、解貪、坊淫、遠妒、清飲食迷、醒懈惰於爲善之七克，克其心之罪根，植其心之德種。凡所施愛，純是道心，道心即是天心，步步鞭策，着着近裏。此之爲學，又與吾儒闇然爲己之旨脈脈同符。學者循此繕修，存順没寧，來去翛然，既不徒生，亦何畏死也。惟是七克所載，大率遠於俗情，如以富貴榮寵爲綴疣，貧窮苦楚爲福澤，驟閱之覺可駭可異，而徐玩之，名理妙趣，醒心豁目，未有不躍然神解而卷不釋手者。此書在慧悟之士，機警觸發，見之自有神契。其次則困衡之輩，推勘路窮，如貧見家珍，渴得甘露，更有津津證入處。惟一種世味濃郁、嗜進無已之人，靈府多滓，難與微言，視此不免嚼蠟。或以此方文字見解測之，更泥不通，則不終卷而臥，此非書之罪也。龐公號順陽，予未與一面，聞其居長安，大官授餐，爲聖天子所禮遇，名流多與之遊。諸題語言人人殊，率企嚮不啻口出，即其人可知矣[1]。

校勘記：

[1] 當：原作"嘗"，據《四庫存目》本與《天學集解》改。

---

① 《天學集解》末題："鄭圃居士楊廷筠書於明旦齋中。"《四庫存目》本同。

七克序

曹于汴

昔者魯鄒之立訓,知天知人之説,蓋屢言之。學莫要於知天矣,知天斯知人,知人者知其性也。共戴一天,共秉一命,共具一性可知也。泰西距中華八萬里,遐[1]矣。龐君順陽著《七克》各一卷,中華之士諷其精語,爲之解頤,此何以故?其性同也。傲、妒、慳、忿、迷食、色、惰善七者,情之所流,上帝降衷之性所無有也。率吾天命之性,未肯任其流者,中華、泰西之所不能異也。謂傲、妒之可長,慳、忿之可恃,食、色之可迷,善之可惰,豈天之降性爾殊哉!平旦而憬然,見君子而厭然,聞善言而快然,其憬然、厭然、快然者,性爲政,情順聽矣。性如堂皇,僕隸之所不得擾也。性不爲主,雜情熾,堂皇無主,僕吏登矣。性靈一覺,雜情濯濯;堂主一升,群僕寂寂。故知人之性者,可以盡人之性矣。盡人性者,化其情者也。化人之情者,自盡其性而已矣。自盡其性者,自化其情者也。化其情者,率上帝而已矣。上天之載,聲臭且無,知天之人,纖欲俱絶,詎令七者之潛伏、之流溢也乎哉?而克之烏容以已。於是龐君梓其編,索序於余,漫書此以復之。

校勘記：

［１］埏：原脱，據《四庫存目》本與《天學集解》補。

七　克　序

上饒鄭以偉撰

人處函蓋中央，如人腹内有心，則人之與動也俱來哉，故墮地啞然而啼矣，亡何夭然而笑矣，則順違之故也。順違所起，以認墮地之己爲己，而不復知無己之己。無己之己，静也。順己成好，違己成惡，由是從殻漏子起見，識與年長，爲傲、爲妬、爲貪、爲忿、爲饕、爲淫、爲怠，大約撰爲七種，而究之不過啼笑之變。然其性初豈有己哉？常試辟之，湛然者水乎？波於風則跳如沫，蹙如鱗，吼如雷，水體非損也，少焉而澄。此湛然者，又不從外得，則己性原静也。故謂風動水則可，謂水體爲風所壞則不可矣。又試辟之，土與人無愛憎也。或埏爲孟姬，則宋玉惆悵；埏爲隴簾，則負薪者醜之矣。又或埏以爲鬼神，遂走百家之社；其埏以爲餅盂，人得而器用之，而不知即前日之土。使解其埏，則愛憎敬又亡矣。世間一切可喜可惡、可怪可常之境，皆捏土之類，則物性亦静也。故謂土有[1]異埏則可，謂有異質則不可矣。惟於静中執一私己，於是熠熠鈎瑣膠固而不能自脱。故《樂記》曰："人生而静，天之性也。

感於物而動，性之欲也。物至知知，然後好惡形焉。"好惡者，吾之所爲啼笑也，感於動而後有者也。第不曰情之欲而曰性之欲，明動之體原靜也；不曰感物有知而曰物至知知，明靜之用即動也。好惡非性病也，附於己則物至而人化物矣。物至而人不化，則以無好好、無惡惡，如嬰兒日嗄日笑，尚不知有己，何知有順違？只爲墮地有己，此己一生，七欲並作。譬蛾之赴火，以有蛾己故；蚋之聚醯，以有蚋己故。蚋不赴火，以無蛾己故；蛾不聚醯，以無蚋己故。以至秦越相非，肉素相嘲，各以己故。己者，欲之根也，如賊帥然。吾夫子曰："克己復禮。"克己者，主靜之謂也。主靜則己無泊處而欲自克。如太末蟲，處處皆泊，而不能緣於火燄之上，以火能克之也。凡師之勝敵曰克，摧堅陷陣者，果也；廓清剪除者，毅也；伐謀銷患者，豫也。顧帥不靜，則敵不可得而克矣。即求賊所在而撲之，可名曰戰而不名克，此克伐怨欲不行而非仁也。雖然，弓矢弢則與枯株無異，弢弓矢不若弢空虛者之無觸也。乃天下不少矢之殺人者，求其爲枯株，亦何可得哉？順陽龐子哀世人之多欲，作《七克》以覺之，曰伏傲，曰平妬，曰解貪，曰熄忿，曰塞饕，曰防婬，曰策怠。讀之若立射候之下，不覺令人恭，可以折慢幢，若鵤鷉之愈憤、青棠之躅怒、饕餮之懲貪、敝笱之刺淫。至《策怠》一篇，又可以爲窳夫之枉策，一寓目，鮮有不憬然悟者。苟可以弢弓矢而止其殺人之用，於世教不無大補也。《春秋》抑柤之會而進黃池，嘉其冠端而藉乎成周，爲得尊王之體耳。夫吳王夫差曰：

"好冠來，好冠來。"慕中國之冠，尚猶予之，况慕義而來，籍聖人之言者耶？雖不知有當於主静與否，亦可謂善籍矣，故不穀樂爲之弁其端。

校勘記：

[1] 有：原破損不可辨認，據《四庫存目》本補。

七　克　引

南州熊明遇題

西極之國有畸人來，最先西泰利氏，次順陽龐氏、有綱熊氏，偕徒友十數，絶海九萬里，觀光中國，斯亦勤已。所攜圖畫巧作，及陳說海外謡俗風聲，異哉所聞，如漢博望鑿空，第云天馬筇竹，特稗師之街談耳。諸公大雅宏達，殫見洽聞，精天官日曆算數之學，而猶喜言名理，以事天帝爲宗。傳華語，學華文字，篝燈攻苦，無異儒生，真彼所謂豪傑之士也耶。《七克》一書，順陽所著，大抵遏欲存理，歸本事天，澹而不浮，質而不俚，華而不穢。至稱引西方聖賢言行，有《鴻寶》《論衡》之新，無鄭圃、漆園之誕。薦紳先生家户傳之，即耕父販夫耳所謂天門火宅，亦凛凛如也。同文之朝，大收篇籍，詎可令沉冥五都之市哉？孔子論仁，於視聽言動之四目，而以禮克。孟子論性，於口鼻耳目四肢之五官，而以命克。鄒魯相傳，所以著道之微，安人之危，千古如日月經天。不意西方之士，亦我素王功臣也。

七克篇序

陳亮采撰

曩余年方垂髫，即於天主耶穌之教竊有聞也。蓋吾鄉之舶於海者與大西人遊，歸爲余言天主耶穌之教，以事天地之主爲主，以仁愛信望天主爲宗，以愛養教化人爲功用，以悔罪歸誠爲入門，以生死大事有備無患爲究竟。余聞其説而心嚮焉。其後二十餘年，以待次都門，得交西泰利君，持所聞質之利君，輒大詫，因得畢聞其説。所謂《天主實義》《畸人十篇》者，每閲卒篇，余亦復大詫，謂與周孔教合。其後復因西泰以交順陽龐君，一覯而稱莫逆。一日，龐君過余，曰："東方之士才智絶倫，從事於學者非乏也，獨本領迷耳。夫學不稟於天，而惟心是師，辟泛舟洪洋而失其舵也。其弊方且認賊爲子，認邪魔而爲天神也。嗚呼殆哉！"余曰："唯唯否否。夫戒慎恐懼，以率其天命之性，而達於上天之載，此吾儒真本領、真學問也。但恐愚俗不知天爲何物，而以爲在於蒼茫窈冥之表，故權而詔之曰：天即在吾心是也。而後之學者，遂認心爲天，以爲橫行直撞，真機旁皇，擺落規條，快樂自在，而卒流爲無忌憚之小人。是豈周孔之教則然哉？"龐君殊擊節余説，因持其所論著《七克篇》示余，余卒業焉。其書精實切近，多吾儒所雅稱。至其語語字字，刺骨透心，則儒門鼓吹也。其欲念念息息，皈依上帝，以冀享天報而永免沉淪，則儒門羽翼也。且夫克之爲義，孔顏稱之矣。一日克己，天下歸仁，竝育竝行，聖神極事。而其工夫，惟曰非禮勿視聽與言動而已。無高詞，無侈説，真積既久，上與天通。是故孔門之教，期於達天，顏子之學，謂之乾道。故四勿也，七克也，其義一也。或曰：學貴達天，固也。奈之何其覬天報爲也？余曰：否否。稼不圖熟乎，工不圖良乎？鹵莽而稱熟，器苦窳而稱良，其可乎？所惡於覬者，謂人世之報耳。天德無際，天報無涯，圖天之報，俛焉日有孳孳[1]，惟日不足。此文所以純亦不已，而孔所以不知老至也。奈之何其諱言報也？周孔黜人世之報以虛其心，大西希生天之報以實其證。東西南北，聖聖一揆，豈非然哉？龐君以序屬余，余不文，特次第其語而爲之序。①

校勘記：

[1] 孳孳：原作"犖犖"，據《四庫存目》本與《天學集解》改。

---

① 《天學集解》末題："賜進士第出身，欽差整飭武德兵備山東按察司副使陳亮采撰。"《四庫存目》本同。

七克自序

龐迪我

人生百務，不離消積兩端。凡所爲修者，消舊積新之謂也。聖賢規訓萬端，總爲消惡積德之籍。凡惡乘乎欲，然欲本非惡，乃上帝賜人存護此身，輔佐靈神，公義公理之密伻，人惟汨之以私，乃始罪愆萬狀，諸惡根焉。此根潛伏於心土，而欲富、欲貴、欲逸樂三巨幹勃發於外。幹又生枝，欲富生貪，欲貴生傲，欲逸生饕、生淫、生怠，其或以富貴逸樂勝我即生妒，奪我即生忿，是故私欲一根也。欲富、欲貴、欲逸樂，幹也；而生傲、生貪、生饕、生淫、生怠及妒、忿，枝也。種種罪訧，非義之念慮言動，七枝之結爲實、披爲葉也。地獄之火，此樹薪之，故曰去私欲而獄火自無矣。世間疾憂患亂，身心不寧，皆由食此樹之實而作者。拔此樹於世，而人皆天神也。視人如己，視死如歸，天堂境界豈遠乎哉？然而克欲修德，終日論之，畢世務之，而傲、妒、忿、淫諸欲卒不見消，謙、仁、貞、忍諸德卒不見積，其故云何？有三蔽焉：一曰不念本原，二曰不清志嚮，三曰不循節次。夫世之傲然自是者，咸謂修德克欲之力量，我自能之。不知自有生來，但有一念提醒，莫非天主上帝賜我者。富貴壽安微暫之福，有一隙之明者，皆知出於上帝。而克欲修德最難劇務，妄自認爲己能，謬孰甚焉？如知力量悉從上帝而出，其於欽事祈鸞自不容已，迨德成欲克，皆認帝賜也。彼謂我自能之，不緣帝力，乃由傲魔所中，忘卻本原，冥悖自是，聞諛則沾沾自喜，稍拂則謂非所應遇而怨尤不已。此其所修何德哉？凡人善惡繫於所志，有善業而無善志，猶人形而無靈神，非人徒人形耳。輕舟利車，濟人於難，而人不賞其功，何者？舟車有功而無濟人之志耳。修德克欲者，惟是蠲潔其一心以媚茲上帝，其志足貴也。次則志羨天德之美也。次則志在乎生享淨心之樂，而身後獲見天帝，與神聖耦也。若修德而雜之以富貴榮名世福之望，則所修非德，乃修他欲而襲德貌耳。非以德攻欲，乃以欲攻欲耳。舊欲未去，新欲且增墊焉。夫德所至忌，世福之羨也。祛欲者所攻，正攻此羨世福之俗腸。有所攻以積德，又操所忌以毀之，德烏乎成？故志嚮不可不清也。凡有志修德者，必曰吾必使無絲毫人欲之私。語甚美矣，第言之易也，行之難也。一言而盡，百年不能迄。攻一欲難於勝一國，矧並攻諸欲乎？且德之初修也，甚微甚弱，而欲之初受攻也，方鉅方強。以微弱之德攻鉅強之欲，意徒銳而欲彌增，旋廢業而反受其害。夫克私欲如拆舊屋也，先拆址者，室覆材破，人受壓焉。先拆薨檐，漸至於柱礎，則材與人不傷而功易奏。是以克欲者，須一一別攻之。始於易小，俟德力滋鉅矣，乃始漸進於難且大者。以漸滋致精，道路更穩。如過於亟，易於礙墜。故曰：進德如升梯，謹行勿犇，犇必隕，不控於地不已矣。亟修而無度，非自恃而淩躐，即速勉而委頓耳。此不循節次之咎也。迪我八萬里外，異國之旅，蚤荷天主靈慈，悟此世福至暫至微、匪堅匪駐，轉思身後，實具永年禔福，爰從耶穌會教，習聞豪傑光闡之旨，正己化俗。憫夫邪說充塞，不知天主爲人物真主，不思天堂有真修捷路。乃偕數友東來，九死一生，涉海三載而抵中華。中華語言文字迥不相通，苦心習學，復似童蒙。近稍曉其大略，得接講論。竊見有志儒賢，多務修德克己之功，同方合志，萬里非懸。第緣三者之蔽，隔藩未一，因繹所聞及所管闚一二，以資印可。夫人心之病有七，而瘳心之藥亦有七，要其大旨，總不過消舊而積新。積之之極，以積永樂永慶；消之之極，以消永苦永殃焉。諄諄箴勖，良費辭說，蓋緣人心如口也，口各喜其[1]味，故饌各投其喜。德一而已，衆言錯陳，固折俎之不一籩也，惟嗜者之所染指。如曰支離其辭以支離其德，則迪我烏乎敢焉？①

校勘記：
[1] 其：原作"具"，據《四庫存目》本與《天學集解》改。

① 《天學集解》末題："萬曆甲寅孟冬望日，龐迪我題。"《四庫存目》本同。

西聖七編序

碭郡彭端吾

西洋龐君迪莪著《七編[1]》,始於《伏傲》,終於《策怠》。示余,余受[2]而讀之,蓋洗心之聖水,對證之要方也。古者國有狂泉,國人飲之皆狂。當今之時,問今之俗,絜己方人,似無不中此七病者,幾於以國狂。而龐君實來傳其國學,實爲此方七藥。龐君雖與華之人處,往往交臂而失,即諳華性,不應徹見腑肝,窮悉底蘊,言言當也。石言於晉,或憑之言,龐君之言,無所憑假,意者天帝使之耶?特揭開心,鴻宣驚耳,警策破夢,妙喻解頤,天地之淫厲,人身之膏肓,皆從骨髓心絡,刳剔其淫邪蟲毒,薰以反魂之香,塗以合體之膏,其神解在秦和、扁鵲之上,其易簡在六經四子之表。漢遣宋雲等往西域,得《四十二章經》。鹿苑之卮譚,鷲峰之粃論,而藏之蘭臺石室,過甚珍藏。余訝時人見龐君久在華域,溷跡中庸,不澄意遠觀,割情獨繕,不知其可重也。近世學者祇信即心之學,不解原天之心,素無止定之功,妄言隨欲皆善,往往駕慈航而殞命,握至寶而喪家,無明師友以導之,和毒腊其雜進矣。夫用七德克七情,以天治人,實以心治心也。得其道者,藥在殊方絕域,可以籬壁間物代之。讀龐君書者,毋以歐邐巴生遠近想,亦毋以六經四子生異同想。期於切救時病,庶於國有瘳乎?雖然,君書業已懸之國門,或諱疾而忌醫,復增長其病心,與君爲魔難,將奈何?君不與此土人比肩事主,同籍分祿。且所述者,天主之言,天使言之,度無爲君難者。即有之,度無能舉《七編》之言而非是之也,則亦不足爲君難矣。

校勘記:

[1]編:原作"篇",據法圖本與《天學集解》改。
[2]受:法圖本與五卷本作"愛"。

大西洋龐子七克總序

江東崔淐書

蓋自於穆不顯,孰爲詔誥,然而懸象著明,寒暑往來,榮枯開落,變變化化,若隱若躍。氣一噓與物俱出,氣一吸與物俱入。豈特詔誥不能如是顯露,即詔誥曾有如是靈妙神通耶?惟夫出於噓,入於吸,情歸性,性歸元,容容適適,各安性命之理,各復性命之常,豈特物之靈者、秀者、才者、良者受命於天,與人無争,與世無禍也。即概舉物類,有惷而惡者焉,有螫而毒者焉。水畜有是,水畜歸於淵;林畜有是,林畜歸於山。亦莫不受命於天,不争於人，不禍於世，均也。獨有人之一類則大不然，人品有萬不同，心術情性亦有萬不齊。俗變習化，自非上智大賢，其誰能免？由是天與之以靈且秀也，乃反其靈且秀者爲欺天。天與之以才且良也，乃役其才且良者爲逆天。乃至群於人而敗群矣，處於世而禍世矣。千態萬狀，分投雜出，始乎異於物者幾希，卒乎不可方物者不勝其計算矣。甚哉！毒莫毒於人，賊莫賊於人心也。方且權力自雄，機詐自張，蹤跡自詭，黨同伐異，狹小一世，而鬪勝於人。謂衆人皆下己獨上，謂衆人皆愚己獨智，此其所以欺天逆天、敗壞世界、濁亂天下不小也。惟是上帝開大慈憫，思以脫此輩於沉溺，道何繇焉？帝若曰：我以嘘吸代詔誥，灝氣鼓之，物罔不孚，寧獨信於物，不諭於人耶？於是因天文以開人文，立人教以闡天教，而人類中有聰明睿智之聖賢者出焉。帝曰：都！女爲予翼。聖人曰：俞，欽若昊天。總之，聖賢者欽承上帝而輔帝翼帝者也。上帝業有明命，命於聖人，聖人因以喉舌傳宣上帝之喉舌，凡所祖述，凡所詔誥，非聖賢之言也，上帝主宰之言也。伊尹曰：予天民之先覺者也。予將以斯道覺斯民也。仲尼曰：天之未喪斯文也，文不在兹乎？嗚呼！伊孔之言，天言哉！及曰上下千百世而有聖人出焉，此心同也。海内外而有聖人出焉，此心同也。匪其心之不得獨異，則其天之不得不同也。大西洋有甌邏巴國，從上世不通於中國，而通自近日利子瑪竇始。利子有言：彼國之教，以天主爲主，以人爲友。主天，則五倫中君臣父子皆友也。主天爲教，則開教者天，爲一大宗師，而一切先聖後聖、授者受者，皆友也。利子既訪友入中國，聞中國聖人之教，以爲多所券合也而樂之。凡吾國中聲音點畫之學，皆由麤入精，由博反約，靡不極深研慮，以其通於彼國者，兼通於吾國而譯成之。所著有《天主實義》，有《交友論》，有《萬國圖》《畸人篇》《幾何》等書。傳曰"書同文"，文而曰同，即有不同者可知也。乃今泰西氏航海而來，道幾九萬里，其挾策與俱者，縹帙緗函，圖繪並[1]陳，洋洋纚纚，文不必其同也，而理同，而義同。蓋其所由來者，天之主宰同也。嗟乎！文教大同，於今爲盛，此萬世一時也，豈非天實啓之哉？他如畫球以象天，稽度以考地，延袤廣狹，輪布積算，一島一嶼，真如壘空之在大澤，蓋不止存而論，論而議矣。其爲吾教聖人，仰觀俯察之助者，蓋鴻遠矣。利子没，而其友龐子迪我著書立言，述物撰德，以通天人之奥。所著《七克》諸篇，而人心之變態盡矣，而天人之互相發明、互相告戒亦略具矣。故夫言無關於世教，無補於人心，總類刻楮爲花，鏤冰爲戲耳，於言何取焉？浸假而以天下之大，總一世教中，盡能謙以畜德，忍以濟物。不貪、不妬、不淫、不怠、不饕，人求策勵，家懷貞節，朝皆貞臣，野皆良士。爭於何有，亂於何生耶？不然，而人具諸罪，罪與罪相生，人與人胥戕，成何世界，而又何事不可爲哉？若夫上帝持世宰物之理，吾儒若六藝所稱，語傳所載，非不詳且悉也。乃訓詁者不無晦明相半，學者師説相承，似多歸功於聖人，而不歸功於上帝。此與上帝主宰一切聖賢，與夫聖賢欽若上帝，翼爲明德[2]，共以主張世道人心者不相類。余故因而備及之，蓋欲人人悉知龐子之教爲天教云爾。未知果有當於龐子否？或者龐子亦有取爾。①

校勘記：
　　[1] 並：原作"益"，據法圖本改。
　　[2] 德：原作"聽"，據法圖本改。

伏傲小序

東海崔淐

　　人心於行爲火。火性上，上則炎，炎則炙，炙則焚。至於焚而烈焰焦灼，勢難撲滅，化爲灰燼，一息而盡，故火遇薪速盡也。人心岐路甚多，獨是好上人一心，從少得壯，從壯得老，即勉強調伏，而幾微隱約，情境相觸，不覺忽萌。自非内心真實能謙者，根株弗斷，斧柯相尋，星星弗滅，焚林未已也。是故謙者悦於人、和於神、享於天矣，傲者反是。謙者信於友、孝於親、忠於君矣，傲者反是。然則謙一也，累言之而不盡。大哉謙乎！人全一謙德，衆德賅而全矣。龐子《伏傲》，演謙爲論也，旨近而遠，詞簡而嚴，比物連類，創爲一家言。憬若啓重襲也而衆寶覘，

---

　　① 《天學集解》末題："辛亥長至前十日，江東崔淐序。"法圖本同。

又若開重扃也而朗日暄。誦其書，知其人，尚其友，此非百家諸子之言，而爲龐子之《伏傲》。

平妬小序

江東崔湄

夫妬者，滿腔皆殺機也。包蘊諸毒，叢於一心。伏弩藏機，見影即射。懷刺挾刃，遇勝即鬭。妬名有十：傾危也，忮懫也，憤張也，賊害也，矯誣也，讒毀也，兩舌也，訟爭也，讐狠也，兇貪也，無非妬也。晝夜相代，營搆不息，總歸於攘奪一念耳。不攘不奪，不妬矣。仁德備衆德，妬惡亦備諸惡也。諸惡顯顯，可妨也；妬惡隱隱，必中矣。諸惡淺淺，易釋也；妬惡深深，必危矣。諸惡發發，如其惡而止；妬惡發發，無燋類矣。人知遠惡，不知遠妬；人知惡人爲惡，不知妬人備衆惡；人知陽善陰惡，不知妬惡極陰無陽也。一切惡心，皆從妬起；一切惡事，皆從妬造。或曰：妬者無徒矣。余曰：妬者無親無尊，何止無徒？無親，是無父兄也。無尊，是無君上也。故曰：妬者滿腔皆殺機也。龐子《平妬》，切中人情，深入肺肝。妬者讀之，泚然汗出，妬病其瘳矣乎。

解貪小序

江東崔淐

人有白晝攫金於市者，詢之，曰："吾但見金，不見人耳。"人有囊寶而行乞於途者，訊之，曰："內囊難捨，外囊乞易耳。"吁，可笑哉！此貪吝兩家圖畫也。有解之者曰：能者輻輳，不能者瓦解，智弗若也。又有解之者曰：人不婚宦，情欲失半；人不衣食，君臣道絕。由前是貪者吝者爲計得，不貪不吝爲能失也。由後是又不歸罪於貪吝之人，而歸罪於婚宦衣食，人生所不獲免也。豈非煬貪吝之沸，益樹貪吝之幟哉？龐子曰：有一世之富貴，有萬世之富貴；有一世之貧賤，有萬世之貧賤。受一世之貧賤者，享萬世之富貴矣。貪一世之富貴者，受萬世之貧賤矣。富哉云乎？余無以加矣。然復有二喻：貪者寢中得鹿，寢覺而猶喜其真爲得鹿也。吝者夢中失錢，及其覺而猶恨嘆其真爲失[1]錢也。人世顛倒，大率如此。悲哉！

校勘記：

[1]失：原脫，據《天學集解》補。

熄忿小序

江東崔淐

崔子曰：怨毒於人甚矣哉！由辯之弗早辯也。辨之於早，止一忍字，實爲福基。忍字從心從刃，心上着刃，痛苦莫喻，極是難忍事。此而可忍，孰不可忍？世有刃格於前而忍者矣，未有刃加於頸而忍者也；世亦有刃加於頸而忍者矣，未有刃貫於心而忍者也。刃貫於心，是何等煩苦，是何等冤結？必其極身世之慘，莫與爲對者而後可。乃今之小不能忍者，初何嘗有是事也？如[1]忿攻忿，以怒敵怒，對壘而陳，擐甲而戰。彼帥以十百，此帥以千萬。設機伏弩，大師相克，惟恐其不勝也。危乎危乎，其未有不敗於爾家、凶於爾國者乎！乃又有挑釁者焉，佐鬭者焉。疇昔醉之以酒肉者，此輩酒肉即爲戈矛；嘗之以甘言者，此輩甘言甚於鈎棘。故曰：一朝之忿，忘其身以及其親。忍乎不忍乎？殆而殆而，是吉凶之門，而禍福之梯也。可畏哉！

校勘記：

[1] 如：此下，《天學集解》有"以"字。

塞饕小序

江東崔淐撰

古昔鑄鼎象饕,謂其有口而無咽也。或問余曰:饕不受塞,亦可塞乎?余曰:可。漏卮無當,投以江海弗給也。口腹爲漏卮也夥矣。困於酒食,迷於醉飽,舉世不爲饕者或寡矣。秦人以饕嗜六國,食未下咽,轉喉而出,此饕報也。晉以人主乞味於臣,齊奴諸子轉相效尤,甚至日食萬錢,猶謂下箸不給。曾之子邵遂勝其父,而益之以二萬,豈非老饕之尤者乎?五胡未嘗饕晉也,而晉自饕焉,此又孰非饕鑑哉?故曰:上有好者,下必甚焉。欲止細人之饕,當從老饕始。老饕者何?用物弘而取數多者也。《易》曰:"樽酒簋,貳用缶。"又曰:"二簋可用享。"此今日救時塞饕第一義乎!善乎吾讀龐子言,得養生焉,并得經國而富民焉。故曰:食儉者興,食奢者亡。禮始於飲食,豈不信哉!或曰:西人巧於酌盈而濟虛也。彼國舟航,濟則與時宜之,不濟則遞減而遞節焉。余曰:此非西士之言也。損益盈虛,與時消息,此天道《易》道之大經大法也。天不能違,而人違之乎?西士可謂得損益之精而用之者也,非但塞饕而已。

坊淫小序

江東崔淐

晉師伐戎，獲女戎驪姬以歸。戎未克而女戎先[1]以克晉，走三公子而奪其國命。悲夫！戎興於衽席，禍慘於戈戟，則人人能言之，能信之矣。則又人人誰能真信之，誰能真畏之也？禍水滅炎，羊車亂馬，牝麀[2]聚唐，敗績相循，千載一轍。自萬乘以至匹夫，甘心即戎而不戒於戎，何哉？舐蜜於刃，見蜜不見刃矣。逐兔於險，見兔不見險矣。加以想念所持，往而不返；迷情所結，繫而不脫，此龐子《坊淫》所繇志克也。淫如水之浸物然，非極浸積，必不能滲入，故稱淫焉。坊如堤之捍水然，非極堅固，必不勝氾濫，故稱坊焉。或曰：饑思食，壯思室，非人情乎？獨奈何其不情也。余應之曰：情則情矣，縱情殉慾，不以禮節之，是謂戎馬生於床笫，而引兵自刑也。總之，克戎而無即戎，自有龐子之言在。至於卻想釋迷，則又《坊淫》中之要旨，而金城在我矣。姑未竟其說。

校勘記：

[1] 先：原作"克"，據法圖本與《天學集解》改。
[2] 麀：原作"鹿"，據法圖本改。

策怠小序

江東崔淐撰

甚矣西士之好學也。惜時有鐘，誌刻有晷。寐而將興，有鐸以寤[1]之。宵而就寢，有默以告之。乃至朝祀晝考，儼乎其若臨若翼也；晦明禪復，确乎其自規自證也。如是進德，如是修業，真有惟恐失之之心乎。彼亦學吾孔子之學者耶，何其似也；曾亦好吾孔子之好者耶，又何其類也。嗟乎！爲山掘井，要於有成，鼓之舞之，使民不倦。蓋自吾羲皇、孔孟氏垂訓至今，所以策天下後世之怠者，至矣盡矣。乃龐子復引申而觸類言之，緒可思而意可繹，此非言之無補者也。語曰：千里之行，始於足下。未有坐而至焉者。果有良馬鞭影，一息千里者乎，即不煩策可矣。如其蹇乎疲乎，負乘而竊銜乎，逐水草、蹈禾稼而傷人物乎。似此類者，即操箠而時刻痛策之，咄咄何傷哉？

校勘記：

[1] 寤：法圖本作"醒"。

西聖七編跋

旌陽令樊鼎遇

直指使彭公臨旌陽，以鼎遇曾識歐邏巴利瑪竇也，出其友龐迪我所著書，凡七編，切中時病，醒心豁目。察其微討窮蒐，反覆致意，覺莊生《人間世》爲淺耳。遂請鏤簡於旌陽，將罄綿江之竹，繕印萬部，逢人輒送，以廣喻俗情，普闢[1]聖路。先生首肯，曰：陸子静有言：東方西方有聖人出焉，此心此理同也。龐公越海幾萬里，而譯其國教如是。雖六合之外復有天地，似亦不容有兩心。鼎遇本先生語，竊名之曰《西聖七編》。或曰：聖，孔子不居。何許人之汰也？聞之《孔叢子》，心之精神謂之聖。子思子挈人心不思不勉之天，謂之聖人。東方言合人天，即爲[2]聖經。西方人述天言，不謂西聖而何？天其言即聖其人，聖具此矣，東西人又奚辯？

校勘記：

[1] 闢：《天學集解》作"開"。
[2] 爲：《天學集解》作"謂"。

七克後跋

新都汪汝淳識

往予有味乎利子之書，爲之殺青而廣其傳矣。利子既没，復有龐子衍耶穌之教，而利子之言益彰。頃從楊淇園先生所獲觀《七克》，騶騶乎先聖遺言、名儒眇論也。夫克之説，肇自宣尼，其所克惟一己而目有四。何居乎龐子之克有七，而支且數十也？蓋上根之人，情識未封，直見本體。即從本體滌除，爽然四解，而諸緣無所依附，己一克而天下歸仁，非顔子難與語此。下根之人，私欲糺結，種種諸惡，相附而生。譬之元氣消鑠，是生諸病，因病製方，七者其大凡也。別而言之，則爲驕傲，爲嫉妬，爲慳悋、忿怒，爲食、色、懈惰，總之則一己而已。嗟乎！秕糠迷目則天地易位，私欲迷心則是非淆淆。彼且視爲美蔭，狎而親之。孰知己之爲害，必分道交攻，庶幾垣無伏寇。龐子之言，又曷可少哉？昔枚生爲《七發》，文人相矜，兢爲《七啓》《七命》《七契》《七勵》，凡數十家，猶效顰未已也。今龐子之《七克》成，一洗文人之陋。用是與利子之書並刻，以爲世人藥石云。①

---

① 《天學集解》末題："萬曆甲寅季夏，新都後學汪汝淳識。"《天學初函》本同。

刻聖水紀言序

東海波臣李之藻題

西賢入中國三十餘年，於吾中國人利名婚宦事一塵不染，三十餘年如一日。其儕十許人，學問品格如一人。譬則儀鳳游麟，不必產自苑囿，偶爾來賓，斯亦聖朝之瑞也。其教專事天主，即吾儒知天、事天、事上帝之説。不曰"帝"曰"主"者，譯語質。朱子曰："帝者，天之主宰。"以其爲生天生地生萬物之主也，故名之主則更切。而極其義，則吾六合萬國人之一大父母也。我有父母，可不愛不敬事乎哉？則人人有大父母，又可不愛不敬事乎哉？由生身之父母，悟及生天生地生萬物之父母，而中間一邑一郡一國之父母，以至華夷共主之父母，可知義同逃雨，無之非是。總之，尊則統卑，其大較然也。明乎天主之義，而訓孝勸忠，於是爲大矣。識洞乎一本，愛徹乎一體，一切利名俗念尚從何處安着？即欲不愛親愛君，及推君父之心以愛民也，而忍乎，而敢乎？或疑西賢何爲辭父母、別鄉井，梯航八萬里而來，絶生人不能絶之慾，受人生不肯受之苦。其或有僞焉，抑別有求也，而皆不然。夫僞未有三十餘年不敗者也。即平生奸僞，至死亦見真性。今化者數人矣，其死也皆有以異乎人之死者也。謂有求與？

求明乎天主之教，俾人遷善遠罪，相與善其生，因善其死而已[1]。其諸異乎人之求之與？其緒言所及水法、算法、曆法，種種具大學問。吾輩隨求隨答，不吝不驕，相與受大利益。顧吾中國人未有副其求者。獨我聖天子柔遠嘉善，館之司賓，生有餼而歿有恤。胼㦬無外，風厲將新，賓至忘歸，報恩自矢。彼將闡繹圖書，以佐同文盛治，或於聖神廣運之化有所禆益，而未可計之旦夕。人有恒言："道之大原出於天。"如西賢之道，擬之釋老則大異，質之堯舜周孔之訓則略同。其爲釋老也者，與百家九流並存，未妨吾中國之大。其爲堯舜周孔之學也者，則六經中言天、言上帝者不少，一一參合，何處可置疑關？以彼中[2]實，配吾中國之禮樂文章，庸渠不鼓吹庥明，輝映萬禩。令必局壇宇以示遠人，上無以昭宣德意，又令後世追慕，有麟見不時之嗟，則吾儕當執其咎，故樂爲表章之。所著述如《實義》《畸人》《二十五言》《七克》《幾何》《天問》《表度》諸編，不下三十餘卷，奧衍人鮮卒讀。偶得吾鄉楊觀察《聖水紀言》，是其坐間酬客語，然淺顯有可味者，刻之以代口答，抑亦廣緇衣之好云爾。

校勘記：

[1] 已：原破損不可辨認，據梵蒂岡本與《天學集解》補。

[2] 中：梵蒂岡本與《天學集解》作"真"。

同文算指通编序

鄭圃居士楊廷筠撰

自龜馬呈祥，圖書闡秘，羲、軒聖人則而象之，而容成、隸首推演其法，數學於是焉肇。世所傳上、中、下三等法，即未必盡出黃帝，要之自然相生，開天立教，非聖人不能作也。然古者列於六藝，上有教，下有習，孔門七十二賢兼通其事，而學者猶云藝成而下，何至如今不通一事，舉數學且失傳哉？蓋自秦火爲虐，古先象數圖書煨燼殆盡。竊意裨海之外，垓埏之遠，必有秦炬所不及，異書異術可以同文互證。而數年來，乃得西國數學種種成書，皆生平未見，一大奇也。往予晤西泰利公京邸，與譚名理累日，頗稱金蘭。獨至幾何圜弦諸論，便不能解。公嘆曰："自吾抵上國，所見聰明了達，惟李振之、徐子先二先生耳。"未幾，余有事巡方，卒卒未再叩，而公已即世。求之方册，徐太史爲譯《幾何》，李水部爲推《算指》。而余乃獲因利公未泯之緒，以尋古數學於不墜。或曰：世術乘除，非數歟？曰：此寔藪也。用之離合變化而其法窮，積渺忽遞至正載而又窮，因顯測微、因可見測不可見而又窮。假令數術止是，三尺之子頃刻可以擅能。何以通之聖門，遂稱賢哲？而昔人攻治其業，至五年而始成哉？此其指可識矣。

夫天地名物，無非此數。律度衡量，準繩規矩，數所紀也。故曰："極其數，遂定天下之象。"然數有體有用，恢之乎不可窮，約之於無何有，皆體也。參伍錯綜，萬變莫測，則其用也。《算指》所言，大抵皆用之之法。標準於損益乘除，極變於開方勾股，援新而傅諸舊，合異而歸諸同。棼緒難領，則立多端以析之；義意難明，復設假例以通之。而數之蘊於是始顯，變始盡，其用心良已勤，牖世良亦切矣。《易》曰："制而用之謂之法。"又曰："利用出入，民咸用之謂之神。"法而不適於用，與用而不利於用，皆不足以盡神。是編所傳，匪籌匪觚，惟憑三寸不聿，盡乎天地名物，律度量衡，準繩規矩，離合變化。因所見測所不見之用，而無或差忒，此所謂神也。振之夙禀靈心，兼容武庫，而復孜孜問學。意有所向，輒屏營一氣，極慮研精，以求至當。是故獨至之解，每不可及，用志不分之效也。茲服闋入長安，屬禮官上書，訪海內專門之業。儻造膝而求所謂同文之指，幸出之枕中，公諸史館，異日爲蘭臺石室之藏，彰我國朝同文之盛。即謂十經九執，雖亡不亡可也。謹敍簡端，并質之太史公。

刻同文算指序

吳淞徐光啓撰

數之原，其與生人俱來乎？始於一，終於十，十指象之。屈而計諸，不可勝用也。五方萬國，風習千變，至於算數無弗同者，十指之賅存無弗同耳。我中夏自黃帝命隸首作算，以佐容成，至周大備。周公用之，列於學官以取士，賓興賢能而官使之。孔門弟子身通六藝者，謂之升堂入室。使數學可廢，則周、孔之教踳矣。而或謂載籍燔於嬴氏，三代之學多不傳，則馬、鄭諸儒先相授[1]何物？《唐六典》所列十經，博士弟子五年而學成者，又何書也？由是言之，算數之學特廢於近世數百年間爾。廢之緣有二：其一爲名理之儒土苴天下之實事，其一爲妖妄之術謬言數有神理，能知來藏往，靡所不效。卒於神者無一效，而實者亡一存。往昔聖人所以制世利用之大法，曾不能得之士大夫間，而術業政事盡遜於古初遠矣。余友李水部振之，卓犖通人，生平相與慨歎此事。行求當世算術之書，大都古初之文十一[2]，近代俗傳之言十八，其儒先所述作而不倍於古初者，亦復十一而已。俗傳者，余嘗戲目爲閉關之術，多謬妄弗論。即所謂古初之文，與其弗倍於古初者，亦僅僅具有其法，而不能言其立法之意。益復遠想唐學十經，必有原始通極微渺之義。若止如今世所傳，則浹月可盡，何事乃須五年也？既又相與從西國利先生遊，論道之隙，時時及於理數。其言道言理，既皆返本蹠實，絕去一切虛玄幻妄之說。而象數之學亦皆遡源承流，根附葉著，上窮九天，旁該萬事。在於西國膠庠之中，亦數年而學成者也。吾輩既不及睹唐之十經，觀利公與同事諸先生所言曆法諸事，即其數學精妙，比於漢唐之世十百倍之，因而造席請益。惜余與振之出入相左，振之兩度居燕，譯得其算術如干卷。既脱稿，余始間請而共讀之、共講之。大率與舊術同者，舊所弗及也；與舊術異者，則舊所未之有也。旋取舊術而共讀之、共講之。大率與西術合者，靡弗與理合也；與西術謬者，靡弗與理謬也。振之因取舊術，斟酌去取，用所譯西術駢附梓之，題曰《同文算指》。斯可謂網羅藝業之美，開廓著述之途，雖失十經，如棄敝屣矣。算術者，工人之斧斤尋尺。曆律兩家，旁及萬事者，其所造宫室器用也。此事不能了徹，諸事未可易論。頃者交食議起，天官家精識者欲依洪武故事，從西國諸先生備譯所傳曆法，仍用京朝官屬筆如吴太史，而宗伯以振之請，余不敏，備員焉。值余有狗馬之疾，請急還南，而振之方服除赴闕。儻一日者復如庚戌之事，便當竣此大業，以啟方來，則是書其斧斤尋尺哉！若乃山林畎畝有小人之事，余亦得挾此往也，握算言縱橫矣。①

校勘記：

[1] 授：原作"受"，據《天學初函》本改。
[2] 一：原作"二"，據《天學初函》本與《天學集解》改。

---

① 《天學集解》末題："萬曆甲寅春月，友弟吴淞徐光啟撰。"《天學初函》本同。

同文算指序

仁和李之藻書

古者教士三物而藝居一，六藝而數居一。數於藝，猶土於五行，無處不寓。耳目所接已然之跡，非數莫紀。聞見所不及，六合而外，千萬世而前而後必然之驗，非數莫推。已然必然，總歸自然。乘除損益，神智莫增，喬詭莫掩，頑蒙莫可諉也。惟是巧心濬發，則悟出人先，功力研熟，則習亦生巧。其道使人心心歸實，虛憍之氣潛消，亦使人躍躍含靈，通變之才漸啓。小則米鹽淩雜，大至畫野經天，神禹賴矩測平成，公旦從《周髀》窺驗。誰謂九九小數，致遠恐泥？嘗試為之，當亦賢於博弈矣。乃自古學既邈，實用莫窺，安定蘇湖，猶存告餼。其在於今，士占一經，恥握從衡之算；才高七步，不嫻律度之宗。無論河渠曆象，顯忒其方；尋思吏治民生，陰受其敝。吁！可慨已。往遊金臺，遇西儒利瑪竇先生，精言天道，旁及算指，其術不假操觚，第資毛穎。喜其便於日用，退食譯之，久而成帙。加減乘除，總亦不殊中土，至於奇零分合，特自玄暢，多昔賢未發之旨。盈縮勾股，開方測圜，舊法最難，新譯彌捷。夫西方遠人，安所窺龍馬龜疇之秘，隸首商高之業？而十九符其用，書數共其宗，精之入委微，高之出意表，良亦心同理同，天地自然之數同歟？昔婆羅門有《九執曆》，寫字爲算，開元擯謂繁瑣，遂致失傳。視此異同，今亦無從參考。若乃聖明在宥，遐方文獻何嫌並蓄兼收，以昭九譯同文之盛。矧其裨實學、前民用如斯者，用以鼓吹休明，光闡地應，此夫獻琛輯瑞，儻亦前此希有者乎？僕性無他嗜，自揆寡昧，遊心此道，庶補幼學灑掃應對之闕爾。復感存亡之永隔，幸心期之尚存，薈輯所聞，釐爲三種。前編舉要，則思已過半。通編稍演其例，以通俚俗，間取《九章》補綴，而卒不出原書之範圍。別編則測圜諸術，存之以俟同志。今廟堂議興曆學，通算與明經並進，傳之其人，儻不與《九執》同湮。至於緣數尋理，載在《幾何》，本本元元，具存《實義》諸書。如第謂藝數云爾，則非利公九萬里來苦心也。①

渾蓋通憲圖説序

仁和李之藻書

儒者實學，亦惟是進修爲兢兢。祲祥感召，繇人前知，咎或在泄。暨於曆策，亦有司存，比我民義，不並亟矣。然而帝典敬授，實首重焉。人之有生，惡有終身戴履

---

① 《天學集解》末題："萬曆癸丑日在天駟，仁和李之藻振之書於龍泓精舍。"《天學初函》本同。

照臨，可無諳厥條貫者哉？瞻依切於父母，第見繪像，必恭敬止。儀象者，乾父坤母之繪事也。於焉顧諟太上修身昭事，其次見大袪俗，次以廣稽覽，次以習技數，而猶賢於博奕也。六籍所載博矣，顓帝渾象，迄茲遵用，蓋天肇自軒轅，《周髀》宗焉。擬其形容，殆割渾天一弧，而世鮮習者，蓋自子雲八難始。夫其方圓勾股乃步算之梯階，旋簫引繩均測圓之户牖，假令可渾可蓋，詎有兩天？要於截蓋舔渾，總歸圜度，全圜爲渾，割圜爲蓋，蓋笠擬天，覆槃擬地，人居地上，不作如是觀乎？若謬倚蓋之旨，以爲厚地而下不復有天，如此則乾不成圜，不圜則運行不健，不健則山河大地下墜無極，而乾坤或幾乎息。且夫凝而不墜者，運也；運而不已者，圜也，圜中之聚，一粟爲地，地形亦圜，其德乃方。曾子曰："若果天圜而地方，則是四隅之不相揜也。"坤之文曰："至静而德方。"孔、曾生周，從周著論。若是謂姬公髀測之書，必蠡渾而自爲蓋，可哉？圭表土臬，水準衡睨，千機萬軸，共一混元之體，合則雙美，離則兩傷。何則？渾儀語天而弗該厚載，《周髀》兼地而見束地員。所以景差千里一寸，按實恒乖；北極三十六度，易地斯齟。嘗試以渾詮蓋，蓋乃始明，以蓋佐渾，渾乃始備。崔靈恩以渾蓋爲一義，而器測蔑聞，説亦莫考。大都譚天之家，迄後來而更覈；測圜之學，尋迤邐者爲精。《元嘉》《開元》，涉歷稍廣，元人晷測，經緯逾詳，里人之識路也，榆社焉已耳。職方之掌以山川，海人之占以星斗，遊境彌廣，見界彌超。昔從京師識利先生，歐邏巴人也，示我平儀,其制約渾爲之,刻畫重圜,上天下地,周羅星曜,背縮睍箾,貌則蓋天,而其度仍從渾出。取中央爲北極,合《素問》中北外南之觀;列三規爲歲候,邃羲和候星寅日之旨,得未曾有,耳受手書,頗亦鏡其大凡。旋奉使閩之命,往返萬里,測驗無爽。不揣爲之圖説,間亦出其鄙諝,會通一二,以尊中曆。而他如分次度,以西法本自超簡,不妨異同,則亦於舊貫無改焉。語質無文,要便初學,俾一覽而見天地之大意,或深究而資曆象之至理。是故總儀列説,睹大全也;天度時刻,先晷測也;赤道永短,協歲功也;地平漸升,揆辰極也;天中地嚮,辯方域也;晨昏箭漏,戒夙莫也;黄道宫界,剖辰次也;經星位置,參儀象也;勾股測望,以御遠近高深也。而又次之制用以悉其致,先之渾象以探其原。説具一圖,圖兼數法,法法不離圜體,規規咸絜天行。平之則準,懸之則繩,可以仰觀,可以俯察,徑不盈尺,可挈[1]而趨。然則聖作明述,何國蔑有,儻中國亦舊有其術乎？藻也何知,幸獲問奇,聊附誦説,抑亦與海内同志者共訂諸。而鄭輅思使君,以爲制器測天,莫精於此,爲讎校[2]而壽[3]之梓。參知車公妙解象數,借之玄晏[4]。令尹樊致虚氏,又爲樂玩推轂,相與有成焉[5]。是刻無預保章,有裨馮相,傳之其人,幸不與地動、覆晷諸儀同歸泯没。而秘義巧術,乃得之乎數萬里外來賓之使。然則聖世球圖,亦豈必琛璧之爲寶耶！夫經緯淹通,代固不乏玄、樵。若吾儒在世,善世所期,無負霄壤,則實學更自有在。藻不敏,願從君子砥焉。先天道於民，義所不敢也。①

校勘記：

［1］挈：原作"絜"，據《天學初函》本改。

［2］校：《天學初函》本作"訂"

［3］壽：《天學初函》本作"授"。

［4］"參知"至"玄晏"：《天學初函》本無。

［5］"又爲"至"有成"：《天學初函》本作"樂玩妙解，躬勤檢測，實相與有成焉"。

題測候圖説

龍溪王臣夔撰

從古曆象之家必先晷測，以天體渾圓，未易察識，太陽所至而次度氣候分焉。夫曆法之大者，莫如日月交食。交食之法，準諸太陽，故交食不謬。而五曜列宿，躔離二道，遲留伏匿，可步算而知，此晷測所以妙也。曩歲友人嘗貽利西泰日晷，晷作北極出地三十二度，謂只可測留都之景，易地則乖。意竊疑之，豈中國地有二耶？己酉入長安，識利先生及其友順陽龐先生，相與譚天地之際，始信

---

① 《天學集解》末題："萬曆彊圉叶洽之歲，日躔在軫，仁和李之藻振之甫書於括蒼洞天。"《天學初函》本同。

地居天中,體亦至圓,以靜而弗運,故古稱地方焉。天度三百六十,而地度配之,其北極之出地,即南極之入地。而赤道去天頂之數同地之平差,南北每二百五十里差一度,故嚮者三十二度之晷,只可用之留都。若使諸省同用,則普天之下咸出地三十二度,而地依然平面矣,何以配旋乾之體乎?且寒暑晝夜永短之數,亦將相等與?非也。是以西人製晷,憑極立法,隨方變易,不作畫一,總求與乾坤之理相契合焉。余耳而受之,未卒業而歸。及壬子再至,而利先生已逝。乃以未竟之旨,還以質之龐先生,相與討論,亦稍得其大略矣。恐久有所訛,乃更掇明簡者數題,別為圖說,與同志共之。

圜容較義序

涼庵居士李之藻題

自造物主以大圜天包小圜地,而萬形萬象錯落其中,親上親下,肖呈圜體。大則日躔月離,軌度所以循環;細則雨點雪花,潤澤專於涓滴。人文則有旋中規而坐枹鼓,況顱骨、目瞳、耳竅之渾成;物宜則有穀孕實而核含仁,暨鳶翔、魚泳、蛇蟠之咸若。胎生卵[1]育,混沌合其最初;葩發苞藏,團欒於焉保合。俯視漚浮水面,仰觀暈合天心。搏風潝乎蘋端,湛露擎於荷蓋。砂傾活汞,任分合以成顆;鮫泣明珠,撒桦杆而競走。無情者飛蓬轉石,斡運總屬天機;有情若黿網蟲窠,經營自憑意匠。若乃靈心濬發,尤多規運成能。璧[2]水明堂,居中而宣政教;六花八陣,周衛而運正奇。樂部在懸,簫皷共圓鐘迭奏;軺車欲駕,輪輗貫樞軸其旋。戲場有蹴鞠彈棋,雅事對莆團蓮漏。忽然一噱,成如珠如霧之誂[3]奇;謾説恒沙,滿三千大千之國土。至於火炎鋭上,試遠矙而一點圓光;水積紆回,指寥天而兩縫規合。葢天籟、地籟、人籟,聲聲觸窾皆圜;如象官、象事、象物,粒粒浮空有爛。所以龜疇蓍策,用九之妙無窮;羲畫文重,圍圜之圖不改。草玄翁之三數,安樂窩之一丸。先天後天,此物此志云爾。凡厥有形,惟圜爲大;有形所受,惟圜最多。夫渾圜之體難明,而平面之形易晰。試取同周一形以相參考,等邊之形必鉅於不等邊形,多邊之形必鉅於少邊之形。最多邊者圜也,最等邊者亦圜也,析之則分秒不億,是知多邊;聯之則圭角全無,是知等邊。不多邊等邊,則必不成圜。惟多邊等邊,故圜容最鉅。若論立圜渾成一面,則夫至圜何有周邊? 周邊尚莫能窺,容積奚復可量? 所以造物主之化成天地也,令全覆全載,則不得不從其圜;而萬物之賦形天地也,其成大成小,亦莫不鑄形於圜。即細物可推大物,即物物可推不物之物,天圜、地圜,自然、必然,何復疑乎?第儒者不究其所以然,而異學顧恣誕於必不然,則有設兩小兒之争,以爲車葢近而盤盂遠,滄涼遠而探湯近者。不知二曜附麗於乾元,將旦午之近遠疇異;氣行周繞於地域，其厚薄以斜直殊觀。初暘映氣，故暉散影巨，而炎旭應微；亭午籠虛，則障薄光澄，而曝射當烈。又有造四大洲之詑，以爲日月繞須彌爲晝夜，地形較縱廣於由旬者。試問須彌何物，凌日與月而虧天？且縱[4]廣奚稽，乃狹與彎之變相？積由旬至億千萬，則地徑有度，金輪豈厚載所容；統切利謂三十三，則象緯正圜，諸天之棋累可怪。且夫極辨者方圜之體，若白黑一二之難欺；最精者方圜之度，當微渺毫茫之必析。沖虛撰模稜而侮聖，釋氏騁荒忽以誣民，彼曾不識圜形，惡足與窺乾象？夫寰穹邈矣，豈排空馭氣可以縱觀？乃道理躍如，若指掌按圖無難坐得。昔從利公研窮天體，因論圜容，拈出一義，次爲五界十八題，借平面以推立圜，設角形以徵渾體。探原循委，辨解九連之環；舉一該三，光映萬川之月。測圜者，測此者也；割圜者，割此者也。無當於曆，曆稽度數之容；無當於律，律窮累黍之容。存是論也，庸謂迂乎？譯旬日而成編，名曰《圜容較義》。殺青適竟，被命守澶，時戊申十一月也。柱史畢公梓之京邸，近友人汪孟樸氏因校《算指》，重付剞劂，以公同志。匪徒廣略異聞，實亦闡著實理。其於表裏算術，推演幾何，合而觀之，抑亦解匡詩之頤者也。①

校勘記：

[1] 卯：原作"邜"，據《天學初函》本與《天學集解》改。

---

① 《天學集解》末題："萬曆甲寅三月既望，涼庵居士李之藻題。"《天學初函》本同。

[2]璧：原作"壁"，據《天學初函》本與《天學集解》改。
[3]詇：原作"談"，據《天學初函》本與《天學集解》改。
[4]且縱：原作"縱且"，據《天學初函》本與《天學集解》改。

西士超言小引

張汝霖

夫死生之説，古夙常言之。顧儒之譚，諷而微；迦之譚，理而奧。直接上根，而它或瞿瞿焉驚矣。余讀西士之《畸人十篇》而深有味也。其譚人世[1]苦趣，使人悲泗欲悔生，而至云念死候以修死備，又使人惕躍欲無忽生。剖耳根所未曾，扶華天所未有，此真盲人之金篦，歸途之葆吹矣。篇章衍暢，伸紙難竟，因鈔其尤刻之，使人眼睛易亮。嗚呼！食雞嗷跖，膾鱘斫鼻，全鼎何以寸臠哉？斯言也，智愚者，愚智者，而可以破世，亦可以修世。非其人，論那得超？願覽者寶之，過枕中鴻閟矣。

校勘記：

[1]世：原作"此"，據《天學集解》改。

天教駢述

熊士旂

蓋聞大造無私,布陰陽於庶物;玄功莫測,著理義於人心。溥天率土咸孚,往古來今不易。顧生長殊時而異地,遂見聞溺習以成風。然失官學在於夷,官明爲急;而失禮求宜於野,禮重奚辭。況屬大觀,宇內原無定界;且因奇覯,域中更有真傳。欽惟造物主,無始無終,靡知其朕;有生有化,獨宰其權。於穆幽深,蘊群靈之至妙;鴻濛浩昊,居衆父之最初。純福樂其自成,非意想形容之可擬;極尊榮爲本有,奚名言聲臭之足徵。以全知返照乎全能,默[1]運絪緼之理;以至仁罩敷乎至愛,弘施亭毒之功。任縱橫靡盡疆涯,極上下無垠邊際。未假別爲寸積,寧資他物毫需。創自居然,萬有隨其指顧;成於倏爾,百靈總伏驅馳。指天則諸天之象即呈,指地則厚地之形立見。如水火,如游氣,悉皆令溟涬分模。若日月,若庶星,罔匪命混茫析質。雨露雪霜之潤,風雲雷電之奇。顯自[2]時行,默由洽化。鴻纖高下,許多妙用鋪張;動植飛潛,何限神功創置。性命於焉各正,以類相傳;形氣於此咸宜,無時弗肖。顧茲品彙,帝天何所需之;蓋是機緘,真主有爲作者。以無窮之靈聖,造紛紛郁郁,本待[3]生人;以無相之靈明，付總總林林，俾終受福。五官全而百體具[4]，一物授而三司能。徹地通天，橫今際古。藏於微隱，匪教以匡穢逃邪；顯在昭明，令欲其窮原反本。指揮惟命，舉動循規。豈厥初生，亞黨妻同厄襪；遽違首令，貪饕菓食[5]禁園。逢天震怒非輕，懲前警後；鑒性在人易擅，霽積愆流。物類因以反情，民生由之苦作。佑賢輔德，弘開助順之條；剿逆除兇，必報背天之族。地府幽冥，永夜確有嚴刑[6]；天庭和煦[7]，長春實多真福。且聞當世，漸降生民，由太西開闢六千年，暨宇内綿延數百國，隨人分處，擇地寧居。道阻教殊，好尚互爭靡定；風頹俗惡，流傳愈失無憑。秉彝之理雖同，率性之人稀有。惟狂罔念，作偽敗常。異端邪説如雲，弗信有由來天道；哲后良臣絶響，安能望簡在帝心。習俗愈污，遐邇瘵人倫之已甚；罪尤滋重，後先登鬼録以無遺。真主動仁慈，憫下欲施援濟；神功開朕兆，當先預示降生。付殿邏巴美瑟[8]聖人，登之書記；擇如德亞[9]國瑪利亞聖女，托以胞胎。産符數千百載前知，生有三十餘年後事。體爲人體，心則天心。名取夫耶穌，義關乎救世。幼而神異，長則謙恭。論道愛人，本視群黎皆子；談經訓衆，允當一己爲師。默成象而語成爻，難堪寫德；聲爲律而身爲度，未足描容。咳唾總珠璣，無匪闢異斥邪，使人認主；箴規過藥石，秖爲表真率正，令世欽天。其若蒸民時俗，已深舊染；誰云上聖塵埃，果實躬臨。愚者不識其爲真，悍者反訾其爲妄。非遭讒妬，輒忤凶憝。況有宗徒，尚爾援弓反射；何論匪類，不教操刃相加。一二僅擬爲聖賢,爰何能助;萬千靡信爲天帝,敬豈能施。德愈隆而仇愈起,名益重而謗益興。朝廷帝位由寵綏,誣以謀朝廷之逆;國土河山皆搏捥,妄爲侵國土之疑。執送刑曹,捶楚撗施於群小;指名叛賊,摧傷遍見於一身。囚拘酷肆兇殘,拷訊累經反覆。竟加大辟,爰定嚴誅。十字架排,四體慘遭釘肉;兩名盜夾,一人狼復槍胸。告厥功成,奄然氣絕。時方亭午,天地爲之晦冥;㡌若沸雷,石山爲之擊鬭。冢墓開而死人躍起,殿堂闢而帛幔橫分。吁嗟聖母傷心,涕零若雨[10];悵恨宗徒洒淚,跡散如星。以天帝疾威之能,何不可群兇立勦;以耶穌降生之故,弗如斯衆罪冥銷。捨一身代贖無涯,痛辱備嘗備忍;越三日顯明復活,神工最異最奇。傳道畢而白晝上升,百靈相賀;居位尊於玄穹右座,萬福攸歸。衆仰望乎咨嗟,神降臨焉傳語。帝今雖遠,日後仍來。乾坤大盡處分,俾色色形形之變遷有止;生死嚴加審判,令善善惡惡之苦樂無休。斯彼利多寵錫,聖徒洞達;伯鐸禄者初嗣,主教專精。分途犇走群方,何憂何懼;遐服聲聞大化,或信或疑。雖有暴君,妄指爲非而斥逐;難回貞士,堅持其正以宣揚。鼎鑊在後,刀鋸在前,塵世之非刑冥屈;髮膚可損[11],頭顱可斷,帝天之正教必伸。蓋以靈明稟賦爲家,還家且樂;總之理正憑依是主,得主應安。千百年來,數十國内,罹此凶災靡算,成斯德行良多。口碑傳美有真憑,心心相印;汗簡垂光皆實歷,語語同符。由兹大西洋、小西洋,何地不遵天教;任彼利未亞、亞細亞,是人皆聽徽稱。卓矣中華,號乎大國,赤道北[12]居躔度,黃壚南向封疆。始傳盤古以分洲,六書未有;嗣述羲軒之御世,百物遞興。陶唐虞舜相承,允執厥中以爲心法;夏后殷周相繼,皇建有極以作治基。然欽若而又欽崇,謨典明徵有在;既昭告而還昭事,湯文默契無差。至於周公、孔子之言,以及子思、孟軻之說,曰皇天,曰上帝,類難悉數諸篇;謂天載,謂帝庭,豈不咸覩古訓。顧世儒於其分殊理一,僉指當然;若大造所以物産時行,孰知伊故。非天子不議禮、不制度,總來無過人爲;雖聖人有不知、有不能,正屬難通帝命。生也非逢其主,語焉誰得其真。所慨中邦,尤嗟末代,教衰俗壞,人心每易趨邪;聖遠[13]言湮,性道殊難反正。禍基二氏,毒染千秋,慕黃老之清淨無爲,芻狗土苴萬物;誇莊列之玄虛何有,筌蹄糟粕群書。盜陰陽,役鬼神,敢謂五行在手;旁日月,挾宇宙,謬稱萬化生身。揣摩大抵人情,喜言却老;撰錄多方儜術,盛許長生。吐故納新,自可還精補腦;茹芝絶粒,將能倒影登遐。注玄髮,留紅顏,内外丹成有訣;吞刀圭,依玉笈,上中藥就通靈。火龍水虎之一降一升,金母木公之時生時化,煉爲玉液,變就黃芽。五氣朝元,名在玄霄紫府;三尸去體,身騎白鶴青牛。西王母、河上公,三島十洲宴息;安期生、羨門子,蓬萊洞府遨遊。《参同契》作於魏伯陽,同参何輩;《悟真篇》成於張平叔,真悟其誰。顧此玄談,雖羨有飛僊之變化;要其實論,猶知有上帝之名稱,特其曲徑傍門,罔識至尊真主。惟嗟佛害,大亂儒宗,無帝無天,矯誣已甚;自賢自聖,背畔爲多。縱云睿智聰明,誰成寸草;任爾蠻夷戎狄,豈出空桑。肇自漢明,白馬馱經於身毒;相沿石勒,青蓮出水於圖澄。中國乃有獨袖之衣,人生遂見無髮之首。不生不滅,恃爲彼岸法身;非色非空,混作福田淨土。方便門、真實相,南北[14]宗殊;蓮花藏、貝葉經,大小乘異。三千世界,毫端收攝無遺;百億須彌,芥子包容有剩。依處則分二十五有,正報則具十二類生。現普賢法界之身,復見空而證果;登彌勒毗盧之閣,且了緣而入真。無住無爲,信手拈來是道;何修何證,舉目而視皆禪。絕名相之端,豈云火內披蓮、空中生樹;泯能所之迹,不羡過河[15]舍筏、迷路得車。寶藏固有,而非今開;玄珠夙收,而非乍獲。馬鳴龍樹,鹿苑鶴林,披迦葉上行之衣,因指人須見月;居牟尼法空之座,論心旛動非風。無問中設問,發明蚌靈石點;匪疑中起疑,開示鳥聚龍參。聲聞與緣覺俱超,菩薩與凡夫畢悟。風柯月渚,盡屬傳心;煙島雲林,咸歸喻意。似此標名顯相,總由墨客文人。一切浮誇,多方附會,譬乞流之子,日稱金玉贏餘;殆傭賃之夫,夜夢帝王快樂。試觀往轍,宜鑒前車,漢武秦皇,窮極求僊奚若;楚英蕭衍,最深奉佛何如。國滅亡而海內虛耗,貽譏往牘;身誅夷而臺城餓死,買笑時人。舍利骨來,仙李漸衰於中葉;金丹藥發,殘唐累殞於玄根。百家衆技齊觀,他猶易闢;二氏兩途並論,釋最難驅。彌近理而亂真,誰當隻眼;秖旋空以破妄,盡欲灰心。文若韓蘇,佛印大顛之猶染;世如晉宋,壽厓惠遠以潛興。絡繹緇黃,居常輻輳;蔓延蒼赤,競信輪回。是過始吾儒,讀孔聖書而不識[16]其字;所流由宦學,閱罼罿藏而遂溺其言。見聞非雜則孤,識量匪庸即狹。犬聲傳吠,浮沉俯仰隨人;魚目稱珠,邪正僞真狥俗。陽棄以陰竊,色厲而内柔。本爲作弄精魂,乃誇見性;正是執持意識,反謂忘情。混釋作儒,誠援儒爲釋之宗,又至擠儒爲亞釋;語人同天,既認天即人之道,更且高人以御天。悠悠紕謬之談[17],聒聒險膚之論。人如醉夢,家若病狂。百口群編,毫不出性情以内;千途萬轍,鮮能窺造化之初。且迷日用流連,實作生平究竟。欲敗度、縱敗禮,無忌無懲;善降祥、惡降殃,罔知罔問。愧屋漏而勉康衢,襟裾奠取;口堯舜而心桀紂,面[18]孔何施。今豈無兹,終將靡極,惟天仁愛,昭然惠我中華[19];賴帝公明,默爾道其西士。從容去國,慷慨辭家。航海梯山,八萬里傳經演教;逾年越月,兩三秋拼死忘生。疾痛甘扶,暑寒忍受。風波水上,何知西與其南;星斗天邊,秖望東將及北。昏明憑晝日,屈指王程;靈怪問舟人,奚心海若。島間有國,鶯聞故里之聲;波外還洲,人作殊方之語。最苦水鹹無啜,尤虞舟淺難移。越滿剌加,傍香山噢。恍登平地,諸艱由此堪辭;還籲高天,邸事何如設措。四十載後先諸友,十數人彼此異邦。學共淵源,奚啻同胞一體;品齊模範,真猶共命一身。談帝則玄微,似屑玉吐金,言言理窟;論人生終始,如數奇辨耦,字字天機。顧卞氏隋侯,獨抱珍奇於曠世;而鍾期管子,幾逢賞識於當年。賴賫捧入京,特授禮賓之館;遂交遊遍國,盛揚天主之經。戶滿履而論答無窮，八座三孤動色；門多車而信從伊始，遐陬僻壤知名。乃若士旅，當在梓里。生平迂戇，無阿時黷世之心；自負狂愚，有測海窺天之志。學探綱常倫物，理蒐性命經書。深藏窟室逾旬，洗心滌慮；兀坐齋居閱歲，養氣怡神。纔見一斑，眼底便無半豹；輒輕衆解，目中頗少全牛。不謂戊戌而來，始逢真教；至於乙巳而後，屢接群公。問難多端，大發醯雞之甕；省循密證，殊慚跛鱉之程。天人本匪同堂，難施論議；生死[20]原來有宅，好用尋求。試觀西士之遠來，志堅[21]孔墨；遍歷中邦之久[22]寓，行篤由夷。惡勞獨匪人情，茹苦總深天教，倒翻今古，未見等倫。嗟乎性命豈尋常，我輩須宜早究；皇矣帝天殊[23]顯赫，諸公幸且同修。道必學問而後知，何妨廣訊；理必思辨而後得，胡惜細商。如舍玆更有真詮，請示得相共質；儻惟是果爲極則，諒知或亦堪從。用此以修齊，直可對天無愧；舉斯以治平，尤能報國成功。黼黻皇猷，栽培世道。儒理因玆大備，古風定見全追。得聖劑肯爲人傳，疕疴立起；聞天學如徒自秘，罪譴奚辭。演繹支離，似匪無稽之論；敷陳蕪蔓，聊當巽語之言。謹述。

校勘記：

[1] 默：原作"然"，據《天學集解》改。

[2] 自：原作"目"，據《天學集解》改。

[3] 待：原作"侍"，據《天學集解》改。

[4] 具：原作"且"，據《天學集解》改。

[5] 菓食：《天學集解》作"食菓"。

［6］刑：原作"形"，據《天學集解》改。

［7］煦：原作"照"，據《天學集解》改。

［8］瑟：此下，《天學集解》有"斯"字。

［9］亞：《天學集解》無。

［10］雨：原作"兩"，據《天學集解》改。

［11］損：《天學集解》作"捐"。

［12］［14］北：原作"比"，據《天學集解》改。

［13］聖遠：原作"遠聖"，據《天學集解》改。

［15］河：原作"何"，據《天學集解》改。

［16］識：原作"織"，據《天學集解》改。

［17］談：原作"該"，據《天學集解》改。

［18］面：原作"向"，據《天學集解》改。

［19］華：《天學集解》作"國"。

［20］死：此下原有"之"字，據《天學集解》刪。

［21］堅：原作"豎"，據《天學集解》改。

［22］久：原作"允"，據《天學集解》改。

［23］殊：原作"誅"，據《天學集解》改。

用　夏　解

温陵張賡

　　張子賡宣言於衆曰："有人於此揭生天、生地、生人、生物之主，爾以爲得大始乎，其疑之也？"僉曰："何疑哉？設無主，天地、人物安始矣？"張子曰："是其人也，闢事佛、事仙、事神、事鬼之非，壹意欽崇天主。爾以爲知一尊乎，其疑之也？"僉曰："何疑哉？天既有主，即天亦物矣。天不垿尊百神，況儕妄矣。"張子曰："是其人也，朝斯夕斯，瞻斯禮斯，而又非貌非空。乃行乃言乃思無妄，實實體天愛人。爾以爲真昭事乎，其疑之也？"僉曰："何疑哉？終日乾乾，匪朝伊夕矣。人己相通功，敬修又奚病諸。"張子曰："是其人也，不遠八九萬里，破浪濤，絕眷屬，偕二三友朋而來。不徼薦尊，不藉傳食，直憐衆生之失真主，處處人啓迪，時時人誘誨，饑弗食，勞弗休。爾以爲真愛人乎，其疑之也？"僉曰："何疑哉？誨人不倦，非自成己而已矣。身家雙忘，財名都捐，匪爲愛人應天，何苦乃爾？"張子曰："然則其人也，述天主之事，傳天主之言，行天主之規，間或令人駭而似無稽。抑且重玄重基星曆，一切諸等，格古來未格之物，窮古來未窮之理。遇叩津津然，按之吾儒，而不必盡符。即爾亦篤信其不狂不誕，而願樂聞之乎，其猶疑信半也？"僉曰："信矣，又復何疑哉？君子之言，信而有徵也。況夫生天之始，倏無倏有，亦同亦異。則夫理所必無者，事可應有；彼所極異者，我可與同，又復何疑哉？我輩真幸，旦暮遇之，此其人安在？"曰："在茲，請與偕見。"問曰："何許人也？"曰："歐邏巴。"曰："是非西夷之國與？"張子曰："然。"衆乃相與迴思曰："夷乎？吾儕誦法皆云'用夏變夷'，未聞變於夷也。今變於夷奈何？"張子大噱而解之曰："爾衆亦師舜文乎？舜東夷，文西夷。騶孟羞變於夷，其又何稱焉？夷人來朝，仲尼問官矣。延陵不稱夏，論定周樂，仲尼賢之。孟闢許行，亦爲無君。故彼夷稱君，諸夏且爲愧屈，況我又無天主，不更當自引以爲不如哉？且夫夏夷強名，天定之耶？夷與夏夫何常之有？夷之爲義，平也，易也，其名不惡。夏之名不必優於夷也明甚。而又乃欲以我爲中、彼爲西，夫[1]誰使正之？惑也。六合之内，我曾不存其一角。我以彼爲西，尚有以彼爲東者。我以我爲中，乃更有以我爲東爲西者，更有以我爲南爲北者。今置圜物於此，互有中邊，權立高下，實非一定常位。歐邏巴總在一團地球裹，安在其夷？安在不可爲中也？吾儕試思吾儕誦法，第以其人名號乎，里居乎，非乎？仲尼偶生曲阜，正使其楚產夷居，亦猶是聖也。柳跖盗行，名之爲盗。假令當年爲夷爲惠，其誰不嚮往夫跖之徽稱也？而曰：'夷可羞，羞從其正學。'此何異賞識卞玉之真，而猶豫曰：'是楚物也，吾羞取之。'不亦惑乎？爾衆幸了了無疑，而後乃請觀天主諸書，諦聽天主妙義。"

校勘記：

[1]夫：原作"一"，據五卷本改。

答鄉人書

劉胤昌

佛入中國千八百年矣，人心世道，日不如古，成就得何許人？若崇信天主，必使數年之間，人盡爲賢人君子，世道視唐虞三代且遠勝之。而國家更千萬年永安無危，長治無亂。可以理推，可以一鄉一邑試也。執事將何從焉？《實義》中所論理學，止舉大概。若欲盡解其義，宜用經書萬卷。今未得遍譯，他日必當大明，恐吾與執事不及見耳。若未能深明其詳，大端只宜信有天主，天主即儒書所謂上帝也。一信其有，即所立教戒不得不守，所談義理不得不從，如臣從君，子從父。何中國殊方之可言乎？譬如國有其主，在京師大内，宰臣侍從方得見之，海濱草野之民不見也。雖則不見，豈可不信其有耶？不信其有，必至犯法干令。直待斷罪於闕下，然後信其有，悔其罪，晚矣晚矣。教中大旨，全在悔罪改過。雖臨終一刻，尚可改舊圖新，免永久沉淪之苦。若在高年，時勢已迫，尤不可不早計也。眼前悠悠不問，無可奈何。如執事來相詰難，正自難得。肯相與一講明，非惟救得執事，從執事更可救無數人，執事功德亦不細矣。

禮部爲明曆法一本[1]

禮部爲明曆元，昭成法，乞賜乾斷以杜妄議事。祠祭司案呈奉本部，送准禮科抄出，該本部題覆欽天監前疏等因。奉聖旨：是，欽此。欽遵通抄到部，送司案呈。遵旨備查往例，會同欽天監官，博訪中外精通曆學者。已經本部移咨都察院，轉行各省直采訪去訖。其素以曆學名家，如原任陝西按察司副使邢雲路、兵部員外郎范守己，則前疏曾已具題。及查據《大明會典》著令：凡天文、地理等項藝術之人，禮部務要備知，以憑取用。仍行天下，訪取考驗收用。弘治十一年，令訪取世業原籍子孫，並山林隱逸之士，及致仕退閑等項官吏、生儒、軍民人等，有能精通天文等術者，試中取用。嘉靖元年，工科給事中吳巖題請，考選精術以備國用。本部覆奉欽依，保舉精通天文曆法者，不拘致仕官員、監生、生員、山林隱逸之士。及查先年修曆，以戶科給事中樂護、工部主事華湘，俱改光祿寺少卿，提督欽天監事事例。則如雲路、守己二臣，所當酌量注改京堂銜。俟本部題請奉旨，移咨吏部改授，共理修曆一事。又訪得翰林院檢討徐光啓，及原任南京工部都水司郎中李之藻，皆精心曆理。李之藻雖在籍，俟其服闋補任，共行料理。而徐光啓則見任，可以邢雲路、范守己之説與之參考折衷。若大西洋歸化之臣龐迪峩、熊三拔等，帶有彼國曆法諸書。測驗推步，講求源委，足備采用，已經具題。合照洪武十五年，上命翰林院李翀、吳伯宗及本監靈臺郎海達兒等，譯修西域曆法等書事例。合令龐迪峩、熊三拔將大西洋曆法及度數諸書，同徐光啓等對譯成書，與雲路等參訂詮改。又據冬官正周子愚呈稱，大要清曆法之疏密，莫顯於交食。其交食之真偽，莫逃於測驗。欲議修曆，必測交食。如萬曆四十年有日食一次、月食二次,所當行測驗,以較疏密者。但觀象臺年久未修,臺傾滲漏,以致地面高低不一,相應修整等因。事干重典,俱屬緊要,呈乞題請轉行工部,速賜修造,以便測驗修譯等因。到部送司,該職會同欽天監監正徐浩等,同視星臺公館,果係滲漏坍塌,當爲修理。至於測算、推算、譯書等項,該用本監官員及各省直取到人數,則俟奉旨行令各官到監受事之後,隨事酌量呈部札委。仍先移咨工部,修理星臺公館,以憑測驗修譯。而增置儀器、筆札、供給等項費用,則移咨戶、工二部,於本衙門納陰陽訓導等官,及太醫院、僧道録司等項上納銀兩,收貯彼部者,於内取用。庶厘正有人,費用有出。又職署掌祠曹三載,所見欽天監官留心曆法、不失其宗者,不過數人,其餘多務營求差委,曆法荒唐。今非大爲整頓修理,因與作興振刷一番,亦恐將來接續無人,訛舛日甚,有負大典不輕。其所訪求海内通曉曆法者,應再行文各省直,務加詳核。果術業精通,限於一年以内起文送部,尤今日修曆之一節也。等因案呈到部。臣惟曆法之設,所以欽若昊天,紀綱萬事,其關重大而不可緩圖也明矣。況今日久漸訛,奉旨修理,既經該司備查往例,規畫前來。臣謹悉心參酌,以爲任得其人。所稱星臺館局,逕行移咨工部修理。其增置儀器、供給諸費,應照該司議,於上納各項内取用。至如原任陜西按察司副使邢雲路,應量注與京銜,俾之統理修曆一事,專任責成,凡欽天監官生修曆人數,皆聽督率。兵部員外郎范守己,亦改相應京堂銜,與之協理。仍會同欽天監監正徐浩，親自督率各官，測候布算，各求躔离交食，五星行度，密合無差。仍將翰林院檢討徐光啟等所譯書籍，參訂折衷，務求至當。固不可輕爲雷同，亦毋得有意矛盾。更逐日課功，每月將所測驗開具送部稽查，協力殫精，修正畫一。成書之日，次第上呈御覽，以便頒行，以垂求久，庶一代之寶曆以光，萬禩之章程以定。所裨於國家敬天勤民之大政，豈淺淺哉！伏候命下，移咨吏、户、工三部及翰林院，遵奉施行。萬曆三十九年十二月十八日具題。

校勘記：

［１］本文原無標題，據目錄補。下文《禮科爲訂正曆法一本》《禮部爲給地收葬一本》《禮部給文看守執照》同。

禮科爲訂正曆法一本

禮科給事中姚永濟等一本。爲授時重典，幸際昌期，乞敕及今廣集人材，細加訂正，以定萬年曆法事。職惟欽若昊天，敬授人時，《堯典》之所首載，是治曆本國家大事也。恭惟御曆紀元，命曰萬曆，是億萬年不刊之曆。尤若有機會適逢，而修定在今者。職敢不爲皇上備言之？夫天道雖遠，運度有常，日有盈縮，月有遲疾，五星有順逆，歲差有多寡，前人漸次推測，法乃綦備。惟是朝不徵求，士不講究，天高星遠，襲舛承訛。即有一二留心其間者，獨學寡助，自局管窺，終無能破千古之謬，立萬禩之準者。職復見近年臺監如監正徐浩、監副周子愚等，非不熟於曆學。弟所算日月交食時刻虧分，往往有差。交食既差，定朔定氣，因此皆舛。此因拘法推步，如執方療症，故未盡當也。歷稽往曆，屢修屢訂，未有二百數十年相沿如今日者。考我洪武元年，徵院使張佑等議曆。二年，又徵回回曆官鄭阿里等議曆。十五年，命曆臣吳伯宗等譯經緯書，付在靈臺。二十八年，著令天文等項術藝之人，禮部務要備知，以憑取用。今皇上久道在宥，禮備樂和，在野在朝，率多儒彥，不以此時博訪其材，删定成書，將來何以顯萬曆與天無極之業哉！職查見任如翰林院檢討徐光啓、工部都水司郎中李之藻、户部雲南司主事崔儒秀，家居如原任陝西按察司邢雲路，此皆一時有學之望，足當載筆供事之選者也。若夫細流有資河海，而攻玉必取他山，則又有大西洋國歸化陪臣龐迪峩、熊三拔等諸人，俱以穎異之資，洞曆算之學，攜有彼國書籍，所言天文曆數，有我中國昔賢所未到者。及今盡令譯出，用以佐諸臣參伍之資，以廣聖世同文之化，豈不懿哉！萬曆三十九年曾經禮部具題，要將徐光啓、邢雲路及龐迪峩等開局治曆，未奉明旨。今禮部業又疏催，夫亦嗟人材之易老，嘆奇書之難遘，而續有此請也。職等職掌相關，有不樂觀其盛者乎？更有說者，始事與成事不同，成事在同歸於一，而始事在各獻所長。職嘗竊聽其一二，如謂五行遲留伏逆，土圭測景最精，而又有謂地心測算不同於地面測算者。如謂列宿之天爲一日一周之天，而又有謂列宿天另有行度，此古今中星所以不同者。如謂日月交食，人從所居南北望之不同，而又有謂隨其出地高低，看法亦不同者。種種同異，互有發明。總之集衆論以廣益，驗食分以取信，我無爾隱，爾無我嫌，是又諸臣相成之美也。倘若機會頓失，歲月坐消，刻漏塵封，星臺跡斷，徒取區區相傳之步算，姑了前件。而日食罰俸，月食又罰俸，毫不以爲異也，不亦辱明時而負當世之士哉！如蒙俯從末議，敕下禮部，亟開館局，徵召諸臣，依法測驗，悉考訂，殫力譯書。務使各盡其能，以成一代盛典。毋令仍前差謬，貽議後人。於以鼓吹休明，裨益非小。是在聖明加之意而已矣。

禮部爲給地收葬一本

禮部署部事右侍郎兼翰林院侍讀學士臣吳道南等謹題。爲異域微臣，銜恩没齒，懇乞聖慈，給地收葬，以廣皇恩，以風遠屬事。主客清吏司案呈，奉本部，送禮科抄出大西洋國陪臣龐迪峨、熊三拔等具奏前事。內稱臣本遠夷，嚮慕天朝德化，跋涉三載，道經海上八萬餘里，艱苦備嘗。至於萬曆二十八年十二月，偕臣利瑪竇及兼伴五人，始得到京朝見，貢獻方物。蒙恩給賜廩餼，臣等感戴不勝,捐軀莫報。萬曆二十九年正月内奏,乞天恩照例安插,以彰柔遠等情。候旨多年,叨蒙廩給不闕。不意於萬曆三十八年閏三月十九日,利瑪竇以年老患病身故。異域孤臣,情實可憐。道途險遠,海人多所忌諱,必不能將櫬返國。伏念臣等久霑聖化,即係輦轂臣民。堯仁德被於華夷,生既蒙豢養於升斗;西伯澤及於枯骨,死猶望掩覆於泉壤。況臣利瑪竇自入聖朝,漸習熙明之化,讀書通理,朝夕虔恭焚香,祝天頌聖,一念犬馬報恩。忠赤之心,都城士民共知,非敢飾說。生前頗稱好學,頗能著述。先在海邦,原係知名之士,及來上國,亦爲縉紳所嘉,似無愧於山澤隱逸之流。或蒙聖慈,再賜體訪,不無可矜可錄。臣等外國微臣,豈敢希冀分外。所悲死無葬地,泣血祈懇天恩,查賜閑地畝餘,或廢寺閑房數間,俾異域遺骸得以埋瘞。而臣等見在四人,亦得生死相依,恪守教規,以朝夕瞻禮天主上帝,仰祝聖母、聖躬萬萬歲壽,既享天朝樂土太平之福,亦畢螻蟻外臣報效之誠。臣等不勝感激,屏營候命之至。等情具奏。奉聖旨:該部知道,欽此。欽遵抄出到部,送司。查得《會典》内一款,凡夷使病故,如係陪臣未到京者,所在布政司置地埋葬,立石封識。又一款,夷使在館,未經領賞病故者,行順天府轉行宛大二縣,給與棺木銀。領賞之後病故者,聽其自行埋葬。今利瑪竇雖未經該國差遣,而向化遠來,久霑豢養之恩,茲以年老病故,道途險遠,勢難將櫬返國,孤魂暴露,不無可矜。合無查依龐迪峨所奏,參酌前例覆題,賜給葬地,以廣聖澤。案呈到部，看得我國家德化翔洽，雖遐荒絕域、上世所不賓之國，亦有嚮風慕義如利瑪竇者，跋涉遠途，入京朝貢，在館廩餼，十載於茲。而瑪竇漸染中華之教，勤學明理，著述有稱。一旦溘然物故，萬里孤魂，不堪歸櫬，情殊可憫。所據龐迪峨請給葬地一節，雖其自來中土，與外所遣陪臣不同，但久依輦轂，即屬吾人。生既使之糊口於大官，死豈宜令其暴骨於淺土？且龐迪峨等四人，願以生死相依，亦當並議優恤。相應俯從。伏乞敕下本部，轉行順天府，查有空閑寺觀隙地畝餘，給與已故利瑪竇，爲埋葬之所。見在龐迪峨等許就近居住，恪守教規，祝天頌聖。此聖朝澤枯之德與柔遠之仁，乃所以風勵外夷而永堅其向化之誠者也。緣係異域微臣，銜恩没齒，懇乞聖慈，給地收葬，以廣皇恩，以風遠屬事。及奉欽依該部知道事理，未敢擅便，謹題請旨。奉聖旨：是，欽此。萬曆三十八年四月二十三日，禮部署部事右侍郎兼翰林院侍讀學士吴道南，主客清吏司郎中林茂槐、員外郎洪世俊、主事韓萬象。

南昌府公移

晉江蘇守庶

江西南昌府奉督撫軍門王憲案云云。該本府知府看得，李瑪諾、羅儒望偕利瑪竇，自大西洋浮海而歸化中國者。利瑪竇住居京師，天子且生給俸祿，死賜葬地。而李瑪諾寄居西江二十載，閉門讀書，不生一事，未逐一利。乃統鈕直以其外教而欲逐之，亦與天子柔遠懷來之意異矣。統鈕所賣與瑪諾屋，得價五百貳拾兩，契証明白。其屋先賣與張孟門，僅五百兩。後屋漸傾頹，而價轉浮於昔。價故非輕也，統鈕又非爲屋而發也。彼以瑪諾不事生產，而衣食饒足，妄意其有黃白之術，堅心懇求。然瑪諾實不曉黃白，無以應之。盖彼國以不娶妻、能讀書、識天文地理者[1]爲聖人，每洋舶一到，則餽問之禮甚濃。以此得安居而坐[2]享，非真能煉汞爲寶者。統鈕不知，遂以其秘吝不傳，轉生嗔怒，藉口屋價，實欺遠人。即就屋價而論，亦可兩言而決：統鈕如有五百貳拾金付瑪諾，則令他移遷屋；如無伍百貳拾金付瑪諾，則聽其永永居住。瑪諾一切修理之費，俱置不取，願乞原價，意亦可憐。若曰先令空屋，俟尋別主，此局騙人之套耳。異日且價屋兩歸烏有，而外國孤客，向誰控訴耶？一係宗室，一係遠人，姑各免擬，聊示優待。本府未敢擅便，合就呈詳。爲此今備前由，理合[3]具申，伏乞照詳施行，須至由者。萬曆四十年閏十一月初十日申詳。撫院王批：據議甚妥，責令統鈕備價取還原屋如其數[4]。

校勘記：

[1]"不娶妻"至"地理者"：五卷本作"學通天人，不婚不宦，

[2]坐：原作"生"，據五卷本改。

[3]合：原作"人"，據五卷本改。

[4]數：此下，五卷本有"繳"字。

欽敕大西洋國士葬地居舍碑文

王應麟

粵稽古用賓，在九州廣萬里，餘者斯爲遼絶勤已。我國家文明盛世，懷柔博洽。迄今萬曆庚辰，有大西洋國士，姓利，諱瑪竇，號西泰。友輩數十，航海九萬，觀光中國。始經肇慶，大司憲劉公旌之，托居韶陽郡。當其時，余奉刺凌江，竊與有聞。隨同傅伴，齎表馳燕，跋庾嶺，駐豫章。建安王抱遷若追歡，篤交誼之雅。宗伯王公弘誨，竟傾蓋投契合之乎。相與沂遊長江，覽景建業。篋尹祝公世禄、司徒張公孟男，淹欵朋儕，相抒情素。西泰子同龐子諱迪峨、號順陽者，僅數友輩，乃越黄河，抵臨清。督税宫官馬堂持其貢表，恭獻闕廷。皇上啓閲天主聖像，珍藏御帑，自鳴鐘、萬國籍圖、琴器類分布有司。欣念遠來，召見便殿，寵頒一職，辭爵折風，饌設三辰，叩燕陛闕，欲親顔貌，更工繪圖。上命禮部賓之，遂享大官廩餼。是時大宗伯馮公琦討其所學，則學事天主，俱吾人褆躬繕性，據義精確。因是數數疏議,排擊空幻之流,欲彰其教。嗣後李冢宰、曹都諫、徐太史、李都水、龔大參諸公問答,勒板成書。至於鄭宮尹、彭都諫、周太史、王中秘、熊給諫、楊學院、彭柱史、馮僉憲、崔銓司、陳中憲、劉茂宰,同文甚都,見於序次。衿紳秉翰墨之新,槐位賁行館之重,斑斑可鏡已。歷受館餼十載,適庚戌春而利氏卒。龐迪峨偕兼具奏請恤,詔議禮部。少宗伯吳道南公署部事,言其慕義遠來,勤學明理,著述有稱。且迪峨等願以生死相依,宜加優恤。伏乞敕下順天府,查給地畝,收葬安插,昭我聖朝柔遠之仁。奉聖旨是。宗伯乃移文少京兆黃吉士,行宛平縣,有籍沒楊內宦私創二里溝佛寺房屋三十八間,地基二十畝,牒大司徒稟成命而界之居。覆奏蒙允。余時職江右岳牧,轉任廣陽師表,實有承宣弘化之責。欣聞是舉,因而感節。抵寓,順陽子與其友人龍精華、熊有綱、陽演西輩晉接,久習其詞色,洵彬彬大雅君子。殫其底蘊,以事天地之主,以仁愛信望天主爲宗,以廣愛誨人爲功用,以悔罪歸誠爲入門,以生死大事有備無患爲究竟。視其立身謙遜,履道高明。杜物欲,薄名譽,澹世味,勤德業。與賢知共知,挈愚不肖共由。理窮性命,玄精象緯,樂工音律,法盡方圓。正曆元以副農時,施水器而資民用。翼我中華,豈云小補?於是讚我皇上盛治,薰風翔洽,邁際真夐絕千古者矣。斯時也,余承命轄東南,寧無去思之慨;附居郊處,慮有薪木之憂。赫赫王命之謂何,余與有責焉。故用識巔末於貞珉,紀我皇上柔遠休徵,昭示萬禩，嘉惠遠人於無窮至意，爲之記。葬以辛亥□月□日，記以乙卯三月朔日[1]。

校勘記：

［1］日：此下，五卷本有"欽賜房地，房共四十間，地牆垣周圍十二畝，南至官道，北至嘉興觀地，東至嘉興觀，西至會中墳"三十七字。

禮部給文看守執照

禮部爲遠人荷恩歸國，懇乞垂慈，曲全聖德事。主客清吏司案呈，奉本部送，據大西洋國陪臣龐迪峨等呈前事。內稱峨等伏誦催疏，特於峨等曲賜矜全，隨蒙溫旨，遣歸本國，感戢恩私，銘心刻骨。峨等去來，本無繋累，但念先臣利瑪竇葬墳房屋已蒙欽賜，卷在部司。今峨等未行，地方之人已聲言奪占，惟恐去後或至掘毀，豈不負皇上之大恩，貽海外之巨痛乎？且聖朝德厚，向已傳揚四海，自非終賜慈憫，恐仁聲義聞不無小損。伏乞允留一人，守視賜塋。今峨等歸國，仍將本墳畦地房租供其食用，懇恩准給執照，以便遵守。則峨等萬里之外，永頌聖恩，與台臺之巨庇無量矣。等情呈部送司。據此相應俯准，批給執照。案呈到部，看得西洋遠人利瑪竇流寓中華，竟爾物故，所葬墳地房屋，原奉有明旨在卷。今其徒龐迪峨等，雖蒙詔諭，遣回該國，而瑪竇之枯骨，豈能越數萬里而扶櫬以歸？迪峨輩慮留此地，無人典守，或致占毀一段，迫切之情，殊爲可憫。爲此批給印照，責令都門誠實人氏，收執照管，畦地房租，永給養贍。如有強梁之徒，橫肆侵削，許赴該管衙門呈稟法究。庶遠人本源之念以安，而聖朝體恤之恩有終矣。須至執照者。萬曆四十五年正月二十二日。右執照給付看守利瑪竇墳所中國人李清、張儒漢等。准此。

附錄一：原書目錄

《絕徼同文紀》目錄

題贈卷一
《天主實義序》　馮應京
《天主實義引》　利瑪竇
又　顧鳳翔
《天主實義重刻序》　李之藻
《天主實義跋》　汪汝淳
《畸人十篇序》　李之藻
又　劉胤昌
又　周炳謨
又　王家植
又　涼庵居士
又　汪汝淳
《交友論序》　馮應京
《山海輿地全圖總序》　馮應京
《萬國全圖總說》　利瑪竇
又　程百二
《方輿勝略引》　王錫爵

《題萬國坤輿圖》 李之藻
又　徐光啓
又　祁光宗
又　吳中明
又　楊景淳
又　陳民志
《題萬國二圜圖序》 張京元
又　利瑪竇
《二十五言序》 馮應京
《跋二十五言》 徐光啓
《譯幾何原本引》 利瑪竇
《幾何原本序》 徐光啓
《幾何原本雜議》 徐光啓
《勾股義序》 徐光啓
又　徐光啓
《表度說序》 李之藻
又　熊明遇
又　周子愚
《題天問略》 周希令
又　孔貞時
又　王應熊
又　陽瑪諾
《簡平儀說序》 徐光啓
《題測量法義》 徐光啓

《泰西水法序》 曹于汴

又　鄭以偉

又　徐光啓

《水法本論》 熊三拔

《聖德來遠序》 彭惟成

《七克序》 楊廷筠

又　曹于汴

又　鄭以偉

又　熊明遇

又　陳亮采

又　龐迪我

《西聖七編序》 彭端吾

《龐子七克總序》 崔淐

《伏傲小序》 崔淐

《平妬小序》 崔淐

《解貪小序》 崔淐

《熄忿小序》 崔淐

《塞饕小序》 崔淐

《坊淫小序》 崔淐

《策怠小序》 崔淐

《西聖七編跋》 樊鼎遇

《七克後跋》 汪汝淳

《聖水紀言序》 李之藻

《同文算指通編序》 楊廷筠

《同文算指序》 徐光啓
又　李之藻
《渾蓋通憲圖説序》　李之藻
《題測候圖説》　王臣夔
《圜容較義序》　李之藻
《西士超言小序》　張汝霖
《天教騈述》　熊士旂
《用夏解》　張賡
《答鄉人書》　劉胤昌

公移卷二
《禮部爲明曆法一本》
《禮科爲訂正曆法一本》
《禮部爲給地收葬一本》
《南昌府案牘》
《欽敕葬地碑文》
《禮部給文看守執照》
《順天府給文看守執照》

附録二：五卷本增補文章三篇

兩儀玄覽圖序

懷遠侯常胤緒

夫究天地之津涯，斯巨細咸得而物無不格；探造化之玄邃，乃精粗不遺而理無不窮，君子盡性之學也。性有未盡，君子之生尚歉焉，非自歉者也。此西泰自西來本意。而西泰之來也，握規挈矩，方寸準折，歷九萬里，經數百國，謂之究天地之津涯，非耶？陟輿浮海，審陰較陽，推二極之高卑，以度晝夜之淺深；測九天之廖廓，以殷七政之次舍，謂之窮造化之玄邃，非耶？其言地體如球，而懸舉於天之中，上下八方人物咸麗焉。其奉天主教，忠信爲務。則所傳皆有所自，實由至理，非荒唐詭誕之説。故吾黨以盡性爲學者，如都尉侯虞山公，及縉紳憲臬馮慕岡、銓衡吳左海、繕部李我存、典客祁念東、駕部楊疑始、都水陳堅白、世胄李省勿、阮余吾諸時賢，皆信之而淑其學。且以其所繪《兩儀玄覽圖》鋟諸梓，以爲吾黨之未聞者聞，未見者見。是知理之未盡明者，以物有未盡格也，象胥掌故，猶可擴充；碩彥宿儒，更須研繹。性分中事，信無止法也。又知天地之大，造化之妙，舟車所未到而涉略有限也，心目所不及而識見或遺也。何物之難博,理之不易通,寧若斯哉?拘方之士,得聞西泰之言,豁然襟懷,漠然瞻覿,而無礙於太極清虛之境,斯圖實可宗矣。予先王以元戎佐高皇帝,定一寰宇,然猶方之內。若海外諸方,隸夫職方者百一於茲圖,又皆翊我皇圖之大且遠也。因諸賢之言,而僭敘於末焉。

兩儀玄覽圖敘

駙馬侯拱宸

歐羅巴職方不載於周,博望未通於漢,迄唐宋猶蔑聞焉,蓋其域去中國八萬里遠也。今我聖天子聲施八垠之外,西泰利子始自彼航海來朝,視重九譯者無讓矣。其人貞篤純粹,學博天人。爰制《兩儀玄覽圖》,發揮乾坤精奧,周遍法界人文,乃自赤縣神州,以至遐逖要荒,居然圖次。披閱之頃,恍接萬國於咫尺,陳王會於几筵。六合之外,聖人所存弗論者,蓋有所禆也。而《南華》罍空大澤之喻益微焉。於惟西泰子之達觀,真足與盧敖友矣。

禮部批准旅資執照

候旨旅人龍華民等呈爲執照事。民等與故友利瑪竇等絕域儒民,慕化來朝。幸遇神宗皇帝,柔遠加恩,崇儒優禮，生給俸於光禄，死賜葬於西郊。民等遊學京省，往來不常。天啓二年，因兵部奉旨，訪求民等，隨至都城。所有先年曾奉翻譯曆法之議，傳聞本鄉會友，蒐買書籍器具，附寄商舶，稽頓廣東。民等因具疏奏聞，奉旨下部，未蒙覆請。民等守候至今，不敢擅去。米珠薪桂，資釜實難，止賴本鄉會友，歲給旅資，又多風波盜賊之虞。其幸到廣東者，離京又且萬里。民等既無親朋便郵，又無商賈熟識；既懼緑林之劫奪，又虞白棍之欺凌，兼伴往還，千辛萬苦。念民等向慕垂五十年，間關幾十萬里，不敢望如亡友之賜廩有加，但願比行旅之出途無擾。伏乞天臺准照印給，永使關津地方，驗實放行，不致抑勒阻滯，極爲恩便。上呈。天啓六年十二月初三日呈。禮部批：據呈，西洋旅人歸化有年，兼奉旨譯修曆法，同文之雅，實本司之所嘉與也。准照。

天學集解

整理說明

《天學集解》一書，傳世者僅有俄羅斯國家圖書館藏清抄本一種，本次整理，即以此本爲底本。由於本書與法國國家圖書館藏明末刻本《絶徼同文紀》有明顯的前後承襲關係，爲避免重複，凡《絶徼同文紀》所有之文，本次整理僅保留標題與作者，内容從略，以"存目"相標識。原書卷前有目録，分爲首集、道集、法集、理集、器集、後集，而書中分爲九卷，與之不同。今正文仍遵循九卷之分法，並據此新編目録，卷前目録則改附書後。原書各篇文章前皆署作者名，亦有少量未署名或僅署姓者，今一仍其舊。而卷前新編目録中，則盡量將作者姓名補齊。書中部分篇章原有小字夾批，今以附注的形式予以保留。原書部分頁面中縫壓字嚴重，雖經抄補，仍有少量不可辨識者，僅能從闕。

由於本書别無他本流傳，故對其的校勘以他校爲主。所用材料如下：

《讀泰西諸書敍》：日本内閣文庫藏明刻本《職方外紀》卷首（館藏號 292-0171，簡稱"内閣文庫本"，後凡該館藏本皆同）

《聖經直解自序》：《梵蒂岡圖書館藏明清中西文

化交流史文獻叢刊》(第一輯)影印明杭州天主堂刻本《聖經直解》卷首(簡稱"梵蒂岡本",後凡出自該書者皆同)

《天主降生言行紀略引》:《梵蒂岡圖書館藏明清中西文化交流史文獻叢刊》(第一輯)影印明崇禎八年(1635)晉江景教堂刻本《天主降生言行紀略》卷首

《天主降生出像經解引》:《梵蒂岡圖書館藏明清中西文化交流史文獻叢刊》(第一輯)影印明末晉江景教堂刻本《天主降生出像經解》卷首

《進呈書像自序》:法國國家圖書館藏明刻本《進呈書像》卷首(館藏號 Chinois 6757 II,簡稱"法圖本"。後凡該館藏本皆同)

《聖母行實目錄》:《梵蒂岡圖書館藏明清中西文化交流史文獻叢刊》(第一輯)影印清康熙十九年(1680)广州大原堂重刻本《聖母行實》卷首

《聖人行實自序》:《梵蒂岡圖書館藏明清中西文化交流史文獻叢刊》(第一輯)影印明崇禎二年(1629)杭州超性堂刻本《聖人行實》卷首

《聖若瑟行實》:《梵蒂岡圖書館藏明清中西文化交流史文獻叢刊》(第一輯)影印清雲間敬一堂刻本《若瑟聖人行實》卷首

《彌撒祭義自序》:《梵蒂岡圖書館藏明清中西文化交流史文獻叢刊》(第一輯)影印明崇禎二年(1629)閩中景教堂刻本《彌撒祭義》卷首

《滌罪正規小引》：《梵蒂岡圖書館藏明清中西文化交流史文獻叢刊》（第一輯）影印清廣州楊仁里天主堂重刻本《滌罪正規》卷首

《聖體規儀序》：梵蒂岡圖書館藏清刻本《聖體規儀》卷首（館藏號 Borg. cin 350.20，簡稱"梵蒂岡本"，後凡該館藏本皆同）

《總牘撮要敘》：國家圖書館藏清刻本《總牘撮要》卷首（館藏號 133860，簡稱"清刻本"）

《善終引》：《梵蒂岡圖書館藏明清中西文化交流史文獻叢刊》（第一輯）影印明末清初刻本《善終助功規例》卷首

《十誡銘》《十四哀矜銘》《七尅銘》：法國國家圖書館藏清刻本《聖教規誡箴贊》（館藏號 Chinois 7176）

《天學十誡初解序》：日本內閣文庫藏明欽一堂刻《天學十誡解略》卷首（館藏號 311-0095）

《十誡直詮序》：梵蒂岡圖書館藏清江寧天主堂刻本《天主聖教十誡直詮》卷首（館藏號 Borg. cin 349.10）

《哀矜行詮序》《哀矜行詮引》《哀矜行詮自敘》：《梵蒂岡圖書館藏明清中西文化交流史文獻叢刊》（第一輯）影印明末刻本《哀矜行詮》卷首

《哀矜行詮跋》：《耶穌會羅馬檔案館明清天主教文獻》影印明末刻本《哀矜行詮》卷首（簡稱"耶穌會

本",後凡出自該書者皆同)

《齋克引》:《法國國家圖書館明清天主教文獻》影印明末刻本《齋克》卷首(簡稱"法圖本",後凡出自該書者皆同)

《聖教齋說》:法國國家圖書館藏明末刻本《景教一斑》(館藏號 Chinois 6881)

《唐景教碑頌正詮序》:《梵蒂岡圖書館藏明清中西文化交流史文獻叢刊》(第一輯)影印明崇禎十七年(1644)杭州天主堂刻本《景教流行中國碑頌正詮》卷首

《讀景教碑書後》:《梵蒂岡圖書館藏明清中西文化交流史文獻叢刊》(第一輯)影印明末刻本《景教流行中國碑頌》卷末

《景教堂碑記》《武榮出地十字架碑序》:法國國家圖書館藏明末刻本《熙朝崇正集》(館藏號 Chinois 1322)

《聖教源流自序》:《耶穌會羅馬檔案館明清天主教文獻》影印明刻本《聖教源流》卷首

《聖教蒙引序》《蒙引要覽序》:《梵蒂岡圖書館藏明清中西文化交流史文獻叢刊》(第一輯)影印清初刻本《天主聖教引蒙要覽》卷首

《進善錄小引》:《法國國家圖書館明清天主教文獻》影印清刻本《進善錄》卷首

《天神會課小引》:《梵蒂岡圖書館藏明清中西文

化交流史文獻叢刊》(第一輯)影印清粵東大原堂重刻本《天神會課》卷首

《聖教四規序》《聖教四規後跋》:《梵蒂岡圖書館藏明清中西文化交流史文獻叢刊》(第一輯)影印清刻本《聖教四規》卷首、卷末

《主教要旨小引》:《梵蒂岡圖書館藏明清中西文化交流史文獻叢刊》(第一輯)影印清刻本《主教要旨》卷首

《寰有詮序》:《四庫全書存目叢書》影印明崇禎元年(1628)靈竺玄棲刻本《寰有詮》卷首(簡稱"《四庫存目》本")

《坤輿全圖引》:法國國家圖書館藏明刻本《坤輿全圖》(館藏號 GE AA 2565)

《刻職方外紀序》至《職方外紀跋》:梵蒂岡圖書館藏明福建刻本《職方外紀》卷首(館藏號 RACCOLTA GENERALE ORIENTE III 228.1-2)

《西方答問序》:《梵蒂岡圖書館藏明清中西文化交流史文獻叢刊》(第一輯)影印明崇禎十五年(1642)杭州超性堂重刻本《西方答問》卷首

《西學凡序》(何喬遠、許胥臣)、《刻西學凡序》:《梵蒂岡圖書館藏明清中西文化交流史文獻叢刊》(第一輯)影印明閩中欽一堂重刻本《西學凡》卷首

《刻西儒耳目資序》至《列邊正譜小序》:《續修四庫全書》影印明刻本《西儒耳目資》卷首(簡稱"《續修

四庫》本",後凡出自該書者皆同)

《斐錄答彙跋》《斐錄答彙序》:《梵蒂岡圖書館藏明清中西文化交流史文獻叢刊》(第一輯)影印明末絳州重刻本《斐錄答彙》卷上之末、卷首

《泰西人身説概序》:《法國國家圖書館明清天主教文獻》影印清抄本《泰西人身説概》卷首

《張彌格爾遺蹟序》《彌克兒遺斑弁言》:《法國國家圖書館明清天主教文獻》影印清抄本《張彌格爾遺蹟》卷首

《楊淇園先生事蹟序》:法國國家圖書館藏清抄本《楊淇園先生事蹟》卷首(館藏號 Chinois 1016,題"閲楊淇園先生事跡有感")

《超性學要敍》至《超性學要自序(論天神)》:《梵蒂岡圖書館藏明清中西文化交流史文獻叢刊》(第一輯)影印清康熙刻本《超性學要》卷首及卷十一、卷十七之首

《復活論小序》《復活論自序》:《梵蒂岡圖書館藏明清中西文化交流史文獻叢刊》(第一輯)影印清康熙刻本《復活論》卷首

《天學略義序》:《梵蒂岡圖書館藏明清中西文化交流史文獻叢刊》(第一輯)影印明末刻本《天學略義》卷首

《辨敬録張序》《辨敬録朱序》《辨敬録錢序》:《梵蒂岡圖書館藏明清中西文化交流史文獻叢刊》(第一

輯)影印明崇禎刻本《天學辨敬錄》卷首

《形神實義序》：《法國國家圖書館明清天主教文獻》影印清刻本《形神實義》卷首

《天主聖教實錄引》：《梵蒂岡圖書館藏明清中西文化交流史文獻叢刊》（第一輯）影印明末刻本《天主聖教實錄》卷首

《靈言蠡勺引》：《梵蒂岡圖書館藏明清中西文化交流史文獻叢刊》（第一輯）影印明末慎修堂重刻本《靈言蠡勺》卷首

《主制群徵小引》《主制群徵跋》：《梵蒂岡圖書館藏明清中西文化交流史文獻叢刊》（第一輯）影印明刻本《主制群徵》卷首

《真主靈性理證小引》：《梵蒂岡圖書館藏明清中西文化交流史文獻叢刊》（第一輯）影印清初刻本《真主靈性理證》卷首

《三山論學記序》（蘇茂相）：《梵蒂岡圖書館藏明清中西文化交流史文獻叢刊》（第一輯）影印明末絳州段襲重刻本《三山論學記》卷首

《萬物真原小引》：梵蒂岡圖書館藏明末杭州天主堂重刻本《萬物真原》卷首（館藏號 RACCOLTA GENERALE ORIENTE III 221.11）

《性學觕述序》至《性學觕述引》：法國國家圖書館藏南明隆武二年（1646）閩中天主堂刻本《性學觕述》卷首（館藏號 Chinois 3409）

《則聖十篇引》:《法國國家圖書館明清天主教文獻》影印明福建景教堂刻本《則聖十篇》卷首

《十慰總説》:《梵蒂岡圖書館藏明清中西文化交流史文獻叢刊》(第一輯)影印明末閩中景教堂刻本《十慰》卷首

《譬學自引》:《天主教東傳文獻三編》影印梵蒂岡圖書館藏明刻本《譬學》卷首(簡稱"梵蒂岡本")

《提正編敍》:《梵蒂岡圖書館藏明清中西文化交流史文獻叢刊》(第一輯)影印清順治海虞天主堂刻本《提正編》卷首

《賀天教碑記》:韓琦《通天之學》(三聯書店，2018年)影印法國巴黎外方傳教會藏清刻單頁本(簡稱"清刻本")

《大西域利公友論序》:《梵蒂岡圖書館藏明清中西文化交流史文獻叢刊》(第一輯)影印明萬曆刻本《交友論》卷首

《友論小序》《友論題詞》:美國哈佛大學圖書館藏《寶顔堂秘笈》本《友論》卷首。

《逑友篇序》(張安茂、徐爾覺)、《逑友篇敍》:《梵蒂岡圖書館藏明清中西文化交流史文獻叢刊》(第一輯)影印清順治刻本《逑友篇》卷首

《聖夢歌序》《聖夢歌小引》《聖夢歌跋》:梵蒂岡圖書館藏明末刻本《聖夢歌》卷首(館藏號 Borg. cin 336.4)

《聖記百言敍》《聖記百言自序》：《梵蒂岡圖書館藏明清中西文化交流史文獻叢刊》（第一輯）影印明崇禎六年刻本《聖記百言》卷首

《四末真論序》：《梵蒂岡圖書館藏明清中西文化交流史文獻叢刊》（第一輯）影印清刻本《四末真論》卷首（館藏號 RACCOLTA GENERALE ORIENTE III 248.17）

《死説小引》：梵蒂岡圖書館藏清雲間敬一堂刻本《聖記百言》附刻《死説》卷首（館藏號 Borg. cin 334.24）

《代疑篇序》（李之藻、王徵）：《梵蒂岡圖書館藏明清中西文化交流史文獻叢刊》（第一輯）影印明末康丕疆校刻本《代疑篇》卷首

《代疑續篇跋》：《法國國家圖書館明清天主教文獻》影印明末刻本《代疑續篇》卷首

《題天釋明辨》：《梵蒂岡圖書館藏明清中西文化交流史文獻叢刊》（第一輯）影印南明福州天主堂刻本《天釋明辨》卷首

《答客問原序》：《梵蒂岡圖書館藏明清中西文化交流史文獻叢刊》（第一輯）影印明末刻本《答客問》卷首

《拯民略説自敍》：《梵蒂岡圖書館藏明清中西文化交流史文獻叢刊》（第一輯）影印清初雲間敬一堂刻本《拯世略説》卷首

《崇正必辨序》《崇正必辨自序》:《法國國家圖書館明清天主教文獻》影印清康熙刻本《崇正必辨》卷首

《口鐸日鈔序》至《口鐸日鈔第四卷小言》:《梵蒂岡圖書館藏明清中西文化交流史文獻叢刊》(第一輯)影印明末刻本《口鐸日鈔》卷首及卷三、卷四之首

《勵修一鑑自序》:《梵蒂岡圖書館藏明清中西文化交流史文獻叢刊》(第一輯)影印南明刻本《勵修一鑑》卷首

《合刻闢妄條駁序》《闢略說條駁序》《闢略說條駁引言》:《梵蒂岡圖書館藏明清中西文化交流史文獻叢刊》(第一輯)影印清刻本《闢妄條駁合刻》及《闢略說條駁》卷首

《闢輪迴說》:《梵蒂岡圖書館藏明清中西文化交流史文獻叢刊》(第一輯)影印清刻單頁本《闢輪迴非理之正》

《幾何要法序》:梵蒂岡圖書館藏明末刻本《幾何要法》卷首(館藏號 Borg. cin 481)

《籌算自序》:上海古籍出版社影印《崇禎曆書》本《籌算》卷首(簡稱"《崇禎曆書》本")

《民曆鋪注辨惑小引》:法國國家圖書館藏清康熙刻本《民曆鋪注解惑》卷首(館藏號 Chinois 4982)

《遠鏡說自序》:梵蒂岡圖書館藏清初刻本《遠鏡說》卷首(館藏號 RACCOLTA GENERALE ORIENTE

III 235.8)

《遠西奇器圖説録最序》《奇器圖後序》《新製諸器圖小序》：《中華再造善本》影印明崇禎元年武位中刻本《遠西奇器圖説録最》卷首（簡稱"武位中本"）

《畏天愛人極論序》：法國國家圖書館藏清抄本《畏天愛人極論》卷首（館藏號 Chinois 6868）

《不得已辨自敘》：《梵蒂岡圖書館藏明清中西文化交流史文獻叢刊》（第一輯）影印清康熙刻本《不得已辯》（利類思）卷首

《不得已辨自序》：《梵蒂岡圖書館藏明清中西文化交流史文獻叢刊》（第一輯）影印清康熙刻本《不得已辯》（南懷仁）卷首

《天學説》：《天主教東傳文獻續編》影印梵蒂岡圖書館藏明刻本《天學説》（簡稱"梵蒂岡本"，下同）

《天儒印説》《天儒印序》：《天主教東傳文獻續編》影印梵蒂岡圖書館藏清刻本《天儒印》卷首

《格言六則》：《法國國家圖書館明清天主教文獻》影印清刻本《格言六則》

《帝京景物略二則》：《續修四庫全書》影印明崇禎八年金陵弘道堂刻本《帝京景物略》

《恩綸》：《梵蒂岡圖書館藏明清中西文化交流史文獻叢刊》（第一輯）影印清康熙刻本《特錫嘉名》

《御製天主堂碑記》：《梵蒂岡圖書館藏明清中西文化交流史文獻叢刊》（第一輯）影印清康熙刻本《御

製天主堂碑記》

《修曆碑記》至《奉賀道翁湯老先生榮廕序》:《梵蒂岡圖書館藏明清中西文化交流史文獻叢刊》(第一輯)影印清康熙刻本《碑記贈言合刻》

目　録

卷一

絕徼同文紀序（存目）　楊廷筠 / 185
讀泰西諸書敘　呂圖南 / 185
天學小序　李佺臺 / 188
聖德來遠敘（存目）　彭惟成 / 189
聖教信證敘　韓霖 / 189
聖經直解自序　陽瑪諾 / 190
天主降生言行紀略引　艾儒略 / 193
天主降生紀引　艾儒略 / 195
天主降生引義跋　吳宿 / 197
天主降生出像經解引　艾儒略 / 198
進呈書像自序　湯若望 / 199
聖母行實目錄　羅雅谷 / 201
聖人行實自序　高一志 / 202
聖若瑟行實　陽瑪諾 / 204
彌撒祭義自序　艾儒略 / 205
滌罪正規小引　楊廷筠 / 208
聖體規儀序　丘日知 / 210
領主保聖人序引　費奇規 / 211

釋主保單之款目　費奇規 / 213
切向主保聖人之功　費奇規 / 217

卷二

訂正總牘序　朱宗元 / 220
總牘撮要敍　萬濟國 / 221
善終引　伏若望 / 222
十誡銘　徐光啓 / 223
八真福銘　徐光啓 / 224
十四哀矜銘　徐光啓 / 225
七剋銘　徐光啓 / 226
天學十誡初解序　葉向高 / 227
十誡直詮序　朱宗元 / 229
哀矜行詮序　李祖白 / 232
哀矜行詮引　汪元泰 / 234
哀矜行詮自敍　羅雅谷 / 236
哀矜行詮跋　程廷瑞 / 238
齋克引　羅雅谷 / 240
聖教齋說　艾儒略 / 241
七克敍(存目)　楊廷筠 / 243
七克敍(存目)　曹于汴 / 243
七克敍(存目)　鄭以偉 / 243
七克引(存目)　熊明遇 / 243
七克篇序(存目)　陳亮采 / 243

七克自序(存目)　龐迪我 / 243
西聖七編序(存目)　彭端吾 / 243
西聖七編跋(存目)　樊鼎遇 / 243
大西洋龐子七克總序(存目)　崔淐 / 243
伏傲小序(存目)　崔淐 / 244
平妬小序(存目)　崔淐 / 244
解貪小序(存目)　崔淐 / 244
熄忿小序(存目)　崔淐 / 244
塞饕小序(存目)　崔淐 / 244
坊淫小序(存目)　崔淐 / 244
策怠小序(存目)　崔淐 / 244
七克後跋(存目)　汪汝淳 / 244
七克圖說　賈宜睦 / 244
唐景教碑頌正詮序　陽瑪諾 / 246
讀景教碑書後　李之藻 / 248
景教堂碑記　徐光啓 / 251
武榮出地十字架碑序　張賡 / 253

卷三

教要序論自序　南懷仁 / 256
聖教源流自序　朱毓樸 / 257
聖教蒙引序　佟國器 / 257
蒙引要覽序　何大化 / 258
天主聖教百問答引　柏應理 / 259

進善錄小引　本一居士 / 260
天神會課小引　潘國光 / 260
聖教四規序　徐爾覺 / 261
聖教四規後跋　丘曰知 / 263
主教要旨小引　利類思 / 264
寰有詮序　李之藻 / 265
山海輿地全圖總序(存目)　馮應京 / 267
地輿萬國全圖總說(存目)　利瑪竇 / 267
題萬國坤輿圖(存目)　李之藻 / 268
題萬國二圜圖序(存目)　徐光啟 / 268
題萬國坤輿圖(存目)　吳中明 / 268
題萬國坤輿圖(存目)　祁光宗 / 268
題萬國坤輿圖(存目)　楊景淳 / 268
跋萬國坤輿圖(存目)　陳民志 / 268
題萬國小圖序(存目)　張京元 / 268
題萬國坤輿圖(存目)　利瑪竇 / 268
萬國圖小引　艾儒略 / 268
坤輿全圖引　畢方濟 / 269
題萬國圖小引(存目)　程百二 / 272
方輿勝略引(存目)　王錫爵 / 272
刻職方外紀序　李之藻 / 272
職方外紀序　楊廷筠 / 274
職方外紀序　葉向高 / 276
職方外紀自序　艾儒略 / 277

職方外紀小言　瞿式穀 / 279
職方外紀小言　許胥臣 / 281
職方外紀跋　熊士旂 / 282
西方答問序　米嘉穗 / 283
西學凡序　何喬遠 / 285
刻西學凡序　楊廷筠 / 286
西學凡序　許胥臣 / 288
西學凡跋　熊士旂 / 290

卷四

西儒耳目資自序　金尼閣 / 292
刻西儒耳目資序　張問達 / 293
西儒耳目資敘　王徵 / 295
刻西儒耳目資　張緟芳 / 298
西儒耳目資釋疑　王徵 / 299
譯引首譜小序　金尼閣 / 305
列音韻譜小序　金尼閣 / 306
列邊正譜小序　金尼閣 / 308
斐錄答彙跋　梁雲構 / 312
斐錄答彙序　畢拱辰 / 313
泰西人身說概序　畢拱辰 / 316
張彌格爾遺蹟序　楊廷筠 / 319
彌克兒遺斑弁言　謝懋明 / 321
楊淇園先生事蹟序　張賡 / 322

活人丹方　王徵 / 324

超性學要序　胡世安 / 325

超性學要敍　高層雲 / 326

超性學要自序　利類思 / 327

超性學要自序論靈魂　利類思 / 328

超性學要自序論天神　利類思 / 330

復活論小序　姜修仁 / 332

復活論自序　安文思 / 333

天主實義序(存目)　馮應京 / 334

天主實義重刻序(存目)　李之藻 / 334

天主實義引(存目)　利瑪竇 / 334

重刻天主實義跋(存目)　汪汝淳 / 334

天主實義跋(存目)　顧鳳翔 / 334

刻畸人十篇序(存目)　李之藻 / 335

畸人十篇跋(存目)　李之藻 / 335

畸人十篇序(存目)　劉胤昌 / 335

重刻畸人十篇引(存目)　周炳謨 / 335

畸人十篇小引(存目)　王家植 / 335

畸人十篇後跋(存目)　汪汝淳 / 335

畸人十篇序　吳載鰲 / 335

卷五

天學略義序　張賡 / 337

辨敬錄張序　張能信 / 339

辨敬錄朱序　朱宗元 / 343

辨敬錄錢序　錢廷焕 / 346

西士超言小引（存目）　張汝霖 / 348

形神實義序　李九功 / 348

形神實義自序　賴蒙篤 / 350

天主聖教實錄引　羅明堅 / 352

靈言蠡勺引　畢方濟 / 353

主制群徵小引　湯若望 / 355

主制群徵跋　李祖白 / 356

真主靈性理證小引　衛匡國 / 358

學紀物原二篇序　張維樞 / 360

三山論學記序　蘇茂相 / 362

三山論學記序　黃景昉 / 363

萬物真原小引　艾儒略 / 364

性學觕述序　陳儀 / 366

性學自敍　艾儒略 / 368

性學序　瞿式耜 / 370

性學觕述引　朱時亨 / 372

靈性篇序　陳長祚 / 373

靈性篇序　邵捷春 / 375

則聖十篇引　孫元化 / 376

十慰總說　高一志 / 378

譬學序　韓霖 / 379

譬學自引　高一志 / 380

跋況義後　謝懋明 / 385
提正編敍　佟國器 / 386
賀天教碑記　明圖等 / 387

卷六

交友論序（存目）　馮應京 / 390
大西域利公友論序　瞿汝夔 / 390
友論小序　陳繼儒 / 391
友論題詞　朱廷策 / 392
述友篇序　沈光裕 / 393
述友篇序　張安茂 / 395
述友篇序　徐爾覺 / 396
述友篇敍　祝石 / 398
述友篇小引　衛匡國 / 399
交述合錄序　劉凝 / 400
重刻二十五言序（存目）　馮應京 / 401
跋二十五言（存目）　徐光啓 / 401
睡畫二答引　李之藻 / 401
畫答序　諸葛羲 / 402
聖夢歌序　張賡 / 404
聖夢歌小引　林一儁 / 405
聖夢歌跋　李九標 / 407
聖記百言敍　汪秉元 / 407
聖記百言自序　羅雅谷 / 409

聖記百言跋　程廷瑞 / 410

四末真論序　柏應理 / 411

四末論序　劉凝 / 412

死説小引　程廷瑞 / 414

死説引　羅雅谷 / 415

代疑篇序　李之藻 / 416

代疑篇序　王徵 / 418

代疑續篇跋　張賡 / 420

題天釋明辨　張賡 / 421

辨學遺牘跋　李之藻 / 422

辨學遺牘跋　楊廷筠 / 422

答客問原序　張能信 / 423

重訂答客問序　蔡鏴 / 425

答客問序　漆宇興 / 426

答客問今本序　吴宿 / 427

答客問序　李奭 / 428

續答客問序　李奭 / 430

拯民略説自敍　朱宗元 / 431

崇正必辨序　利類思 / 433

崇正必辨自序　何世貞 / 434

聖水紀言序（存目）　李之藻 / 435

口鐸日鈔序　張賡 / 435

口鐸日鈔序　林一儁 / 437

口鐸日鈔小引　李九標 / 439

口鐸日鈔第三卷紀事　李九標 / 440
口鐸日鈔第四卷小言　李九標 / 442

卷七

勵修一鑑小引　陳衷丹 / 444
勵修一鑑序　李嗣玄 / 445
勵修一鑑自序　李九功 / 446
三山仁會小引　葉益蕃 / 447
未來辨論序　許續曾 / 449
合刻闢妄條駁序　王世其 / 450
闢略說條駁序　洪濟 / 452
闢略說條駁序　張星曜 / 454
闢略說條駁引言　張星曜 / 456
論焚楮非禮　嚴贊化 / 459
闢輪迴說　嚴贊化 / 461
論釋氏之非　獨醒齋主人 / 464
譯幾何原本引（存目）　利瑪竇 / 466
刻幾何原本序（存目）　徐光啟 / 466
幾何原本雜議（存目）　徐光啟 / 467
題幾何原本再校本　徐光啟 / 467
幾何要法序　鄭洪猷 / 467
勾股義序（存目）　徐光啟 / 468
勾股義（存目）　徐光啟 / 469
題測量法義（存目）　徐光啟 / 469

同文算指通編序（存目）　楊廷筠／469
刻同文算指序（存目）　徐光啓／469
同文算指序（存目）　李之藻／469
籌算自序　羅雅谷／469

卷八

表度説序（存目）　李之藻／471
表度序（存目）　熊明遇／471
表度説序（存目）　周子愚／471
題天問略（存目）　周希令／471
天問略小序（存目）　孔貞時／471
刻天問略題詞（存目）　王應熊／471
天問略自序（存目）　陽瑪諾／471
簡平儀説序（存目）　徐光啓／471
渾蓋通憲圖説序（存目）　李之藻／471
鍥渾蓋通憲圖説跋　樊良樞／472
題測候圖説（存目）　王臣夔／473
圜容較義序（存目）　李之藻／473
民曆鋪注解惑序　胡世安／473
民曆鋪注辨惑小引　湯若望／474
泰西水法敍（存目）　曹于汴／475
泰西水法敍（存目）　鄭以偉／475
泰西水法敍（存目）　徐光啓／475
水法本論（存目）　熊三拔／475

遠鏡說自序　湯若望 / 475
遠西奇器圖說錄最序　王徵 / 476
奇器圖說小序　汪應魁 / 480
奇器圖後序　武位中 / 481
新製諸器圖小序　王徵 / 482
西國記法序　朱鼎澣 / 483
獅說序　利類思 / 484
泰西肉攫自序　利類思 / 485
泰西肉攫序　劉凝 / 487
天教駢述（存目）　熊士旂 / 488
畏天愛人極論序　鄭鄤 / 488
畏天愛人極論記言　王徵 / 490
論道術　沈光裕 / 491

卷九

天學傳概序　許之漸 / 498
不得已辨自敍　利類思 / 499
不得已辨自序　南懷仁 / 500
天學說　邵輔忠 / 503
辨學　靜樂居士 / 507
用夏解（存目）　張賡 / 516
天儒印說　尚祜卿 / 516
天儒印序　魏學渠 / 518
格言六則　楊廷筠 / 519

帝京景物略二則　劉侗 / 521
答鄉人書（存目）　劉胤昌 / 524
與黎茂才辨天學書　李嗣玄 / 524
福州重建天主聖堂記　李嗣玄 / 530
建天主聖堂疏　李嗣玄 / 533
大道行有序　李祖白 / 535
登萊都察院孫爲謝雨事告示　孫元化 / 537
絳州正堂雷爲尊天闢邪事告示　雷翀 / 538
建寧縣正堂左爲遵明旨襃天學以一趨向事　左光先 / 539
恩綸　清世祖福臨 / 540
御製天主堂碑記有銘　清世祖福臨 / 541
修曆碑記　胡世安 / 544
天主新堂記　劉肇國 / 545
壽文　金之俊 / 548
壽文　魏裔介 / 550
壽文　龔鼎孳 / 553
奉賀道未湯老先生榮廕序　胡世安 / 556
奉賀道翁湯老先生榮廕序　王崇簡 / 557

附：原書目録 / 559

卷一

絕徼同文紀序(存目)

讀泰西諸書敍

吕圖南

天無所不統[1],道無所不貫,聖無所不通,心無所不靈。何者？人心同也。道從心生也,聖從道尊也。天寔生人生心,總道命聖,而東西南北域之乎？此泰西諸公所爲慕中華而航來也,誠不自域也。余自丁未年間見利先生於長安,得讀其《畸人十篇》及《天主寔義》等書。是時,士大夫之倒蹤利先生者衆,不佞閱其書,未嘗不有省也。亡何而利先生没,遺書在几,其言天主真旨、生死大事、點綴利義、鄭重交朋,使人心目俱開。即所偕來,若龐、熊二君,所譯《七克》與諸圖説,又輒快披覽焉。家居十餘年,户外屨鮮。今春乃於[2]李瑞[3]和、張無畫、莊景説所獲交艾先生,把臂最久,領益最微,而所閱最多。蓋嘗論天主大義,余主形性一時齊付之説,艾先生主心性另賦之説,謂定有別一主宰,要欲使人識得原本,究竟相證而不相迕。獨服其論善惡也。曰:"善成於全,惡成於一[4],作九分善，未到十分，即非[5]善人；除九分惡，僅染一分[6]，即是惡人。"此則鎚鉗交逼，何警[7]切也。余因舉爲善無近名、爲惡無近刑義曰：爲善無近名而有遠名，爲惡無近刑而有遠刑。遠名者賓於天主，遠刑者刑於天主。此與餘慶餘殃旨同，而於兩無字義稍異，然政不妨後學湯鑊語。先生一榻獨[8]宿，蕭然逆旅，遍蒐囊中未刻書，種種多有，如《物原論》《靈性論》《呼吸等論》《西學凡論》，皆究晰性命，要匯歸天主，而以不虛生不虛死究竟之。其學問之閎衍，又精深，又平寔如此。大抵泰西氏之談天主，猶吾儒之事上帝[9]也。其破生死，即朝聞夕可也。余嘗禮天主像，問："天主既係靈明主宰[10]，云何設像？"曰："主宰本無聲臭[11]，此像乃天主降生之遺容，恭設以事之，不忘其救萬世洪恩。況設像，則若見若聞，觸目動心，愈增敬畏，大有裨於持修也[12]，且儒不言戒懼乎其所不睹聞乎？曰其所不睹聞，恐戒懼心寔有所睹聞也[13]，且常若在之也。"余則無以難也。夫世無無頭腦之學問，亦無無著腳之工夫，特所見有虛寔。虛則若空王之教，幾與吾儒敵國，而究如蜃樓空華；實則若泰西之義，默與吾儒有契，而切爲赴家資糧。均之西來也，而豎義迥別，在人作何參會矣。月落萬川，處處皆圓，鐘待扣撞，大小皆響。吾於道亦云，於泰西諸公之於道亦云，於古聖今賢內夏外服之共覆共載亦云。要之，天寔生人生心，不當以山河大地境界，自域而域人矣。

理編總目

西學凡　唐景教碑附　畸人十篇　交友論　二十五

言　天學寔義　辨學遺牘　七克　靈言蠡勺　職方外紀

器編總目

泰西水法　渾蓋通憲圖説　幾何原本　表度説　天問略　簡平儀　同文算指前通編　圜容校義　測量法義　句股義

校勘記：

［1］統：内閣文庫本作"覆"。

［2］於：原作"與"，據内閣文庫本改。

［3］瑞：内閣文庫本作"端"。

［4］善成於全，惡成於一：内閣文庫本作"善必成於全，惡則虧於一耳"。

［5］非：内閣文庫本作"不"。

［6］分：内閣文庫本作"毫"。

［7］警：原作"譬"，據内閣文庫本改。

［8］獨：原作"同"，據内閣文庫本改。

［9］事上帝：内閣文庫本作"天命"。

［10］靈明主宰：内閣文庫本作"道理源頭"。

［11］主宰本無聲臭：内閣文庫本作"道理則無聲無臭"。

［12］"此像"至"修也"：内閣文庫本作"像設則若見若聞"。

［13］恐戒懼心寔有所睹聞也：此下，内閣文庫本有"特非見色聞聲之謂也"九字。

天學小序

李伶臺

今有謂之，吾聞其語矣。東西海，此心此理同，未始不然且信也。而至於方言之殊稱，乍聆與習聽之相格，則信者或疑，而然者轉否，此第方隅之見爲之囿，未究大道之根柢也。艾君思及自西方大海外來，逾年涉阻，著書詮義，勳勳懇懇，閔然若憂道志之不立。其爲教也，不崇佛而闢之，不援儒而故儒歸，見者向往焉。然其指要宗奉之一言，曰天主。聆者乍承而異之間，未免以往復緒辨爲射的。而余私誦所習聽，如《詩》《書》所載"維皇上帝""上帝臨汝"，同耶異耶？皇稱天，帝稱主宰，非主而何以稱臨也？使訓詁之士釋之，則未有不同者矣。且其下手切近工夫，曰存心敬天，又與存心養性事天之説合。夫心云天君，君與主，豈復有異論哉？今天子一道同風，以兹重譯觀光，有中國聖人之仰，實可柔嘉，以昭化治無外之盛。況乎幽谷之遷，用夏之變，試在先王當日麇進奚居，而遠朋樂益，亦足相與，以明吾道無方之大也。思及君善自持，具此心，循此理，同爲其可以爲然信者而已。

聖德來遠敍（存目） 廬陵人彭惟成

聖教信證敍

韓霖

有同學友問於余曰：天主教原從外國遠方傳來，諸公中華明理之士輒信從之，何說耶？余曰：因從遠方傳來，正以此爲大可信之據，當務求明於理，惟此理爲應信從耳。蓋大西諸儒來自九萬里而遥，並無別圖，特爲傳教，必有至正至深之理寓其中，爲可察焉。余愈加詳察，愈明見其真寔，故不得不信且從之。凡人未嘗其殽，弗識其味，未究其書，罔諳其理。試以虛心參考本教之編籍，其中道味奚若，則自分明了徹，庶幾嚮往恐後，無庸訊余爲矣。所謂虛心者，不自滿之意也。使腹已滿他物，雖有佳味，必皆厭而棄之。今余輩所以尊奉此教者，定有其說，略舉數端如左。

時順治丁亥陽月既望，河東韓霖雨公甫題。

聖經直解自序

陽瑪諾

　　凡受造物，莫不各有當然之道焉，蓋天主[1]命之矣。今夫天自東徂西，晝夜密運，從初造以至今茲罔或息，斯非其道乎？天之內充塞維四行，乃厥火炎上，厥水潤下，厥土恆靜，厥氣恆遊，又豈非道固然歟？而天與四行之道，非天主命無有也。他若芽茁於青陽，繁茂於朱明，秋風至而零落，玄霜隕而枯竭[2]者，非草木乎？草木之道，一天主命也。時構巢，時摯尾，時希革而又時毨氉者，非鳥獸乎？而鳥獸之道，一天主命也。噫！世物微矣，天主且猶各繫之道，矧於人爲萬形之靈者哉！人之道何在？欽崇天主，全其所畀之善是矣。且夫物蠢人靈，天主非私人也。蓋謂靈者聰明特達，其能循道順命，校萬物必倍萬不啻耳。奈何物之有覺無靈，禽獸。有生無覺，草木。或並無生者，天與四時[3]。類皆各循其道，各順嚴命。而人靈且覺且生者，反獨任其私意，創設多門，迷謬真宗，畔違正理，甘自折喪其良心哉！用是吾主不勝矜憐，自天降誕，在世敷教，以醒沉迷，殆難殫述。而其要之又要者，宗徒傳之，後聖衍之，名曰聖經。中藏奧旨，蓋千六百三十餘年於茲矣。不佞忘其固陋，祖述舊聞，著爲《直解》，以便玩繹。大率欲人知崇天主，從其至真至正之教，無汩靈性，以全所賦之道，務使人盡和睦，世躋雍熙，公享福報，此則解經意也。至於文詞膚拙，言不盡意，所不敢諱，觀者取其義而略其詞可矣。

或問：正道惟一。其在人心也，如日在天，國王在國，家主在家，乃曰一、王一、主一，不可有二，道亦誠然矣。然一者必真，而衆僞涵焉，孰真宜從，孰僞宜棄，不識何法辨之？敢請。

曰：道之真僞豈容無辨，曷法金工乎？金質未分，試之以石則真僞莫遁。天主之道至真，本不容涵，而魔[4]計狡，引人各樹私教，以俾世迷。人乃墮其誘惑，沉沒性靈，若飲鴆毒而甘之，嗜其美罔知其毒，以逮於死。悲哉！是以有識君子必察乎此。正道者，百煉精金也。邪道如銅，亦別以試石之法，而真贋[5]瞭然矣。

第一試石爲細審經言。達未聖王嘗歎美云：天主聖言如七煉之金，至純至精，蔑以加焉。即主仇歟聽之，恒欲伺隙以施其誣，卒不可得。蓋《聖經》聖言，盡在訓人上愛天[6]主，下愛同類，趨善遏惡，以得永樂，以避永苦，所謂至是無非者也。若彼邪道誘世，認已朽之人爲主，且以憐恤禽獸等於人類，上下不分，靈頑莫判。以此爲教，非僞而何？

第二試石爲教宗之聖[7]。爲天地萬物始，復絕至極，無一可加。他教宗主，悉人類耳，豈足與校哉？

第三試石爲教宗之行。吾主之行，凡仰視恭聽而心悦之者，各隨在揚美。主仇圖禁，計無可施，雖甚憎忌，口噤不能言。如見吾主命聾者聽，瞽者視，瘖者言，癱者行，死者活，邪魔敬畏，罔敢違命。爾時惡黨非不且恨且妬也。而欲禁不能，欲指其非不得，於是群相與謀曰："斯人之行奇且衆矣，將來必舉國從之，不亟殺之不可。"而不知兇惡苦難，正吾主所樂就，以爲贖世之值者。是又豈他教宗主所能望其萬一哉？

第四試石爲受從之聖。蓋主教受從之聖，其行超越，其品衆多，或甘心致命，或克己童貞，或遯世隱修，或闡發誨人，或絶財絶慾並絶其意以下於人，若是者踵相接也。聖王、聖臣、聖民、聖婦、聖女、聖嬰，屈指莫可勝計。他教之從之者有是乎？

右四試石皆詳《直解》内矣。蓋《聖經》載吾主之聖德，述吾主之聖行，並紀從主諸聖之奇節，故其言皆至言，雖多不厭。學者習覽習聽而習玩之，庶幾知其真、嗜其味而收其益矣。

崇禎丙子孟夏望日，陽瑪諾題。

校勘記：

［1］主：此下梵蒂岡本有"其解見後"四小字。

［2］竭：梵蒂岡本作"歇"。

［3］時：梵蒂岡本作"行"。以上"禽獸""草木""天與四時"，原作大字，據梵蒂岡本改。

［4］魔：此下梵蒂岡本有大字"鬼"，及小字"其解見第四卷封齋後第一主日"。

［5］贋：原作"鷹"，據梵蒂岡本改。
［6］天：梵蒂岡本作"真"。
［7］聖：此下梵蒂岡本有"吾主之聖"四字。

天主降生言行紀略引即萬日略經説

艾儒略

　　造物主聖教，有古經，有新經。古經乃天主未降生啓示先聖，令傳溥世，即以將降生事旨豫詳其中。新經乃天主降生後，宗徒與並時聖人紀録者。中云萬日略譯言好報福音。經，即四聖紀吾主耶穌降生，在世三十三年，救世贖人，以至升天，行事垂訓之寔，誠開天路之寶信經也。此經出於天主，録於四聖，及後諸教宗，與聖教公會準定，明示普天下，尊信爲天主眞典者也。或問：命出天主，奚必待人準定？曰：天主降誥於人，猶人主出令於民；古聖紀録其命，猶臣工書敕；教宗準定乃行，猶敕命需符璽也。但其所以行，豈筆劄符璽之力哉。亦由主上之權，而筆劄符璽，不過一爲證據，勿致譌傳謬信云耳。然四聖所紀，更令古今一切人尊信者，言言質寔，略無粉飾。其所本無，固毫不誇詡以炫俗。即其中有超絶事理，非人情所能遽信者，亦盡明書，不敢委脱以阿衆。又或有不尊聖教，與夫門徒過差，似令人聞而搖其信者，亦據事直書，不敢隱諱以避耳目。其所以然者，蓋種種所紀，其中妙義，雖非一時俗眼所能盡明，然細繹[1]其旨，皆砭世之金鍼，訓人之大道也。或曰：萬日略既爲天主旨，一聖紀之足矣，何必四聖？曰：一聖雖足傳，然世情病在多猜，必衆聖共紀，其信方更堅也。四聖維何？曰瑪竇，曰瑪爾謌，曰路加，曰若望。瑪竇與若望者，宗徒也；瑪爾謌、路加者，當日聖徒也。其紀錄也，瑪竇則取如德亞本國文，三聖則取列國通用之阨濟亞國文。今所行者，則羅瑪文字，乃後來聖人熱羅尼莫奉聖達瑪肅教宗之旨所譯，以便泰西諸國誦讀者也。古經中曾豫指四聖以四像。一人像，乃指瑪竇，多紀論吾主降生人性之事。一獅像，乃指瑪爾謌，矢口即紀論當時聖若翰在郊野高聲曉衆，共認吾主耶穌降生，如獅子吼然。一牛像，乃指路加，矢口即紀論奉祭天主之禮，如古用牲者。一鷽像，西言曰亞已辣，能直視太陽而目不眩。乃指若望，矢口即紀論天主之性，挈其玄奧，如鷽高戾於天，而仰日光，不眩其目也。聖人奧斯定曰："紀錄正教好音，有四聖者，如昔福地中有四大河，潤澤萬物也。"又古賢瑟都略云："萬日略之經，如太陽溥照宇宙。紀錄四聖，則如四季，皆由聖訓之陽和，醞釀發育於人心也。"第四聖意旨，各有專屬。在瑪竇，則多以古經及古聖人豫言，明耶穌天主降生名號，譯言救世者[2]。寔爲衆所久望降生救世之主也。若瑪爾謌，則多以耶穌諸靈蹟大能超越人神之力者，證其寔爲至尊萬有之主。路加多紀吾主耶穌聖訓與赦人罪之事，以明其降世贖人，醫療人心之疾。至若望則闡發天主本性，以明吾主雖降世爲人，寔則從無始而生於罷德肋，真爲天主子也。要之，吾主耶穌真是人，任人可學；真是天地之大主，任古來至聖不可擬其萬一也。顧吾主在世，第用身教口授，未嘗著撰。若四聖之意，則舉親見聞者急記之，庶免遺謬。無遺謬，則信者無疑，不信者無辭。且一時言傳，久之或忘或愆，書則永存矣，且行之久遠而無斁矣。雖然，上主之義，至深無窮，其降生在世，言行奧指，何可殫述。聖若望既紀錄之，復跋其末曰：耶穌言行之詳，若必欲一一紀述，恐六合雖廣，不能容受。猗歟休哉！今將四聖所編會撮要略，粗達言義，言之無文，理可長思，令人心會身體，以資神益。雖不至隕越經旨，然未敢云譯經也。

校勘記：

［1］繹：原作"譯"，據梵蒂岡本改。
［2］"天主"至"世者"：原爲大字，據梵蒂岡本改。

天主降生紀引

艾儒略

造物主之賜諸恩於人也，原皆浩大無際，筆舌難罄。而其降生救世，尤爲廣厚淵深，殫諸神聖之心思手口，未能罄其萬一。然此至大恩德，可以不知已乎？可以不言已乎？可以不思圖報已乎？奈人創聞降生一節，多爲致疑。噫嘻，以當感頌無極之德，反爲獲罪難赦之端，夫亦可哀也哉。余不敏，蓋嘗稽衆疑之所據，大率由於天主二字未盡明耳。或視之爲眇芒焉，而不知其寔；或仰之爲尊高焉，而不知其親。此既未徹乎天主未降生之正理，何怪其未信已降生之寔事乎？斯乃萬日略聖經所云，吾主爲真世光，凡一切人入此世者，無不受其照臨之恩。至其降生救世，而世人不認識之，臨格於其地，而其相屬之人不識納之。嗟乎[1]！必也先信其寔有至尊而且至親，至公而且至慈，生我人類，愛我無已，庶可與明降生救世無窮之恩矣。顧論天主本體之妙，與諸奧理，《天主實義》《寰有詮》《萬物真原》《三山論學》等書已詳言之，何容復贅。兹不過約陳前論，以備明降世之實理實事焉。然此大主降生之事，終非俗眼所克明、俗心所能盡豁者。必須大主洪慈，閔啓其心目，扶翼其情志，然後可以憬然而悟，以受其救我之恩。此即吾主耶穌所云，非吾父所與，不克就信我也。故讀此篇，先宜下其心，仰求主照，庶其大有獲焉。予日望之矣。

崇禎壬午歲五月既望，耶穌會中後學艾儒略謹誌。時天主降生一千六百四十二年。

校勘記：

[1]乎：原作"呼"，據文意改。

天主降生引義跋

吳宿

歲壬寅，與李南公放棹章江，從聶先生行告解也。侍坐間，先生問曰："天主爲萬物主，信乎？"余曰："唯，復何疑？"先生曰："能豁然於降生之義邪？"余時猶未免疑世所共疑，因與先生質難。先生手授一卷，曰："此思及艾先生筆也，了無可疑。自性教而書教，而寵教，三教彰彰。人淆習俗，戕伐其賦畀之良，並性教而疑焉。再溺異端，大遠於聖人之訓，並書教而疑焉。更不識天主降生大恩，一本諸性與書，而立寵教也。視之爲或怪或幻，豈不大可哀乎？夫天主降生之恩，愈摯愈苦，而世人犯命之愆，愈疑愈重。抑何不披覽是書而諦察也？"余欣受是篇而出。展讀既畢，謂大可以破拘牽，通俗學也。余初方疑世之所共疑，今繙閱是篇，烏得不戴世之所共戴也。校讎復[1]梓，遵先生之命，字櫛句沐，未敢憚勞，校於壬寅，成於癸卯。蓋因舊刻湮沒，用取重新，使普天下得共聞共見，於艾先生耳提面命之功，庶幾小補。

時天主降生一千六百六十三年，康熙癸卯十月既望，景教後學吳宿漢通盟[2]識。

校勘記：

［1］復：疑當作"付"。

［2］盥：此下疑當有"手"字。

天主降生出像經解引

艾儒略

粤昔上主嘗豫示降生救世之旨，於古先知之聖，故從古帝王大聖獲聆真傳者，咸企望欲見，而多未獲滿意也。逮其果降生於大秦，顯無數靈蹟，代人贖罪死，復活而升天。普天下諸國得聞聖教好音，亦無不願生同時，以親睹聖容光輝也。於是圖畫聖像，取[1]其靈蹟，時常寓目，以稍慰其極懷焉。吾西土有天主降生顛末四部，當代四聖所記錄者。復有銅板細鏤吾主降生[2]之圖數百餘幅。余不敏，嘗敬譯降生事理於《言行紀》中。茲復倣西刻經像圖，繪其要端，欲人覽之，如親炙吾主，見其所言所行之無二也。中有繪出於《言行紀》所未載者，蓋更詳聖傳中別記，悉繪之以見其全也。至於形容無形之物，俾如目睹，則繪法所窮，是以或擬其德而摹之，或取其曩所顯示者而像之。如天主罷德肋與斯彼利多三多，本爲純神，超出萬相。然繪罷德肋，借高年尊長之形者，摹其無始無終、至尊無對之德也。繪斯彼利多三多取鴿形者，蓋吾主耶穌受洗於若翰時，天主聖神嘗借鴿形鴿爲百鳥最善，又最相和愛，故借此以指聖神至善而至愛人之意。顯示其頂故也。若天神亦爲無形之靈，第其德不衰不老，則以少年容貌擬之；神速如飛，則以肩生兩翅擬之；清潔無染，則以手持華枝擬之。凡如此類，義各有歸，總非虛加粉飾以爲觀美而已。顧天主無窮聖蹟，豈筆墨所能繪其萬一。而兹數端，又不過依中匠刻法所及，翻刻西經中十分之一也。學者由形下之跡，以探乎形上之神，由目睹所已及，並會乎目睹所未及，默默存想，當有不待披卷而恒與造物遊者。神而明之，是則存乎其人已。

時天主降生後一千六百三十七年，大明崇禎丁丑歲二月既望，遠西耶穌會士艾儒略敬識。

校勘記：

［1］取：梵蒂岡本作"與"。

［2］降生：此下梵蒂岡本有"聖蹟"二字。

進呈書像自序

湯若望

憶昔萬曆庚子年，余友利瑪竇闡教東來，躬賫[1]天主聖像暨西琴、自鳴鐘等器，拜獻闕廷。荷蒙神祖嘉悦，肅供聖像，隨賜寶晏，且生則食以大官，死復賜地以葬，誠曠典也。今《天主寔義》得以紹明於熙朝者，蓋自瑪竇始。旅輩先後繼至，互相演繹，欲與大都人士竭己修身，庶不負造物主生人至意。逮至崇禎己巳，恭奉我皇上留心欽若，修整[2]曆法，錄用余友鄧玉函。未幾而玉函積勞身殞，上納廷議，徵望暨[3]望友羅雅谷繼之。十餘年來，賚予優渥，褒綸洊加。望等感恩圖報，拮据靡寧。顧曆事雖已告竣，而本業教理猶未縷悉上聞。今年春，奉上傳發瑪竇所進西琴一具，命望修整，並譯琴座所載西文。及考其義意，原係西古聖讚誦天主詞章。望念大道弘博，譯此一言，僅肇其端，未罄其蘊。而欲仰副聖天子勤勤問察至意，恐未盡當也。乃將本國西書一部悉譯華文，及天主聖像一函，於本年七月二十三日，同修整原琴並進御覽。而望另著有《書像解略》一册，附陳大要。幸荷聖明，並行鑒納。是主教旨趣，業已洞徹宸衷，百世不惑矣。望異域孤踪，感激隆知，不敢自隱，爰出《進覽書像》稿本付之剞劂，以公同志。俾皇仁不至於有替，而主名亦丕顯於來兹云。是爲序。

　　時崇禎十三年歲次庚辰孟冬朔後一日，耶穌會士湯若望撰。

校勘記：

　　[1]賚：原作"賫"，據法圖本改。

　　[2]整：法圖本作"政"。

　　[3]暨：原作"既"，據法圖本改。

聖母行實目録

羅雅谷

兹《聖母行實》，乃予友則聖高先生所譯。書分三卷：其一推聖母之所自生，與譜其自幼至老之歷年[1]行狀，並附其遺室之靈異於卷之末；其二借古今聖人之言，以著聖母之大德，分爲十二端，蓋天主賚聖母之恩，而舉之於萬民之上者如此；其三述其聖迹，亦分爲[2]十端，則係聖母賚人之恩萬分之一二也。讀者於第一卷必[3]發熱愛聖母之心，於第二卷必[4]發誠信聖母、欽崇恐後之心，於第三卷即發冀望聖母主保之心。夫愛、信、望三德，乃事主、事主[5]母之本德，而讀是書者悉得之。然則是書固我等不可一日離者矣。古聖有曰："聖母之行實，奉教者之鏡也。見之而不知所從以改其過、崇其德者無之，人可弗念哉？"書成，或勸余一言弁諸首，以寓贊美聖母之意。余謂聖母無庸余譽爲也，譬之太陽然，本體自光，弗以人言加彰，亦弗以人默加晦。即欲昭其大德以示世人，則諸聖人既已言之，是書既已述之矣，余何敢復贅乎！謹次其目如左。

校勘記：

[1] 之歷年：梵蒂岡本作"歷年之"。

[2]爲：梵蒂岡本無。

[3][4]必：梵蒂岡本作"即"。

[5]主：梵蒂岡本作"聖"。

聖人行實自序

高一志

古者載記聖人生平勳績垂之後世,其益有三:其一則丕揚天主之全能神智,其一則闡明聖人之隱德奇功,其一則徵[1]驗當遵之正道矩範,三者皆寔學要領、世[2]大宗也。所謂丕揚天主者,莫若聖人生時所立名跡。先舉十二宗徒,其始不越細民,質樸無能,一蒙天主選擇代行聖道,遂爲殊智異能,不煩學習[3],精識文義,遍曉方音,通達四遠,辨服博學之士,使置舊學而歸正道。是非天主不測之能,何自致之?又觀修士,其初即志於精修,絶財以居窮約,絶色以寶貞潔,絶意以從長命。三者以爲修基,其所創善業,非庸衆可幾也。避陽邇目,攻私鏟跡,役身勞神,其恒功也。以順爲苦,以逆爲祥,厭安甘辛,視生如死,始死反若始生,乃成功之效而已。惡知有德,又惡知有前功哉?人世視之,如神如聖,無不敬仰。若其視己,如敵如仇,每攻克之。夫夫也,懸遠世俗,超越人力,非托上主全能,庸可得邪?至若委身致命及修全童貞之女,凡値道義窘難,非特不逃不遁[4],尚自趨躍公庭,明證其道,無所畏懼。且爲義爲道,或辱於名,或損於身,或匱於財,或詘於位,或流徙遠方,或至殘死刑下,則以爲奇遇大幸。非第智勇果敢之士,獨建是功,即耄耋之衰,童幼之弱,室女之稚,世世建立奇功[5]者不鮮。是志是力,不因上主垂祐,孰能得之?故曰:聖人名跡,丕揚天主全能神智者也。所謂闡明聖人者,聖人生時,切務隱身晦跡,韜功埋名,惟天主大道是宣,人世頽俗是正。以至竭力劇神,德雖冠絕群衆之上,謙退自處群衆之下。是故至公天主,於其生前或死後,多端揚其芳躅,著其功能,播其美譽,又令明史紀錄行實,爲萬世表法也。所謂證驗正道者,由上兩端推之,自生民始惑於邪歧,迷於取舍,志向彌下,德修彌廢,惡蹟彌累彌深。孰樹之軌儀,可望其有特操乎?況世愈降,情愈僞,教愈繁,道愈遠,各立奇言,多用文飾,以遂其私計,襲取徵信,竟使正道混淆,安從擇取?倘得援引倡率,啓彼迷塗者,孰不感激鼓舞、忻忻樂從乎?故聖人所修善業、所遺明訓、所顯奇蹟,皆人世所當遵之正經也。末學菲陋,早志奮修,並期裨益同志。敢取聖人行寔,擇其尤著者,譯敍成帙,言之不文,趣易通耳。惟同志者勿鄙夷置之。

　　崇禎己巳孟秋,耶穌會士高一志述。

校勘記:

　　[1]徵:梵蒂岡本作"證"。

[2]世：此下梵蒂岡本有"事"字。
[3]學習：梵蒂岡本作"習學"。
[4]不逃不遁：梵蒂岡本作"弗逃弗遁"。
[5]功：梵蒂岡本作"勳"。

聖若瑟行實

古來聖人，凡諸行實，經典紀錄者，皆欲後之學人視其德業，仿而效之耳。其在世間時，若日光遍照，使吾能矚，則可知心污以圖澡潔；又若海嶼烽燧，令吾得明，度世可臻天岸。故聖人寓地，指天國直途，引人步武以從，其跡久印於世，千載難泯，不可不遵之以行也。盲哉匪類，超躍弗遵古聖芳蹤，則其芳蹤幾於滅息矣。吾主篤生群聖，接踵迭出，吐其精英，奮其靈德。俾古聖所泯之遺跡仍可遵依，或導愛德，或引謙光，或示忍耐，或令貞潔。種種美德，猗歟休哉。聖若瑟厥行，衆德之一鑑也。可矚我靈，可照我疵，益增明爽，漸入精蘊矣。余循經謹錄，略述其概，爲《聖若瑟行實[1]》云。

遠西耶穌會[2]陽瑪諾識。

校勘記：

[1]實：梵蒂岡本作"蹟"。
[2]會：梵蒂岡本此下有"士"字。

彌撒祭義自序

艾儒略

客有問於[1]余者曰：彌撒之禮，崇祀天地真主，禮隆義備。但貴邦古經文字，吾輩未達。至於制儀[2]節，良具奧旨，願爲剖示其凡。余答曰：彌撒之禮，其義廣博淵微，正如天上列星，滄海洪濤，非可管窺蠡度，粗淺求也。要在於感恩不忘，大報本也。大抵人世之罪，莫大於無情。無情者何？受恩而不知感，即知感矣，又倏忽易忘，即不能忘，又漫然無報。此世所名背德負義，無人理者。況吾主之恩，無窮無盡，而可不知感乎，可知感而忘乎，可徒云不忘而竟無以報乎？吾主雖未嘗責我以報，但我輩既含靈性，自當感激奮[3]發，於萬難報答之中，而思展絲毫之奉。自非有嚴昭事，慎攝威儀，使人時常寓目，則人心怠惰易忘，不知感恩，不知報恩，真情不能觸發。真情不能觸發，則日用德行無根。譬如爲人子者，聰明學識皆勝於人，獨於親恩罔極之處不知感懷。根本既壞，便爲不孝，人世所不容。況於天地民物之大父，可不感激思報乎？彌撒大祭之禮，寓意精深，一以酬天主生成我等之德，一以示吾主代我等受難之跡，一以望吾主加我力量之全。人得從事彌撒者，自然受恩知感，觸目興懷，勃乎莫禦，是激發之大機也。

客曰：人生時刻受天主之恩，自無一刻可忘其報。但天主無形無像，以我靈明之心，對越靈明之主，望空頌謝，似亦足矣，乃必繪之爲像，何也？余曰：吾人靈明，原即天主所畀。用其所畀，默自祈向天主，斯固不可一息間斷也。所以必繪之爲像者，蓋有極大因緣。旅人九萬里遠來，多爲闡明此事。當初吾主未降生前，原是無像可繪。既降生後，爲萬世立表垂教，受難贖罪，此恩比他諸恩更爲深重。故欲令人人遍知降生之恩，則當明繪其像。設像於上，正以啓人親敬之心。況彌撒之禮，乃耶穌在世，親垂降諭，每日一舉，正是代耶穌獻罷得肋者。所以不容不設吾主聖[4]像也。

客曰：隨地可以感恩報恩，則家家可以設像瞻禮。其必於此堂，何也？對曰：家者獨修之處，私也。堂者衆仰之地，公也。私不如公。且堂中之禮，撒責耳鐸德舉揚聖體，天神且樂於擁衛。人得置身其中，何幸如之？是日也，人肯風雨無阻，遠亦來，冗亦來，更見道念之堅，使怠者見之，愧而思勉耳。

客曰：心敬爲上，身次之。人患不知恩報恩耳，苟心知感，一念所到，便格重玄。奚以起伏跪拜之拘拘爲？曰：是又不然。天主生人，有靈性，有肉軀。靈性近天神，天神有純神之體，故純神對越，不拘之以形。而肉軀則人所運用，有而不運用，是自失其爲人也。既用靈性之內敬，以酬畀我靈性者，亦須用肉軀之外敬，以酬畀我肉軀者。子雖以承志爲孝，而定省温清[5]，尤不可缺。臣雖以格心爲忠，而趨蹌戮力，亦奚容怠？況人之内心，常因外身之動，轉加懇切。每見孝於其親者，起於一念之愛，發爲服勞奉養。而其服勞奉養愈甚者，其用愛必愈切。忠於其君者，起於一念之敬，勑爲奔走禦侮。而其奔走禦侮益力者，其用敬必愈大。況舍身無以覓心，而即外無不是内，則外儀之不可偏廢甚明矣。

客曰：習見者不重，虛文者覺煩。彌撒之日行也，無乃習見歟？虛文歟？曰：世間至貴至鉅，多在極常極瑣中。有寳焉以示愚人，必不見賞，不識故也。日月之光，水火之用，人所必需，亦有日用而不覺其急者。不知事誠緩，雖罕見不可爲急；事誠急，雖常見不可爲緩。聖教之有彌撒也，命之自天主，傳之自聖人，至爲貴鉅。今視爲虛文，狃爲習見，將使此禮不行之天下，而僅行一方，不沿之百年，而暫或一舉，始驚異而欣[6]奉之乎？然而禮惟其常，故重耳，重固不煩也。情惟其切，故不見煩耳，煩乃愈見其重且急也。一方此禮，天下此禮；一日此禮，百年此禮。人能常與此禮，斯成奉道之人，既爲奉道之人，安可不思其故，以寔沾此禮之益哉？顧名思義，復念誰所創立，則知堂臺非可褻之規模，品級非可假之名器，服制非可混之冠裳。次第規模咸具奥義，非可隨衆俯仰而不知也。始祭有十八節，先事之毖也。正祭有九，臨汝之格也。撒祭有六，無息之誠也。鐸德之虔恭，攝之爲與彌撒者之虔恭；鐸德之寵祐，普之爲與彌撒者之寵佑。而又有輔彌撒者之左右其間,蓋使鐸德得以專對天主,無煩細故也。其中禮義種種,亦難盡述,聊序其略云爾。

崇禎己巳歲仲秋,西海意達理亞耶穌會後學艾儒略盥手[7]謹題。

校勘記:

[1]於:梵蒂岡本無。
[2]儀:原作"義",據梵蒂岡本改。
[3]奮:梵蒂岡本作"憤"。
[4]聖:梵蒂岡本作"之"。
[5]清:原作"清",據梵蒂岡本改。
[6]欣:原脱,據梵蒂岡本補。
[7]手:原作"水",據梵蒂岡本改。

滌罪正規小引

楊廷筠

或讀西學解罪説,而竊竊疑之曰:儒者之道,易簡理得,得其一,萬事畢。苟心性常靈,情慾何有?比[1]如洪爐之點雪,太陽之破暗,何俟隨事而制,滅於東復生於西,若是其勞攘乎?嗟嗟,此非第不洞西學,即儒理亦有所未瑩也。夫道該本末,功有漸次。易簡理得,以一畢萬,此究竟之玄詣,非入門之初功也。虞廷執中,惟大舜得聞;

孔門一貫，領略惟曾子。何至後世忽[2]易言之？只緣學者喜於欲速，習於好徑，以易簡得一之言，據理既勝，課功又捷，遂謂人人可以與幾。執此謂牖世之津梁，起痼之良劑，循習日久，無敢相非。設世有舜、曾，彼固可儼[3]然自居，吾欲[4]北面而師之。或猶未也，言與事未一，事與理未一，理與心未一，淺近藩籬猶未能窺，何論精微堂奧？即不言究竟何若[5]，而當其闢門之初，教者與學者，先已墮自欺欺人霾霧中，是非正邪又無論矣。黜虛者莫若以寔，救僞者莫若[6]以真。事天主之學，千聖寔理寔事。蹠寔而蹈，修乃真修，救世者於此每致意焉。《解罪説》四卷，欲窮人情變態，不嫌稱繁，而大指不逾十誡，十誡盡於敬天主、愛人二端。敬天主之寔，又在愛人。愛人如己，乃所以敬天主。統之有宗，執之有要，未嘗不歸於一，而天下之易簡無過此矣。真知昭昭在上，可敬可畏，一切妨人之事，恐明威不測，自不敢犯。一了百了，種種曰省、曰悔、曰解、曰補，皆一齊穿紐，曾無階級，亦非等待。洪爐點雪，太陽破暗，正惟此中乃有實境。至解罪之權，雖在解之者，亦係人心自奮，與天主默啓，以獲其效。別篇又有詳論。彼不從事理，不經苦練，自謂要領已得，不過虛摹梗概，粗涉影響。其中果否有得，語良知者，不知此時真知何在；戒妄語者，不知此時不妄心何在。固不若隨時密檢之，更無滲漏也。大抵聖賢之出，皆爲救世。救世之術，又各隨[7]時。言仁者救世之分岐，言義者救世之功利，言禮者救世之放誕，言知者救世之支離。至於今課虛崇玄,不患其支離,而患其無歸着也。莫若挽之以信西學之真,實曰實義,悔曰真悔,此信之説也。五德循環,相爲始終[8],即未必盡然,而機緣近似,不敢謂挽回世風,不從此[9]始也。

武林楊廷筠撰。

校勘記:

[1]比:梵蒂岡本作"此"。
[2]忽:原作"怱",據梵蒂岡本改。
[3]儼:原作"嚴",據梵蒂岡本改。
[4]欲:梵蒂岡本作"願"。
[5]若:梵蒂岡本作"如"。
[6]若:梵蒂岡本作"過"。
[7]各隨:原作"隨各",據梵蒂岡本改。
[8]始終:梵蒂岡本作"終始"。
[9]此:梵蒂岡本作"兹"。

聖體規儀序

丘曰知

余生也晚,余根也鈍,在教二十餘年,凡天學已譯之書,尚未識其萬一,而況未譯者乎?即《七克》《實義》《畸人十篇》,繙閲數過,而掩卷憒然。故其規條儀禮,自反多缺，惟恐獲罪於上主。幸用翁潘師善誘循循，竊叨領聖體者，已數十次矣。今復得[1]《聖體略説》，明白顯易，布帛菽粟中，而錦繡纂組寓焉。誠者可明，明者可誠，中人以上，中人以下，皆可得而語也。不至於失人，亦何至於失言哉？雖專爲聖體規儀，僅撒格辣孟多之一，而洗滌、堅振二端及下三端，亦約而能該，包舉靡遺。至於不信之罰，誠敬之賞，報應不爽，顯跡煌煌，能令人毛悚，亦能令人心傾。然則讀是書而敢妄希聖寵者幾希矣，讀是書而不神領聖寵者幾希矣。命余爲序，敢識其概云。

上洋後學丘奧定謹識。

校勘記：

[1] 得：此下，梵蒂岡本有"所著"二字。

領主保聖人序引

費奇規

吾人居世，咸爲客旅，日之所之，莫非向往本鄉。天上國，天主所創以賜義人者，而所往之之道，即此生之歲月是也。但人在生，恒有寇賊險危謀阻於道，設無忠誠者以爲引掖，安能遠避而造詣家鄉哉？《聖經》載古聖篤彼雅，曾遣幼子往嘉白録富人索其鉅債，昔逋而今欲還之者，然首囑其子曰："願爾往還，皆福如意。但應先出市衢，覓一忠誠之人，肯受酬資，從爾遥途，偕以爲伴。"孝子若出外，值一年少美士立前，而似有行色，乃辣法爾大天神發見所假借之像也。孝子亦不識之，即偕之同伴，在路固多蒙其恩惠。及抵其處，又由其知力全收所索之債，而且得娶至貞之女名撒臘者，厚獲而歸。此正擬狀前論，不惟聳激義人，使之尋討在天我父之家業，而且囑其所從得詣天鄉之行程也。蓋於此世行程之際，必挾至忠之伴以護衛之，時侍我側，備防不虞。誨我道中、舍内一切始終之所宜，而且善導我，晏然至於所往。然如是忠伴，能行如是吉事者，惟在天之天神，或聖人聖女已享天國榮福，不必顧己而惟務顧世之人者，爲能然也。乃其仁慈之大，固令之肯務吾人之神痊。而天主所賜彼之大能大知，亦奮激之，使其善救吾人之窘難，而脱我於危殆中也。故欲吉履此生之程，終詣天鄉，有智師以釋心志之諸疑，有輔佐以拯形神之諸厄，有良醫以療愈其痾疾而時撫慰之者，則必企仰夫天上之天神，或其聖人聖女。乃人所需者，彼無不知之；人所祈者，彼無不聞之。況錫福加佑，尤其所切願與諸人者，而垂愛固無已也。然欲行之彌切，不若以此月選一某聖，彼月又選一某聖，因其所得而各呼號懇祈，俾其皆долж分任，愈切管盻，如孤子付托於其仁慈者也。但諸聖之品類不一，上而吾主耶穌，次而母皇瑪利亞，又次而天上之天神，以至於諸聖人諸聖女，或於生前，或於身後，或並於生前身後。天主欲表彰其聖德，而爲之多行聖蹟於世，使人知所尊禮向慕，立之以爲本國、或本處、或本家、或本身之主保。夫是諸聖於凡人之居世者，雖皆至愛之，爲之祈禱天主，但人所能切向，而立之爲一月、或一歲、或一生之主保者，則其垂愛尤甚，爲之祈禱尤切，如爲介紹於天主前也。且諸聖在天，因其爲天主所親愛如子，貴重如臣，密交如友，故爲人有所轉達代求者，天主大抵允之。人雖不及覺，已實冥受其賜。然則履此生之程，而求爲我之忠伴，舍是其誰務哉！

天主耶穌降生一千六百二十七年，時大明天啓七年八月中秋日，泰西耶穌會士費奇規撰述。

釋主保單之款目

費奇規

一曰某月日。泰西諸國之年有二等，一謂太陽年，有三百六十五日零三辰半。此年從日輪所行於天十二宮之道，爲一定不易之年。惟每四年閏[1]加一日，即每年之三辰所成者也。始年有三百六十六日零二辰，即辰四半所成者也。一謂太陰年，與中國之月年不異，兹蓋從中國之月年算耳。但因其年常改不一，故主保聖人之生日，或曰瞻禮之日，今年在某月某日者，明年或不同，即同月，畢竟不同日矣。譬如聖瑪弟亞亞玻斯多羅之瞻禮日，丙寅年在正月二十八日，丁卯年在正月初九日，戊辰年在正月二十一日，己巳年在二月初二日，若是遷移。惟從本等生日所去某節氣若干日算之，則萬不差一。故今不定載某月某日，而以諸聖生日次序順列其數。以立春日聖女亞加大、立夏日聖若翰宗徒、立秋日聖篤納多、立冬日四位聖人[2]瑪而底耳爲準，餘皆從此遞而推之，加以本年某月某日，可無差矣。然所謂聖人之生日，非其出胎入世之日，正其逝世升天之日。蓋在世之日，特以建立功勞，而永生之榮福猶未定，若至逝世之後，於世雖已云死，然其得生於天國，而真福真樂真生已定於無窮。故以死日爲生日，爲榮福日也。

一曰主保聖人。其義前序已悉，今不復載。

一曰聖名。自古以來，從聖教者，生子女之後八日，將其子女送入天主聖堂，請司聖祭者與之以聖洗，傅之以聖油，因入聖教，而爲天主家中之一人。於是司祭者行其禮，依父母之意，借古聖人或聖女之名以名其子女。蓋欲其終身法此本名聖人聖女之諸德而切向之，以爲終身主保。是以終身不復改名，又不復加別字別號，惟以此聖名爲字爲號矣。但諸聖名號，或單有一字如良者，或二字如葆祿者，或三字如雅各伯者，或四字如盎玻羅削者，或再多字，皆依泰西之語音，而合以中國之字音。然西語自有本義，今特借其音，而不取其義耳。

一曰聖位。其位所居之勢分，彼中廣包多義。或爲耶穌降生之事，或爲其聖誕，其聖名之立，其受難釘死，其復生，其升天等事。蓋吾主耶穌，雖其本爲天主，無上可祈者，但以其并爲人而言，則稱爲吾人第一主保。時爲吾人祈禱天主罷德肋，時爲吾人息天主罷德肋之義怒者也。是爲厥存其身之五傷，令息聖怒愈易矣。次或爲聖母受生，或爲聖母誕日等。蓋天主耶穌極聖童身之母瑪利亞，其愛吾人，校生我之母尤厚，而時爲我祈禱於其福子也。或爲天神，乃不惟各人有一天神，照引護守，而國省郡邑，一切物之總彙，皆有一天神主保之。即天主所分命，欲其爲人祈禱之者也。或爲耶穌之宗徒，一曰亞玻斯多羅，即吾主升天之際，所命流行萬國布聖教者也。夫此宗徒，爲聖教之基，爲吾人從聖教者之祖。故彼於天上國，亦爲之祈禱天主愈切矣。或爲瑪而底耳，即聖人聖女，或爲實證聖教，或爲保存貞德，或爲一切公義，被難致命者也。或爲官弗所而，即聖人聖女，雖不受難被死，或多在會精修，或多居山自苦，或多著聖書善籍以誨人，或多爲夫婦積聚諸德，嚴罰日日所犯之諸過也。或爲微而然，即其女生平爲天主童身不嫁，或嫁而同夫守貞，終身相待如兄妹者也。或爲微吳瓦，即其婦以夫既死後不再嫁，乃居幽室，棄諸艷妝，嚴行苦齋，不惟涕泣懲責本罪，而他人之罪，彼亦以其本身爲之涕懲者也。或爲白尼登德，即其人先爲惡人，多犯重罪，後因天主默啓，與以真痛之悔，不惟不復獲死罪，而且自罰甚嚴，以爲後人自懲之儀表者也。或爲聖教主，即所謂教化皇，西國稱爲蘇瑱般弟費則。蓋吾主耶穌升天之前，所立以代己留世，治其聖而公厄格肋西亞者也。是故此位至尊，此權至大，從聖教之千百侯王，皆敬尊之如神父神師者也。然此位終身不婚，不傳子嗣，及其既没，則尊聖教之定規，繼立他有大德博學之高人。而立之之禮最優，今不暇述。其第一教化皇，吾主耶穌所親立者，名伯多禄。后繼伯多禄至現居位者，計二百有五十餘人，人有盡，而位永不絕也。或爲主聖教，西語稱爲彼斯玻。亦不婚娶，不傳子嗣，惟是有德有學，教皇所立，以代其主聖教於天下萬國者也。乃教皇止爲一位，都於泰西羅瑪大國，自不遷移。其代之主聖教者甚多，每一郡必立一高人，以牧衆人之神。其位亦尊，其權亦大，即天主耶穌所付與之者也。而其大權，即是選有才德之賢，立爲撒責耳鐸德，所謂司聖祭者是也。而此司聖祭者，亦終身不娶，並有赦罪之權矣。

一曰經言。每聖主保單上用善言一句，欲人每月爲主保聖人，於中體行其德。但其言未必皆聖經之言，而或出於某聖人、某大賢之遺籍者。故於其言之下，著某聖某賢之名以别之。但名上有不冠以大賢二字，如曰而桑、加當等者，省文已耳。

一曰宜行之德。據經言之意，切取一德，欲本月中專力行之。或取一惡，欲本月中，專力遠之。如是則一年之終，聚十二德，克十二惡，已稱爲德士矣。漸積數年，寧不入聖域哉！

一曰所謂當務。蓋斯世之人，俱爲兄弟，俱有相須以救其所需，或屬形身，或屬靈魂者。然勢力有所不齊，若求之授受之際，則能於此者，未必能於彼。欲人人之所皆能，即是爲我二種之需，而祈禱天主，全救世之諸需矣。故每月領主保聖人，願其不惟爲我一人轉求天主，而且爲他人之需之急亦轉求天主也。如或爲本國之太平，或爲君王之壽，或爲失和睦者之相愛，或爲臨死者之善終，皆隨本月所領，向主保聖人求之。然求聖人之際，非求其自賜我以所求，惟求其轉求天主，或祈天主爲其分上而肯屑賜我耳。蓋聖人之職任，非賜恩於人，惟爲人求恩於天主也。推此，則知世之祈福禳災於邪神者，何大誤哉！彼不惟不能與我以所無，而且不能爲我轉達於天主也。蓋以其非天主之子、天主之臣、天主之友故耳。

校勘記：

［１］闇：原作"潤"，據文意改。
［２］四位聖人：疑當在"瑪而底耳"之後。

切向主保聖人之功

費奇規

凡人既選或領某聖，以爲一月一歲之主保，則爲之施行或多或寡之功行，令其愈切顧佑，此寔爲至當也。然其功行約有三端。一，領聖人之日，大約在前月之末日，當謙祈天主，賜我得領某聖人。天主所從欲長我神益，施我憫恤者也。於是切切願爾神痊之天主者，竟與以至知之師、至勇之佐，誨以當知之諸事，救於明幽之諸仇者矣。其二，領主保聖人之時，當發誠虔感恩之心，想天主主宰大小之事者，亦分與爾以其聖人，欲其保爾護爾。既領之後，當自敬收，或於天主聖堂，或於私室，或於幽靜之處，而或跪或立，自呈見於主保聖人之前。並將內外諸需一一宣告托付，以爲己之管屬。而且懇祈熱禱，煩之速之，數求收爾與爾之事物於其主保之下。蓋聖人不惟不厭煩，而乃甚喜之也。其三，本月之間，每日或一二次，當祈主保聖人，肯賜管護，時近爾側，時爲爾師爾伴，於諸事功。先知之聖王達味自言曰：我仰我目於高山，佑救所從來於我者也。聖亞吾斯定解曰：如是之高山，無有終之山，乃爲天上國諸聖人耳。是山我當時仰神目，望求垂佑於我矣。然首先當求之事有二：一，求其代我轉求天主，與我以神光，能通識天主之事宜。金口聖人勸人曰：我等當近守天門者，諸聖人中之一聖人，求之懇之，而致謝之禮，代金而奉以便備之心、真寔之情也。設彼受之，則畢竟握我神手，而指引我以一天國，及天國之主與主朝之班列矣。一，求聖人將我諸求奉呈於天主。聖盎玻羅削譬吾人於病者曰：夫病者斷不能自就於醫，大抵因他人代求，而後醫者就之也。夫吾之肉身止於染病，而吾之靈魂不但抱病，還以罪惡之拘攣阻制，不能自詣神醫之坐，是故當求護守之天神，天主所立以護守世人者。又當求受難之聖人,乃其以本身之血,既滌濯其所或有之罪過,故能代我祈禱天主,亦赦我罪也。至於餘聖皆然。前二者雖皆主保聖人首先與我之恩德,但其施恩之手,因甚寬宏,故又可求其捄我屬神屬身之諸需也。乃其既爲我本月最仁之管護,則其本任亦爲爲[1]我防禦諸禍,而並進我於諸善之域矣。此三端功行之外,又當行何功行,敬其聖人而獻貢之。每日或克己私意數遍,或懲罰肉身,或獻若干經,或周貧若干財物。次於聖人本日之先一日,或大齋,或小齋,或減食,或不飲酒等。至本日恭行告解罪過,並領吾主耶穌聖體。若或不得寔領,則神領之足矣。又或讀其聖人一生來歷之書,或聽他人講論,並記臆[2]其中何事以倣效之。則不徒以祈以誦,而且寔行隨之,此其所謂首重首歡者也。

校勘記:

[1] 爲:疑衍文。

[2] 臆:疑當作"憶"。

卷二

訂正總牘序

朱宗元

赤身落地，挾持何物？非父母鞠育，有不毀滅者哉？人知鞠育爲父母之恩也，不知父母所恃以鞠育之具，皆大父母造之，而父母藉手者也。形生之事猶然，況乎神靈原超形質，原非父母血氣攸萃，而特從天帝自無造畀。雖爲善之才之量，於初畀時已得，然必日賴上主之寵綏，乃克精進，乃免陷墜。所謂上主引挾，思或啓之，行或迪之也。世之甘縱於惡者無論已，亦有嗜善之士，妄謂在我分量具足，不屑乞佑真主。此其人莫論聖寵不加，終必淪惡。即使少存善態，而此一種傲然自滿之心，已爲帝天之必誅必棄。是以有天地來，大聖賢不知凡幾，咸小心認主、夙夜對越之人也。夫受恩而不知感，鄉黨羞齒之矣；有過而不思改，愆益滋矣。枵然蕢然，而罔求餉扶，惟死惟仆矣。故《總牘經》要止三端，曰謝，曰悔，曰祈。曰謝主德，則主亦日施德。曰悔己罪，則己亦日減罪。曰祈主佑，則主亦日加佑。吾神靈貧薄，非富厚之主誰望哉？雖主未嘗不憐我，吾豈可以忘呼號哉！然非徒口誦而已。吾人所以事主，唯恃至真至切之一心耳。苟既以一心事主，則雖無一言而可也。然既以一心事，則雖千百言而亦無不可也。此《總牘》之所爲譯也，易外馳物誘之心爲時息欽承之心，易放恣昏冥之心爲嚴省痛責之心，易驕矜滿假之心爲籲憫乞庇之心。言言對主，即心心對主也。於戲，人生亦危矣哉！寧惟水火干戈猛獸之能戕吾生也，苟上主不加覆庇，徑寸之蟲即以殺一身有餘矣。然此目前之害，猶無足論。縱使百年康利，無窮之苦既入，回視向者，何異半瞬。既陷之後，雖欲悛更而不可得，雖哀聲呼主而主不應。思及此而日謝、日悔、日祈，不視饗殯而更亟與？

教末朱宗元述。

總牘撮要敘

萬濟國 多明我會

《聖教總牘》業經耶穌會士前後譯述傳世，其來久矣。茲之有《撮要》者，乃因其舊刻原文，爲之舍繁就簡，補入一二，裝成小本，以便教友用功，並出入有取攜之便也。卷分上下，首列日用習誦諸經文，而與彌撒禮節次之，滌罪規略、領聖體要理及急救事宜又次之。由是入而私室，出而公堂，所需以事上主與夫修己愛人者，精要已略盡於此矣。然予竊謂要之中又有要焉。蓋凡入教之人，必以畏、愛二德，立一生功課之本。即如日常持誦，亦須心口相對，樂加存想，乃覺其中滋味。若但有口無心，則神不注者味亦薄，何以冀動天主聖母之聽？是誦經一節，已不可不以畏愛將之。況進而與彌撒、滌罪愆，更進而膺聖體洪錫，能[1]不益加謹凜、益熾熱愛邪？誠使手斯編者，本之以畏愛之誠，於凡要規要理，時時涵而泳之，實實體而行之，無飾外而污其內，無勉始而懈於終，將見主寵可保，天國可望。則只此少許小牘，藉作昇天階梯，亦庶乎其可也。予願與諸友交勖之。

康熙戊申歲初夏聖三瞻禮日，遠西傳教會士萬濟國謹識。

校勘記：

[1] 能：清刻本作"敢"。

善 終 引

伏若望

吾人居世，爲善最難，若夫離世之時，善終尤難。何以故？一則爲病者將離世時，舉凡所有之世樂身福及所親愛，皆將斷絕，而心不能割；一則自知枉費已往之生命，反積無數之罪過；一則畏[1]邪魔之兇狀；一則慮審判之時，懼失真福之永樂，將受真禍之永刑。備此諸難，故絕世而善尤難也。或問：天主聖教之書，皆語人居世何如善生，不語人去世何如善死，何也？曰：天主聖教之書，語人善生，並語人善死焉。蓋平生爲善，即是善死之寔根故也。日日時時用心爲善，即日日時時方便爲死。微善生，無善死也。是以雖有人代病者誦經行工，僅能防禦邪魔，不能代之攻勝，必須病者之德行，方能攻勝其魔焉。苟知善死全係善生，則居世者宜及早辦誠立功，今可行當行，過此以後，皆爲不可知之時。夫人疇能自知於何時何處而死乎？善生而後善死，固然已。但善生雖爲善死之根，至於臨終之日，所謂諸難備集之候，切須有人提醒扶持，如何使其得遠邪魔，如何使其得能安卒。并列助工規例如左。

校勘記：

[1]畏：梵蒂岡本作"爲怕"。

十　誡　銘

徐光啓

人心正大[1]，隕自初民。欲橫理危，邇於[2]魔妄。惟皇憫斯，垂誡貞珉。其數有十，總以二綱。以迪民彝，以棄民咎。以享天衢，以絶永[3]禍。乃命明神，傳之邃聖。昭示萬民，謹守勿斁。

一、欽崇一天主萬有之上。

二、毋呼天主聖名以發虛誓。

三、守瞻禮之日。

四、孝敬父母。

五、毋殺人。

六、毋行邪淫。

七、毋偷盜。

八、毋妄證。

九、毋願他人妻。

十、毋貪他人財物。

右十誡總歸二者,愛天主萬有之上,及愛人如己。

校勘記:

[1]正大:法圖本作"大正"。

[2]於:法圖本作"以"。

[3]永:法圖本作"天"

八 真 福 銘

徐光啓

欲累環攻,神目盡瞀。愈羶世趨,愈遠天路。僞雜百端,以相誑惑。惟我正教,惟一惟真。德必真德,福必真福。德以致福,德亦名福。肇諸人世,充諸帝庭。精修妙契,寵澤光榮。

一、神貧者乃真福,爲其已得天上國也。

二、良善者乃真福,爲其將得安土也。

三、涕泣者乃真福,爲其將受寬慰也。

四、嗜義如飢渴者乃真福,爲其將得飽飫也。

五、哀矜者乃真福,爲其將蒙哀矜己也。

六、心淨者乃真福,爲其將得見天主也。

七、和睦者乃真福,爲其將爲天主子也。

八、爲義而被窘難者乃真福,爲其已得天上國也。

十四 哀矜銘

徐光啓

大道廣淵,厥旨惟仁。藹惻肫詳,情見於愛。愛主之實,徵諸愛人。爰有哀矜,或形或神。以富拯乏,以智濟愚。弗私上錫,益求主[1]祐。彼民[2]罔知,天人殊視。棄擲元元,鍵户[3]頂禮。德之不馨,繄主豈[4]歆。

一、食饑者。

二、飲渴者。

三、衣裸者。

四、顧病者及囹圄者。

五、舍旅者。

六、贖擄者。

七、葬死者。

以上形之七端。

一、以善勸人。

二、啓誨愚蒙。

三、慰憂患者。

四、責有過者。

五、赦侮我者。

六、忍恕煩數。

七、爲生死者祈天主。

以上神之七端。

校勘記：

[1] 求主：法圖本作"來天"。

[2] 民：法圖本作"此"。

[3] 戶：原作"石"，據法圖本改。

[4] 豈：法圖本作"誰"。

七　尅　銘

徐光啓

凡遏橫流，務塞其源。凡除蔓草，務鋤其根。君子式之,用滌身[1]心。人罪萬端,厥宗惟七。七德剋之,斯藥斯疾。如訟必勝,如戰必捷。有祐自天,勿諉勿怯。七剋既消,萬端并滅。

一、謙讓[2]以剋驕傲。

二、樂施[3]以剋慳吝。

三、貞潔以剋邪淫[4]。

四、含忍以剋忿怒。

五、澹薄以剋貪饕。

六、仁愛以剋嫉妒。

七、忻勤天主之事[5]以剋懈惰於善。

校勘記:

[1]身:法圖本作"其"。

[2]讓:法圖本作"遜"。

[3]施:法圖本作"捨"。

[4]邪淫:法圖本作"婬慾"。

[5]天主之事:法圖本無。

天學十誡初解序

葉向高

學之道多端,即吾中國已不能統一。自孔孟時,即有老、莊、楊、墨輩與之角立。其後益以佛氏,儒者相與攻之而不能勝也。近乃有大西人自數萬里外來，其學以敬天地之主[1]爲主，以苦身守誡爲行，大率與吾儒合[2]，而闢佛尤甚。其人皆絕世聰明，於書無所不讀，凡中國文字，譯寫殆盡。其技藝制作之精，中國人不能及也，士大夫多與之遊。然其深慕篤信[3]，真得性命之學，足了生死大事者，不過數人。余向亦習之，而未及與之深談。京兆淇園楊公時時爲余言其微旨，余方少領略，而謝事去矣。公又出《天主[4]十誡初解》示余，余讀之而有當於心，曰：此甚似吾儒昭事上帝[5]、戒慎恐懼之正學，世人習焉不察，乃不意西士能發明之。東海西海，先聖後聖，其揆一也，豈不信哉！或疑天堂地獄之説，與佛氏同，不知佛氏以利誘言，西士以義理言，解中辨之詳矣[6]。自[7]開闢以來，造成世界者，必有大主宰[8]，決無他物更出乎其上[9]。而佛氏乃以天爲帝釋，偃[10]然欲據其上，此其[11]謬誕無疑，西士所以闢之力也。唯謂天主降生一節似出創聞[12]，然聖賢之生，皆有所自。其小而有功德於人者，猶必默有簡畀。又況大而主宰造化，開萬世之太平，若所稱天主也者。則其降生救世，似異而寔情，又奚分於東西而[13]容疑乎？世儒非不口口言天，而寔則以天爲高遠，耳目不接。若西士[14]言天，直以爲毛裏之相屬，呼吸喘息之相通，此於警省[15]人世最爲親切，故楊公津津有味乎其言之夫。余觀楊公之學，澹然真修，不嗜世味，蓋可謂與天爲徒者。其所深詣自得，不盡於兹解，而兹解足以觀矣[16]。

校勘記：

[1] 地之主：内閣文庫本無。

[2] 合：内閣文庫本作"同"。

[3] 信：此下内閣文庫本有"以爲"二字。

[4] 天主：内閣文庫本作"其"。

[5] "此甚"至"上帝"：内閣文庫本作"此即吾孔氏畏天命"。

[6] 矣：此下内閣文庫本有"如謂其渺茫無據，則余謂人精神所注，即成境界。李伯時好畫馬，人謂其念念在馬，死將墮馬趣。豈有念念在天，其神不歸於天者"五十字。

[7] 自：此下内閣文庫本有"混沌"二字。

[8] "造成"至"主宰"：内閣文庫本作"世界皆天所造"。

[9] 出乎其上：内閣文庫本作"大於天"。

[10] 偃：原作"嚴"，據内閣文庫本改。

[11] 其：此下内閣文庫本有"爲"字。

[12] 似出創聞：内閣文庫本作"創聞似異"。

[13] 分於東西而：内閣文庫本無。

[14] 士：内閣文庫本作"氏"。

[15] 省：内閣文庫本作"醒"。

[16] 矣：此下内閣文庫本有"時天啓四年秋福清葉向高書"十二字。

十誡直詮序

朱宗元

粤若稽古，玄黄未肇，萬象虚無，獨有元尊，妙性自淑。體一位三,常然静寂,無始無終,靡形靡届。全能則搏挽在手,全智則幽微畢燭,至仁彰德,至義單威。普斯惠愛,森造宇[1]區,首製巨靈,號名帶光。其逆命變,純性以爲魔,彌格大神,拒奸獲功。稱聖百有餘兆,主功皆成六日。末誕含靈,男女各一,男則亞當,女則厄娃。躬享安乎地堂,後期升乎天域。神既常生,身亦不死。傲魔妬恨[2],售奸謀於食菓;元祖從邪,遺罪染於萬世。先錫寵光,俄然墜失,樂土去而荆棘滿園,寒暑生而禽獸逆命。乾開坤闢,二千餘載,生民濟濟,暨被八埏。謖棄元尊,淫興衰慝,馨德不聞,罪惡盈貫。上主不臧厥攸爲,泊陳洪水,大絶民命;群靈逮萬彙咸殄,檳漂宇内,諸厄藏生。百有五十日,水降土乾,仍俾長世。當是時也,群靈絶而僅存,庶類滅而仍演。渾素之性,擬今尤盛;好懿之衷,擬今亦然。權輿一所,昆散他方,智僞漸興,尤風斯煽。淫矯之祀繁則欽崇之義缺,譸詐之習張則盟誓之變作,血氣之務熾則瞻禮之期廢,悖逆之行成則孝敬之意眇,忠恕之理息則殺傷之風起,禮義之防棄則邪淫之竇闢,廉潔之化衰則貪盜之奸肆,素樸之誠盡則妄證之患殖。上主不忍下民之終於躋顛,洪施大訓,付之每[3]瑟,左版三誡,右版七誡,若者以升,違者以墮。率斯道也,大秦之國,古稱聖域[4]矣。無何娑殫殲猷,大網羅俗,萬方有罪,百世希良。或指天地以爲宗,或祀亡人而稱主,或煉呼吸而希升,或誕輪回而等族。冀福利則寄柄於山川,占吉凶則憑權於卜筮,測治忽則觀變於星辰,定窮通則索[5]遇於命相。恣淫則拂性爲奸，攘奪則越人於貨。芒芒下土，久昧真宗，蠢蠢黔黎，概歸苦獄。主曰憫斯，降生代救。體則兼人之性，位則費略之位，名則耶穌之稱，解則救世之義，國則大秦之土，時則漢哀之世。童貞誕聖，初無孕合之污；十字釘懸，極備艱難之慘。世有三歲，停午上升，爰命宗徒，敷教八極，摧[6]破魔網，用啓天步。當我神宗皇帝御極之八年，有大西上德利公瑪竇航[7]海來賓，洪宣愛鐸。嗣後諸賢繼踵，大暢聖傳，小子不敏，獲聞斯義。至矣哉！道貫天人，理究象數，開生滅死，而出幽入明者也。載籍之富，斯萬斯千，惟攸當行，不逾十誡。有傲伏之，有妬平之，有吝去之，有忿息之，有淫防之，有饕節之，有怠策之。皆以克己勵行，而綱維乎十誡也。饑者食之，寒者衣之，渴者飲之，旅者舍之，虜者贖之，病者顧之，死者葬之，暴者勸之，愚者啓之，憂者慰之，過者責之，侮者恕之，寬宥數之，爲生死祈，皆以博施廣愛而潤飾乎十誡也。聖洗之禮，滌愆尤於既染；告解之條，除誤陷於新污。傅油俾神靈於[8]堅振，鴻功藏聖體聖血於酒餅。品級則七等之神權，婚姻則一婦之永睦，臨終則深悔之聖傅，皆以調濟補救而玉成乎十誡也。彌撒獻主，成儀於三十三種；信德始基，敷奧於十有二節，皆以觀感警悟而省惕乎十誡也。頗有譯述，略揭玄微，獨兹教典，尚疏解詁。竊私自語，奈何人世南鍼，而無專書備論乎？陽公瑪諾號演西，春秋七十有奇，始總教於中區，繼傳音於八閩。近承長令，來傳浙境，訓接之暇，勒成此書。其爲書也，援據經言，博采先議，緖引縷陳，綱廠條析。善惡之辨，校若列眉；報應之理，不爽毫末。洵淑慝之權衡，大道之指歸矣。時公駐會城，去我海上，江山限隔，五百而遙，閔予小子，先以示我。嗚呼，皇矣哉，上主之愛吾也；大矣哉，吾師之憐予也。小子私幸，受業終歲，將振群聾，付之棗劂，稽首拜手，復我神師。

　　鄞縣朱宗元維城氏敬敍。

校勘記：

　　[1]宇：梵蒂岡本作"寰"。
　　[2]妬恨：梵蒂岡本作"恨妬"。
　　[3]每：梵蒂岡本作"梅"。
　　[4]域：梵蒂岡本作"土"。
　　[5]索：原作"素"，據梵蒂岡本改。
　　[6]摧：原作"催"，據梵蒂岡本改。
　　[7]航：原作"抗"，據梵蒂岡本改。
　　[8]於：梵蒂岡本作"以"。

哀矜行詮序

李祖白

　　余奉教於西君子有年矣。其爲教也，理超義寔，而大旨則總於仁。仁分二支，一愛天主萬有之上，一愛人如己。而二支又匯爲一原，必克愛厥人，始克愛[1]主，不則疏忽於見聞之衆，而求其竭情致愼於不見不聞之中，必不得矣，是故愛人之功至急至重也。乃其愛之之寔，則在補其所應有，以銷其所應無。如飽暖康居等皆身所應有，如舒泰貞淨等皆心所應有，反是則皆所應無矣。人苟不獲所應有而獲所應無，種種苦趣不可勝言。凡觸於耳於[2]目者，能弗惻於心乎？弗惻於心非仁，惻於心而不見之行，無濟於彼，猶非仁也。其必盡我能力，銷之補之，使之存以順、歿以寧，愛人之功其庶幾乎。且造物主之畀人以富以智也，而又不人畀[3]以富以智者，何哉？蓋謂世有富人，力能不使同類貧；世有智人，力能不使同類愚。惟有富者、智者，而後貧者、愚者可以脫於貧愚；亦惟有貧者、愚者，而後富者、智者可以施其富與智也。是用此所有以補彼所應有，用此所無以銷彼所應無，權衡精當，義之盡、仁之至矣。然則吾儕幸荷生成，身心獲所，豈可自享有餘，不以閔民窮而若主命哉？甚矣，愛人之不容已也。豈惟不已於其心，必將不已於其行。嗚呼！此十四哀矜之所由列於教要也，其可忽乎？羅先生以修曆餘晷，譯詳其說，稿成示余，言切而旨，義晰而徹。予讀一過，而知先生之能哀矜人也。先生敏悟爽朗，而自牧以謙，胸中無所不有，其自視直無一有。至若本愛主之誠以愛人，則有根於心、達於面、見於語言筆墨之間而不可掩者。今年秋，著有《聖紀百言》一帙，修己格訓也。茲復爲是書，誘人以愛，以相率於仁。由先生之言，推先生之心，蓋不躋一世於定吉之上不止者。先生真仁人哉！是爲序。

後學李祖白。

校勘記：

[1] 愛：此下梵蒂岡本有"厥"字。

[2] 於：梵蒂岡本作"與"。

[3] 人畀：原作"畀人"，據梵蒂岡本改。

哀矜行詮引

汪元泰

余先君子生平敬修格致誠正之學，而歸宗於事天愛人。視繕之餘，旁究天官象數之[1]理，尤喜接海内修儒名士。要以廣集衆益，涵葆性靈。聞有西泰利子，從歐羅巴航海數萬里來我中土，所談性理及星曆家言，率多創見。命余往訪焉，而卒未得間。奄奄迄今，廿餘年矣。兹謁選金臺，會同邑程、祝二友，以訪舉應修曆之役，禀受西法，釐正訂譌。每與余言："天人之學，西儒得其宗。至曆數象緯，罔弗精確，特緒餘耳。"余偕往謁，聆其教言，原原本本，精詳切至，令人有永思焉，而未獲時親炙也。偶訪友過宣武，忽墜馬傷足，遂扶祝友寓。越四旬日，蒙西儒諸君子時惠顧問，不啻若家人之浹洽者。且示以《七克》《蠡勺》《畸人》諸刻，助消病苦。余潛心遍覽，覺從前所受教先君子者，原自窾合，憬然悟克治之功，真有須臾不能離者。殆余對症之藥，幸可藉以繼先君子[2]之志者乎。既而羅先生出其《哀矜行詮》示余，余受而卒業，曰：噫，此真仁人用心，盡事天愛人之寔詣者哉！凡此下民，誰非大主之所予。雖有貴賤富貧、壽夭智否，種種不齊，正令彼此有無，相通以相濟也。浸假己貴而賤人，己富而貧人，己智而愚人，任可哀可矜之狀種種當前，漫不動念，則所稱昭事者，將何藉以爲獻？而尊崇對越，皆具文矣。夫世未有不愛人而能事天者，信乎西經有言："所見之人不愛，又安能愛所不[3]見之主乎？"必時時念念以六合爲家，萬民爲體，然後俛可愜人，乃能仰可愜天。羅先生著是書，蓋欲人盡樂郊，合衆全力，補此有憾世界，其用意弘遠矣。余念西方美人嘉惠後學，忍或秘之哉？爰亟付梓，以公同志。

　　崇禎癸酉孟秋望日，星源後學汪元泰書。

校勘記：

　　[1]之：梵蒂岡本作"諸"。

　　[2]子：梵蒂岡本無。

　　[3]不：此下梵蒂岡本有"及"字。

哀矜行詮自敍

羅雅谷

按輿圖,予家極西,距中華最遠,古不相通,相通自明朝肅宗年間始。予兒時,獲聞禮樂文章之盛,私心輒向往之,非一日矣。至問所行教法,則未有及於造物真主之教者。神祖朝,予友西泰利先生偕會友二三輩來華,倡傳聖教,一時翕然交稱,足徵心理之無異。然華地廣遠,利子數輩足跡不能遍,且久之壯者老、老者歿,懼將來之難其繼也。予乃浩然歎曰:凡我同類,總大主所生,況此文教宣達之邦,忍使聖教有不傳,傳或中絕乎?於是請命於長者,復偕友人數輩,棄家航海而來。越三歲,爲天啓甲子,始抵嶺南,遂[1]習語習書,兼習文義,畢力歲月,麤知大意。庚午夏,予僑居中州,忽玄扈徐先生以修曆薦,奉命徵取。入朝陛見後,孜孜測驗弗休,日月七政等書,次第翻譯成帙。蓋旦夕拮据,喘息靡寧,閱兩年如一日,未遑他務也。既而追維八萬里[2]來本意,所圖何事,而今專事此乎?治曆與治人孰急,明時與明道又孰急?然而膺有成命,罔敢懈弛,用是兩念橫衷,未決者久之。忽護守天神默啓曰:"爾不憶聖保祿言乎?耶穌之門不一人,有能行者,有能言者,有能文章而善著述者。故其勸人也亦不一法，或以[3]身，或以口，或以筆，皆救世法也。盍擇一行之？"予乃恍然悟，遂立意於公務外，減臥數刻，別誌教理一二，以副初志。因念聖教喫緊處，惟信與行。行而不信，如射無鵠；信而不行，如車無輪，其敝一也。聖雅谷曰："人以聖功行其信，乃爲獲義，義者全德無愆之謂[4]。豈徒信能獲義哉？"又曰："人身無神，名謂死身；信德無行，亦名死信。"又曰："惟不忘所聞而敏行不輟者，必得真福。"皆言信之不可無行也。行不更重乎？顧行有三端，曰祈，曰齋，曰施。祈向主，齋向己，施向人，各有本論。而十四哀矜之行，則向人之明且備者也。予遂取西本，譯爲詮説三卷，首著哀矜之美，次解形矜，又次神矜。條緒雖多，其大旨總期愛人如己而已。夫愛人如己，則其先能愛己可知，而愛人又爲愛主之實。是盡向人之誠，而向己、向主，義亦兼通矣。儻我同信者得是説而力行之，裨益匪小，且亦不負遠人來賓之意云。至若中西音阻，辭未達意，樸陋寡文，所不能免，幸諒我於語言文字之外可也。

遠西羅雅谷識。

校勘記：

［1］遂：梵蒂岡本作"隨"。

［2］里：此下梵蒂岡本有"東"字。

［3］以：原作"一"，據梵蒂岡本改。

［4］"義者"至"之謂"：原爲大字，據梵蒂岡本改。

哀矜行詮跋

程廷瑞

仲尼有云："仁者己欲立而立人，己欲達而達人。"所謂立者立其形，達者達其神也。夫士也童而習之，莫不家喻户曉矣。乃斯世之相傾相軋，而未有已也。其有立人達人者，幾何人斯？於戲，是豈闇於孔子之道哉？實由未晰人道之大原耳[1]。蓋凡斯人之生，咸本於造物真主，非有二本也。同氣同體，呼吸痾癢，原自相關。試觀周身之中[2]，一肢痛則全體不愉。是以乍見孺子入井，皆有怵惕惻隱之心，此亦足徵氣體相關之[3]處。故子輿氏曰："知皆擴而充之。"惜乎知擴者之鮮也。自昔大主豫燭及此，昭示十誡，而總歸之於二：曰愛慕大主於萬有[4]之上，與夫愛人如己。二諭最爲明切。蓋未有真知愛己而不愛人者，亦未有不知愛人而能愛主者。如良臣之愛君，必撫恤其民，寧有虐及百姓，尚謂愛君乎？況造物尊主，非特爲吾人之主，而寔爲吾人之大父。人試思有父生子幾人，或兄不念鞠子哀而凌其弟，弟不念天顯而嫚其兄，兩情乖戾，傷厥考心，日用三牲之養，猶不爲[5]孝。苟其相憐相邮，雖菽水承顏，若曾氏之養志，親有餘快焉。由此觀之，洵乎愛主之心，舍愛人無由達也。聖教中形神哀矜之十四端，固就愛人如己之一端詳列之。而羅先生著爲《哀矜行詮》，以示能行者若此，不行者若彼，則又了如列眉矣。每著一端，便以示予，予喜而輯之，數閱月而成書。書成而羅先生復以質之王君雲來、李君白也、鄒君作郎，更相印可，要使辭足達意而止。繼復請鑒定於師相玄扈徐先生。蓋羅先生[6]於是書，不啻三致意焉[7]。本和汪君見而喜，遂然祝茂善之請而梓之。於戲！汪君之心，羅先生之心也。羅先生之心，即不異於大主之心也。斯世斯人，此心同，此理同。願共作如是觀，毋於一本中生分別見，余小子有深望焉。

後學程廷瑞書。

校勘記：

［1］耳：耶穌會本作"矣"。

［2］中：耶穌會本作"内"。

［3］關之：耶穌會本作"聯"。

［4］有：耶穌會本作"物"。

［5］不爲：耶穌會本作"爲不"。

［6］生：此下耶穌會本有"之"字。

［7］焉：耶穌會本作"矣"。

齋克引

羅雅谷

聖教歲有大齋,四旬日之規,日一食。維時匪直齋口,更須簡制身心倍於平日,希合大主。或勤閱經訓及諸[1]聖格言,以爲進德助。歲在癸酉春月,余齋中偶見古聖行實,有赫爾默德者。大主愛之,特命天神垂訓多端。其一曰:凡爾齋時,節省固當。第所節省,亦毋自私,宜即分惠孤貧,方全爾齋功而收三益。一克己德,一仁憐德,一受者德爾賜而爲爾求主是也。予因嘆曰:齋必分所不用,以畀人用,其功始全。愧我未能。抑或以予見聞,可養人靈神者,采摭一二,以公同志,庶幾無殊分惠之義乎。緣著有《哀矜行詮》,解教中向人之功。兹復詳著《齋克》,證以多聖行實,以解功之向己者,且并見在齋言齋之意。客曰:齋乃克己之法,滅情倪,開[2]德路,是矣。顧言教不如身教貴,子曷先諸身?予曰:斯言誠然,但有二解[3]。教人者或先躬行而後口訓,惟父師於[4]弟子爲然。若述古懿行以相啓迪,此衆人之公行耳。如由前解,則予豈敢。予不敏,謹從其次而已。聖熱羅尼莫曰:口詳齋美,可補躬缺。予志其在斯乎。説成四卷,齋解粗備。願同教者讀而思,思而行,夫豈非神糧之一助哉!若夫形有餘糧者，又可本予說而類推已。

崇禎甲戌歲，極西耶穌會士羅雅谷謹識。

校勘記：

［1］諸：法圖本作"古"。
［2］開：法圖本作"闢"。
［3］解：原作"誠"，據法圖本改。
［4］於：原作"與"，據法圖本改。

聖 教 齋 說

艾儒略

聖齋有二，一心齋，一口齋。心齋係於克治己私，遏抑[1]六欲七情之邪，不大犯誡，得罪於天主也。蓋心齋全備，雖口齋不具，亦無妨也。口齋全備，而心齋不兼至[2]，有何益哉。口齋亦有二，大齋一，小齋一。

大齋之日，止巳時食一餐，兼用水族等物佐之。諸禽獸肉，一切戒止。日中果品等，亦不宜亂用，惟茶酒可少飲之。儻待客，惟[3]嘗素味，亦無妨也。至日入，可用點心四五枚，並果品少許。若無點心，以飯一碗代之，並小菜少許耳。

小齋除諸禽獸之肉不宜用，其餘遂意遂時[4]，皆可食也。

凡齋日，不禁水族等味，獨戒禽獸諸肉者何？蓋水族等味，差與五穀同情，於養人稍薄，只宜節之，不必戒也。惟禽獸之肉，其味獨厚，每令嗜者血氣倍旺，情慾倍熾也。齋以清心窒慾，惡得不嚴戒邪？若輪回戒殺之説，背理甚矣。

凡人欲立齋功，當存正志。大齋小齋，皆行之以謝天主日日所賜諸恩，並懲罰己日日所犯之罪過。

四季之齋，以謝天主四時所賜百穀草木之大恩。某日大齋，某日小齋，皆以備行明日之贍禮。

四十日大齋，以謝吾主耶[5]穌受難救贖我等無窮之愛。

聖母之齋，以謝聖母爲我等作第一主保時，爲我等轉求天主也。

聖齋之益有九：一，遏抑情慾之邪，使不成罪；二，懲已犯之罪過；三，防禦魔鬼，毋得害我；四，加其善德功績；五，息止天主之義怒，勿輒加罰；六，備心以得行祈禱之工夫；七，開啓聰明，增益學識；八，添加精神，延長壽命；九，身後得天國常生之福樂。

免大齋有八：六十歲以後者，廿一歲以前者，勞神甚者，勞力甚者，步行遠者，病疾者，有孕者，乳兒者。

校勘記：

［1］遏抑：法圖本作"抑遏"。

［2］至：法圖本無。

［3］惟：法圖本作"微"。
［4］遂意遂時：法圖本作"隨時隨意"。
［5］耶：原作"邪"，據法圖本改。

七克敍（存目） 楊廷筠

七克敍（存目） 曹于汴

七克敍（存目） 上饒人鄭以偉

七克引（存目） 熊明遇

七克篇序（存目） 陳亮采

七克自序（存目） 龐迪我

西聖七編序（存目） 彭端吾 萬曆進士

西聖七編跋（存目） 樊鼎遇

大西洋龐子七克總序（存目） 崔淐

伏傲小序（存目） 崔淐

平妒小序（存目）

解貪小序（存目）

熄忿小序（存目）

塞饕小序（存目）

坊淫小序（存目）

策怠小序（存目）

七克後跋（存目） 汪汝淳

七 克 圖 説

賈宜睦

此七克圖也。七克者何？謙克傲也，恕克妒也，貞克淫也，忍克忿也，惠克吝也，節克饕也，勤克怠也。七克何以有圖？蓋人之所以異於禽獸者幾希，庶民不知此而去之，君子知此而存之。存之者，戰驚惕勵，存其所受之正。何止七克，亦何必有七克圖？去之者，驕吝淫佚，暴戾饕餮，則其違禽獸不遠矣。正言之不足，姑諭言之。諭言之不足，又繪形摹像，危懼急切以告戒之。此七克圖之不可無也。考厥所由，昔天主降生時，曾與宗徒諭言曰：孔雀羽美開屏，傲也。蝦蟆食土恐盡，吝也。熊眈眈睨視，妬也。驢鞭策不前，怠也。犬性忿，見人輒吠。豬性饕，哺啜無厭。羊性淫，柔媚喜觸。物各一性，奈何人兼具之？亟宜以謙伏傲，以恕平妬，以貞坊淫，以忍熄忿，以節塞饕，以惠解吝，以勤策怠，從此革舊自新，可望常生真福。否則犯此，是爲罪宗七端，滋蔓相生，靡所不至，魔之奴也。行見魔鬼塞其聰，掩其明，拘攣其手足。銜無告之枚，繫難回之轡，身負罪宗，類於禽獸。其目有七，魔則駕馭鞭笞，驅其靈於獄火，而受無極永禍。嗟嗟，味斯言也，心之不臧，後悔何及？吾人可不時刻猛省，其所以異於禽獸者，果安在哉？用是繪圖，可銘座右，以爲格物致知、省察克治之一助。

泰西賈宜睦述。

唐景教碑頌正詮序

陽瑪諾

旅人偕同志覿中朝也，幾周甲子於茲矣。一切賢者樂與遊，所著諸篇詳哉其述之也。乃問者往往以諸輩弗遠九萬，梯航備歷，至即如歸，不能無惑。因嘗具述天主宏慈，惠茲士民，默牖至是，導正闢邪，宜頌宜感。客謂：默牖遠來，訓正吾士若民，洵足頌感。然曷弗於數代以前，俾吾先人咸蒙接引，延迨今茲，誠所未解。諸輩時爲太息曰：淺哉智慧，乃妄議天主意若[1]是乎？雖然，疑而思問，請容進其説。西聖奧斯定云：富者濟貧，凡幾何遲速，提衡在彼，貧者不得預之，受濟頌恩乃其分也。今茲天主祐中土，俾聖教遠來，弗頌受恩[2]，乃怨而責其後至也。借如有鯀升聞，登庸三錫，顧責君寵奚遲，誠哉狂悖莫甚焉。且中賢既言之矣，孰先傳，孰後倦？賢師教其弟子，與天主率厥下民，亦若是焉爾。天主教人，先性教，繼寵教。性教者，吾人因性光也。寵教者，天主超性光也。未能盡厥因性，頓冀超性，是未步先望趨也。前此中士，若性教弗遑，尚超性云乎哉？抑《聖經》喻聖教如日，其初出未曜普地，由近逮遠，漸被厥光，被早固忻，被遲勿憎，旋至旋被矣。西方距中土幾九萬，聖教來滋遲固也。理論至此,必不復惑。矧遡厥由,又[3]弗惟自今始。邇歲幸獲古碑,額題景教,粵天主開闢迄降臨,悉著厥端。時唐太宗九年,爲天主降生後六百三十五年,至西鎬廣行十道。聖教之來,蓋千有餘歲矣。是碑也,大明天啓三年,關中官命啓土,於敗墻基下獲之。奇文古篆,度越近代,置廓外金城寺中。岐陽張公賡虞搨得一紙,讀竟踴躍,即遺同志我存李公之藻,云:"長安掘地所得,名《景教流行中國碑頌》,殆與西學弗異乎?"李公披勘良然,色喜曰:"今而後,中士弗得咎聖教來何暮矣。古先英辟顯輔,朝野共欽,昭燭特甚,尚奚有今之人也?"繼而玄扈徐公光啓,愛其載道之文,并愛其紀文字畫,復鐫金石,楷摹千古。夫鴻碑較著,朗鑒有三,似無[4]更贅。惟碑旨淵義古,不敏慮覽者未辨,或猶托[5]其詞,以固前惑也,因弗避膚拙,詮厥概,爲來者孚券云。

　大明崇禎辛巳孟春之望,陽瑪諾題。

校勘記:

[1]若:梵蒂岡本作"如"。

[2]恩:梵蒂岡本無。

[3]又:原作"人",據梵蒂岡本改。

[4]無:梵蒂岡本作"勿"。

[5]托:原作"記",據梵蒂岡本改。

讀景教碑書後

李之藻

廬居靈竺[1]間，岐陽同志張賡虞惠寄唐碑一幅，曰：邇者長安中掘地所得，名曰《景教流行中國頌》。此教未之前聞，其即利西泰氏所傳天學乎？余讀之良然。所云先先無元，後後妙有，開天地，匠萬物，立初人，棄聖元，尊真主，非天主上帝，疇能當此？其云三一妙身，即三位一體也。其云三一分身，即費略降生[2]也。其云同人出代，云室女誕聖於大秦，即以天主性接人性，胎於如德亞國室女瑪利亞而生也。景宿告祥，異星顯[3]也。睹耀[4]來貢，三君朝也。神天宣慶，天神降也。亭午升真，則救世傳教功行完而日中上昇也。至於法浴之水，十字之持，七時禮讚，七日一薦，悉與利氏西來傳述規程脗合。而今云"陡斯"，碑云"阿羅訶"；今云"大傲魔"，碑云"娑[5]殫"，則皆如德亞國古經語。不曰"如德亞"，而曰"大秦"，考《唐書》，拂菻國一名大秦，西去中國四萬里。又考《西洋圖誌》，如德亞畿東一道，其名曰秦，道里約略相同。阿羅本輩殆從此邦來者，故以大秦稱云。其至長安也，以貞觀九年，上溯耶穌降生近六百禩，是時宗徒傳教，殆遍西土，大唐德威遠暨，應有經像重譯而來。爾乃宰相郊迎，翻經內殿，爲造大秦寺於義寧坊，命名景教。景者，大也，照也，光明也。大帝時又勑諸州各置景寺，崇奉之至顯，與儒、釋、玄三教共峙寰宇，非特柔懷異域，昭王會一統之盛而已者。聖曆則武氏宣淫，先天則太平亂政，貞裹既相挺迕，水火應必煎烹。用壯相傾，理同盜憎，禍來無鄉，蓋千古有同嘅焉。羅含及烈，重振斯文，佶和再來，渙頒[6]睿劄。玄肅代德四朝，寵賚彌渥。汾陽重廣法堂，依仁施利。修舉哀矜七端，遂勒此碑，以紀歲月。其頌中多述唐德，亦具景教大指，所稱賜良和、懸景日，明著肇我人類，以及補贖[7]救世之恩。而貞觀所譯並所留廿七部經文，即今貝葉藏中，或尚有可檢者。所疑天學儒行，曷以僧名？則緣彼國無分道俗，其俗不薙而鬄[8]，男子皆髡，華人強指爲僧，渠輩無能自異云爾。即利氏之初入五羊也，亦復數年混跡。後遇瞿太素氏，乃辨非僧，然後蓄髮稱儒，觀光上國。我神祖禮隆柔遠，賜館多年，於時文武大臣，有能繼房、郭之芳蹤，演正真之絶緒者乎？七千部奧義宏辭，梯航嗣集，開局演譯，良足以增煇册府，軼古昭來。其如道不虛行，故迄今尚有所待。三十餘載以來，我中土士紳，習見習聞於西賢之道行，誰不嘆異而敬禮之？然而疑信相參，詫爲新説者，亦繁有焉。詎知九百九十年前，此教流行已久。雖世代之廢興不一，乃帝天之景命無渝。是佑諸賢，間關無阻，更留[9]貞石，忽效其靈。所由仁覆閟下，不忍令魔錮重封，天路終關，故多年閟奇厚土，似俟明時。今兹焕啓人文，用章古教，而後乃知克己昭事,以無俾忝生而怛[10]死。此學自昔有聞,唐天子尚知莊事,而況我聖朝重熙累洽,河清璽出,儀鳳呈祥之日哉?碑文贍雅可味,字體亦遒媚不俗,世不乏欣賞者。要於反而證之六經,諸所言帝言天,是何學術,質諸往聖,曩所問官問禮,何隔華夷。即如西賢九萬里外,繼踵遠來,何以捐軀衛道,九死不悔者,古今一轍。而我輩不出户庭,坐聞正真學脉,得了生死大事,不可謂全無福緣者。何以尚生疑阻,悖吾孔孟知天事天之訓,而不懃且驚。夫且借碑作砭,明參細駁,即欲不袪俗歸真,祈向於一尊而不可得。不然,無論詭正殉魔,自斬生理,政恐蜉蝣生死相尋,共作僇民。回望房梁公、郭汾陽王,已爲絕德,而況其進焉者乎?

天啓五年,歲在旃蒙赤奮若,日躔參初度,涼菴居士盥手謹[11]識。

校勘記:

[1] 竺:原作"竹",據梵蒂岡本改。

[2] 生:梵蒂岡本作"誕"。

[3] 顯:梵蒂岡本作"見"。

[4] 耀:原作"躍",據梵蒂岡本改。

[5] 婆:原作"沙",據梵蒂岡本改。

[6] 頒:原作"須",據梵蒂岡本改。

[7] 瞳:梵蒂岡本作"續"。

[8] 其俗不薙而翦:梵蒂岡本無。

[9] 留:原作"流",據梵蒂岡本改。

[10] 怛：原作"恒"，據梵蒂岡本改。
[11] 手謹：原作"水手"，據梵蒂岡本改。

景教堂碑記

徐光啓

我中國之知有天主也，自利子瑪竇之來賓始也。其以像設經典[1]入獻大廷，賜食大官，與士大夫交酬問答，因而傳播其書，興起有衆也，自萬曆庚子利子之入都門始也。其莊嚴祠宇，崇奉聖像，使聞風企踵者瞻仰依歸也，自萬曆辛亥利子之賜塋授室始也。利子以九萬里孤踪，結知明主，以微言至論，倡秉彝之好。海內寡修之士，波蕩從之，而信者什百千萬，不能勝疑者之一，何也？其言曰：西儒所持論，古昔未聞也。嗚呼！古人之前未有古人，孰能無創乎？天地萬物皆創矣。抑中國之有天教，已一千餘年，非創也。何從知之？以天啓癸亥，關中人掘地而得唐碑知之也。碑文所載，貞觀至建中，累朝英誼，崇重表章，事辭頗悉，今已大行於[2]世，不具論。獨是太宗以後，歷玄、肅、代、德、建寺度人，殆遍天下。聖曆、先天稍爲下士所笑。開元御宇，益振玄綱。乃至五季之世，昏霧彌天，遂從湮息。迄[3]兹千載，然後貞石效靈。可見斯道也，契合於興朝，乖迕於亂世，沈蕤泯[4]没於傾危板蕩之時，昭明顯融於河清儀鳳之日。皇皇真宰，默自主持，豈人力所能擬議哉！鋪觀前後隆替之由，在唐則法壇道石，所在皆是。上自帝王，下逮房、郭諸臣，信向綦殷。而西來經典，如云廿四聖舊法、廿七部真經，翻譯較[5]少。以故百年之後，遺言遺書蔑如也。近來教士，願力弘深，畢世鑽研，抑首著述。所譯內外諸篇，日增月益，如川方至，如日方升，寖盛寖昌，殆無窮竟。而和宮精宇，稍遜盛唐。蓋自辛巳以來，於端、於韶、於洪州、於白下、於武林、於三吳，往往自築精舍，或僦居廛郭耳。頃年一二耆宿，周行秦晉，所在名公，延留居止。於晉絳則有兩韓孝廉，信向尤爲篤摯。爰始爰謀，圖維卜築，將以崇嚴像設，奠安道侶。乃擇於城之東南，捐貲創建，爲室若干楹。因馳書數千里屬余記之。余惟真主施恩[6]，窮天罄地，無物可酬，人類中稍足自效者，惟信德爲首。信有多端，崇奉其一，倡導其一。有唐之總仗[7]賓迎，特令傳授，崇之謂也。義寧首建，延及諸州，倡之謂也。其在於今，若孝廉之萬里將迎，捐資營造，可謂崇奉[8]矣。肇立景門，獨有欽賜一區。至於郡邑，則晉絳爲始，可謂倡矣。繼自今而承風相效，人有肅心，豈非此舉寔爲之嚆矢邪？凡事大者不速成，歐羅巴數十國暨其他國土以千計，今若於景教者，無不始乎乖暌，終乎僉順。遠者數百年，近者數十年，而後人心大同，教法圓滿。蓋真主所賜景福，盛大無比，非艱難歷試，不以輕畀其人耳。頃自利子以來，雖一甲子而近，乃自阿羅本賓唐，至於今一千餘載，不爲不久矣，以其時考之或可矣。況聖明御世,日月重新,盛德大業,十倍唐宗,皇矣鑒觀,得無意乎? 天人之際,何敢妄意揣摩,則以禎符疊至,景碑同出之祥卜之也。是爲記。

校勘記:

[1] 典:此下原有"大"字,據法圖本删。
[2] 於:法圖本無。
[3] 迄:原作"乞",據法圖本改。
[4] 泯:原作"泜",據法圖本改。
[5] 較:原作"校",據法圖本改。
[6] 施恩:法圖本作"恩施"。
[7] 仗:原作"使",據法圖本改。
[8] 奉:法圖本無。

武榮出地十字架碑序

張賡 溫陵

天之有主宰也,習稱之,習信之矣。倏聞天主名,則又異之。異之而再締想,則亦旋知此稱,即與習稱天之主宰無二義、無二名也。若是以天之主宰呼爲天主,普爲人間世共欽崇[1]之主,雖至愚等,至狂等,想亦無有異矣。然而傳稱降生,傳奉十字架,不但小慧士或不信,彌自負大慧士彌不信。即最黮闇如余,當未聞道之先,亦不能[2]

頓爲信也。爾時我云：至神無相，我不信降生，正以無相信天主、尊天主也。至神無倚，我不信十字架，正以無倚信天主、尊天主也。今而後乃知無相者誠天主，無倚者誠天主。但必局無相、局無倚，曾不能化爲形相，且永垂此瞻倚之具，則又當疑爲幻、疑爲空，更不足尊、不足信矣。星降說，嶽降甫申，是亦何據？古來傳之，人多[3]信之。天主生星生嶽，豈其所生者可云降生？生之者乃不可自降而生乎？胡然降生？爲我衆生。胡然受死？爲救我等死。死則假此架成苦功，死而復生升天，則遺此架垂靈蹟，是我世世當感念，奚以[4]怪者？烏號遺弓，乃誕益信。十字聖架，最真反疑。疑無故，不徵不信，不信不尊，夫亦人情。天主閔下，於是乎乃假符節以顯示之。萬曆四十七年，有石刻十字架，從武榮山中爲孩如鄭公開顯[5]，莫辨何代神物。天啓三年，關中掘地，亦得景教碑頌，其額鑴十字架，按視武榮碑刻畫無異。惟是關中碑有文有字，知爲唐刻，與今西師傳述降生十字架諸踪，洎教誡規程，語語皆符。武榮碑固不立文字，而孩如公博奧格致，意是不可棄、不可褻，珍而豎諸讀易窩垣間。其有此主神蹟，且有關中碑印證，尚未及聞，惜其往矣。極西鐸德艾師思及，從九萬里來，敷教中土，入我八閩，夙爲余承教之師。崇禎二年，載至溫陵，而余適歸休，與同志肇建郡之主堂於崇福古地。余仲倩即孩如公孫，乃於艾師坐間，獲聆聖架真詮，而述此碑。余亟偕師往觀，相與感仰讚禮。越今五載，靈[6]事粗屹，遂胥奉而豎堂中。於戲！武榮去關中數千里,不相謀之地也。唐去今且千年,不相謀之時也。有文字關中碑與無文字武榮碑,又不相謀之刻也。而此聖架遺蹟,截然合符,兩碑後先出地,若有期會。西師持關中刻方來,倐從語次得玆證佐,又若有假以機緣。嘻,我等知主不在目見,縱令無印無證,亦且必信必尊。然而信者希,尊者希,吾主乃今顯示符節,宛如諄諄命之也。異哉!此架累代祕藏,於今耀靈,肆我皇睿聖間生,小心昭事。而此日在郡當道,又咸志修安,知所欽崇,寰宇紳衿氓萌,亦多翕然共崇[7]。是蓋休明有開,巧相際會乃爾。於是莫禁喜溢,僭爲述敍,幾弘此道以永。

天主降生後千六百三十三載,時大明崇禎六年歲次癸酉,奉教下學張賡稽首謹撰。弟子王胤震盥手敬書。仲夏溫陵會士仝立石。郭如珪敬鐫。

校勘記:

[1]崇:法圖本作"事"。

[2]能:法圖本作"敢"。

[3]多:此下法圖本有"遂"字。

[4]以:法圖本作"宜"。

[5]顯:法圖本作"現"。

[6]靈:法圖本作"堂"。

[7]崇:法圖本作"宗"。

卷三

教要序論自序

南懷仁

聖教之學比之他學，必有先後之序。依序而論，則言者易發其要旨，可無枝蔓重複之説，即受言者，亦易存於心而明其理也。每有客問天主教旨何如，而奉教者大都習於遵行教規，未必習於講論教理。使不依先後之序而漫應之，譬之有訊製屋者以堂奧何在，雖具磚石材木，紛亂雜積，乃心無成構，不得連合之次第，何能分明指示，令客喻其門戶而愉快於心哉？兹將聖教要端依序臚列，切而不繁，整而不紊。如用雜積之木石，各以上下左右前後之次第，安排楚楚，將人人易識其門户矣。故語惟尋常，盡人可解，期明真實之理，於辭之工拙，在所不計。蓋至理自足自美，無容增損耳。矧此編不過約言教理，誠欲精究廣論、博通奧義，則本教預刻諸書久行於世者，種種具在，覽觀詳察之可也。

時康熙九年正月下浣，極西耶穌會士南懷仁題。

聖教源流自序

朱毓樸

天主教者，天主自立之也。天主何爲而立斯教乎？蓋欲解人罪過，引人行善，與己同享天福耳。夫人性本善，固天主所賦，而知誘物化，遂流於惡。嗟乎[1]！惡非其性也，習染之也。苟能反習以成性，豈不人人皆善歟？西士之學概以此。予不敏，敬與之友，求爲善之方，乃詳及天主生天地人物之由，與夫降生後勸化宗徒原流等項，西士一一應之，毫釐罔不周悉。予因錄其說而付之梓，庶同會者取此詳閱焉，則即流窮源，全端皆得之矣。是敍。

崇禎乙亥日躔析木之次。

校勘記：

[1] 乎：原作"呼"，據耶穌會本改。

聖教蒙引序

佟國器

今人日在宥函蓋之中，而忘其覆者衆也。且群然日行習著察於宇宙之間,而莫知其垂教之所由來者,亦衆也。然則天教何昉乎?風雨露雷無非教也。曰蒼,曰旻[1],曰旦,曰明,謂是可以欽承而無遺缺乎?非然也。夫當荒忽之中,形氣凝結而爲人,則當辨其所以生,尤當認其所命以生之主。若使天無主,厥職稍懈,必致毘陰毘陽,寒暑失序,人物皆疵癘夭札,其何以先天奉之而不違耶?泰西何子斯篇名曰《蒙引》,要使賢愚共喻,篤信力行,虔以奉天,而恪事其主,潔己愛人,虛心體道,終身惕若,無貳無虞。操持至精,久而純熟,寂處一室之内,儼然有天主以臨之。所提撕警覺者,在在然矣。寧等於凡庸之儔,馳騖征逐,事務紛賾,而莫知所適從,惟翹首而始致嘆於清虛碧落之邈不可即也。豈不重可惜哉?

時順治乙未維夏下浣之吉,襄平佟國器題。

校勘記:

[1]旻:梵蒂岡本作"昊"。

蒙引要覽序

何大化

天學諸刻皆闡性詮理,《引蒙要覽》特比事屬辭,字字詳分,句句切解,斂華就實,辨妄歸真。毋論士農工商、童英閨淑，一舉目而皆豁然也。故言取易直，意取簡明。未進教者見之迅於貫通，已進教者習之便於傳説。兹緣大中丞佟公弘功濟世，大德匡時，捐俸建堂，崇尚天學，廣蒐西書，表章正道。因檢斯篇，録訂就正。匪敢云聖教之津梁，聊爲進修之捷徑耳。漫序。

時順治十二年春王正[1]月花朝，西海何大化德川父題。

校勘記：

［1］正：梵蒂岡本作"二"。

天主聖教百問答引

柏應理

天主命人孝敬父母，隨即命人訓教子女。父母之真愛，在於先愛其靈魂，次愛其肉身，故宜教以聖教要理，習熟其神功，庶免墮落之患。設父母見子女將入水火，必速救之。見子女家屬人等不信天主，後來必下永獄。若不預先提醒救拔，引之上升，而任其嬉戲，可謂愛乎？爲人父母者，安可不於此而加之意耶？《百問答》不可不急究心也。

進善録小引

　　天主聖教乃上升之階級，凡神聖必由之。若論上升工夫，原無窮盡，西來鐸德，論著甚詳。罪人自分駑鈍，未遑蒐覽，嘗約略其所聞於諸師者，彙成一編，名曰《進善録》，思以自淑其身。今老矣，願付剞劂，以公同志。蓋我教友，有志向善則同，而其識見有淺深，力量有強弱，此則各一不等[1]。請就斯篇，各從其識力之所近，體而行之，未必非上升之小補也。草率卒業，文不雅馴，并候同志加鑒裁焉。

　　時歲次己亥孟夏聖神降臨日，宛陵本一居士理斯氏敬録。

校勘記：

[1] 各一不等：法圖本作"各不一等"。

天神會課小引

　　語云：新器無美惡，盛物則定名。余欲借斯言以勖天下之童子也。童子之時，爲德之始基，而乘其時，即以大本大原之道教之，不爲習俗所誤，斯可望之恒定於善，而爲天主真正之子矣。故余創立天神會，以教在教之童子。然教之而又恐其大理難明，所以著爲問答之詞，使之先熟於胸中，而於會日，乃令其彼此辨論，自幼而銘刻於心，至老不易其習。區區之意，似慈母哺食之心，欲其便於口而養其生焉已耳。惟望天下之好道而欲勖童子者，鑒予心以致力焉。

時辛丑仲春[1]中浣，泰西耶穌會士潘國光用觀父述稽閱並訂[2]。

校勘記：

[1] 仲春：梵蒂岡本作"春仲"。
[2] 稽閱並訂：梵蒂岡本作"並序"。

聖教四規序

徐爾覺

今天下紛紜人類，禀性聰穎者不少，竟不問此性從何而來、從何而歸也。所以戴天而不知天堂之可樂，履地而不知地獄之可畏。孽積崇高，天保不固，碌碌營營，沒齒不悟。上帝閔之，而於降生時，命諸鐸德周流天下，誨訓[1]萬民。初自利西泰先生，航海九萬里，重譯入中國。先文定公時遊閩粤，邂逅利公，一爲講論，即明大道，心懷悅服。遂云平生善疑，至此而莫可疑；平生好辨，至此而莫可辨。毅然從入聖教，翻譯名書不下數十種，進呈黼座，廣行省直。後來鐸德諸公接踵而至，閱有百載。今奉天教者林林總總，而其中高卑明昧如面不同。故聖教皇於天主十誡之外，爰定四規：一守瞻[2]禮，一守齋期，一解罪過，一領聖體。此四規者，與教中人作進修之階，開登天之路。而潘師復爲之詳解曉暢，參訂成帙。引人與祭，朝拜天主，則天威咫尺，日近日親；引人以克己澹味，則清明在躬，志氣如神；勸人以告解罪過，則心體潔淨，道德精深；勸人以領聖體，則頻邀聖寵，德力沉勇。遵此四規，能使邪魔難誘，世累不染，肉身脱俗，三仇去而德業全矣。宿雨連綿，秋英未吐，小窗相對，談[3]道談天，因示四規，命予弁首。自愧不能驅班策馬，出漢入秦，竊喜信手拈來，無非是道耳。謹序。

上海後學徐爾覺照齋甫題。

校勘記：

[1] 誨訓：梵蒂岡本作"訓誨"。

[2] 瞻：原作"贍"，據梵蒂岡本改。

[3] 談：梵蒂岡本作"説"。

聖教四規後跋

丘曰知

嘗觀世人爲名爲利，終身勤動而不以爲勞。乃聖教瞻[1]禮，不過一年内之數日，一月内之一二日而已。而偏以爲難，此怠[2]惰之罪也。其他教茹蔬者，葷酒必戒，葷器必滌，自甘澹泊，嚴守若此。而聖教齋期止定數日，而仍用酒菜水族之物，儘足甘鮮而偏食[3]厚味，以饜口腹，是貪饕之罪也。至於不忻勤告解，則望德未切，不求領聖體，則愛德不深。故聖教皇於天主十誡之外，定爲四規，其兼十誡、七克而約之者乎？振其惰，止其貪，堅其信、望、愛三德，而開便易必守之門。而用翁潘老師又從而原其緣由，恕其情事，察其不得已之勢，所以便人之易守，亦所以欲人之必守。此誠[4]嚴中有寬、寬中有嚴者也。遵守是規，可[5]以超凡而入聖矣。謹跋。

上邑後學奧定丘曰知識。

校勘記：

[1] 瞻：原作"贍"，據梵蒂岡本改。

[2] 怠：梵蒂岡本作"懈"。

[3] 食：梵蒂岡本作"嗜"。

[4] 誠:原作"誡",據梵蒂岡本改。
[5] 可:原作"所",據梵蒂岡本改。

主教要旨小引

利類思

天主聖教,其道賾矣奧矣,其旨寔要焉。要烏在? 認天主是也。認有主矣,則知其爲人而造天地萬物,爲人而降生受難[1]。則不能不信有天堂地獄,不能不信人之靈魂不滅,又不能不信其所立禮規、所定十誡,力行力守,以求愛主與夫愛人。此所以有要旨次第之述也。蓋從真根實脈,指與共睹,而道之賾奧者該焉。使人人得稍捐世羶,仰首追維,信認大主,知所愛在此而不在彼。則予惓惓無已之心,或少慰云。

康熙戊申菊月,耶穌會士利類思識。

校勘記:

[1] 難:梵蒂岡本作"苦"。

寰有詮序

李之藻

權輿天地，神人萬物森焉。神佑人，萬物養人，造物主之用恩，固特厚於人矣。原夫人禀靈性，能推義理，故謂小天地。又謂能參贊天地，天地設位而人成其能。試觀古人所不知，今人能知；今人所未知，後人又或能知。新知不窮，固驗人能無盡，是故有天地不可無人類也。顧今試論天地何物，何所從有，何以繁生諸有，人不盡知。非不能知，能推不推，能論不論，奚從而知？如是而尚語參贊乎？不參贊尚謂虛生，並不肯推論，不與一切蠢物埒乎？兩人邂逅，初識面目名姓，稍狎之，並才情族屬瞭然。獨於戴堪履輿，互[1]有孕結，其爲生我育我、終始我諸所以然，終身不知，終古無人知也而可乎？聰明旁用，不著本根，貿貿而生，泯泯而死。夫惟不能推厥所以然，是故象緯河山不識準望，躔度變合不知步測，冷熱乾濕不審避就。乃至稼穡耕獲遺利，醫療運氣失調，化遷盈縮愆時，工藝良楛違性，梯航軍旅迷嚮。以至操觚繪物，比事撰德，悉皆耳食臆忖，無當寔際。彼夫神海大瀛，三千大千，一切恣其夸毗，以誣惑世愚。而質之以眼前日用之事，大抵盡茫如也。韃韃靈明既甘自負，更負造物主之恩，且令造物主施如許大恩於世,而無一知者。則其特注愛於人類,亦何爲也。昔吾孔子論修身,而以知人先事親。蓋人即"仁者人也"之人,欲人自識所以爲人,以求無忝其親。而又推本知天,此天非指天象,亦非天理,乃是生人所以然處。學必知天,乃知造物之妙,乃知造物有主,乃知造物主之恩。而後乃知三達德、五達道,窮理盡性以至於命,存吾可得而順,殁吾可得而寧耳。故曰儒者本天。然而二千來,年推論無徵,漫云存而不論、論而不議。夫不議則論何以明,不論則存之奚據?蔽在於蝸角雕蟲,既積錮於俗輩,而虚寂怪幻,復厚毒於高明。致靈心霾[2]没,而不肯還向本始,一探索也。景教來自貞觀,當年書殿翻繹經典頗多,後人妄爲改竄,以歸佛藏,元宗沉晦,殆九百載。我明天開景運,聖聖相承,道化翔洽於八埏,名賢薦瑞於上國。時則有利公瑪竇,浮槎開九萬之程。既又有金公尼閣,載書逾萬部之富。乾坤殫其靈秘,光岳焕彼精英。將進闕廷,鼓吹聖教文明之盛,蓋千古所未有者。緣彼中先聖後聖,所論天地萬物之理,探原窮委,步步推明,由有形入無形,由因性達超性。大抵有惑必開,無微不破。有因性之學,乃可以推本[3]上古開闢之元;有超性之知,乃可以推降生救贖之理。要於以吾自有之靈返而自認,以認吾造物之主。而此編第論有形之性,猶其淺者。余自癸亥歸田,即從修士傅公汎際結廬湖上,形神并式,研論本始。每舉一義,輒幸得未曾有,心眼爲開。遂忘年力之邁,矢佐繙繹,誠不忍當吾世失之。而惟是文言夐絕，喉轉棘生，屢因苦難閣筆。乃先就諸有形之類，摘取形天土水氣火所名五大有者，而創譯焉。夫佛氏《楞嚴》，亦說地水火風，然究竟歸在真空，茲惟究論寔有。有無之判，含靈共曉，非必固陋爲贅，略引端倪，尚俟更僕詳焉。然而精義妙道，言下亦自可會。諸皆借我華言，翻出西義而止，不敢妄增聞見，致失本真。而總之識有足以砭空，識所有之大足以砭自小自愚。而蠅營世福者誠欲知天，即此可開戶牖。其於景教，殆亦九鼎在列，而先嘗其一味之臠[4]者乎。是編竣，而修士於中土文言理會者多，從此亦能漸暢其所欲言矣。於是乃取推論名理之書，而嗣繹之。噫！人之好德，誰不如我，將伯之助，竊引領企焉。不然，秉燭夜遊之夫，而且爲愚公、爲精衛，夫亦不自量甚也。

時崇禎元年戊辰，日躔天馴之次，後學李之藻盥手謹識。

校勘記：

[1] 互：《四庫存目》本作"五"。

[2] 霾：《四庫存目》本作"埋"。

[3] 本：《四庫存目》本無。

[4] 一味之臠：《四庫存目》本作"一臠之味"。

山海輿地全圖總序（存目） 馮應京

地輿萬國全圖總說（存目） 利瑪竇

題萬國坤輿圖(存目)　李之藻

題萬國二圜圖序(存目)　徐光啓

題萬國坤輿圖(存目)　吳中明

題萬國坤輿圖(存目)　祁光宗

題萬國坤輿圖(存目)　楊景淳

跋萬國坤輿圖(存目)　陳民志

題萬國小圖序(存目)　張京元

題萬國坤輿圖(存目)　利瑪竇

萬國圖小引

艾儒略

　　造物主化成十二重天，而火氣水土四行從輕至重，漸次相裹。地在天之中，形圓而德方，永不遷移。東西南北之名，上下中外之分，人皆從厥所居以定，實則無往非中也。地與天同一圓體，度數相應，故畫地必取規於天。天有黃赤二道、南北二極、冬夏二至，經緯之度各三百有六十，地圖亦倣此以成。然地既形圓，則畫之以球，最能像象。惟是畫之平面，不免展爲長形，如剖柑皮而伸之者然。天下萬方總分爲五大州，曰亞細亞，曰歐羅巴，曰利未亞，曰亞墨利加，曰墨瓦蠟尼加。又此各州中，分大小無算之國。小圖不能盡筆也，茲不過述其大約云耳。噫！五州之大，萬國之眾，其於上天，不過圈中之一點耳。吾所居之邦，又五州之一點耳。吾之所駐足，又大邦之一點也。今我比天爲何如乎？我比天地之大主，又爲何如乎？則我正似點中之一點，而無處可覓我矣。顧我身之在天地，雖爲甚微，而一點靈才爲造物主所賦，自能包括天地，而明天地萬物之真主，所謂人身一小天地也。信爾，以此形軀之至小，則何處可生倨傲之情；以此靈心之至大，則無可自棄自賤之理。果知乎此，則天地在目，豈徒然哉！

西海艾儒略敬題。

坤輿全圖引

畢方濟

解曰：造物主之初造物也，必定物之本象焉。地之本象，圓體也。世有云天圓地方，動靜之義，方圓之理耳。今先論東西，後論南北，終論月[1]蝕，合證地圜之旨。

日月諸星，雖每日出入地平一遍，第天下國土，非同時出入。蓋東方先見，西方後見，漸東漸早，漸西漸遲。如有人居東，又一人居西，東西直相去試七千五百里，則東人見日爲午正初刻，此際西人乃見日在禺中，爲巳正初刻也。周天三百六十度，每度爲地二百五十里。若相去百八十度，則東方之午爲西方之子；相去九十度，則東方之午爲西方之卯矣。餘度俱以此推。如上圖，午、酉、子、卯爲日天，甲、乙、丙、丁爲地球。令日輪在午，而人居甲，即日正在其天頂，得午時；人居丙，即得子時。日在其天頂衝也。東去甲九十度，居丁得酉時。日既過其天頂，將沒於地，則午、甲、丙、子爲其地平也。西去九十度，居乙，即得卯時。日向其天頂方出於地，亦午、甲、丙、子爲其地平也。依此推算，令日輪出地平[2]，在卯，人居丁得午時，居乙得子時矣。此何以故？地爲圓體，故日出於卯，因甲高與乙障隔，日光不照，故丁之日中，乙之半夜也。若地爲方體者，如上甲、乙、丙、丁，則日出卯，凡甲、乙、丁地面人宜俱得卯；日入酉，宜俱得酉。不應東西相去二百五十里而差一度，又七千五百里而差一時也。故明有時差者，不能不信地圜也。又丁、乙與甲異地，即異天頂，即異日中，而又與甲同卯、酉。即丁之午前短，午後長矣；乙之午前長，午後短矣；獨甲得午前後平耳。而今之半晝分天下皆同，何也？則明有半晝分者，不能不信地圜也。

自南而北,地爲圓體,亦可推也。試如有人居廣東,測北極出地,得二十二[3]度。北行二百五十里,見北極稍高,測得二十三度。次每行二百五十里,皆如之。至京都,測北極出地,得四十度矣。亦見北界星,廣東不見者。其在廣東,亦見南界星,京師所未見者。此由地爲圓球,人乃循球而行,故南北二極及附近諸星隨,而漸次隱見也。若地爲平體,隨人所至,恒見天星高於地平若干度矣。如上圖,西、南、東、北爲周天,甲、乙、丙爲地之圓球,丁、戊、己爲地之方面。若人在圓球之乙,即見在南諸星;從乙漸向丙,即南諸星漸隱矣。漸向甲者反是。若人在平面之丁,即得俱見南北二極之星,其在戊、在己亦如。南北[4]極諸星何由得漸次隱見乎? 則地爲圓體,亦可證矣。

論月蝕,亦可推地爲圓體。蓋月與諸星皆借日爲光,地形在九重天之當中。若望時月至黄道,正與太陽相對,地球障隔其光,不得直射,則月失其光而人以爲蝕,乃地影曚之耳。設令地爲方體,則月蝕之影不得不方也。今天下[5]見月蝕,常見地之影爲圓,則可推地形真爲圓球而不爲方體,又何疑焉?

校勘記:

[1] 月:原作"日",據法圖本改。

[2] 地平:原作"平地",據法圖本改。

[3] 二:原脱,據法圖本補。

[4]北:原脱,據法圖本補。

[5]下:此下法圖本有"人"字。

題萬國圖小引(存目) 程百二

方輿勝略引(存目) 王錫爵

刻職方外紀序

李之藻

萬曆辛丑,利氏來賓,余從寮友數輩訪之。其壁間懸有大地全圖,畫線分度甚悉。利氏曰:"此吾西來路程也。其山川形勝土俗之詳,別有鉅册,已藉手進大内矣。"因爲余說,地以小圓處天大圓之中,度數相應,俱作三百六十度。凡地南北距二百五十里,即日星晷必差一度。其東西則交食可驗,每相距三十度者,則交食差一時也。余依法測驗,良然。乃悟唐人畫方分里,其術尚疏。遂爲譯以華文,刻爲萬國圖屏風。居久之,有瀆呈御覽者,旋奉宣索。因其版已攜而南,中貴人翻刻以應。會閩稅璫又馳獻地圖二幅,皆歐羅巴文字,得之海舶者。而是時利已即世,龐、熊二友留京,奉旨繙繹。龐附奏言:"地全形凡五大州,今闕其一,不可不補。"乃先譯原幅以進。別又制屏八扇，載所見聞，附及土風物產，楷書貼說甚細。余以甲寅赴補，幸獲睹焉。此圖延久未竟，會放歸，齎投通政司弗納，則奉致大明門外，叩首而去，今尚庋中城察院云。而龐、熊旋卒於途，其底本則京紳有傳寫者，然皆碎玉遺璣，未成條貫。今年夏，余友楊仲堅氏與西士艾子爲增輯焉。凡係在職方朝貢附近諸國俱不録，録其絶遠舊未通中國者，故名《職方外紀》。種種咸出俶詭，可喜可愕，令人聞所未聞。然語必據所涉歷，或彼國舊聞徵信者。世傳貫胸、反踵、龍伯、僬僥之屬，以爲荒[1]誕，弗收也。艾子語余："是役也，吾謏[2]聞也與哉！地如此其大也，而其在天中一粟耳。吾州吾鄉又一粟中之毫末，吾更藐焉中處，而争名競利於蠻觸之角也與哉。則性爲形役，實錯厥履。夫皆夸毗其耳目思想以自錮，而孰知耳目思想之外，有如此殊方異俗、地靈物產，真實不虛者。此見人識有限，而造物者之無盡藏也，而又窮變極備，隨處悉供人類之用，兼賦人以最靈之性，俾能通天徹地，不與草木鳥獸同頑同朽，明乎造物主之與人獨厚也。人可不克己昭事，以期復命歸根。作如是觀，庶吾儕未闡天道，先語地員，不詒先後倒置之訛也乎？"而艾子之友金子則又曰："此姑以綴屏上之圖也云爾。吾欲引伸其說，作諸國山川經緯度數圖十卷，風俗、政教、武衛、物產、技藝又十卷，而後可以當職方之一鏡也。"金子者，齎彼國書籍七千餘部，欲貢之蘭臺麟室，以參會東西聖賢之學術者也。德之庥明，奎躔炳瑞，時則有異國異書，梯航九萬里而來，蓋曠古於今爲烈。聖主崇文，第令得廣致群英，分曹摘蘖，以盡傾海嶽之奇乎！將河洛未足誇，鳳鳥不虛至，而謂曩所拾一屏一册臥遊之具，尚足爲咫聞炫哉！余聞西域天文，洪武中曾譯之，右文家法固然矣。禮樂盛百年，聲教敷四海，儒有涵醇飫蹟，播頌於無窮，知必不與鳩摩、玄奘輩所致書，同類而並眡之也。

天啓癸亥日躔天駟，浙西李之藻書於龍泓精舍。

校勘記：

[1] 荒：原作"詤"，據梵蒂岡本改。
[2] 謨：原作"諛"，據梵蒂岡本改。

職方外紀序

楊廷筠

方域大矣，其間位置馮生，日新富有，在一方即有一方物用，滿足周匝，不相假貸。有齊諧不能志、隸首不能紀者，是誰[1]使之然哉？有大主宰在也。《楚辭》問天地何際，儒者不能對。今欲窮思極索，以求涯際，必至狂惑畔渙，喪志而未有得。何居乎西方之人，獨出千古，開創一家。謂天地俱有窮也而寔無窮，以其形皆大圜，故無起[2]止，無中邊。最輕清者爲天，天體多重，迥出地外。

最重濁者爲地心，恰恰正在天中，以其爲重濁本所，有形有質者皆附就之。此外上下四旁皆係輕清，重地不能就輕，自不能倒落一處。論其成位，則天包火，火包氣，氣包水，水包土，重重包裹。人之肉目止見水、土二行，不見氣、火二行。遍地周遭皆人所居，不得以地下之人與我腳底相對，疑其有傾倒也。考圖[3]證說，歷歷可據，斯亦奇矣。揆厥所由，西國有未[4]經焚劫之書籍，有遠遊窮海之畸人，其所聞見，比世獨詳。然是編所摘，猶是圖籍中之百一；即彼國圖籍所紀，又是宇宙中之萬一。而俶詭瑰奇，業已不可思議矣。又況自地而上，窮無窮，極無極，進之而虛空，進之而天載，函蓋之中，更無差數可睹。安能以人心分量仿佛測之？夫睹九重宮闕，嵬然煥然，必非謂偶成也。定由工師構之，司空董之，至尊臨御之也。方域至大，其位置馮生，日新富有，遍地生齒，各給其用，各不相襲。此不可窺測造物主之全能，與貴重人類，獨超萬物之上哉？既知造物主全能，則世惟一尊，無可與並。即生知安行之聖，出有入無之神，不過全能中所造萬類之一類。而豈可以爝火比太陽，蹄涔並滄海乎？惟聖人見其然，故凜凜昭事，畏天命，對上帝，暗室屋漏，日監在茲，不敢戲渝，不敢怠荒。此真能知天事天，質之東海、西海，不相謀而符節合者。西士引人歸向天帝，往往借事爲梯，注述多端，皆有深意。而是編則用悅耳娛目之玩，以觸人心之靈[5]，言甚近，指甚遠。彼淺嘗者，第認爲輶軒之雜錄、博物之談資，則還珠而買櫝者也。

泌園居士楊廷筠。

校勘記：

［1］誰：梵蒂岡本作"孰"。
［2］起：原脱，據梵蒂岡本補。
［3］圖：此下原衍"正"字，據梵蒂岡本删。
［4］有未：原作"未有"，據梵蒂岡本改。
［5］人心之靈：梵蒂岡本作"人之心靈"。

職方外紀序

葉向高

泰西氏之始入中國也，其説謂天地萬物皆有造之者，尊之曰天主。其敬事在天之上，人甚異之。又畫爲輿地全圖，凡地之四周皆有國土，中國僅如掌大，人愈異之。然其言天主，則與吾儒畏天之説相類，以故奉其教者頗多。其言輿地，則吾儒亦有地如卵黃之説。但不能窮其道里名號，風俗物産，如泰西氏所圖記。要以茫茫堪輿，俯仰無垠，吾中國人耳目聞見有限。自非絶域奇人，躬履其地，積年累世，何以得其詳悉之若是乎？昔張騫使西域，其足跡不能出葱嶺天竺外。元人窮河源，亦至崑崙而止。我朝陳誠鄭和，逾流沙，涉滄溟，輶軒所記，皆在方以内，琛球共貢之所及，然已足以見明德之覆被遠矣。今泰西艾君乃復有《職方外紀》，皆吾中國曠古之所未聞，心思意想之所不到，夸父不能逐，章亥不能步者。可謂塊圠之極觀，人間世之至弔詭矣。而其言皆鑿鑿有據，非汪洋謬悠如道家之諸天、釋氏之恒河須彌，窮萬劫無人至也。泰西氏去中國已九萬里，自上古未嘗通。今艾君輩乃慕義遠來，獻其異書數十種於朝，其視越裳之重譯獻雉，不啻過之。夫安知此後如《外紀》所臚列，不有聞泰西之風，接踵而至者乎？是愈可以昭聖治而暢聲教也。此書刻於澌中，閩人多有索者，故艾君重梓之，余爲書其端如此。

福唐葉向高書。

職方外紀自序

艾儒略

造物主之生我人類於世也，如進之大庭之中，令饗豐醮，又娛歌舞之樂也。嘗試仰觀天象，而有日月五星列宿之麗，則天似室廬，列象似瓌寶之飾垣壁者然；俯察地形，而有山川草木之羅列芬芳，則猶劇戲之當場者然。其他空中飛鳥、江海潛鱗、地上百穀果實，則集五齊八珍之薦列几筵者然。然則造物主之恩厚亦極矣。胡爲乎人每日用不知，若將謂固然宜然，而[1]莫究其所以然也？昔神皇盛際，聖化翔洽，無遠弗届[2]。吾友利氏齎進《萬國圖志》，已而吾友龐氏又奉繙繹西刻地圖之命，據所聞見，譯爲圖説以獻。都人士多樂道之者，但未經刻本以傳。迨至今上御極，而民物重新，駸駸乎王會萬方之盛矣。儒略不敏，幸厠觀光，慨慕前麻，誠不忍其久而湮滅也。偶從蠹簡得睹所遺舊藁，乃更竊取西來所攜手輯方域梗概，爲增補以成一編，名曰《職方外紀》。私竊自哂，殆不過如匠氏竹頭木屑之陳，庖人蘋蘩薀藻之獻，優伶雜劇百戲之搬演，無當大觀，非關實學。惟用以供有識臥游之萬一，則亦或者小有補云。且夫士抱雅志，將以周遊四遠，或爲采風問俗以弘教化，或爲蒐珍覓寶以充美觀，或窮此疆爾界以察地形，或訪聖賢名流以資師友，或通有無貿遷以求贏羨，或考群方萬國山川形勝以證經傳子史之載紀，或探奇覽秀，以富襟懷，以開神智。諸如此類，即有志焉，而勢不無道里跋涉之勞瘁，舟車貨費之經營，以致[3]寇賊風波意外之警，又往往足爲我虞。矧人壽之幾何，勢非假羽翮以翔遊，或莫能遍歷八荒，以畢吾一生壯遊之願也。兹賴後先同志，出遊寰宇，合聞合見，以成此書，不出户庭，可以周知遐遠。在創聞者，固未免或駭爲奇，然而非奇實常；或疑爲虚，然而非虚皆實。夫惟造物主之神化無量，是故五方萬國之奇詭不窮。倘一轉念，思厥所由，返本還原，徑固不遠。區區之愚，良有見於此耳。而淇園楊公雅相孚賞，又爲訂其蕪拙，梓以行焉。要亦契余不忘昔者吾友芹[4]曝自獻之夙志，而代終有成。所願共戴天履地者，既幸宅是庭,饗是醮,觀是樂,因而遡流窮源,循末求本,言念創設萬有一大主宰,而喟然昭事之是惕。則巵言薈粋[5],庶其不貽説鈴之誚乎？若曰異聞異見,姑以炫耀耳目,則儒略何人,而敢於學海名區呈此伎倆,是又與於玩物喪志之甚者也。

天啓三年歲在癸亥八月望日,西海艾儒略識。

校勘記：

[1] 而：此下梵蒂岡本有"曾"字。
[2] 屆：梵蒂岡本作"賓"。
[3] 致：梵蒂岡本作"至"。
[4] 芹：原作"片",據梵蒂岡本改。
[5] 粋：原作"梓",據梵蒂岡本改。

職方外紀小言

瞿式穀

鄒子九州之説,説者以爲宏大不經,彼其言未足盡非也。天地之際,赤縣神州之外,奚啻有九？則見猶未墮方隅。獨笑儒者不[1]出門庭,而一談絕國,動輒言夷夏夷夏。若謂中土而外,盡爲侏離左衽之域,而王化之所弗賓。嗚呼,是何言也？吾夫子作《春秋》,攘夷狄,亦謂吳楚實周之臣,而首奸王號,故斥而弗與。非謂凡在遐荒,盡可夷狄擯之也。試觀嵩高河洛，古所謂天下之中耳。自嵩高河洛而外，皆四夷也。今其地曷嘗不受冠帶而祠春秋，敦《詩》《書》而説禮樂，何獨海外不然？則亦見之未廣也。嘗試按圖而論，中國居亞細亞十之一，亞細亞又居天下五之一，則自赤縣神州而外，如赤縣神州者且十其九。而戔戔持此一方，胥天下而盡斥爲蠻貊，得無紛井蛙之誚乎？曷徵之儒先曰："東海西海，心同理同。"誰謂心理同，而精神之結撰不各自抒一精彩，顧斷斷[2]然此是彼非，亦大踳矣。且夷夏亦何常之有？其人而忠信焉，明哲焉，元元本本焉，雖遠在殊方，諸夏也。若夫汶汶焉，汩汩焉，寡廉鮮恥焉，雖近在比肩，戎狄也。其可以地律人，以華夷律地，而輕爲訛詆哉？故愚謂兹刻之大有功於世道也，不但使規毫末者破蝸國之褊衷，抑且令恣荒唐者實恒沙之虛見。如第以娛心志、悦耳目也者，則雖上窮青冥，亦《山經》《穆傳》之餘魂；下極黄壚，亦志怪齊諧之賸馥。而何以追玄造於生成，荷神工於亭毒，幾幾不爲無益之談，以度越鄒子也。

　　後學海虞瞿式穀識。

校勘記：

　　[1] 不：梵蒂岡本作"未"。
　　[2] 斷斷：原作"斷斷"，據梵蒂岡本改。

職方外紀小言

許胥臣

楊子《法言》曰："吾寡見人之好遐者也。邇文之視，邇言之聽，遐則偭焉。曷若[1]茲之甚也？好盡其心於聖人之道者，君子也。人亦有好盡其心矣，未必聖人之道也。多聞見而識乎正道者，至識也；多聞見而識乎邪道者，迷識也。"迷莫迷於昧天，西賢之條地規天，專以導人敬天事天，而所以辯乎非天之天者不一而足。而無奈譊譊者，天下皆訟也。天下之亡聖也久矣，呱呱之子，各識其親，譊譊之學，各習其師。班固曰："安其所習，毀所不見，終以自蔽，此學者之大患也。"精而精之，是在中矣。天下有三好，衆人好己從，賢人好己正，聖人好己師。《職方外紀》似亦稗官小説，要於哀奇薈異，使人識造物主功化之無涯，擴其所見，不局於所未見，而因以醒其錮習之迷，以歸大正，則不第多其見聞而已也。人果盡心於知性知天，晦斯光，窒斯通，隘斯宏，散漫繁衍皆歸於宗。如之何偭焉其遐，而好盡心於邇也。浩浩之海，濟樓航之力也。航人無楫，如航何？焭魂曠枯，糟莘曠沈，摛埴索塗，冥行而已矣。故曰："聖人聰明淵懿，繼天測靈，冠乎群倫。"有以擬天地而參諸身乎。或問：天地易簡，而聖人法之，何支離爲？曰：支離蓋所以爲簡易也。撫我華而不食我實,小知之師亦賤矣。衆言淆亂折諸聖,萬物紛錯懸諸天。彼所謂敬天事天者,赫赫乎日出之光,群目之用也;渾渾乎聖人之道,群心之用也。已簡已易,焉支焉離?

後學錢唐許胥臣識。

校勘記:

[1]若:原作"芳",據《法言·寡見卷第七》改。

職方外紀跋

熊士旂

昔人謂讀書益人神智,又謂開卷有益。《職方外紀》之有刻,爲益非細也。《中庸》贊天地山川,曰無窮,曰廣厚,曰廣大,曰不測,必歸功造物。騶衍之談侈而不核,章亥之步局而未周。西海先生間關九萬里而入中國,仰觀赤道南北二極之躔度,以定萬國之封域,而茲紀露一班云。吾人壽幾何,胡能足跡遍大地,悉睹記諸殊尤絕跡哉?蓋惟道無遠弗届,惟天無地弗戴。諸有道咸以昭事爲宗,欲普天人人同有是心,共尊所聞。夫是以周遊山海,苟有生齒所在,雖食人之國,不避諸艱,以樂就焉。但此猶其大略云爾。善讀是紀者,當思盈天地之間生生不已,必非偶然徒然。大造良屬有意,欲令人見形而下者,既如是萬變無方，非一人耳目可悉，則形而上者，有無窮奧義妙境，非人心思之所及。浸假而由象識心，由心性求之天載，即一事一物，皆可以醒寤。吾人寓形宇内，眇如太倉之一粟。造物者發育萬有，悉用以供我、啓翼我、德我，其宜何如以仰答之？故睹奇器則知良工之苦心，目名畫則憶[1]國手之巧心，閱《外紀》則念大造生成之宏賜。是皆不役志於物，而直探本原。諸名碩先生並譯著其説，倦倦善誘，深意其在斯乎？

　　進賢熊士旂題。

　　職方外紀終。

校勘記：

[1] 憶：原作"臆"，據梵蒂岡本改。

西方答問序

米嘉穗

　　吾人睹記所及，嘗不如所未及。《中庸》語道之至，至聖人所不知、所不能，非其心思域之，抑亦耳目限之也。學者每稱象山先生東海西海、心同理同之説，然成見作主，舊聞塞胸，凡紀載所不經，輒以詭異目之。抑思宇宙大矣，睹記幾何？於瀛海中有中國，於中國中有吾一身。

以吾一身所偶及之見聞,蓋[1]千百世無窮盡之見聞,不啻井蛙之一窺、螢光之一照也。乃沾沾守其師説,而謂六合内外,盡可不論不議,此其[2]通論乎？要以風氣各殊,本原自一；塗經[3]雖異,指歸則同。一者何也？曰天也。識其一,則可於一參不一,亦可於不一證一。先聖後聖,不必同而道同,即東西海、南北海之聖人,亦不必同而無不同矣。天學一教入中國,於吾儒互有同異,然認主歸宗,與吾儒知天事天若合符節。至於談理析數,究精極微,則真有前聖所未知而若可知者,前聖所未能而若可能者。豈天不愛道,不盡於堯舜周孔者,而復孕其靈於西域[4]歟？西學諸書久已行世,今艾思及先生居閩,與吾鄉名賢講論最悉,因有《西方答問》一册。予愛[5]而讀之,不獨以彼國之紀述擴此方之見聞,其辨異而致同,剖疑而歸信,有若以[6]燭照而數計之者。先生接引來學,心亦苦矣。予不敏,竊謂吾儒之學,得西學而益明；西學諸書,有此册而益備也。學者因其不同而求其同,其於[7]儒學、西學思過半矣。

崇禎辛巳春仲上浣日,樵川米嘉穗題。

校勘記：

[1] 蓋：梵蒂岡本作"概"。

[2] 其：梵蒂岡本作"豈"。

[3] 經：梵蒂岡本作"徑"。

[4] 域：梵蒂岡本作"國"。

[5] 愛：梵蒂岡本作"受"。

[6] 以：梵蒂岡本作"一一"。

[7]於：原脱，據梵蒂岡本補。

西學凡序

何喬遠

歐羅巴去中國九萬里，自佛法入中國，溯天地之初，幾何年矣。既入中國以後，又不知幾何年矣，並不聞有歐羅巴者。我國朝自成祖遣使通西南諸國，使者遍行海上，亦不聞有歐羅巴者。艾思及先生重譯而至，學吾中國之言語，通其文辭。其衣冠格度，怳若與吾中國莊士大儒同一修整，無一毫越禮義。其學則以敬天爲宗，深闢佛氏，謂已不尊天而自居於帝釋，自登於兜率。蓋其入中國也，歷海以三歲所。其來也，蓳蓳居一室，快然獨身而已。其所以來，爲證學而已。出所爲《西學凡》編，命余序之。要如吾中國天子之學、府州縣之學。其教人之爲之也，要如吾中國始求之六藝，會通於性命，而歸重於尊天，益進益深，愈精愈微。所謂東海有聖人出焉，此心此理同也；西海有聖人出焉，此心此理同也。西方先輩入吾中國者，萬曆中有利公瑪竇，今則先生，余於京師又得接龐公華民焉。余方奔走輦轂風塵下，未能深究龐公學。今在山中，則朝夕艾先生矣。先生習中國之學有年數，至於《西學凡[1]》之文字，闓暢明健，可以當吾中國先輩之作，操觚之倫未能或之先也。余於是慶中國同文之盛，而聖學大明，盈天地間無之非是焉。先生又爲余言：我歐羅巴人人敬學，民大和會。其國主相傳，久非一世，而又有教化主，道在國主上，專壹以善誘人。國主爲君，教化主爲師；國主傳子，教化主傳賢，用是上下輯睦，禍亂不生。美矣哉！此赫胥大庭之世也。曩吾中國有莊周者，至詼誕矣。若聞此世此景，當能益闡而大之，以見其奇。惜夫莊周不得而見，而幸見於余也。

天啓丙寅六月望日，鏡山逸叟何喬遠序并書。

校勘記：

[1] 凡：原脱，據梵蒂岡本補。

刻西學凡序

楊廷筠

儒者本天，故知天事天，畏天敬天，皆中華先聖之學也。《詩》《書》所稱，炳如日星，可考鏡已。自秦以來，天之尊始分；漢以後，天之尊始屈。千六百年，天學幾晦，而無有能明其不然者。利氏自海外來，獨能洞會道原，實修實證，言必稱昭事。當年名公碩士，皆信愛焉，然而卒未有能盡叩其學。緣其國隔九萬里，象胥絶不相通。所可譯者，器象圖數，有跡可揣之物。而其於精義妙道，析牛毛、超象罔者，書雖充棟，不能盡以手口宣也。推厥所由，彼中士人學問修詣有次，不能躐等徑造。極開敏者亦必廿年乃成，再三考試，周德不亂，乃始聽許遠遊。逮入中華，間關數載，又以數載習語認字，數載通經學文，始能融會兩境義理，有所闡譯，而老將至矣。而我華人又鮮肯虛心參究，與共功力者。所以後先數輩，率皆齎志以歿，而學不盡傳。而貌取者，第敬其操詣之純篤，與其名理之該洽，又或以爲淺談象數，而無當於精奧。抑孰知原原本本，真有當年累世而莫可窮竟者。即如彼國讀書次第，取士科條，種種實修實用，欲著一詞章功利，欺世盜名，如吾三代以下陋習，而無所庸之。以此作養成就，其人才自是不同。教化流行，風俗醇美，無可疑者。若疑言涉誇毗，諸賢素不妄語。以余所聞，又閱多人多載，顜若畫一。所稱六科經籍，約略七千餘部，業已航海而來，具在可譯。此豈蔡愔、玄奘諸人，近采印度諸國寂寂數簡所可當之者乎？而其凡則艾子述以華言，友人熊子士旂、袁子升聞、許子胥臣爲授[1]梓以廣異聞。夫此其於天學也，猶未諳象緯，而先持寸軌以求夙莫者也。嗟乎！吾中國文教光天，秘府名山所藏，即珠函貝笈之僻，大抵富有不遺。詎可令此種學問歲月逡征，而光采久韜不耀。假我十年，集同志數十手橐共成之，昭聖天子同文盛化，良亦千載一時。而其如俟河之清，人壽苦短，何哉？雖然，吾終不謂如許奇祕，浮九萬溟渤而來，而無百靈爲之呵護，使終湮滅。獨竊悲諸誦法孔子,而問禮問官者之鮮,失其所自有之天學,而以爲此利氏西來之學也。

天啟癸亥季夏之吉,鄭圃居士楊廷筠題。

校勘記:

[1]授:原作"受",據梵蒂岡本改。

西學凡序

許胥臣

凡也者,舉其概也。左丘明以凡翼經,而西學以凡翼天。言天,非自西學始也。程子曰:"儒者本天。"蓋宗古敬天畏天言之。游、楊、呂三家親出程氏之門,而已有徑庭之誤,朱子辨之詳矣。浸淫於速化,眯謬於提宗,而格致一種學脈晦蝕幾盡。不圖有返本窮原,苦修寔體,而理析於繭絲牛毛,教攝於踐形超性,如艾氏所述西方之學者。讀其凡,其分有門,其修有漸,其詣有歸。怳然悟吾儒格物原非汗漫,致知必不空疏,而格致果[1]躋治平,治平必肇端於格致也。然則聖人豈欺我,而近儒超捷高妙之旨,果能試之有效,而推之東海、西海而準否耶?昔左氏不列學官[2],漢下明詔,諸博士或不肯置對。今試令廣譯西學,傳播人世,真是真非,必瞭然心目。第恐創聞則騶，耳食則疑，未必肯虛心張眼，而一一切磋究之耳。善乎李太僕之言云：學者之病有四：淺學自侈，一也；怠惰廢學，二也；党所錮習，三也；惡聞勝己，四也。去此四病，而相與馳騁乎域外之觀，會通乎天人之際，不負此生，不虛此日，茲於同志者有深望矣。或曰：西學自漢購之，白馬馱來，寥寥四十二章，不聞奇論，逮今乃出，不飾說歟？曰：此身毒之書，非九萬里外歐羅巴之書也。吾聞西國書言，大抵千里一譯。距我中華，雖心同理同，而語言文字別有天地，夐不易知。自利氏觀光三十年來，名公鉅儒相與投分研精，夫非一人一日而所能通譯者。自《實義》《畸人》《七克》而外，不過度數器用諸書，千百之一二。非不欲譯，不易譯也。當時蔡愔[3]、秦景何人，一往輒反，乃能得其要領。而況身毒距歐邏巴尚七萬里，景響相傳，有何確據？嗣後文人佞佛，增飾夸張，幾與吾儒角立。而吾儒顧且拾其餘瀋，甚且入室操戈。噫！禮失則求之野。讀《西學凡》而學先格致，教黜空虛，吾亦取其有合於古聖之教而已矣。未屑借資重譯，而與彼佛校曲直也。艾子西來有年，言不妄發。是學之傳，則余友人袁子升聞力扣而請以華言譯之者。至於加以句讀，綴之圈點，則余不佞亦竊有所契於斯文。異日者廣致其書籍而盡繙繹焉，鼓吹休明，小可比左氏一經，大則盡洗竺乾之悠謬。竊所瘑寐，固不敢謂操緹[4]摘蕀，世更無揚子雲也。

　　東海許胥臣識。

校勘記：

[1] 果：原脱，據梵蒂岡本補。
[2] 官：原作"宮"，據梵蒂岡本改。
[3] 諳：原作"暗"，據梵蒂岡本改。
[4] 緹：原作"提"，據梵蒂岡本改。

西學凡跋

熊士旂

夫《易》冒天下之道，開物成務耳。舜大智明於庶物，古人欲明明德於天下，首致知格物。參是而觀，物也者，該凡落聲色臭味，受名受數，實有憑依在。豈如晚近高談性命，塵芥六合，或認格物爲致吾心之知，於事物當然之則，或謂覷破天地間，只是此一物，遂漫言格物也邪。善乎紫陽氏曰："人心之靈莫不有知，天下之物莫不有理。"格凡天下之物，馴致吾心之全體大用無不明，則格物大指可睹矣。西學先生問學，最上以昭事上帝諸所以然爲超性之學，其次格物窮理。蓋舉宇宙內萬有之形體性情，生生化化，更後先諸聖哲，悉心殫究，師傳曹習，角材而試，登制科，孚輿論，始梓行於世。總之欲偕人人睹物理之至賾、至精、至實，因以遡造物最初之所以然，不忘其自，非徒侈言博物洽聞云爾。余始獲艾先生是篇，奚翅拱璧，亟欲涂説之未逮。若瑟生請付剞劂，實獲我心，故敢浪跋數語。具隻眼者,儻就篇中某學舉一,叩之西海先生,請卒業焉,則於開物、明物、格物之功思過半矣。豈曰小補之哉!

進賢熊士旂題。

卷四

西儒耳目資自序

金尼閣

人具靈才，以理爲本。理靜屬性，理動生意，意生於內，而未表於外者，必不能通於外。但人心好通，不忍自圍於內，則其表於外之法必巧。以近用言，以遠用字，言擊耳鼓，字照目鏡，總出內意於我外，或響或現，進通於他人之內矣。惟內意於人有大同小異，外表於人有大異小同。何也？內意根於本理之自然，故大同；外表根於人定之偶然，故大異。設以自天者喻之，理如日，內意如照，言字如晷之類。日體一也，日照亦一也。惟各表所指之晷，其法不一矣。是以天下之言字大都無不異，而音韻之總籲無不通者，此理之本然，內意之當然，在余西庠天人二學中，今不具論。惟是言字之所以然，乃文學之一。旅人童而習之，不敢以知爲不知，又豈敢強不知以爲知？幸至中華，朝夕講求，欲以言字通相同之理。但初聞新言，耳鼓則不聰，觀新字，目鏡則不明，恐不能觸理動之內意。欲救聾瞽，舍此藥法，其道無由，故表之曰《耳目資》也。然亦述而不作。敝會利西泰、郭仰鳳、龐順陽實始之，愚竊比於我老朋而已。或曰：旅人聾瞽，用此藥法，則救其病可也。乃我聆本國之言,耳未嘗不聰;覽本國之字,目未嘗不明,奚必用此藥法爲?余曰:此非愚意也。蓋景伯韓君之固請曰:藥法能救汝聾汝瞽,必不能害我聰我明。矧真聾而自爲聰,真瞽而自爲明,重其聾瞽之癖也。今先生字學,實千古所未發,若拒而不納,乃真聾瞽矣。景伯之言如此。余未敢以爲然,亦不敢不欽其謙焉。况此書原以供旅人聾瞽之用耳,大方之家雖無所用之,第譬之無疾者時蓄醫書,恐亦未足爲累也。輒忘聾瞽,五閱月始成此書。書分二譜,首字總一萬四千有奇,點畫聲律一禀正韻。見昭代同文之治,旅人聊述其便,於我初學者云爾。

天啓丙寅孟春望日,泰西耶穌會士金尼閣撰。

刻西儒耳目資序

張問達

字韻之學,非雕蟲坊也。三才之蘊,性命道德之奧,禮樂刑政之原,皆繫於此。宋司馬君實有云:"備萬物之體用者莫過於字,包衆字之形聲者莫過於韻。"誠重之矣。蒼昊之後,籀篆代更,下逮斌琪,翻切益廣。然而字緣義棼,韻因方別,洎夫四聲八病,過爲拘礙,遂致經緯不交,馴失立韻之元。肆我太祖高皇帝定鼎之初,輒先稽古考文,詔詞臣輩諧音比類,訂譌補偏,刊集《洪武正韻》一書,頒布天下。盡洗江左之夙曰，丕定中原之正標，於是千載陋習，一朝頓改，太史景濂氏詳哉乎其言之矣。余山居卻掃，課兒之外了無他事，間取《正韻》一莊誦之，未嘗不仰頌聖明之創著，節宣考定，爲不刊也。第所論成文協音，不假勉強，彙東西南北之同，調劇疾遲重之異，總不出反切二法已耳。夫謂七音可定攝乎，舉攝而竄焉者且奈何？謂五聲可謂宮乎，舉宮而淆焉者且奈何？竊意子之弗應母，乃母之未真，顧安所得元音之母，而與之直通夫自然之韻？一日，友人良甫王子手一編過余而言曰："此新訂《西儒耳目資》也。蓋泰西金四表先生所著。其學淵而邃，博大而有要，僅僅以二十五字母衍而成文叶韻，直截簡易，絕無一毫勉強拘礙之弊。立總立全，分經分緯，纔一縱橫交羅，而萬字萬韻無不悉備於其中也者。儻先生所索元音之母，天地自然之元韻非歟？"余覽之而卒業焉，種種奧義，果如良甫所言，且多發前人之所未發，補諸家之所未補。至於聞音察母、檢畫知音之法，開卷便得其韻其字，恐從來無此奇捷。矧其書一遵《洪武正韻》，尤可以昭同文之化，可以采[1]萬國之風，可以破多方拗澀附會之誤，其裨益我字韻之學豈淺鮮哉？如曰此雕蟲藝耳，而薄視之，則嚮者君實、景濂兩先生之推本，抑何其遠且大邪？爰命兒輩校而梓之，以廣其傳。

時天啓六年丙寅夏五月癸亥日，谷口病夫張問達序。

校勘記：

[1]采：原作"昭"，據《續修四庫》本改。

西儒耳目資鈇

王徵

蓋余讀《西儒耳目資》，而深有悟於庖羲氏畫前之《易》所以爲文字祖也。夫自龍馬初呈，點畫無義，聲響不傳。庖羲氏獨取一渾沌太極，而中分之爲二儀，摩盪之爲象卦，引伸觸類而爲六十四、爲四千三百[1]九十六。陰陽錯綜生焉，承乘比應備焉，時物變化行焉。使夫六書不鑿，書契不作，聚萬古之聰明於重交單拆中，相切而響傳，相比而義出，奇偶之外無邊傍，因重之外無損益，文字之褅祫，雖至今不祧可矣。無何而蒼帝之後，渾沌剖而衆喙爭鳴，校點呈畫，分聲附韻。如休文之拘而不通，斌珙之衍而近雜。等韻之金砂未檢、樊然不精，何怪乎齒牙相戹、喉舌相詬、濁清相淆[2]。即如中國，固天下文明之邦也，方言俚語，已如蝶祝相似而不可得。安望夫刁刁之齊大塊、墮地之孩聲齊萬國哉？夫天下一家也，一家之中，華梵侏儺，如鼻語角聽之不同類，將家必以爲怪。今重門而入[3]，九譯而通，似皆絕徼異域之人乎？自主天下視之，猶然家之人耳。家之人而猥云文字之不相通也，忍乎哉？金四表先生乃天下極西國人，慕我明崇文之化，梯航九萬里，作賓於王。其間閱歷不知幾百國，而睹識風俗文字之傳，國又各數變焉。稅駕於邸，急取中國聖賢典籍讀之，其義意之遼，不啻河漢。而先生一旦貫通，以西[4]二十五字母，辨某某爲同鳴父、某某爲自鳴母、某某爲相生之母。分韻以五，仄如華音，平則微分清濁焉。不期反而反，不期切而切。不體外增減一點畫，不法外借取一詮釋，第舉二十五字母，纔一因重摩蕩，而中國文字之原、西學記載之派，畢盡於此。蓋二十五字母即太極中分之奇偶，而兩字相比成音，即奇偶相重而爲象也。三字相比，即奇偶再重而爲卦。四字相比，即八卦遞重而爲六十四。五字、六字相比，聲聲自然透現，即六十四卦重交變化，舉天下之能事而爲四千三百[5]九十六卦也。按其母而子自晰，切其音而韻自諧。清濁甚次中，櫛比黍累，無論足訂等韻、斌琪、休文之誤，凡蒼帝造書以還，中華無字之音，一旦肖其像貌，踊躍而出。更從萬國音韻總圖中，一參悟其二十五字母所虛之次，即雁唳蟲吟都可爲文。古人有彈琴而游魚出聽，清商鼓而天地皆秋者，節宣政在此際。然則謂庖羲之《易》爲文字之祖，而先生是書即禰庖羲，稱字學之宗子可也。西儒之資云乎哉？雖然，此猶先生之緒餘耳。先生學本事天，與吾儒知天畏天、在帝左右之旨無二。同其儕入中國幾三十年矣，名利婚宦事一切無染，獨嗜學窮理，不知老之將至。所刻《實義》《畸人》《天問》《表度》諸書，莫不各殫奧妙，而此特先生所獨創。史稱蒼頡字成，天爲雨粟，鬼爲夜哭，説者謂泄天之靈，鬼神攸忌。余則謂天有全靈，人有全覺，覺還無覺，全靈自含，人天共洽，忌於何有？庖犧氏之作《易》，露靈龍馬，奇偶無恙，而渾沌固不驚也。逮[6]蒼帝繼渾沌而絲解之，天雨鬼泣，一若苦於掊鑿，而失庖犧之祖意然。乃今於先生二十五字母，因重摩盪，恍有會焉。儻所謂準庖犧之一圈，補蒼帝七竅者非邪？昔我高皇帝定鼎之初，即取音韻百家，命諸儒臣翻校董正，以昭同文，著爲《洪武正韻》，精核典要[7]，洵足跨軼前代。然時始御極耳，可考證者一代之章程、一成之師説。至於今日，職方九譯莫不獻琛，我明誠萬國文字之宗國哉。異日者天禄、石渠采先生是書，而更爲之表章，即命之爲萬國耳目資也，夫誰曰不可？其尚竢之知言君子。

時天啓丙寅歲春月之吉，關中涇昜良甫王徵撰。

校勘記：

［１］［５］三百：疑當作"零"。

［２］洽：原作"濟"，據《續修四庫》本改。

［３］人：原作"八"，據《續修四庫》本改。

［４］西：此下《續修四庫》本有"學"字。

［６］逮：原作"迷"，據《續修四庫》本改。

［７］典要：原作"要典"，據《續修四庫》本改。

刻西儒耳目資

張緟芳

《西儒耳目資》者，泰西大儒四表金先生所作，以資耳目者也。書分三譜，首譯引，次音韻，次邊正。蓋未睹字之面貌而先聆厥聲音者，一稽音韻譜，則形象立見，是爲耳資。既睹字之面貌，而弗辨其誰何者，一稽邊正譜，則名姓昭然，是爲目資。而譯引首譜，則以圖例問答，闡發音韻邊正之所以然，以爲耳目之先資者也。西儒入我中華，能遍閱此中文字，而輒洞曉其義意者，全資乎此。愚也心志昏庸，耳目多所窒礙，每遇奇書奇字，便同陌路之人，不相認識。即能認識矣，而稱謂之間清濁混淆，又復冒甲以乙之名者不少。偶得是書而卒業焉，不但耳目若爲朗豁，即心志亦若借以開發。則是書殆真愚之耳目也，夫寧獨資之云乎哉？因再三請之家君，捐貲亟刻以傳。刻成，敬識之若此。

關中涇邑後學張緟芳撰。

西儒耳目資釋疑

王徵

《西儒耳目資》將梓,敬一張子走書謂余曰:"西儒他所著書,種種名理,悉皆發此中從來所未發。故一書出而人競購,業已膾炙人口,其必傳於世,可無疑矣。今兹《耳目資》,或總不能越我音韻已傳諸書之範圍。即間出巧法,想[1]此中所已備者。君獨何嗜之偏,而必欲授之梓?"余復之曰:"名理如淵,正匯字學之海。學海不瀅,名理奚自而流?西儒殫竭心力,急急成此書者,政欲資之遍閱此中文字,可爲後來翻譯西學義理之淵海耳。況此中世代相傳音韻諸編,種類雖多,都從一路所出。細勘厥路,路多有差,但差之或近或遠焉爾。今《西儒耳目資》一書,獨闢直捷之路,不左不右,絶無一毫之差。其中種種名理,相逼而出,若海錯争奇,鮮新可味。細相校勘,西儒創發此中嚮來所未有者,蓋至五十餘款之多。觀者肯一細心理會,自見良工苦心,應不疑余有偏嗜矣。"爰爲之款列《耳目資》内,創發此中所未有者,一一如左。不第用釋敬一之疑,并以釋後來凡讀此書者之疑云。

計此書創定中原前此所未傳者,款列於後。

一、創定萬國音韻活圖,止半葉耳,輒能包[2]括萬國語音。

一、創定元音五聲，又以元音配會，生萬音萬韻。

一、創定音中，有自鳴，有同鳴。

一、創定同鳴爲父，自鳴爲母，父母相合，共[3]生字子。

一、創定中原所用萬字之音，有單、有雙、有三、有四、有五，不能再多。

一、創定音韻，即中原所不用者，此書亦能備傳。

一、創定中原音韻活圖，三圈之中，我音一一畢具。

一、創定音韻經緯總局，輒能包括總音總韻。

一、創定總音總韻，雖中原所用有音而無字者，西號俱能書之。

一、創定總母五十之攝。欲增不能，減亦不得。

一、創定總母次第，首元母，二子母，三孫母，四曾孫母，恰合五十之數。

一、創定總音總韻，即無字者，但係此中所用之音，皆在總局之内。

一、創定音韻經緯全局，又將總局之音，每一開而生五，綻成雙平三仄，及甚次中之别。

一、創定同鳴字父，有能輕而能重者，有能輕而不能重者，有能重而不能輕者。

一、創定輕重在字父而不在字母，平仄清濁甚次中，在字母而不在父。

一、創定總、全二局，如句股者，父成在旁，母成在上，父橫母縱，相會交羅之處，明生字子之音。

一、創定父橫母縱，相會交羅之法，雖遇無字空方，能知某音在此。

一、創定排字之法，橫行俱屬同父，縱行俱屬同母。

一、創定無字母音，無字子音，每每聲各有五。

一、創定雙平清濁之音，或母或子另排，不致雜亂。

一、創定甚次中三音之字，或母或子，亦另排之，不致雜亂。

一、創定字子原宜有父，不獨有母。

一、創定字[4]以自鳴爲首者無不爲母，字以同鳴爲首者無不爲子。

一、創定字音所響於字子之末者，常爲字子之母。

一、創定切字子法四品。

一、創定切字母法四品。

一、創定字父俱不容切，字子俱無不容切者。字母有容切有不容切者，且分誰容誰不容焉。

一、創定切法雖立四品，究竟終成一品。

一、創定切法以父爲首，以母爲末。

一、創定切法誰可減，誰不可減，誰減異父之首，誰減異母之末。

一、創定切法以清切清，以濁切濁，不亂雙平不同之聲。

一、創定等韻三十六母，不宜稱母，止宜稱父。又能減其所餘，補其所乏。

一、創定正沈等三韻，彼餘此乏條目。
一、創定元母每一生五，餘母皆然。又能知此中所用與所不用之母而分別之。
一、創定母韻，不餘不乏，五聲每有五十，數皆平等。
一、創定不同之韻，有相通者，另列一類。
一、創定相生之母可見於首，相通之韻可見於末。
一、創定同音者俱在同切之下，同韻者俱排同攝同母之中。
一、創定同父諸字、同母諸字、常用而不移切字。
一、創定音韻譜，一聞萬字之音，雖未知其點畫，開卷則遇其音。
一、創定邊正譜，一覽萬字之畫，雖未知音知意，開卷則遇其字。
一、創定兩小目錄，能改《篇海》《海篇》從意從音之亂。
一、創定算畫之法，不必從意，不必尋門，便得其字。
一、創定以音察字，以字察音，兩法互用，流通不滯。
一、創定五聲高低之念法，不拘有字無字，皆能分別其音，不至如等韻借客補位。
一、創定萬字直音綱法，能約數萬不同之字，總歸千五有奇之音。
一、創定西號數目，但能算號數者，雖不識字童子，便可尋得其字。
一、創定聞音察母之法，但能聆音，雖不識字童子，便知音屬誰母。

一、創定西號於各中字之下，字字都屬直音。不但西儒一覽西號，便得中字之音，即此中學者，少少留心，能認五十字母，即無不開卷自了然者。

一、創定五聲之號，并甚次中三者之號，見號尋字，一一不爽絲粟。

一、創定西號，凡一字有數音雜數處者，即立數號，依號尋音，無不各得其字。

右特撮其崖略而已，其他妙義，不必一一細贅。總之，西儒學以克傲爲第一義，其自以《耳目資》名書，志謙也。彼原毫不敢有自是自高之念，但名理所迫，不得不爾。余恐此中學者先自存一傲心，忽焉不加之意，而遽以蒭綴我錦爲疑，故不得已爲之表揭數端若此，實非西儒所欲鳴也。説者謂：允若是，是書信高矣美矣，可梓而傳矣。其奈中多西號，我輩不易曉何？余曰：嘻，君又何甘自遜之若是邪？夫西儒梯航遠來，學我華音[5]，不數年間，輒能遍曉此中文義，所通六經史傳，何啻數萬之字之音？今觀西號，自鳴之母，號不過五；同鳴之父，號不過二十。及傳生諸母之攝統計之，纔五十號耳。肯一記憶[6]，一日可熟。視彼習等韻者，三年尚不能熟，即熟矣，尋音尋字，尚多不得便遇者。誰難誰易，而反甘自遜爲？且余獨非此中人乎，闇愚特甚，一見西號，一二日中，亦盡了了。又況聰明特達之士，高出萬萬者乎？然則人自不欲曉耳，寧患不易曉哉？儻高明君子，虛懷省覽，不惟不以西儒爲標異,而且嘉與之,以贊我文教之大同。異日者獻之聖天子,宗伯群諸儒紳大爲校訂,頒布海宇,傳之無窮,亦足以彰我明千古來同文之盛治也。誰復問中西哉!抑余於是而尚有願焉。願天假餘閑,期與二三同志,更將此書第三邊正一譜,就依西儒所訂所排之序之法,一一檢韻會小補所注音義,大書其字而細釋之。第務摘其切要,删其繁蕪,益補續其所未備。再於大書真字之下,并蒐草字、隸字、篆字,一同列之,尤爲絶唱。私計此書果成,庶幾可稱字學之大全矣。大約費貲千金,費工三載,便可了此,不知何日可能遂此願耳。識以竢之。了一子王徵謹白。

是書也,創作之者四表金先生,贊成之者豫石吕銓部、景伯韓孝廉、子建衞文學[7],而冢宰誠宇張先生,與其季子敬一,則所爲捐貲刻傳之者。余小子徵特周旋終其役耳。至於一字一音、一點一畫,細加校讐,而毫不致有差遺者,則金先生之門人鼎卿陳子之功爲最。書作於乙丑年夏月,於丙寅年春月告竣,因再識之若此。徵又白。

校勘記:

[1]想:此下《續修四庫》本有"皆"字。
[2]包:原作"抱",據《續修四庫》本改。
[3]共:原作"其",據《續修四庫》本改。
[4]字:原脱,據《續修四庫》本補。
[5]音:《續修四庫》本作"言"。
[6]憶:原作"臆",據《續修四庫》本改。
[7]學:原作"字",據《續修四庫》本改。

譯引首譜小序

金尼閣

譯者資耳，引者資目，俱先傳行，用救不聰不明之癖。旅人聾瞽，故作此首。首譜有二：圖局，問答。圖局照現目鏡，問答擊響耳皷，故表之曰《譯引首譜》。先目後耳何？學法有序，目必先明，耳後易聰[1]故也。圖有二，首圖《萬國音韻元泉》，末圖《中華音韻宗派》。元泉音韻之所以然，宗派音韻之本然。首末兩圖俱活，西號相配相會，音韻生[2]生之指掌也。每圖各有專説，局亦有二，首局爲總，末局爲全。每局音韻，有父有母之字，經緯相羅處生字子，則萬音萬韻，中華所用盡矣。其形如奕之盤，故曰局。其曰總、曰全何？總者，未分輕重平仄甚次，全則一一細分之也。圖局之後，有問答二段，蓋中士[3]問考旅人之意。首段講音韻耳資之理，末段講邊正目資之理，其用各有專説，一覽易明。問答之後，另排切法四品之圖，以盡切法。四品圖後，續編正沈等三韻兑考。既覽兑考，則旅人五十字母，不少不多之故自明。總之，音韻邊正二譜，可爲耳目藥袋，此譜乃其方書耳。方書故不得不譜之首。

校勘記：

[1] 聰：原作"聽"，據《續修四庫》本改。
[2] 生：原作"先"，據《續修四庫》本改。
[3] 士：原作"土"，據《續修四庫》本改。

列音韻譜小序

金尼閣

人性外通於有形之身，内通於無形之神。神在内而未離身，則必拘繫於身，以不能受身所未授之也。譬之囚者，獄門未開，所未受於櫺，其能通於外乎？故外身有知覺之櫺曰司，乃内神所以能通於外者也。司有五，耳所以能聞，目所以能觀，口所以能味，鼻所以能嗅，全身所以能模是也。五司之中，言字每一屬一而已。蓋言字口不能味，鼻不能嗅，全身不能模。獨耳能聞言，目亦不能觀之，目能觀字，耳亦不能聞之也。今音韻定有意者曰言，本譜列之。蓋雖用字以傳其意，然當其列字之初，第聞其音韻之聲，而不觀其點畫之形。後列邊正之譜，則反是矣。總局一行，全局成五。至本譜每一每五，開成一攝，故有五十攝。每攝如總全局，亦包括三品之字，曰同鳴字父，曰自鳴字母，曰共生字子。父常在每[1]攝之初，從全有二十，則分輕重之別。父生有字之子，橫行每音之上。父上母下何？父切字子，成其首也。無字之音不必切，故父有音。無字之子，跳而過之[2]，厭多空方故也。每攝之初[3]，不移父字，故父二十之[4]號，無不盡成字子之首，不拘音同與不同已。自鳴字母常在每聲之首，從全有二百六十五，則分清濁甚次中之別。母生有字之子，橫行每字音之上。母下父上何？母切字子，成其末也。母有字者，本位記之。母無字者，本位空之，西號補焉。母有字者，根父爲切。母無字者，切借子代之。母位之上，不拘有字與否，容切者俱有切，不容切者俱無切。若母無字者，本位止曰無字。若母、子俱無字者，本位直曰無。蓋母無字，子有字者，曰無不可，母音於其子之末無不響故也。母切在本位之首者，於子切大有不同。子切常用父母，母切不用之何？曰：母首無不自鳴，豈能首用同鳴字乎？故母切不用本父本母，在首者曰代父，在末者曰代母。見問答中，今不俱贅。共生字子，常在本母之後，從全有一千四百零三，則分輕重平仄清濁等類之別。曰共生者，指父母之切也。俱縱行父母之下。首有西號，同音之表也。子有字者，本位記之，無字不記。三品之字，其列如此。其必如此而列之者，好從音韻之便耳。蓋同切者俱同音也，同攝者俱同韻也。同音者父母俱同，同韻者父異母同。或問：間[5]有半圈在幾字上何？蓋因多字之音，古今不同。假如似字，古音爲上，今讀爲去。音韻之書從古，愚亦不敢從今，故表以半圈指之。然此類多在上聲。本譜列字有大小何？大者本字，韻書爲首，小者俱係亦作、或作、同作之類，則多爲重，不必嫌也。若大字亦有重排列二三攝之中者，不必疑之。蓋有多音之字，又有爲自鳴，亦能讀爲同鳴，故記爲母，又記爲子，終有音韻極近似者，彼此兩排俱可。余欲從便用，不惜重之耳。甚次中之中字，列在[6]末而不在中，何意？蓋甚次中之別最難明，甚次既明，中後易明故也。或疑本譜於作詩不便，夫詩余不盡解，但同音同韻之排，俱實得其所，於作詩何妨？真韻不害近似之韻，作詩者欲從其寬，我窄詎禁之哉？旅人排韻於本行，以便初學，故不敢曰定，而曰列云。

校勘記：

［1］每：原作"母"，據《續修四庫》本改。

［2］之：原作"上"，據《續修四庫》本改。

［3］初：《續修四庫》本作"切"。

［4］之：原脱，據《續修四庫》本補。

［5］間：原作"問"，據《續修四庫》本改。

［6］在：此下原衍一"在"字，據《續修四庫》本删。

列邊正譜小序

金尼閣

靈神本性之光，在人軀形之内如燎，軀形外護如籌。籌本無光，燎光既在籌中，籌受光最切近，若籌且有光而轉照於外焉者。故靈神內燎之光，雖藏在軀形之籌，而目明，而耳聰，而口味，而鼻嗅，而四體覺動。是則軀形之外籌，無不先受靈神內燎之光矣。但軀形外籌之光，大讓靈神內燎之元光[1]，何故？敝西性理之學所云：有本能生他本者，元本必盛是也。何以見之？譬如太陽之光，本光也，自內發之則大。太陰之光借太陽之光，他光也，自外受之則小。靈神內燎，正如太陽之光；軀形外籌，亦如太陰之借他光。則元光豈不盛乎哉？蓋靈神本性之光，造物主之像也。其本性之德，雖相去甚遠，然實略從而喜效之。主造物者，無不親在，其内無外焉。靈神雖親，獨在本身之中，而無主命，則不能出也。惟是靈神之意念，如燎光在籌，照通於外，誰能止之？蓋意念無所不照，天之所周，地之所鎮，奮奮迅迅，疾然通之，遠可如近，此可如彼。軀形之重，萬不能遲靈神之輕矣。若夫軀形之重，其内有外，其近有遠，在此必不能在彼。故靈神在軀[2]中者，嘗猶以軀形爲病。蓋其内意出於外者，雖有定言，能通於在近在此他人之内，然近未能至遠，此未能至彼也。故既定言以至其近，又宜定字以致[3]其遠矣。今言韻定有號者曰字，本譜列之，固雖用音以傳其意。但其列之之初，第觀其點畫之形，而不聞其音韻之聲也。與前列音韻之譜正相反，何也？人聲浮於空中，一響易滅，譬之書[4]字於水上者，旋書[5]旋滅。豈能當來世之久，豈能至離地之遠哉？字則不然，來世之久，不能滅之；離地之遠，不能隔之。千古所傳聖哲之學，字也。帝王所平一統之大，字也。人心所結遠朋之情，字也。字者，記含之廩也，明悟之鑑也，愛欲之譯也，總之爲内理之使、内意之烽。脫使無字，本世易滅，本地易圍，於其先者不能取表，於其後者不能遺跡。靈神縱寬，徒囹圄於軀形之囹耳矣。其異於物類也，能幾何哉？靈神軀形，内外之分別既如是矣。但其内於人略同，其外於人多異。故如言音出於同内之外者，普無不異；字號立於同内之表者，多亦不同。試觀一類同性之中，人面豈能一一相肖乎？今字不同之多，其法所從之路，總分兩端而已：從物之意一也，從口之音一也。從意者何？萬物之類，每有本號，像其意者是。從音者何？人籟之響，每有本號，效其聲者是。從意如繪，從音如奏，繪者先意後音，奏者先音後意也。中華一統，車書會同，其字從意。一統之外，鄰近諸國，余還聞有幾國字皆從意，每號像之繪之，後加其音耳。天下餘土則不然，其字從音，每號效之奏之，後加其意焉。蓋雖元音之號，在在多不同者，大率皆從元音之籟焉耳。或問於余曰："定字之法，從意乎，寧從音乎？"余曰："未知從意之妙者，從音爲先。未知從音之便者，從意歸勝。至通知從意從音之妙之便者，不敢以本土從音之法，謂他國從意爲上。然旅人匪敢自足，亦匪敢詔諛，竊嘗平心而評，實讓從意之妙焉。"問者復謂："先生所讓，禮也。未知果當理否？蓋從音者，西字不幾字耳，易學易明，豈不大過我字從意幾萬之難？從音幾字，能號萬國之音，書之更便，又豈不大過我字從意，尚未足盡筆本國之音哉？西字之便，多半如此。先生之禮，豈真理邪？"余曰："子知我長，未知我短；子知自短，未知自長。何也？字之妙，傳意爲主。傳意之寬，字妙之長也；傳意之窄，字妙之短也。今從意之字，不待其音，自能傳意；從音之字，未知其音，不能傳其意焉。故中華從意之字，鄰國幸而用之，雖風氣之音，大不相通，但使中文如本地之文，即無不通之者。矧中華一統之内，多省如此，普天之下，人意所通，果一一用中文從意之字，同文之理，行且大通於天下矣。寧不深可幸哉？乃從[6]音之字不然，必待其音，則傳其意，故不能通異鄉之談者，亦不能通異鄉之文。蓋雖所用同音之號者，字字之號，號號之音，每每可認，但其音音之意未能通也。況又或用同音不同之號，未知其字，未知其音，更未知其意，豈不愈難知歟？然則從音之字，學之誠易，書之誠便，寧能不讓從意之妙，從意之寬乎哉？故余之所讓，禮也，實理也。不懼敝土人之議余爲諂矣。"問者唯唯而退。

校勘記：

[1] 光：《續修四庫》本無。

[2] 軀：《續修四庫》本作"身"。

[3] 致：《續修四庫》本作"至"。

[4][5] 書：原作"畫"，據《續修四庫》本改。

[6] 從：原脱，據《續修四庫》本補。

斐録答彙跋

梁雲搆

古有所謂照世杯者，凡寓形之物，雖大如崙彌，細如葶藶，多如恒沙，無不悉攝。日林國有所謂石鏡者，舉其光輪，可照數大部洲。人之智等千百，而層纍上下之，及其至也，聖人有所不知，是亦不病不知也。然格物者在致其知，又曰"知至至之"，是亦不病全知也。總此天地人之理耳，盲者鑰之盤之，即知者亦管之蠡之，烏足以盡其知[1]而概其凡也？而泰西方之學如天如水，可謂測無剩巧，算無遺數。中國聖人亦既采而用之，卜廛繼餘，裹我授時之政。即如遠鏡諸器，禁藥中亦復取驗不遺。餉郎畢君湖目，故具夙惠，向堅臥東山時，好讀世所不見書，秘笈累累，食寝其下。鑿度以後，固所厭聞，而精於天學。嘗參以西士之説，笑炙輠[2]之謬，燕署牙籌之暇，即與龍精華葦往復劇談，或塵影與燈花俱落。復得高君[3]所爲《答問》諸款，凡所舉似，無不切理近情，以爲聞所未聞，秘之巾箱。及校宣廥，士馬凡十二萬有奇，仰秭待哺。復直屯匱運邅[4]之時，算鞭不釋手，唱籌不離耳。玉照之姿，爲之臞削。漸致飽騰起色，小有暇日，夏木圍署，流水鳴階，輒取《答問》舊譯，爲之寘其鄙僿，析其疑義，蟄其陰陶帝虎之失。而又名以《斐録》，例其大凡，別以義類。無非欲人之疾讀而遄解之也。夫喻指非馬，非不辨也，然不免我自作解，更索解人不得。《斐録》之問皆俚近，非隱僻以爲索，答皆切實，非潭奥以待悟。是亦布帛菽粟之義，而有資乎身心性命之理。故貝葉西毒，其説可廢，而此眼前學問，豈異端惑人者之所爲也？小可以闢拓乎聰明，而博物以深務，大可以洗伐乎泥滯，而達知以行仁。高君今何處，當爲問腦中濕幾何，其見物輒印，如是如是。

時崇禎丙子春王正月，中洲梁雲搆匠先甫題於宣德小麒麟閣。原名治麟。

校勘記：

[１]知：梵蒂岡本作"致"。
[２]輠：原作"踝"，據梵蒂岡本改。
[３]君：原作"居"，據梵蒂岡本改。
[４]逋：原作"連"，據梵蒂岡本改。

斐録答彙序

畢拱辰 湖目

斐録者何？泰西方言所謂格物窮理是也。全語曰斐録所費亞，省文爾。猶貝葉省琉璃以呎，省招提以鬭奢也。考[１]中華格物之學，昉自聖經，而齊治均平，兹焉托基。至於齊之商羊,楚之萍實,肅慎之矢,防風之骨,孔尼父實千古格物鼻祖,复乎不可尚已。若實沈臺駘之綜博,駁識諫訶之精核,更生智窮貳負,茂先學辨癡龍,雖代不乏人,然指固不堪多屈也。夫造物主生人洪恩,亦綦渥矣。既賦之以靈才,又[2]畀之以明悟,所以超越庶物而巍然首出者,固欲其罄力於格致之實詣,不負此推通推靈之殊禀耳。無如人日狥肉體之便,甘自褻越者何?學成面墙,譏遺視肉,竟不知馬之幾足,而駝之腫背也,斯爲下矣。次之而欵啓寡聞,謬承師説,童而習之,白首不變。又執盤盂以當日,而摸一體以名象,於格致奚當焉?上焉者迻稽旁覽,不甘一事不知之耻,而師心自用,復昧無知妄作之戒。窺天於管,而硬謂管外無天;畫地以錐,而妄意錐中盡地。使聞者疑信相半,從違安憑?是又與於不格物之甚者矣。余家食數載前,已耳西士之名,讀西士之書,見其所著者[3]數種,精思妙解,寔有書契來所未發之祕。每擊節嘆服,謂西士何以該博若是。客歲銓補京轂,薰沐肅大主後,即晉謁龍精華、湯道未、羅昧韶諸先生。見其循循雅度,口無矗言,居然名士風流,不覺心愈折而膝愈前也。偶道及格物一端,謂極西諸邦課士之典,分爲六科,理科其一,斐錄所費亞是已。其制不限解額之多少,不假風檐之墨楮,但萃集多士,質以疑義數條,覼縷辨證,或能折朱雲之角而奪戴憑之席者,悉入縠中。以故望的而趨,人思精進。譬之燕粵,非無鑄函,夫人而能爲鑄函也。語次,手出一帙相示,曰:"此予西友高先生答貴邦士人問難語，雖不足以當斐錄之滴縷，而全味一臠，或盡於此。然以西士之語意，假中土之手筆，彼此譯受間，不無乖隔。幸先生訂正之，成一家言。"余歸而卒業，上迄象緯，下至坤輿，以及人物庶類，語語勃窣理窟，千古疑端，洗然了徹，真明鏡不疲屢照，而清流不憚惠風矣。乃知薄海窮髮之表，不乏異人，而以方隅自封者隘也。典墳丘索之外，別有祕笈，而以見聞自錮者陋也。時余承乏餉務，拮据易水、宣德間，泚筆弗遑。今歲夏，勉爾從事，訂正之役始竣。大約芟其煩複者什之一，潤其穮俚者什之二，區別類分，寧質勿文。至作者精意，斷不敢代斲，以貽血指差。甫脫稿，即走使郵致都門，請正三先生，咸報曰可，遂登之梨[4]棗。蓋天下之奇珍異寶，自當與天下共之。疇昔曾一探諸先生鄴架奧藏，凡數千卷。擬丐其旁通切要者若干種，譯以華言，布之通邑大都，傳之其人。於以鼓吹昭代同文之盛治，而破[5]吾輩拘攣之積習，庶不負西士航海九萬里觀光上國初意也。昔阮光祿云："非但能言人不可得，正索解人亦不得。"夫解之一字，談何容易。如未遍涉泰西《兩儀玄覽》，暨《四行》《幾何》《靈言》等書，乍睹是編，不免冰海相疑，雲霧是墮，未終卷，將高閣置之。夫解與不解，存乎其人，落落八區，定有獨契，竊拭目以俟。若沉湎濡首，始卒無斁，則余小子何敢讓焉。

時崇禎乙亥秒冬，東萊後學畢拱辰題於宣德粉署。湖目，丙辰進士。

校勘記：

[1] 考：原作"故"，據梵蒂岡本改。
[2] 又：梵蒂岡本作"並"。
[3] 著者：梵蒂岡本作"論著"。
[4] 梨：原作"黎"，據梵蒂岡本改。
[5] 破：原作"被"，據梵蒂岡本改。

泰西人身説概序

畢拱辰

考夫玄黄剖判，上下相嘔，權輿生人，寔名三才。然證以理學公論，地之視天，小大懸絶，無分數可論。亦猶人之視地，小大懸絶，無分數可論者也。何居乎跂立而三之？蓋人雖眇眇焉中處，而肢體賅存，靈性炯炯，於兹附麗。儻非人，而九重圜抱、諸曜行次，誰推測之？水土全球，對足環處，誰周步之？將二儀不免抱獨知之契，而參贊之理，舉歸息滅矣。故有天地，必不可無人類也，人固一小天地也。遠西名士，浮槎九萬里來賓上國，惟一意虔奉景教、昭事陡斯是務。間出其緒餘，著有象緯、輿圖諸論，探原窮流，實千古來未發之秘。俾我華宗學人，終日戴天，今始知所以高；終日履地，今始知所以厚。昔人云：數術窮天地，製作侔造化。惟西士當無愧色耳。甲戌歲，余得交湯道未先生於京轂，一日乘間請之，謂：貴邦人士，範圍兩儀，天下之能事畢矣。獨人身一事，尚未睹其論著，不無缺望焉。時先生出西洋人身圖一帙相示，其形模精詳，剖劂工絕，實中土得未曾有。謂西庠留意此道，論述最夥。但以旅輩日譯教中諸書，弗遑及此，請以異日。復示其亡友鄧先生《人身說[1]》二卷，乃譯於武林李大僕家者。雖宿草已生，人琴之痛劇切，而餘澤猶在，鼎臠之味可尋。此其大略[2]也。先生格物玄學，可窺一班矣。聞鄧先生淹貫博奧，慧解靈通，足跡遍天下。曾與西邦多士校藝，冠軍第一，頗似吾中國殿元[3]之例，亦利西泰畏友也。編中臚列諸部，雖未全備，而縷析條分，無微不徹。其間如皮膚、骨節諸類昭然人目者，已堪解頤。惟是膏油培養元火，可拒外攻，肉塊凡四百餘，分布運動，細筋爲知覺之司，脆骨有利益之用，軒岐家曾經道隻字否？又論人記含之所悉在腦囊，乍聆之，未免創論可駭。然人當思索時，瞑目蹙眉，每向上作探取狀。且二東方言，以不能記憶[4]者爲没腦子。此亦足徵其持論不誣，而東海、西海，理相符契者矣。余曩讀《靈》《素》諸書，所論經脈、絡脈，但指爲流溢之氣，空虛無著，不免隔一塵劫。何似茲編條理分明，如印印泥，使千年雲霧頓爾披豁，真可補《人鏡》《難經》之遺，而刀圭家所當頂禮奉之者。聞西土格致名流，值有殊死重囚，多生購之，層剥寸刲，批郤導窾，毫髮無不推勘，故其著論致爲精詳。按新莽時捕得王孫慶，使大醫、尚方與巧屠共刲剥之，量度五臟，以竹筳導其脈，知其終始，云可治病。又宋慶曆間，待制杜杞執湖南賊歐希範與酋領數十人，盡磔於市，皆剖腹刳其腎腸，使醫與畫人一一探索，繪以爲圖。事與泰西頗類。至於精思研究，不作一影響揣度之語，則西士獨也。聞鄧先生譯說時，乃一紕漏侍史從旁記述，恨其筆俚而不拮作者之華，語滯而不能達作者之意。恐先生立言嘉惠虛懷，晦而不章也。不揣款啓，僭之爲通其隔礙，理其棼亂，文其鄙陋，凡十分之五，而先生本來面目則宛爾具在矣。日馳簡薊門，索湯先生所譯《人身全書》，尚未就緒，來札謂不妨先梓其概，以爲前茅。噫嘻！余幸獲茲編，無異赤手貧兒驀入寶山，乍睹零璣碎璧，已不禁目眩心悸，骨騰肉飛，遑待連城蕞采、照乘夜光哉？遂急授之梓，爲湯先生《全書》嚆矢。而仰觀之、俛察之、近取之，三才庶幾無闕漏之憾矣，概云乎哉？

麈提居士畢拱辰謹識[5]。

校勘記：

[1] 説：此下法圖本有"概"字。

[2] 略：法圖本作"概"。

[3] 元：原脱，據法圖本補。

[4] 憶：原作"臆"，據法圖本改。

[5] 識：法圖本作"序"。

張彌格爾遺蹟序

楊廷筠

温陵張子相晤武林,年在髫卯。見其沈默端重,潛心內顧,坐間止問生死與西學所以然,已愯然異之。爲粗述大旨,即有領會。時西儒艾思及先生在武林,教之可從事也。自是請於其父孝廉公,願爲艾師弟子。凡師所言,必口誦而心惟之,手録之,無昕[1]夕,無晝夜,鞭笞[2]自苦。艾師每用寬慰之。若瞻禮之期,不知疲,不知飢,至必先,去必後。彌撒執事,必親必恪,勞形苦神,惜時惢日,多在人不知、人不見中。疾卒,年止十九。孝廉公簡其篋,得手録主恩諸序,若西方好音警隸等小言,并存想苦難諸條。有宿儒老學不能言,即深於天學不易言。乃出自童稚之筆,且深藏默歛,人不及窺,雖父亦不令知。此豈世學可仿佛耶?余於此事,深嘉張子有數難焉。少年血氣方盛,人情必好進,偏嗜此退一步之學。其難一。世福富貴,通不經心,獨西書中有"神貧聖賤"四字,張子服膺其言,恨不得當,每操筆發明之,是何信解?其難二。天學嚴財、色二戒,財不貪非有,室不容二色,於人情最難,於官族子弟尤最難。張子一聞教言,棄世[3]如脫屣。其難三。凡人情割愛,必有所取於世。張子於世一無戀著,惟身後真福是祈是慕。人取我棄,人棄我取。其難四。幼而入教者,多由父母之命,窮而來歸。張子聞道最蚤,未嘗承命於親也。且負才通敏,采筆驚人,青紫可期,亟棄其學而請事焉。明知天學晦名,非如它道可以啖名,彼且譏稱兩真矣。其難五。備此純修,絕不類塵凡中人,意其爲天主特簡邪?化光天之說,余亦不識。但張子有大德,天主有全報,上品超性,於理亡疑。彼冥冥墮行,罔罔虛生,謂生無罪犯,死無獄報,豈不誣人,并以自誣,亦可怵[4]然深思矣。張子三年前白晝睹聖字,凡八言,時即筆記,今一一左驗。至三年相取,果應其期。幸壬癸立秋前二日,雪鋪殿宇瞻[5]禮之日,沂[6]前言不爽一日。吁嗟異哉!予不悲張子之夭,而幸其蚤脫。即孝廉公相見,無戚容,有喜言[7]。如是乃稱不死,故足嘉也。彼近世蓮妖以作逆被禍,妄謂死即生天。此猶天之與淵,冰之與火,何得比而同之?狂愚顛倒,可憐憫者。故因事附及,或亦張子聽簡意乎。

浙西鄭圃居士楊廷筠撰。

校勘記:

[1]昕:法圖本作"朝"。
[2]笞:法圖本作"策"。
[3]世:法圖本作"去"。
[4]怵:法圖本作"愀"。
[5]瞻:原作"贍",據法圖本改。
[6]沂:法圖本作"逆",疑當作"沂"。

[7]言：法圖本作"意"。

彌克兒遺斑弁言

謝懋明

事有近怪而不可傳者。有可傳者，不可傳而傳；必不可傳，不可不傳而不傳。何不傳也？謂近怪也。然則古之銜丹近怪，吐玉近怪，即疇錫之天，圯授之老，莫不怪而莫不傳者。跡怪而徵，理怪而經，不知者怪，知者明焉。余始讀張令公故郎君自敍，且信且疑。及至服繹二十一字之解，與生前取益諸書，不覺憑几嘆曰：兹勿論其事，即據其理，爲天地間不恒泄之秘，丹書洛瑞之屬，不是過也。而乃出諸髫年之廢簏，則斷斷乎實有是事矣。因請令公公諸傳。公曰：不可，人或謂我神明其説也。且我又何樂與既死之靈作無益爲？余曰：否否。郎君者可以死，可以不死矣。古之人確然有所見於胸中，則將傳之於書，以蘄不朽。而後世亦相與尊而信之，以爲其人雖死，而有不死者存焉。今郎君二十一字之畫現，言言皆天主真秘，則其書何不傳也？孔子曰：朝聞道，夕死可矣。今夫人固有大耋之年，欲求一言之幾乎道而不可得。則世必群而詫之，以爲幾死之人，而郎君獨有以洞悉其本原，則是足以死而無憾[1]矣。而或以公將神明其説。夫傳則傳耳，斯有何怪，而公神明之邪？今世即無大禹、姬昌諸人，不復知有丹書杞老之事。而其理之鑿鑿有據者，至今直與日星爲烈，則何不可信也？余既知郎君之足以死，而又確知其書之可傳，雖令公烏得而強秘之哉？既已言於令公，并爲弁其首云。

温陵後學謝懋明頓首拜書。

校勘記：

［1］懋：法圖本作"愧"。

楊淇園先生事蹟序

張賡

天帝賦予，不知幾何年算。回思悲念，錯將五十餘年浪費。忽忽流光，惛惛長夜，只自負好古，曰：吾能作數行文章猶人矣。自負仁心爲質，曰：吾但見世人苦難，若在乃躬矣。又自負制事有方，曰：吾每至糾紛難解之族，夫亦不難爲矣。何曾知有人間修，何曾知有天上事，況復更知天上事即在人間修乎？幸天帝閔予，假緣辛酉之春，讀書浙湖上，乃得聞天主正教。一時目傳教者言，耳傳教者言，亦知吾孔子朝聞夕可，吾孟子存養事天，大都發明此真宗無異。若不遵此道者，總歸邪道者。奈俗緣難除，坐進此道不果。天帝又閔予，默移[1]京兆淇園楊先生愛予開予，再三提撕予，令予曩所難除者，一刀割絕，而日於傳教諸先生是侍，日於傳教諸先生是聽。數年來，雖[2]不甘不自成，並不甘獨自成，寔皆淇園先生之指吾南也。先生指吾南，不在言訓，惟是無行不與，而統歸於翼翼昭事、偲偲愛人。予嘗欲次其行略一二，以爲人間式，愧未之遑。而思及艾先生周旋歲久，密覘其詳，於予更稔。因口授公趾丁君，先次以傳。予必欲潤之，仍是初時者自負狂迷矣。於是但喟然嘆曰：魏文稱年壽有時而盡，榮樂止乎其身。而人多不彊力，貧賤則懾於饑寒，富貴則流於逸樂，遂營目前之務，遺千載之功，亦志士大痛也。凜哉斯言！但爲小小文章事，乃至悲痛若是，況道德性命真大事，真無窮福乎？異焉哉！貧賤者曰：吾爲此誠難，如富貴乃易耳。嗚乎，世獨楊先生富貴也哉？富貴也者則又曰：吾處富貴難甚，貧賤人不知也。嗚乎，難至楊先生乃偏易哉？吾願富貴不如先生也者，勿視先生易；如先生富貴也者，勿讓先生以爲難。先生乎，先生乎，豈真能專美也乎？

晉江門生張賡。

校勘記：

[1]移：法圖本作"牖"。
[2]雖：法圖本作"遂"。

活 人 丹 方

此方專治七情六欲、三仇五濁、貪淫妒傲,種種毒害身心、損壞性命一切病證。不論久近輕沈,但肯依方炮製,服之立時見效。

敬天真心一副,愛人熱腸一片,孝順十分,忠肝一段,大肚皮一具,勁骨一大節,信寔根梢俱用,本來面目要全,陰隲不拘多少。神異奇料,臨時酌取。

以上同入寬平鍋內煅煉,不要焦燥,放清涼地上冷定,除去火性。又要耐煩寧靜,研爲細末,神水調勻,一團和氣爲丸。每服一兩,日進三服,一味澹薄湯送下。

最忌相犯七物:

一逆天害理,一利己損人,一言清行濁,一始勤終怠,一暗中箭,一笑裏刀,一兩頭蛇。

果能日服前藥,永戒七物不犯,自然百病不侵,一生安樂。不但增福延壽,還可慶貽子孫,真千金寶要方也。藥料隨地隨人,時時具足,惟願大家急取服之。

關中了一道人王徵傳。

人人自有病根,參禪打坐,皆誣下藥者。葵心先生此方從海上來,真對病良藥也。自治治人,高出秦越人上。拈出傳與不諱病者。若欲常生不死,惟用一味拔弟斯摩水，試問之葵心先生。

晉中韓雲景伯甫跋，館甥孫正宗梓行。

超性學要序

胡世安

維皇錫福，恒性班矣。私智紛糅，靈承獨矣。不有孽種，亢宗何彰。不有象賢，亭毓疑薄。夫不物物匠意以成冶，而莫禁不祥之躍鳴；不事事排甃以就彀，而時有應節之破的，則錫福同而自求以承福者異也。是知性學淳漓，從人介度，非天之有以抑揚之。學者能由性見天，由天驗全，深洞夫林總均秩，裒益無庸，物我參觀，功用互證，於聲臭睹聞表，順符帝則，盡人而皆修吉，庶無負臨汝默牖意乎。今觀《超性學要》，譯義娓娓數千言，疏引駁正，不憚齟縷，旨各循倫，義期蔽類，昌明天學，喫緊爲人。攝其要領，與吾儒昭事上帝、求福不回之指歸，其揆未嘗不一。第吾儒之言上帝者不可形垺，而西儒之言天主者確有宗傳，斯不無差別耳。語曰：東西海有聖人出焉，此心此理同也。南北海有聖人出焉，此心此理同也。亶其然乎？

西蜀胡世安題。

超性學要紋

康熙丙辰進士**高層雲**翼園

粵自鴻濛既剖,苞符燦陳,而古今性天之學,舉權輿於此矣。其或言太極無極,言無臭無聲[1]者,專乎天而言之也。或言厥有恒性,或言成性存存者,兼乎人而言之也。要之,天人無二理,性天無二學。惟小心昭事者,爲能靈承弗違,以對揚上帝之休命,於以迓嘉祥,膺繁祉,斯道得也。而昧者失之,日即慆逸。寧惟是,清濁殊禀,禍福分疆。夫亦永言配命之學,有未講也。後之名師鉅儒,兢兢於天人性習之交、克己踐形之道,言之不厭詳,訓之不厭切。凡所以導迷決翳,闢蓁莽之荒塗,指平康之坦術云爾。兹觀《超性學要》譯義一編,何其於性天之旨,條分縷析,辨証詳明,根極理要,而不詭於大道也!夫老、莊、列禦寇之徒,於聖道昭昭若揭日月之時,咸能著書立説,以自傳於後世。迨乾竺之書入中國,而矜異者又翕然從之。然眈元溺寂,足使習之者蕩瀁恍惚,而喪其所守,故聖人之徒闢之不少寬。若夫證性尊天,揆其義趣,自可羽翼經傳。豈得與誕妄不經者,同類而垺視哉?《易》不云乎:"窮理盡性以至於命。"竊於是編有深契矣。

華亭高層雲撰。

校勘記：

[1]無臭無聲：梵蒂岡本作"無聲無臭"。

超性學要自序

利類思

大西之學凡六科，惟道科爲最貴且要。蓋諸科人學也，而道科天學也。以彼校此，猶飛螢之於太陽，萬不及矣。學者徒工人學，不精天學，則無以明萬有之終始[1]，與人類之本向、生死之大事。雖美文章，徹義理，諳度數，審事宜，其學總爲無根。何能滿適人心，止於當然之至善，享內外之真福乎？故非人學，天學無先資；非天學，人學無歸宿。必也兩學先後聯貫，乃爲有成也。天學西文曰陡[2]禄日亞。云陡，指天主，本稱陡斯。云禄日亞，指講究天主事理也。天主事理，匪夷所思，咸賴古今聖經爲準。蓋聖經傳自天主，或默啓人，或遣神詔，或係降生口授。古來代有聖賢著論發明，能令教理大彰，無復疑義。異説百種，當之立見瘢疵，隨自消滅。而我萬民乃得馨誠滌慮，以歸一宗。其間傑出一大聖多瑪斯，後天主降生一千二百餘年，産意大理亞國。乃更詳考《聖經》暨古聖注撰，會其要領，參以獨見，立爲定論，若一學海然。書成，命曰《陡禄日亞》。義據宏深，旨歸精確，自後學天學者悉禀仰焉。是書有三大支，支分爲論，論凡數百；論分爲章，章凡數千。章分爲辨、爲反、爲解、爲答，而辨、反、解、答中，又各有始有終，此其數則更僕難終矣。然而由初迄末，層層相發，序若鱗次；纍纍交承，貫以珠連。望之浩瀚，擬河漢之無極。悉意探窮，妙解靈詮隨觸而出。讀者莫不爽然[3]自失，怡然首肯也。學者推爲群言之折衷、諸理之正鵠、百學之領袖、萬聖之師資，豈不然哉？旅人九萬里東來，仰承先哲正傳，願偕同志，將此書遍譯華言，以告當世。自慚才智庸陋，下筆維艱。兼之文以地殊，言以數限。反復商求，加增新語，勉完第一大支數十卷，然猶未敢必其盡當於原文也。續成大業，尚假歲月焉。

順治甲午孟春，極西耶穌會士利類思題。

校勘記：

［1］終始：梵蒂岡本作"始終"。

［2］陡：原脫，據梵蒂岡本補。

［3］然：原脫，據梵蒂岡本補。

超性學要自序 論靈魂

利類思

惜乎！今人多殫力訪求於己外不相關切者，而於在己内之至要者，反漠然置之，略而不論。盡性實德之君子則否，重内而輕外，先本而後末，由己以及物焉。夫人所以爲人，因具靈魂，爲人之真己。形軀非真己，乃己之表耳，況外物乎？是以人之首務，當知靈魂爲真己，不容不窮竟其體其德，作用於終向等情。至諸學雖要且貴，皆歸於知靈魂爲至要至貴，萬學之歸宿矣。假使究極天地之理、萬有之性、性性之情，而不知己之靈魂之體與[1]諸德，何自而來，何往而歸，其知徒然而無用耳。夫知識靈魂者，在知其元始、終向。靈魂屬形者否，屬壞者否？明欲二司，知欲事物何如？合形體勢，内外諸事，種種各情焉。蓋知靈魂元始即天主，則引人向主而欽崇之。知其終向即永福，自盡心力以求得之。知其乃神無形，是超然上思，不落聞見之神物。知明司向真，欲司向善，則良心良知不受欺蔽，惟真是識，惟善是從。知靈魂合形，則不得不仰贊造物者之全能，俾兩殊之物合一也。知靈魂永存不滅，則人宜自尊自貴，敻絕一切，心思言行，勿爲僞樂暫榮牽動其意，虩兹賤微之物。則我之禀性，邁越宇内諸有，世物豈能誘吾衷哉！知靈魂種種美好，天主厚畀吾人，念兹在兹，又焉能槁木其心，而不發敬愛畏懼之情，潔誠奉事大本大原、吾父吾天主乎？此書發明靈性之實義，其於原始要終之道，鬯括靡遺。即汨没世味之人，讀之亦當憬然覺悟。至有志存養昭事者，裨益德修豈淺鮮哉。

時康熙十六年丁巳仲冬，極西耶穌會士利類思題。

校勘記：

[1]與：梵蒂岡本無。

超性學要自序_{論天神}

利類思

予觀寰宇萬物，至賾[1]至異，大要總歸三者：一有形，如天地、日月、星辰、山海等；一形神合成，如人類具魂魄[2]兩端；一純神無形，如神鬼。今特論天神體、德、用諸情。此非出於名賢推測臆説，乃天主默啓於宗徒及聖人，録載新、古二經焉。天神性體，無聲無臭，非耳目形司可得聞見。爲萬有中最先，受造至邇。而仿佛天主，無質模雜合，至靈至睿，常生常穉，永存不滅。以言其數，浩浩乎難量，不可勝算也。《聖經》言天神在天主前，承使者萬萬，侍立者森森，合人類之衆，尤不及其萬一。且多衆之中，萬神萬殊，各一各類。如花卉之屬，若牡丹、若芍藥、若玫瑰種種諸類。而爲香、爲色、爲形、爲象，無不別焉。其明、欲二德迥然超異於人，明德則洞然見物之固然與其所以然，欲德則恒一恒常向美好而永持不易。其行動迅速，自天逮地，而自地復天，升降止在須臾之頃。能力弘異，運旋宗動諸天，從開闢迄今，不勞不倦。然尊卑秩序，各因其受性之殊，别有上、中、下三部，部各分三品，總合爲九品。上部受照[3]於天主，中部受照於上部，下部受照於中部。其品彌尊者，其數彌廣，而所司之職亦各異。試以人爵譬之，均屬班列王朝，有三公論道者，有六卿分職者，又有執金吾環衛左右者。由是以思，天神之倫次差等，亦略可見矣。上部三品：一謂至愛者，常近親於天主；二謂普智者，明識天主深奧之事；三謂上座者，徑直於天主受物之理。中部三品：一謂統權者，分別其所將爲；二謂上能者，加力以行所當爲；三謂宰治者，序列其行爲之次。下部三品：一謂率領者，始行以統御屬衆；二謂宗使者，傳宣主之要旨；三謂奉使者，專司奔報各事。若夫人物之類，咸[4]受其恩，不可殫述。緣其保存諸宗類及萬形，與頒施主澤之督司，經稱爲大主勇士、上主軍旅、人類護衛，統禦宇宙鉅王。緣其性體精微透徹，稱之爲光。緣其熱愛天主，稱之爲火。緣其美麗燦文，稱之爲曉星。復名曰上座，因主安息於彼。名曰太陽，因其普照宇内諸物。名曰天柱，因天體以之倚賴。然總謂之天主友、天主[5]子而已。玆特略述其要。若夫辨論考證，詳悉[6]具見於篇中云。

　　時康熙十五年丙辰孟春，極西耶穌會士利類思題。

校勘記：

　　[1]蹟：原作"頤"，據梵蒂岡本改。

　　[2]魂魄：原作"靈魂"，據梵蒂岡本改。

　　[3]照：原作"昭"，據梵蒂岡本改。

［４］咸：原作"感"，據梵蒂岡本改。

［５］主：原脱，據梵蒂岡本補。

［６］悉：梵蒂岡本作"晰"。

復活論小序

姜修仁

復活一端，屬造物主之全能，難以臆測也。揆之情、之理、之法，亦可知其有必[1]然者。何則？人也者，合神形而爲言者也。世間締結之密，須佑之切，無神形若也。終身修慝積德，未嘗須臾離。迨死而其神上升，無能偕形[2]，應屬不愜；下墜而神獨膺苦，亦復未平也。此論情當復活也。耶穌爲聖教會之元首，業已復活，世人其百肢，宜隨元首復活，又理之所不容已也。若夫作善作不善，神肇其端而形從之，苦樂有先後，固其所也。況乎昭事不替者，克己之[3]功，寔賴厥形；怙終不悛者，肉情是順，乃形陷其神也。倘不復活，是善者神獨何幸，而形不與樂，不善者神獨何不幸，而形獲脱然苦[4]外也。造物主賞罰精當，至義且公，定無是法也。惟是復活之後，善者永享真福，日新不厭，方爲常生；不善者永受極禍，滅絶無術，逃避末由。非常生，乃如常死也。又烏可以弗辨？凡復活之義，種種精奧，具天學修士安先生所明解。學者潛心觀玩，不難曙[5]所嚮往而屏棄匪僻也。姑未敢贅。

時康熙十六年秋七月既望，關中後學姜修仁以道頓首謹撰。

校勘記：

[1]有必：原作"必有"，據梵蒂岡本改。
[2]形：原作"行"，據梵蒂岡本改。
[3]之：梵蒂岡本作"諸"。
[4]苦：原作"若"，據梵蒂岡本改。
[5]曙：疑當作"睹"。

復活論自序

夫人死肉腐骨灰，至於千萬年之久，一旦復活如初，是豈人力所能哉？或有以爲不足信，斯就人之智能忖度耳。若論天主之智能，安得不篤信乎？蓋天主全能，且不難從無而造天地萬類。至於復活，乃取浮塵朽質，起復人之原身，又何難哉？夫火能焚人身而使之灰，土能蝕人身而使之化。火、土皆受造之物，其能如此，豈造物主反不能以人身之灰燼，仍爲人之原身哉？且目前事物，有可觸類而通者。太陽西没，黑影羅地，飛鳥[1]止聲，百工罷作，若憂其没。及其復昇於東，幽暗發光，人事興，羽蟲鳴，萬物更新，若慶其復生焉。果穀諸種，極爲微細，冬藏於地，是入墓也；逢春甲拆，是復生也。人夕寢如死，雞鳴起如甦。凡屬生滅之物，莫不皆然。又何疑於肉身復活，天主所親諭者乎？就復活言之，其理深切著明，未嘗不可論、不可議也。《超性學》西文曰《陡羅日亞》。載之甚悉。遠人竊按原本，譯以華文，用告好修君子。凡今之身，皆將來復活之身，不可損棄於穢慾暫樂中，如委軀於壑焉。宜援之令離垢慝，上達高明之域，斯足貴耳。援之者至復活，必得常生；損之者雖復活，乃得常死。禍福之關，得失之介，不可不慎圖也。願讀者詳之。遠人言辭拙，文字闇澀，或取其義，置其文辭，則厚幸矣。

校勘記：
　[1]鳥：梵蒂岡本作"禽"。

天主實義序（存目）　馮應京

天主實義重刻序（存目）　李之藻

天主實義引（存目）　利瑪竇

重刻天主實義跋（存目）　汪汝淳

天主實義跋（存目）　顧鳳翔

刻畸人十篇序(存目)　李之藻

畸人十篇跋(存目)　李之藻

畸人十篇序(存目)　浣城人劉胤昌

重刻畸人十篇引(存目)　周炳謨

畸人十篇小引(存目)　王家植

畸人十篇後跋(存目)　汪汝淳

畸人十篇序

吳載鰲 溫陵乙丑進士

聖天子化及遐方，凡文軫薄狄鞮，通胥靡然化。而慕義之士，乃有至於萬里外觀上國聲明者矣。然其地則莫遠於歐邏巴也，其人則莫奇於利公，其學則莫正於尊事天主也。利公處燕，生蒙饗，死賜葬，聖恩之不忘遠甚厚。予年十五時，曾見其所傳《畸人十篇》者，鄭重性命，有味乎其言之也。既窺崖略，倍深懊嘆，恨利公早化，無由一見其丰儀。而今艾公思及過閩，予得見之，根本性命與利公合。見利公之所與，如見利公焉。其德音貊如，其度沖如，其誘人爲善惟日而不足，皆所謂畸人也。艾公既思廣《十篇》之傳，乃重刻以行世。吴子曰：性命一原之學，古今之所同然者，奚畸也？君子蘭芳，無在非好，而當之者自畸，予是以重爲世嘆也。事有睽而志類，教有別而道通，惟無畸也。故曰：日月照而照無私方。血氣尊親，歸於所天。惟不畸而畸，故所謂童貞之説，七克之教，且莫之能行也。莫之行而嗜競耽淫，寵嗔臥利，太音之聲，僅博折楊皇華之視。毋亦人之自爲畸乎，而誰謂畸乎？夫適莽蒼而逾遥之，不有主者，中夜誰泊？以造物爲蘧廬，何莫猶是，庸得無主，而浮游漂蕩於不可知之域乎？明有禮樂，幽有鬼神，其事大矣。主人翁申告我曰：何斯違斯，其則不遠。吉凶由人，惟念所轉。此弱喪者之所躍然而知歸矣。

卷五

天學略義序

張賡

合宙之物，莫不以不經見者爲新，但一經見，又旋曰故矣。況見之而浸歲月焉，更故矣。甘露彩雲，結氣之新者，歲月不解，必等於瘴霧淤澴。龍麟鵰鳳，成形之新者，歲月依人，亦等夫家豢池畜。人事之變，今古迭更；理道之敷，久近彌暢。文章之巧，彼此各不相仍。凡來茲者閱前往者，規規焉自以爲新，自以爲可用、爲可久矣。見夏繼之創謂新於禪，見誅征之創謂新於讓，而由今見之等故也。人事之變，理道之敷，文章之巧，其新不能常，統皆如是。乃至諸教之遞興，諸子之競爽，概不得謂常新，又奚異焉？夫非新之無常也，彼原非可用、非可久，即或有用之者，亦猶以龍麟鵰鳳爲羞，而甘露彩雲爲飲也，匪養吾生之善物長物也。故乍見之而喜，喜之而用，用之而竟厭，厭即成故矣。周天內萬古長新者爲何物？日也。一日無日，則黮窅無色，人物殊無昌光之氣。大明中天，見者常豁心目。且雖人事極變，不能擬其化；理道極敷，不能擬其昭；文章極巧，不能擬其暉燦。即世人日用飲食，最爲急需，亦有時或厭。而容光之照，必無或不喜者。故人有恒言，皆曰日新，此亦無心而共公稱之語也，謂其爲世所必用，所當久也。孔夫子之教，只是與人明性天，而最高穎門徒，乃謂不可得聞。則夫子揭性天且如日，在端木卻企之爲新聞，何哉？蓋誠知其極[1]當用、永可久，而第恨不能窮其理、盡其性，以上達於天，故終身視之爲新如此也。小子賡從事天學，今二十年所矣。潛心樂玩諸先生之發明諸書，亦且數十種矣。其專主天帝無二心，其傳述天帝降世同人如一口，其指示天帝愛人之訓、超性德之修又皆同功。真似日之爲輪、爲旋、爲照臨、爲章光、爲恒久不息。而其變化、其昭明、其溫養民生，時時新，處處新。人人共喜其新，而以之爲切需，尤亟於飲食日用也。世固有矑而忌之者，其目病也；抑或有視之而若無睹者，其目盲也。天帝開予眼，夙於武林睹諸先生之日，今重來復再睹孟先生日。日之爲物，莫得而私，亦莫得而贊。第相引而共遊於日之中，勿甘處闇汭，自失其昌光之氣可矣。或曰：諸先生書，其爲日也多矣。十日並出，昔人特作寓言，何必更多？予笑爲再況曰：而睹諸書，昨日以前日也。孟先生《略義》，今日又周之日也。吾儕近光，昨日以前日，此日更不欲近光乎？或無以對，遂求先生普示之。

晉江昭事生張賡。

校勘記：

[1]極：梵蒂岡本作"亟"。

辨敬録張序

張能信

張能信曰：治世有[1]三大經，是否一，賞罰二，禍福三。三者殊稱不殊實，同功不同用。名莫嚴於是否，受者有能動弗能動焉；權莫震於賞罰，施者有所及所弗及焉；應莫神於禍福，施之不患有弗及也，受之不容有不動也。由昔經傳史策紀載禍福影響，徵其理，理則可徵；驗其事，事則允驗。忠臣離是説不敢以告君，慈父離是説不忍訓其子，危言、婉言而各有合也。故其人恪畏禍福也者，則必恪畏賞罰，則必恪畏是否，有不之於聖賢焉亦僅矣。其人蔑畏禍福也者，則必蔑畏賞罰，則必蔑畏是否，有不之於禽獸焉亦僅矣。是否，治人之名也，而形不接；賞罰，治人之形也，而神不接。禍福暫治形，久治神。形與神並接，即名亦從而接矣。故夫是否一之於聖賢，則莫竊乃是否者焉；賞罰一之於君相，則莫竊乃賞罰者焉；禍福一之於上主，則莫竊乃禍福者焉。上主禍福奢矣，備是否賞罰之未備；上主禍福公矣，愜是否賞罰之未愜。今夫人壽期於百年，世榮止於三公，福云至矣。豈無德且百過此者乎？豈無德且百不及此者乎？豈無百相反悖此者乎？遇兼夭困，辱備五刑，禍云至矣。豈無惡且萬過此者乎？豈無惡或未至此者乎？豈無賢士正人不幸坐此者乎？賞罰偏，則聖賢阻其是否；是否勝，則君相窮其賞罰。故司馬公云：“無天堂則已，有則必君子登也。無地獄則已，有則必小人入也。”此言上主之禍福至乎至朗也。蓋人有死疾瘵，有死水火，有死桁楛鋸鑊，厥死惟均。忠臣烈士曰：水火疾瘵死也，與死於桁楛鋸鑊孰優？故視死焉如飴。賊子亂臣曰：桁楛鋸鑊死也，與死於水火疾瘵孰劣？故走死焉如鶩。君子固不避禍，即奪福焉，善猶宜爲。然善積而永福不集，可謂君子無負上主矣。豈不上主反負君子乎？小人原不望福，即臨禍焉，惡猶貪作。況惡積而永禍不來，可謂上主大縱小人矣。彼小人又何忌聖賢君相乎？且君子之立言也，爲可垂戒，即未睹其事，猶將表之；爲不可垂誠，即身親其事，猶將諱之。天堂地獄之説，其理無悖於儒，其教有功於世。異端亦言之，則奉焉；西士亦言之，則惑焉；中儒亦言之，則隱焉。可不云最聾不聞、最瞽不覩者乎？大凡經史言天，分有二矣。以形氣言天者，言十一重以下之天，譬如人之有身也；以禍福言天者，言十一重以上之天，譬如人身之有靈也。試夜測星躔，何以此辰周，彼辰不周？何以此天疾動，彼天緩動？則知天之果有多重矣。多重以下之象緯躔度，指掌也，鑒髮也。詎獨多重以上，帝居永静之天，爲可疑乎？身雖未至而可以理斷之者，天堂地獄之説是也；目雖未擊而可以事斷之者，耶穌降贖之説是也。天主自降則疑之，虹流岳降、履跡銜卵則不疑，可不云最瞽、最聾之尤最者乎？又經史言鬼神,亦分有二矣。獨言鬼者,邪之屬也;獨言神者,正之屬也。兼言鬼神者,未可定之之辭也。神有吉德焉,鬼有凶德焉,行之而有得於己之謂也。神行之而得其爲神,鬼行之亦得其爲鬼。神得其爲神而神盛,鬼得其爲鬼亦鬼劇。邪鬼正神,其才力相爭相敵而正勝邪。雖其無形無聲,而不可睹聞也同,其能使人畏敬也同。但鬼之禍福也私,私則以邪諂邪而可度;鬼之禍福也竊,竊則以邪欺邪而可斁。神不可度,神不可斁,鬼不格而神格也。格者,正也。無形者形形,無聲者聲聲,兩敬相遇,豈非誠乎?於何辨之?辨之於先與後也。天地方域從古不減,而祠廟之鬼及後漸增,則前乎此有失守之官;天地方域自今不增,而祠廟之鬼漸增漸積,則後乎此有相侵之職。不知上主肇立天地,即建無限天神之位,分司天地萬物之事,非待人之既朽而後代天司化也。若今俗所傳某人爲城隍、某人爲閻羅、某人爲功曹判案等,則豈鬼神亦有升陟降黜之位乎?假使鬼神亦遷除,亦改調,則是鬼神亦不免於功罪,亦不免於枉直,亦不免於公私也。公直自可,私枉何堪?宜乎操豚酒以望富貴,焚楮錢而祈蔭佑者之累累也。夫昭昭之是否淆矣,全恃冥冥能壹之;昭昭之賞罰頗矣,全恃冥冥能平之。而世俗相奉鬼神既如彼,相詫禍福又如此,此谁[2]從而定之哉?吾聞邑有公祠,所以旌勳;家有私廟,所以崇恩。靡勳靡恩,名曰淫祀,有隳無留,昔賢可法也。今之狂生瞽儒,入則蚑行杵額,乞哀貢媚,出而語人曰:"我敬其人,非求福也。"然則儒生誦法孔子,致敬宜先文廟，何自燔肉而外，未見僕僕亟拜於孔子者哉？而且風步翅肩，大言曰吾儒吾儒，竊恐吾欲儒而儒不吾也。可勝哂邪？可勝涕邪？吾儒之統，兆自羲畫。而孔子贊之曰："大哉乾元，萬物資始，乃統天。"夫乾之元，天之統，此何謂也？求理於《易》，可以止矣。學《易》如孔子，可以止矣。且儒者之業甚大於勸戒，儒者之理甚精於性命。今有人生之莫知所以生，死之莫知所以死，則與毛角奚別焉？夏王云："生寄也，死歸也。"後世言生死萬殊，要不出"寄""歸"二字之義而已。暫而來、暫而往之謂寄，自彼來、自彼往之謂歸。假爲氣散無知之論，則將歸於何所哉？假爲輪回托生之論，則展轉寄世，安得謂之歸哉？假爲修僊證佛之論，則人非僊佛所生，又安得歸於僊佛哉？故天堂之義，中儒列之詳矣、灼矣、確矣。有是必有否，有賞必有罰，有福必有禍，有正必有邪，有神必有鬼，有高必有下，有天必有地，有堂必有獄，又何疑焉？又何疑之甚焉？疑之則助於不肖之尤者焉。修士端人，考證書傳，禍福昭然，愈自喜也。以若所言，則是我將登於天也。以若所爲，則我非有難能也。凶流奸黨，聞教而自傷也。以若所言，則是我將入於地也。以若所爲，則我萬不能遷、萬不能改也。我雖死而入獄，而親戚友朋莫有見也。又何賴汝揭揭言之，以豫告我親戚友朋爲？不如拒之，不如闢之。是其志也。試士入闈，自幸其文將售也，則先譽其主文之公而明也；自羞其文將落也，則先誣其主文之闇而私也。是其志也。是故有聖賢晰理之人，有僊釋左道之人，有世俗飲食之人。聖賢之人之於天神之黨，左道之人之於邪鬼之黨，世俗之人渴飲饑食，昧昧生，昧昧死，之於禽獸之黨。然逃墨斯歸楊矣，逃楊斯歸儒矣。仙釋左道，知論生死而不知生死之故，知明禍福而不知[3]禍福之原，猶有敬者存焉，失於辨之而不早辨也。所可哀也，亦可懷也。之則孟先生之好辨，有不可已也。之則予與朱氏受而傳之，有同心也。之則所以辨神於[4]鬼也，所以辨人於禽獸也，所以辨未死之人於既死之人也，辨冠衿之禽獸於角羽之禽獸也，辨語言文字之禽獸於睢睢喁喁之禽獸也，嚴矣哉。

東海後覺張能信望先氏敬書於三畏齋中。

校勘記：

[1] 有：梵蒂岡本無。
[2] 誰：梵蒂岡本作"孰"。
[3] 知：原脱，據梵蒂岡本補。
[4] 於：原作"與"，據梵蒂岡本改。

辨敬錄朱序

朱宗元

朱宗元曰：縱橫闔閭[1]之説興，而諸侯之名實亂矣。法律功利之學興，而先王之仁義亂矣。異端邪魔之教興，而真主之大道亂矣。故縱横闔闢[2],竊聽者也;法律功利[3],竊治者也;異端邪魔,竊心者也。心雖爲異端邪魔所竊,而其本來之良則有不可盡泯者。即本來之良,他雖盡泯,而其肅然一念,則有不可盡泯者。故識敬,良知也;克敬,良能也。君子之功,極於篤恭以平天下,而肇於戒懼以致中和。小人弑父與君,則無忌憚爲之芽也。故一念惕然,則百理進,百私退;一念頹然,則百私進,百理退。故君子一之於敬,則兩得之矣;小人壹之於肆,則兩失之矣。故曰:"敬者,德之聚也。"古儒有以主敬[4]爲學者,意謂敬則心體常惺惺,常惺惺即道心恒爲主,人心無自而争。然存之而不知所以施之,是有體而無用也。故敬而繫之辨也,非辨敬體也,辨敬用也。孟先生曰:人心之猶可教也,以敬思之未盡亡。使舉世悉狂悖恣慢而無復畏忌,雖聖人無以治天下。予之致辨者,非謂人之盡狂悖恣慢也,謂其有惕然肅然之心,而不知所以施之,而倒行之,而誤用之也。予之致辨也,亦欲舉良知良能之不可泯者,悉而致諸知能之所自出耳。今夫盜賊横行,過孝子之里,則相戒不犯。獲敵國一臣,或抗節不屈,雖在仇讐,咄嗟奇之。何以感服忠孝若是?人莫不感服忠孝,人莫不知有君父也,孰知夫生天生地者之爲大父也?孰知夫主宰萬物者之爲大君也?孟先生曰:予非能舉悍然不可回者,逆而揉之,矯而易之也。特因人心之未盡牿亡者,擴而充之耳。故因人之致敬君父也,教以欽崇大父共君;因人之不拜衣食居室也,教以無拜天地日月;因人之不恭亂賊也，教以無恭儳釋；因人之不愛魂讐也，教以無欽鬼魔。聞若説者，始而駭，中而疑，卒乃釋然。而後知天地其役事我者也，萬物糧資我者也，鬼魔誘我者也，儳釋古人得罪於我大父共君者也。則我何始自無而授之有，非天主邪？我何存永保俾不歸本無，非天主邪？我何終定其賞罰而福之、而禍之，非天主邪？故彈我[5]内司外官，悉以致敬於主。十字架，吾主救世之具也，則敬之。聖母，吾主降胎之母也，則敬之。天神聖人，吾主之忠臣孝子也，則敬之。敬之維何？拜稽焉，想誦焉，與彌撒焉，非牲犧粢盛之謂也。故《辨敬録》總歸二端：一晰當敬與不當敬之別，一晰致敬之差等。敬生惕，惕生畏，畏則有所避，而不敢爲不善。抑敬生愛，愛生慕，慕則有所冀，而決於爲善。故使人日遠小人而日近君子者，敬也。使人祇祇，而不祇不祇者，敬之辨也。使人父得訓其子，近得播諸遠者，辨敬之録也。先生之爲是録也，非樂於縷陳絮析也。邪正、黑白之淆亂久矣，辨之者如淘金於沙，别綵綫於日中，雖欲不縷陳絮析而不可得也。嗚乎，吾驕矜也與哉？靈才如此复絶也，而視受造特毫末耳。神人萬有之美好，如此其廣博也，而視授造主，如涓滴於滄溟耳。吾誇肆也與哉？大道若[6]光，天步若徑，然方且舉世昧昧[7]，事仇爲君，認賊爲父，何其大不解也？舉千百年來，所迷惑錮蔽而不解者，一旦揭日月而示之。是録也，其殆行海之指南鍼乎？其殆暗室之夜光珠乎？嗚呼！人心爲異端邪魔盜據久矣，先生奪而歸之。昔儒謂功不在禹下者，其先生之謂與！

　　鄞人朱宗元思默氏拜手敬題於高美臺上。

校勘記：

　　［1］［2］闔闢：梵蒂岡本作"闔闢"。
　　［3］利：原作"力"，據梵蒂岡本改。
　　［4］以主敬：原作"主敬以"，據梵蒂岡本改。
　　［5］我：梵蒂岡本作"吾"。
　　［6］若：梵蒂岡本作"如"。
　　［7］昧昧：原作"味味"，據梵蒂岡本改。

辨敬錄錢序

錢廷煥

　　錢廷煥曰：學士家讀書論道，峻負上達之姿，輒欲抗志希天，恒遊奸世，滯淫誘，迷迷趨避，覷息罔生，而卒未詳昭事之宲。雖歲時瞻拜，疾患籲呼，猶適越而北其指，馬愈駿，馳愈捷，而去越愈遠耳。復何怪氓之蚩蚩，搏土刻石雕木而以爲靈，佞魔爲主而伏敬之，求其所不能與之福，禳其所不能除之禍也？噫，可不惜哉！是烏容以無辨。昔夫子嚴斥非鬼而兢兢獲罪於天，《中庸》訓事帝知天而亟求明辨，可見人情嚴恪奉尊，類未有不辨而致吾敬者。而辨之有其次，必務先辨是非、辨疑信，使守其要、識其歸,而後可求其放心,伐其邪氣,爲能確嚮一尊,以致吾敬。雖然,吾猶謂事天者,可無辨其是而辨其非。非道,非德,非理,非氣,非形,非性,非萬物,非自然,而有爲道德、理氣、形性、萬物、自然者之宗。則爲即空即色非,爲玄之又玄非,爲無全功全能全用又非。元元本本,無始無終,誰更權輿匠化者邪?亦可無辨其信而辨其疑,則爲觸山煉石疑,爲須彌日月、恒河沙數之天地疑。縱受主瑞相,爲攀[1]犗吞卵、履跡剖脇、合龍繞電[2],感星降嶽之崛生愈疑。而吾主之元體,降接人性,禎蹟顯示,超妙難窮,經册娓徵,在晦彌炳者,則何疑也?在拘儒以肉目所不見爲無,而王頎訪兩面之客,海民[3]獲長臂之衣,武都婦化爲男,成都男化爲女。洎夫周娥殉墓,十載卻活;嬴諜暴市,六日而蘇。若此之類,嬗變莫詰,子概不語,史或闕文,則皆猶滋博宿之疑。而吾主之救贖受苦,復活翔升,垂肇生莫大之恩慈,終古最神之威爽者,復何疑也?認是堅信,去非拔疑,而後可求其放心,伐其邪氣,明旦赫敕,呼噏湛通,而翻然至敬生焉。始悟至尊無二主,至道無二理,吾人亦不可有二向。則所辨天地、日月、星辰[4],可無敬也;山川、觀刹、祠廟,可無敬也。仰而溯諸聖母與天神聖人,至可敬矣,而猶不得敬以天主之敬也。而敬止矣,蔑以尚矣。抑敬稱德輿,西學向天主三德,而信尤爲之首。信者,萬善之成,而美大聖神之始也,不可不早務也。自今翼翼小心,率吾分誼,惕怵遵誡,唯命是從。自非橫生倒生,凡顒戴天而踵曳地者,又誰非吾主之功臣肖子,乃待諄諄辨定,始肅然易慮[5]哉?夫人情易黨所習溺,而喜開所困衡。讀《辨敬錄》,猶勿震聾沁鬲,洮汗痛泣,而投誠大父者,此其人又勿與置辨可也。著錄若干篇,泰西孟先生以寓梯航傳教,熱切愛人之大願,橫口橫筆,字字靈詮,而予友朱維城、張成義勇勤之。成義謂予同學宜有言,予能言兩君,皆予邦高智誠修之士,善領予奮邁希天者也,故樂道予之所得者以質之。而先生固無藉予言也。

崇禎壬午夏,錢廷煥文一心居士[6]則氏敬敘於顯思堂。

校勘記:

[1]攀:梵蒂岡本作"扳"。
[2]電:梵蒂岡本作"虹"。
[3]民:原作"氏",據梵蒂岡本改。
[4]辰:原作"晨",據梵蒂岡本改。
[5]慮:原作"廬",據梵蒂岡本改。
[6]一心居士:梵蒂岡本無。

西士超言小引(存目)　　張汝霖

形神實義序

李九功

造物主化成萬有,充牣乎兩間者,殆不可以數計。獨命人於其中，役萬物而君之，明示人爲萬物之靈，故受造物主之恩施，如此其美且備也。顧人之所以爲人者，惟有形神兩端，使於形神當然之則與其所以然之理懵然弗辨，因而不識人生之大本原，並不明人生之大究竟，其不至於自戕自賊、自暴自棄者幾何矣。愚讀賴先生《形神實義》，乃不覺喟然嘆曰：吾國先師孔、孟二夫子，嘗有克己復禮之訓，有踐形盡性之論，有大體、小體之分，亦第舉形神大概耳。何意西海通儒，乃取人之形神而條分之、縷析之，洋洋纚纚乎累數千萬言。若於吾人之内外，悉洞如觀火然者。是豈無得於其衷，而臆爲之説哉？蓋編中所發明形論之粗者、顯者，固本於西國之名醫。至形神之精者、微者，則皆祖於其聖師多瑪斯所著，名《陡琭日亞》者，譯言《超性學》也。譯述其略以傳於世。先生亦曰：吾有所受之，未嘗稍參以一毫疑似景響之見，故謹題其簡端爲《形神寔義》云。於戲！先生抑首静窗，志苦神劬，不知幾經寒暑，始成斯編，豈以自矜其奧博已耶？誠有見夫當世之士，於眼前諸外事物，似無一不周知，而獨己之不知焉。曷念己既有形，則吾之所以爲形者何可不知？己既有神，則吾之所以爲神者益何容不知？不知，則於不關己之事物，皆欲其盡美。至於最切己之身心，反似不必求美，且任其損污而不顧焉。更將誇其浮誕之意智，自謂惺惺，寔則悠忽一生、虚度一世，究止贏得一大不惺惺而去。斯固先生之所大痛也。是以譯成斯編，使吾人由粗及精、由顯察微，則必了然於[1]知人之形受於父母，本造物主所鈞陶也；人之神合於形軀，胥造物主所賦畀也。因是而克己復禮，因是而踐形盡性，因是而別大體小體，而罔以小害大，罔以賤害貴。則先生斯編之傳，允爲格致之要指、存養之先資。於[1]以引掖靈民，俾各自顧自珍，期無負造物主生成貴重人類至意，究而復命歸根之有賴焉。厥功豈淺鮮哉！愚承先生馳書索弁，固辭弗獲，乃不敢掩其鄙拙，而僭爲之序。

癸丑歲仲冬長至前一日，景教後學福唐李九功拜書。

校勘記：

[1] 於：法圖本無。

形神實義自序

賴蒙篤

甚哉，造化大主體性之妙也！其智無量，其能無疆，至高至尊，超乎見聞之象，亦超乎不見聞之性。其化成萬有也，大約不外三端：一全神者，一全形者，一形與神並者。全神如天上之天神、地下之魔鬼，<small>天神、魔鬼同爲無形，但有善惡之分。</small>全形如天地、日月、火氣、水土、草木、禽獸。形與神並則惟人，肉身屬形，靈魂屬神。是大主之於人，亦見其全能全智之妙矣。因見生天地爲覆載人，生日月爲照臨人，生火氣水土爲保存人，生禽獸草木爲養育人。至於天神之純善以護守人，魔鬼之暴惡以警醒人，設天堂永福以賞人善、示人趨，設地獄永苦以罰人惡、示人避。是天主於人，其恩迥殊諸無形有形之物矣。奈何人生斯世，昧昧以處，非惟不知主，而妄測以天地理氣、陰陽性道等說，亦且不知人之所以爲人。於人之有形者，雖知形骸肢體，而多未得真；於人之無形者，雖擬遊魂心氣，而僅得其似。嗟乎！人之一身，動静與偕，寝食不離，尚不知己之形神，安望其能知全能全智之天主哉！不佞人也，欲與人認主，先與人認人。欲與人認人，當與人認人之有形與人之無形，因譯《形神》一書。形爲神之用，人之形近禽獸，而寔超乎其上，有粗分，亦有精分。粗分則官骸血脈、臟腑肢液，相爲聯貫。精分則公覺受像，分别涉記，名爲四職，稍近明悟，足通靈性。此則形之大端也。神爲形之主，人之神近天神而實不同類，有上分，亦有下分。上分則明悟向真，愛欲向善；下分則生覺能，而有養長傳生之效，運動觸覺之工。此則神之大端也。當其神與形合，則人生。肉身易累靈魂，靈魂足制肉身，制之得權者爲善人，制之失權者爲惡人。當其神與形離，則人死。肉身有形能滅，靈魂純神弗滅，善者則上升，惡者則下墜。此則形神離合之大端也。或曰：子亦人耳，何能測人之形，並能測人之神？其誕已甚。予曰：否否，此非予之臆説也。予大西名醫，所載形之粗分毫髮不差，予亦譯其要者而著於篇。若夫形之精分，並神之上下分，則祖諸聖師多瑪斯所著《陡琭日亞》譯言《超性學》也。之言，無弗寔也。顏曰《形神實義》,亦欲認人之所以爲人而已矣。人誠能認人之所以爲人,則於形而踐之,於神而全之,不獨認人之所以爲人,並能認人所由以有形神之主。則斯篇也,謂之《形神寔義》可,謂之《天主寔義》亦無不可耳。

癸卯歲蒲月日,泰西傳教會士賴蒙篤謹題。

天主聖教實録引

羅明堅

嘗謂五常之序,仁義最先,故五倫之内,君親至重。人之身體髮膚受於父母,爲人子之報父母者,皆出於良知良能,不待學而自然親愛。故雖禽獸性偏,亦有反哺跪乳之恩,矧伊人乎?余雖西國,均人類也,可以不如禽獸,而不思所以報本哉?今蒙給地柔遠,是即罔極之恩,將何以報?惟以天主行實,原於西國,流布四方,得以救拔靈魂升天堂,免墜地獄。姑述《實録》,譯成唐字,略酬柔遠之恩於萬一云爾。況能從此聖教者,其事不難。不必坐守禪定,亦不必屏棄正業,一惟誠心奉事[1]天主,無有疑二,則天主必降之以福矣。《實録》未見之先,如黑夜無光,不知生死之原;《實録》既見之後,自明天主根因,而知所以善善而惡惡者,真若撥[2]雲霧而睹日月矣。抑或視爲故紙,則受永刑入地獄,終難克見天主,夫誰咎,夫誰咎?第天主義理精微，難以闡發，故作二[3]人問答於是篇云。

時萬曆甲申歲秋八月望後三日，遠西羅明堅撰。

校勘記：

[1]事：梵蒂岡本作"敬"。
[2]撥：梵蒂岡本作"扒"。
[3]二：原作"三"，據梵蒂岡本改。

靈言蠡勺引

畢方濟

亞尼瑪譯言靈魂，亦言靈性。之學，於費禄蘇非亞譯言格物窮理之學。中爲最益，爲最尊。古有大學，牓其堂曰"認己"。謂認己者，是世人百千萬種學問根宗，人人所當先務也。其所稱"認己"何也？先識己亞尼瑪之尊、亞尼瑪之性也。若人常想亞尼瑪之能、亞尼瑪之美，必然明達世間萬事，如水流花謝，難可久戀。惟當罄心努力，以求天上永永常在之事。故格物窮理之君子，所以顯著其美妙者爲此。推而齊家、治國、平天下，凡爲人師牧者，尤宜習此亞尼瑪之學，借此理以爲齊治均平之術。蓋亞尼瑪之學，理居其至崇高之處，以臨御亞尼瑪之欲能、怒能，説見篇中。可以駕馭使之從理。凡諸情之動，能節制之。治人之法,一切臨御駕馭節制之勢,略相似焉。君子在上,以恩德柔善良,欲能之象也;以威稜御強梗,怒能之象也;以法制禁令,消弭亂萌,節度諸情之象也。亞利斯多曰:醫者欲療肉體之病,尚須習亞尼瑪之學。治人者療靈心之病,其須習也,殆有甚焉。等而上之,欲論天上之事,其須知此,又更有甚焉者。蓋從亞尼瑪,可以通達天神無質[1]之情狀。而亞尼瑪還想本己之性,亦略可通達天主之性,爲依其本性所有諸美好,可遡及於諸美好之源故也。故古昔典籍,無不贊歎亞尼瑪,謂之甚奇。如曰亞尼瑪爲世時與永時兩時間之地平,世時者有始有終,天下萬物皆有始有終[2]。永時者無始無終,天主無始無終。亞尼瑪有始無終,在天主與萬物之間。若周天十二宮,六宮恒在地上,六宮恒在地下,而地平在其中間,爲上與下別分之界限也。如曰亞尼瑪爲有形之性與無形之性兩性之締結,如曰亞尼瑪爲宇宙之約,謂上則爲天主之肖像、天神之相似,下則爲萬物之所向。是也。故亞吾斯定[3]曰:"費禄蘇非亞,總歸兩大端。其一論亞尼瑪,其一論陡斯。亞尼瑪者,令人認己;論陡斯者,令人認其原。論亞尼瑪者,使人可受福;論陡斯者,使人享福。"今略説亞尼瑪四篇:一論亞尼瑪之體,二論亞尼瑪之能,三論亞尼瑪之尊,四論亞尼瑪所向美好之情。總歸於令人認己而認陡斯,以享其福焉。方之本論,未免挂一漏萬,聊當嚆矢,以待異日詳之耳。

天啓甲子七月,泰西後學畢方濟謹書。

校勘記:

[1]質:此下梵蒂岡本有"者"字。

〔2〕"天下"至"有終": 梵蒂岡本置於"永時者無始無終"句後。

〔3〕定: 梵蒂岡本作"丁"。

主制群徵小引

湯若望

世人日與主失,而實無日不與主遇。非與主遇,與物遇也。與物遇,曷言乎與主遇？物者,主之制也。即物見制,則亦即物見主,豈不然乎？嘗觀之《聖經》曰:"凡不識主者,其虛生之人哉。"蓋凡物之美,皆寔有之徵。萬物以造而有,天主自有。惟自有者,可稱寔有。凡外著之行,皆内制之徵,而彼弗察也。又或以火氣、山川、形天、日月等物,爲制宇之主,則謬益甚矣。且既悦物形而誤崇之,豈不更宜認主尊體爲物美之本；既以物行爲奇,盍更明造物之能,而由物以覓物原哉？惜哉！主與我密邇,恒顧之、懷之、制之。而我距主甚遠,既不求見之、思之、感之,而迷於人世虛美[1],散厥靈心,而根本愈失焉。此蓋痛悲夫人之迷本原,而不覺其言之切也。《經》又訓世曰:"以誠心覓主者,無不可遇之。"由斯以談,不知認主,既不可以爲人。而有心認主,則又察乎天地,初非有疑似難明之事。然則何憚而弗一究心也？昔聖安當者,自幼隱居,不需載籍,具大智能。人問故，聖人指天地答之曰："是即載籍也。是中所函，即載籍中文字也。即最小星、最弱草、最賤微蟲，皆顯吾大主之智能。吾日取之以爲學，孰禁之乎？"安當勤師萬物，緣感天神降教，以此動中繩矩，西方推名聖焉。世有繼安當而興起者乎？予日望之。中西雖隔，今古雖遥，此心此理，當無有二。予故於曆事告竣之暇，窮覽天地、神人、事物之繁，足徵主制者，約列於篇，以俟同志，或不無返本窮源之一助云。

崇禎九年丙子穀旦，遠西湯若望撰。

校勘記：

[1]美：原作"矣"，據梵蒂岡本改。

主制群徵跋

李祖白

記曰："聽於無聲，視於無形。"蓋人子事親之微言也。夫聲形兩無，可聽可視，是名何物？所聽視者不於聲形，則聽之非以耳，而視之非以目也審矣。非耳非目，而能視聽，是又何物，豈不曰心乎？親一心，子一心，二心不可强而一也，而心固可以得心也。推是説也，於以上達天主何有？天主超物宰物，物未有離焉者，故曰大靈。人心超物格物，物鮮有遁焉者，故曰小靈。小之去大遠矣，而不可謂之不靈。靈頑乃隔，小大可通。有人於此，虔虔昭事神明，聚誠念之所注，赫乎有臨，斯耳目也乎哉？今夫遊五都之市，萬寶錯陳，兩目掩焉，而責耳以視，耳必辭不能。入深山，過茂林，水流潺潺，鳥鳴嚶嚶，不洗耳相接，而遽能於眸子，眸子任此乎？目接形，耳接聲，心所接者超形與聲，各有攸司，職不相侵也。設以超形聲者問耳目，猶之以聲問目，以形問耳，必不可得。然則世之疑天主者，曰人未之見聞，豈非惑歟？且昔者天主預照夫人之以耳目求之也，亦既降生濁世，著訓作則，閱三十年[1]有奇。當是時，夫人亦既耳而目之矣。乃今之獲聆斯義者，則又曰我未之見聞。曷於西不於中，曷於漢不於今？其執疑猶故也。是人傳九重有天子而疑，復驗以翠華之所臨、乘輿之所駐而又疑，勢必屈至尊下就庶人卑微之前，而後乃得其信也。又豈非侮歟？侮與惑，於天主乎奚損。獨斯人者，謬迷元本，負厥秉彝，良可憫惜。湯先生有慨於中久矣，乃於曆事既[2]竣，爲著此[3]編以告世。余受而卒業，大率就人惑侮，廣作津梁，俾於耳目接萬有之際，即以靈心接萬有之所以有。有萬而所以有惟一，一者天主也。一不可見而萬可見，一不可聞而萬可聞。人誠聞萬以聞一，見萬以見一，則是天主者亦無形，亦有形，亦無聲，亦有聲。而其降世也，亦於西，亦於中，亦於漢，亦於今，察乎天地，貫乎初終。吾願讀茲編者瞿然有省，則造先生之廬，而請以竟其說。若夫目洞神馭，詡詡[4]以博物相推尚，則先生恥之矣。

時崇禎歲次[5]丙子季夏，燕吳後學李祖白謹跋。

校勘記：

［１］年：梵蒂岡本置於"閱"字後。

［２］既：梵蒂岡本作"吿"。

［３］此：梵蒂岡本作"兹"。

［４］翊翊：原作"翊翊"，據梵蒂岡本改。

［５］歲次：梵蒂岡本置於"丙子"後。

真主靈性理證小引

衛匡國

此書究論兩事。其一論天主。天地間果有主乎？果無主乎？此主宰攝恒在否？其光明以莅治人事，無時不然否？死後人至其嚴臺前，以審吾善惡否？其二論靈魂。人果有是靈魂否？此魂不死不滅乎，抑隨[1]形軀散失乎？兩事最係喫緊。凡知之中，惟知此爲最大、爲最先，不容不辨。蓋據正學，則天地間有主無疑。使天主無寔據、無確徵，將萬有出於空幻，生於偶然，必大寬綽人心，滅其後世之懼，泰然泮然，縱心所欲。無主宰之嚴判，善惡無報，禍福無主，罪惡非罪惡。而兢兢懼獲罪於真主者，反爲過慮也。若主宰之論不越正理，而天地之内果有真主，果恒宰攝，人安得不畏懼，恐犯其定戒、越[2]其法令乎？安得不思身後來判人行，賞從而罰逆乎？夫主宰之大要，惟在賞罰二者。治世[3]無賞罰必不成，國家無賞罰必崩潰。故既明辨有主，即當信此主定有賞罰，以勉勵人於善，警阻人於惡。而吾輩慎宜懼招其聖怒，致其義懲矣。蓋其能無所不能，人不可脫；其力無比，人不可敵；其權無厓，人不可越其國之疆也。故未據寔理，明加考覈，憑真學以究至道，遽妄謂天地萬物無至尊主宰。其人誠大危險，陷於萬罪之至。是詛罵[4]元尊，而欺我大父母也。辟如國寔有君，亂臣逆賊不服不認，斯誅戮必及之。則妄謂無主，得免幽獄永世之討乎？人魂之事，亦當明論。使其妙不勝生覺二屬之魂，與獸同類，且與同理，既死而遂消滅。則身後善無所望，惡不必恐，賢不肖齊歸一盡矣。若指靈魂之消滅，固永存不散，惡者宜懼受無窮之刑，善者宜忻望永享常樂焉。夫兩端非僞設，以使人戰慄其善論，大悅人心，大益吾儕。顧所由識真主之寔有多端，天地萬物無一不表章其光榮。觀物之情，觀物之精美，觀天地之巧妙，則有至尊之主初造之，而後恒生育之、恒臨莅之，斷斷罔疑矣。人魂不散，寔徵亦多。夫人苟不念乾坤有主，身有靈魂，死後能受善惡之賞罰，則無惡不可爲，無善當爲，正小人欲得之便計也。旅人譯述此編[5]，他無所望，止以爲此兩者，寔吾人最要最亟事。惟冀凡我生人，細思明辨，毋俾靈魂在己，自有之而自昧，以取戾上主。庶可脫永殃，而得天國之永祉矣。

西海耶穌會士衛匡國題。

校勘記：
　　［1］隨：原作"遂"，據梵蒂岡本改。
　　［2］越：梵蒂岡本作"逾"。
　　［3］世：梵蒂岡本作"事"。
　　［4］罵：梵蒂岡本作"詈"。
　　［5］編：梵蒂岡本作"篇"。

學紀物原二篇序

張維樞

　　余遊雲司，獲交泰西利君。見其寡言飭躬，潛究性命，以祗事天主，兼博及象緯輿圖、勾股算術，真爲多聞有道之士。所著《天學實義》《畸人十篇》《二十五言》諸書行世，世多重之。其侶龐、高、龍、畢諸君，復演有《七克》《則聖》《靈言》諸篇，相與羽翼。大率皆尊天主耶穌之教，而苦心砭世也。惟余硜硜株守，雖不敢蔑昭事之忱，而涉世多尤，循崖而反，於里中復交思及艾君。思及者，亦利西泰諸君之友也。寡言飭躬，潛究性命，以祗事天主，有一無二。所著《學紀》《物原》二篇，切而精，宏遠而不詭。曰：天主也者，生天、生地、生人、生神、生物，爲我等大父母。則天之明命，一本領也。曰：天主至尊無褻，至能無煩，肇自無物，化生萬有。又時時保存之，安養之，俾得不壞。則何言行生，一公案也。曰：善惡二品，賞罰二權，天國、地牢二路，輕重遲速，毫釐不差。則命德討罪，福善禍淫，一平衡也。曰：人魂乃運動靈覺之原，身生身死，神靈常存。當圖所以善生善死，爲永永不滅計。則人禽幾希，利善之間，存養修俟，一宗旨也。曰：無聲無臭之主，以有形有聲而著。當其降世，亦在於天；迨既昇天，亦不離世。且誕於如德亞國，其地氣候中和。考之《景教碑序》，可知梗概。則皇矣臨赫，明旦出遊，一證驗也。曰：欲明有始也者，必有無始也者。在乎天地之先，而造成天地。曰：天之運動，必藉外有力者旋轉之。此乃造物命天神旋轉，以普照廣育。曰：必窮天地水火本然之性，誰付誰生，此乃萬物功効之根原。曰：設有理而無停育運旋之者，亦不能自分天地及萬物散殊。曰：瞽者不信天有日，然日光寔有，目自不見。天主道在人心，人自不覺，其爲心瞽可憫。曰：未有天地之先，獨有一大主，本無始無終。至七日而天主造成天地人物之功，俱已全備，故古經以七日爲期。此《物原》中喫緊數語，即乾元資始，神妙萬物之眞符也。夫以竺乾氏之明心見性，猶龍氏之用沖守中，虛極靜篤，吾儒猶欲收之。以其牢籠虛空，參証覈妙，可爲吾居安靜修之一助。況《學紀》《物原》二篇，語語尊天，字字還本，與吾羲文周孔之教大相符合，而又加精切耳。且其浮艖八萬餘里，涉蛟龍獵鬼之區，而神弗慴，何如苦行。不宦不娶，不傲不饕，淡約以明志，謹身廣愛以奉一尊，何如確修。我同文盛朝,河清鳳至,重譯獻琛,尚將列之享貢。如艾思及之至言純德,一心昭事,是同文之朝所賓,而濂洛關閩諸儒,所恨不同時者也。維樞閱《學紀》《物原》諸篇,因以知天主之式,靈有在矣。

三山論學記序

蘇茂相

《三山論學記》者,泰西艾子與福唐葉相國辨究天主造天地萬物之學也。夫天地萬物自必有所以造之者,窮無窮,極無極,其所以造之者,天主是也。然艾子以天主爲降生救人,而天堂地獄寔爲天主賞罰之具,蓋其國歷來尊信教法如此。相國之往復辨難不啻數千百[1],微艾子之墨守,曷敵輸攻?然微相國之塵屑霏霏,則艾子之能不疲於屢照者,其明鏡孰從而發之?不佞以爲諸葛武侯讀書觀其大意,如艾子所論尊崇天主,欲人遵行教戒,返勘吾身從何而生,吾性從何而賦,今日作何服事,他日作何歸復。真真實實,及時勉圖,如人子之起敬起孝。此則其[2]論學之大意。其餘雖千百言,以此數語蔽之可也。

石水道人蘇茂相書。

校勘記：

［1］百：此下梵蒂岡本有"言"字。
［2］其：原作"真"，據梵蒂岡本改。

三山論學記序

黃景昉

讀蒙莊氏有云：堯問道於許繇，許繇問於齧缺，齧缺問於王倪，王倪問於披衣，意謂寓言。今觀葉文忠師相之與泰西氏論學也，一晤談間乃有八萬里遼邈之勢，洪荒前事，乃真有之耳。泰西氏之學詳具《記》中，凡吾儒言理、言氣、言無極太極，皆見爲執有滯象，物於物而不化之具。其擯釋氏尤力，微詞奧旨，大都以勸善懺過爲宗。文忠所疑難十數端，多吾輩意中喀喀欲吐之語。泰西氏亦迎機解之，撞鐘攻木，各極佳致。語云：不發橫難，不得縱説。其謂是乎？愚按天之與帝，明分二體，地法天，天法道，道法自然，雖老氏頗亦言及。然降衷昭事，載在《詩》《書》可考也。謂天地之大，別有主之者，理所必然。愚聞之艾思及先生曰："我歐邏巴人，國主之外蓋有教化主焉，其職專以善誘人。國主傳子，教化主傳賢，國主爲君，教化主爲師。"若然，則二柄之難於兼合，即泰西氏亦慮之矣。然其人咸越八萬里而來，重譯累期，始習吾中華文字，如痿再伸，如壯再穉。以余所交，如思及先生恭愨廉退，尤儼然大儒風格，是則可重也。嗟乎！以彼大儒風格，特見於重譯累期之久，八萬里之遙。而吾輩安坐飽食，目不窺井外，乃覷焉議其區區得失，是則可媿也。

湘隱居士黃景昉拜題。

萬物真原小引

艾儒略

凡論一事而有相反之説，既不能俱真，必有一確法以定之。如論物之輕重，必須定以[1]權衡；如辨金之真僞，必須定以鏐石。論道亦然。每遇相反之論，惟藉一理爲衡石。人能不是己是而獨是理之是，則決萬疑亦易易耳。蓋未有理之所是者而非，理之所非者而是，理之所既非既是者而可疑是、可疑非。但彼一種似是寔非之論，於理遠又復彌近，故令人難辨。以此愈當尋認真理，擊排到底，以求歸一。譬如童子辨日，其一以大小驗之，謂早近午遠矣；其一以寒暖驗之，謂晨遠而午近。二説相反，又俱似是而寔俱非也。以理究之，天包大地在中，如圈中之有一點。日月星辰麗天，週繞大地，如一輪旋轉於中樞，其上下四旁相距俱等，更無晨午遠近彼此之分。所以早似大、午似小者，由早間濕氣瀰漫，地面重重輝映，開日之光。

午間則日在天中，無濕氣遮映，以開散[2]日之光者，故早大而午則小也。所以早寒午暖者，因早間陰氣甚盛，又日斜照無力，不能一時頓消。到午日力正旺，消化陰氣，又能直照，所以早則寒、午則暖也。亦由於此。今人論天地萬物之原，其説不同，或云天地無始無終，或云天地有始而能自生，或云天地有始而有所以生。所謂天地有所以生者，又或曰理，或曰氣，或曰主宰。窮究主宰之説，又各議論不一。以致人心茫然，莫知所向，而人倫之至業亦不得不大廢矣。此天地間一大事，衆務之先，正學之宗，豈容置而不明論哉？必須逐端以理論之。理者，人類之公師。東海、西海之人，異地同天，異文同理，莫能脱於公師之教焉。故君子當姑置舊聞，虛其心而獨以理爲主，理在則順而心服，理所不在則逆而非焉可也。余述此編非敢好辨，聊就敝土所傳公論，與夫窮理所得之學，請證於好道之士，以求歸一，或者不倍於真理云。君子不以人廢言，倘肯留神諦思，相與諮諏正道，予則幸矣。

泰西後學艾儒略謹識。

校勘記：

[1]以：原作"一"，據梵蒂岡本改。
[2]散：原作"放"，據梵蒂岡本改。

性學觕述序 一作靈性篇

陳儀 萬曆庚戌進士

往余入留都,會利西泰氏於吾師心堂趙先生之門,知其胸中有奇而未及深叩。後西泰入都,著書數種,推原天地人物所由生,悉出於天主,爲世間一大父母。人能朝夕承事,出入不詭於所生,即可登天堂而享百福。不然者,將有地獄之苦。初聞之,或以爲臆説。細諦之,即吾儒昭事之學,畏天之旨也。吾儒舉其渾然者,則曰天;西氏標其的然者,則曰天主。要以《皇矣》之臨下有赫,《大明》之無貳爾心,皆總而屬之上帝,此豈以漠漠蒼蒼言也?當時都中縉紳亦許可其説,投刺交驪,倒屣推重,傾一時名流。而其所傳衍,若推步表度之法與製造音律之器,皆超出吾人習聞習見之外,有足爲司天、司樂氏備咨諏者。名聞於上,爲予之餼,授之廛,欲以弘同文之化,廣王會之圖,爲一代之盛事,而西泰没矣。余丙辰入都,僅得見其遺書。及獲交龐、艾二先生,二先生學問宗旨,原原本本,一惟天主之尊是敬是奉。而克己苦行,獨復樂道,於名利聲色之習,一切無所染。蓋與西泰氏同軌同轍。第西泰入都,爲都人士所喜,彼一時也。西泰没後,而人以私意揣摩夷夏起見,此一時也。道寧有異同哉?龐先生既謝世,而艾先生遂由燕入浙矣，顧晰理愈深，講學不倦。武林諸名公多觀其深，而京[1]兆淇園楊公、太僕我存李公尤相篤慕，爲之揚㩁非一。余鄉中先達復有延之入閩者，而葉相國、翁宗伯、陳司徒諸老，皆喜其學之有合於聖賢，爲序其著述諸書。而《三魂》一篇，又[2]先生之推及[3]草木禽獸所以不同於人，人獨有靈，所以獨異於物，與孟氏[4]"幾希"之旨合。其旁諭廣證，觸類引伸，無非欲人之攝性完靈，以無忝於天主所以生我之意，蓋肫乎吾儒淑世覺人之心也。夫西國去中國數萬里，開闢以來，重譯未通，言語文字不同。一旦向慕，挾所懷來，譯以中國之文，乃與古聖賢敬天畏天之旨，若爲發明，若加真切。此從何處得之？正吾儒所謂天工造化之巧，無不持載，無不覆幬，而西國所謂天主也。今我皇上御極，重體神宗皇帝柔遠之意，仍[5]召陽、龍先生輩於京都。而當事者互上薦章，與共勘曆譯書，亦一時盛事也。蓋諸先生來此者，雖先後不齊，然究其相授守一教，閱十數輩如一人，歷四十餘年如一日，已無可疑之行。即死者死，存者存，終不得其可疑之迹。造化無私，王者無外，並覆並載於天地之中，共修共證[6]於屋漏之内，何所攜貳而反生障礙哉？因讀《性學觕述》，而偶發其端如此。

閩中陳儀頓首撰。

丁未科有陳儀。<small>範台，漳州海澄人，曾爲建昌太守。</small>

此乃庚戌科陳儀。<small>紹鳳，福州閩縣人。</small>

校勘記：

［1］京：原作"景"，據法圖本改。
［2］又：法圖本作"尤"。
［3］及：法圖本作"極"。
［4］氏：法圖本作"子"。
［5］仍：法圖本作"乃"。
［6］共修共證：法圖本二"共"字皆作"並"。

性學自敘

艾儒略

夫宇宙受造之物，畸莫畸於人性，廓莫廓於人性。論其體之小，則方寸能收焉。語其量之大，羅乎天地萬物，即能闢天地萬彙之主，覆載兆物，攸莫能載者。夫萬[1]有統歸四品，有具體質而無生長者，天地金石四行屬是；有具體質、生長而無觸覺者，穀實草木屬是；有具體質、生長、觸覺而無靈明者，羽毛鱗介彙是。三者咸囿有形。復有超形而純靈者，天神是也。維人則既該體質、生長、觸覺三美，兼含靈明，括衆品之攸具，亞天神而君萬物。且居有始無始之界、有始指萬物，無始指天主。有形無形之聯，爲乾坤萬化之統宗也。是性學爲天學、人學之總，另闢廓涂，俾諸學咸得其正焉。聖奧斯定曰：欲格物者，其要端有二，一爲人性之論，一爲造物主之論。矚人性者，俾人認己；矔造物主者，俾人認己之原始要終。一爲性學，一爲超性之學；一令人窺見真福，一令人寔獲真福也。故西土賢聖累闡性學，以爲生人亟著，莫先於玆。恒顏認己二字於堂楣，醒人僉應識己固有。維認己，則知己之靈性有由來，美逾萬象，韜含匪小，定罔敢自暴棄。認己，則知己與凡物，原屬造物主攸生。闚造物主爲生生之原，則兩間攸殖繁品，厥理易晰，斯又得一畢萬之法也。故善學者，必以窮理盡性爲極焉。夫明醫欲療人身疾，必澂神以按其脈，矧欲療人心疾，而可瘮瘮是圖乎？噫！人於世物靡不竭力求明，逮於自性，群覺曚然，是何鶩外弗思反内也。若允猛自摩厲，即有内光足供自照。或性光弗耀，資映於諸聖賢之光，庶可洞昭者。浸假聖賢之光，尚有未足，則懇祈上主無盡之輝映徹吾性，未有不悉透其奧焉。譬之燈燈互照，更獲太陽射耀，尚有遺明乎？學者克以理義之心，爲無象之目，反照頓悟，上矣。次則諸聖賢之解，其燈也。有燈矣，其光猶微耿，必也徼主默牖，以俾[2]人照所未逮，其太陽乎？吾儕欲認己性，殫眸力，藉燈輝，而更矔[3]以太陽，則有天學性述在焉。其中先窮其本體，與其由來歸向之地；次論其外官内司，與夫嗜動之理之具，性之所成其全，而獲其所向者；末談及餘緒，以遍其性之所有。如探原而窮其派，究本而達其枝焉。辭惟取達義，未敢以極須大明之理，反聱牙奧邃，韜蒙其旨也。第性學深淵廣博，玆帙曷詳厥蘊，第曰觍述云耳。

天主降誕後一千六百二十三年，時天啓甲子仲春既望,耶穌會士艾儒略誌於武林慎修堂。

校勘記:

[1]萬:以下原有"物"字,據法圖本删。
[2]俾:法圖本作"裨"。
[3]矚:法圖本作"燭"。

性 學 序

瞿式耜[1]

自造物主生天地人物,莫不各有當然之則。故天以覆,地以載,而人物中處其間。世固知人靈而物蠢矣,人貴而物賤矣,從未聞以生魂、覺魂、靈魂判草木禽魚與人之界者。聞之,自西士利西泰始。其言曰:世界之魂有三品:下曰生魂,草木者是,扶草木以生長,及枯萎,魂亦消滅焉。中曰覺魂,禽獸者是,附禽獸以視聽唉嗅,但不能推論道理,至死而魂亦滅焉。上曰靈魂,即人魂也。此兼生覺以扶長養,使人知覺,又能推論事物,明推理義。人雖死,而魂蓋永存焉。其爲説已彰彰中土,但無有得其説之詳者。甲子春,予獲與艾先生遊,自存養省察以至明庭屋漏,昭之爲儀象,幽之爲鬼神,議之爲德行,制之爲度數,靡不亹亹劇談,洞其當然,徹其所以然爲極致。一日出其《性學》以示，曰："儒者致知，必先格物。物有覺魂，靈寔兼之。欲識靈之爲靈，宜先知覺之爲覺。"予退而閱之，按外則五官效其職，循內則四識列其曹，發用則嗜欲運動提其總，續篇則記憶[2]、寤寐、噓吸、夭壽、老穉、生死，挈其全而折其委。詳哉言乎！然味其大旨，則不在是。夫學莫大於人禽之辨，此虞庭危微宗旨。明於庶物，正爲察於人倫。彼生之謂性一言，子輿氏直斥之爲犬牛人性不少貰，政慮此覺魂不明，將天下萬世不卒歸於禽獸不止也。故居屋漏，則志向[3]之鴻鵠、旦晝之牛羊必驅；在明庭，則當道之豺狼、馮城之狐鼠必詢。務使祥麟與威鳳偕來，鳥獸共魚鼈咸若。而靈者庶不爲覺殉，覺者且賴靈以安全調劑之。庶上帝所以生物之意，與生人能物物、不物於物之意，皆洞達無疑，殆如夢者一喚而使知覺乎？詠鳶魚之詩，先儒嘗活潑地。讀是編而不於官骸知覺外，怳有所存焉，亦難語萬物之靈矣。

海虞瞿式[4]耜伯略父撰。

校勘記：

[1] 耜：原作"穀"，據法圖本篇末題名改。
[2] 憶：原作"臆"，據法圖本改。
[3] 志向：法圖本作"心志"。
[4] 式：此下原有"穀"字，據法圖本刪。

性學觕述引

朱時亨

望遠者察其貌不察其形,聞遠者聞其疾不聞其舒。人之去天非遠也,親受其性以得生,若面詔告之、賦畀之。豈有躬受性、躬言性,乃或不得其舉似哉?無如知識漸紛,靈明自雜,學術相亂,疑信迭更,而後人之去天遠矣。去天愈遠,言性愈難。有人焉,將億萬年性命之學,手授而口指之,如別黑白,如數一二。令人自愛自畏,自知自行,時時可舉吾性與天還相質,亦時時可舉吾性出而告人。斯其斷人之惑,生人之仁,使人知天之畀我者甚重,而我之所以自待者亦不敢輕。則其有功於天主者何如哉?夫天主主張人性,教人率性,明其真靈,行其真善,誠欲招漸遠之人心,呼之使與天近也。今者西學艾先生閔我人之漸遠乎天,又閔我人之漸遠於性,遂忘所以賦畀我性之祖。木鐸弘宣,彰於雷鼓,令聞者通身一汗,立見性初,怳然性在吾目,因知天在吾心。人人可爲上天之赤子,人人皆思慕爲大主之順孫。則《性學》一書,匪但天近,直人而天矣。夫人不識性,亦惟處後則不見初生,處外則不能内視。形相隔,遂以理相格耳。性學之言,分別覺靈,儼爾危微一線,推入毫髮,洞覽形神。視隔垣能見五臟者，此直如琉璃光，接在目際，竟透十天，亦不止相萬也。至於細列官職，詳示形名，戒懼有方，操存有法，業已精義入神矣。乃題曰"觕述"，是亦不居德之意云爾。今而知是書一出，所謂相遠者，無不咫尺而近。豈惟咫尺，竟且察形聞疾又聞舒，幾乎與爲一體矣。相遠，習也。相近，性也。此論真千聖一轍[1]，又何遠之足憂？余受而卒業，亦僥倖乎天之可近，而大主之威靈慈憫，庶幾日鑒在茲乎？是敢奉其教而爲序。

丙戌[2]春三月，南州後學朱時亨德先甫拜撰。

校勘記：

[1] 轍：原作"輙"，據法圖本改。
[2] 戌：原作"戊"，據法圖本改。

靈性篇序

陳長祚

異國學瀰漫於中夏者，莫如毗茶。然而髡髮緇衣，欲超混沌而納阿耨，大反人道之常，不可以訓。其入華也，偏於辟雍虎觀，經教大明之日，栩其金光。譬如河漢東趨，百川争爲委沫，浸淫不已，且與道德氏列而爲三矣。明興，理學星懸，人文雲蔚。有大西諸賢越數萬里，慕風至止。其守戒抱真,念念天主,絕不爲支誕浮譎之詞,而深與釋氏爲難。揆其來意,亦欲廣施其道,主盟中土,實則吾儒之羽翼也。吾儒之言天者亦不一,夢得謂凡入形器者,皆有能有不能。天,有形之大者也。人,動物之尤者也。以天與人交相勝,殊昧以人事天至意。而微言渺義,則不出無聲無臭、曰明曰旦之語。西士乾乾上帝,瞑息昭事,如或聞之,如或見之,深得吾儒敬天之旨,自應與天爲徒,又何疑焉。西士之言曰:爾在世界中,宜視己如作客。宴飲列席,饌具厚薄,由乎主人,爾無責望行炙之人。果爾,則宜爲天主所客,宴諸天上。余謂人在世界中,復宜視己如作主人。旦暮托宿,聚散往來,由乎客人,爾祈無失主人之禮。果爾,則宜爲帝天所主,出乎凡人。主客之論雖不同,其於表章天主則或一也。西士亦以爲然否?西士入中夏四十餘年,而艾子思及始入閩,出其所譯書數種,讀之大解人意,如披雲見日。至於推測之奇,聞見之綜,制作之緻,則其餘無足道。最後復出其《靈性篇》,中於性命之事,尤多發明。子靜所[1]東海西海,有聖人出焉,此心同,此理同。吾聞其語矣,吾見其人矣。又豈可與禿[2]髮緇衣者,同目爲西方人氏哉?聊書數語,以弁其首。

校勘記:

[1] 所:此下疑有闕文。

[2] 禿:據上文,疑當作"髡"。

靈性篇序

邵捷春己未进士

華夷之所分者，中外也。以天地觀之，無中外也。等人也，等心也，等理也。孔子曰："雖之夷狄，不可棄也。"則夷之師詎不曰：雖之中國，不可棄乎？何也？造物之生人，與生物無以異。物有五色，有五味，有五聲。此所云黑白，彼不謂黑白乎？此所云酸鹹，彼不謂酸鹹乎？此所云宫商，彼不云宫商乎？則其於人也，此所謂耳目口鼻心志，彼不謂耳目口鼻心志乎？粗者既合，精何不然？故人有五常，當亦自信其同矣。在神宗皇帝時，有利君者自泰西來，著書數篇，大概言繕修之方，與吾儒不相遠，亦足發明斯道之同然矣。及利君往，而又有艾君者衍其説而行之。如《靈性》諸篇，則格物之遺意也。吾儒之所格者，散見之物也；艾君之所格者，藏身之物也。吾儒云：有物有則，民之秉彝也，故好是懿德。艾君能獨標己見，而於知覺運動之所以然者，深究而詳明之，精神形氣，了無遺論。比告子言性，似有所印而差徹焉。發利君之所未發，亦可謂高明知道理者矣。華夷一體，中外一心，斯不足證乎？艾君恐其言之無徵，不憚數萬里以取符於中國，而中國信其然。使中國人有操物則之説，以取符於泰西，而泰西人有疑之者邪？惜乎華人之不若夷人之堅於遠遊也。雖然，得一艾君，可以信其餘矣，亦不必勤吾舟航而之矣。天生利艾，其以彰宇宙道同之旨乎？微是則鮮不謂雕題鑿齒之外，若草木之與我不同類也。夫不知人一、心一、理一者，則可以駴二君之奇。知其一者，固亦中國之習聞習見焉已。若夫語言之待譯也，亦猶吾九州之鄉音隔易也，何嫌其不相通與？君異日西還，亟以華人之道語其未至於華者，使知吾孔氏浮海居夷之意，則君又吾儒之置郵也。豈無補哉？

則聖十篇引

孫元化

道之正邪曷辨乎？試之俗情則得矣。《書》曰："有言逆於汝心，必求諸道。有言遜於汝心，必求諸非道。"盡之矣。昔之論道者，屏情爲異物而終不得屏，乃反視道爲異物，而芒乎莫可據焉。果遠焉？果空焉？余則以爲即人情，印人道，如版上刻，如鏡中景，其反面即真面也。故求道之法，莫切於就俗情而反之。每所欣受之以割，每所難受之以決，每所求全受之以缺。一日之間，不勝情矣，即不勝道矣。吾夫子克復之訓章章，而人弗究也，即究弗用也。精言寔義，借焉者以爲筌蹄，托焉者以爲標幟而已矣。求其必究之究，必用之一，還吾三代之隆懿者，非泰西教學不可也。泰西之學涂寬而律嚴，綱大而目細。人有畏其難者矣，必無有疑其異者矣。即有疑其異者，亦泛然而疑之，因泛然而異之，必無有寔訝其異者也。無已，其戒色一端乎？夫色於今人爲最溺，故最難；亦最習，故最駭。曲證力推，要不過取徵於舜降二、文娶九[1]。夫娶二、娶九，則殷殷記之、諄諄道之不得忘。而亦有中古中士不棄醜、不再娶、不御嬖、不易糟糠者，獨祕而諱之，莫或及焉。夫彼何以不忘，此何以力諱？則逆與遜之隱分也。彼何以求助於大聖，此何以怩忸於中賢？則道與情之兩端也。即是而情愈章，道亦愈顯矣。正邪之辨，不概可推乎？高先生偶筆十篇，多發損益吉凶隨避諸義，與世俗眉睫所見而胸臆所揣者，不啻反蒼爲白也。余故以反情之説廣先生之旨，使人知一念、一言、一行，擇所逆而强之，擇所遜而奪之。不善之師，并不在人矣。而當世有倡言設教，常導人以順，引人以易，誘人以可推移，寬人以可補塞趨避者，宜不辨而知其左且愚矣。先生號則聖，遂名其篇。

吴淞孫元化書。

校勘記：

［1］此下法圖本有"而已"二字。

十慰總説

高一志

友之真者以通議、通財爲義也，而通議者猶尚於通財者也。多財易消，美議永在，至乃舒友憂、開友心者尤急焉。蓋致議於友者，或溺於媚玆之私而不致藎言，或過於督責之嚴而不致慰情。一譬之俳優者，遇友之難，代爲衷[1]號而片言無寔；一譬之嚴師者，戒訓滿堂，責高責遠，憂乃彌甚。若夫知道之友，必先引哀情之誠以順慰之，次致正理之實以逆脱之，乃可慰免焉。夫憂之根多從僞禍，非實禍也。苟於非禍者妄引爲禍，而以良藥爲鴆毒，可不傷哉？嘗譬之棱角鏡焉，以一傳百，以百傳萬。或譬繪製焉，卑者顯高，高者假卑，近者置遠而遠者爲近。以僞禍禍人，乃術之莫巧而莫危者歟。余居中邦廿餘年，習識中邦之友，莫不向高而好正。乃多遇患之至，或瞀厥心、懚厥身，最難解，甚且并以己殉焉。余約其大都有十端，乃述西土往喆所傳記、時賢所究解，各爲一論。先順慰之，次解脱之。其要歸於辨形神、分久暫，使人思形禍非禍，神禍乃禍，暫苦非苦，永苦乃苦。孟子曰："君子有終身之憂，無一朝之患。"形神永暫之説，夫亦先獲我心矣。

耶[2]穌會士高一志撰。

校勘記：

［1］衷：疑當作"哀"。

［2］耶：原作"邪"，據梵蒂岡本改。

譬　學　序

韓霖

譬者何？以彼喻此也。神有三司，明悟居一。理有不可遽達者，必以所知喻所未知焉。昔有不知彈者，曰："彈之狀如何？"應曰："彈之狀如彈。"未喻也。則更應之曰："彈之狀如弓，而以竹爲弦。"問："麟何類乎？"曰："如麟。"問者曰："我見麟，不問子矣。"則又曰："麟，麇身、牛尾、鹿蹄、馬背。"問者乃解。此劉彥和所謂物雖胡越，合則肝膽者也。西極高先生來章亥不到之地，讀娜環未見之書，以筆墨作津梁，垂老不倦。兹復仰觀俯察，觸類引伸，作《譬學》二卷。縮遠而近，化腐而新。粲然如貫珠之聯以澤也，沖然如醇醪之多且旨也，穆然如清風之襲人，濛然如細雨之入土也。使人眩目醉心，淪肌浹髓，慝日修，善日進，而不知其所以然也。能博喻，然後能爲師，先生之謂夫？昔高坐道人不作漢語，安知非巧於藏拙？若寓言十九，非不縱橫跌宕，儒者不道也。雖然，悟之則在人矣。不然，叩槃捫燭，有如盲瞽，甜蜜相説，豈知舌根自有味哉？是書也，吾師徐玄扈先生潤色焉，而不佞與九章段子有校讐之勞，吾宗銕漢捐青氈之俸以畁匠氏，皆不可以不紀也。

崇禎癸酉日長至，寓菴居士韓霖題。

譬學自引

高一志

人雖萬物之靈哉，不若天神，不煩推測，洞徹物理也。則必由顯推隱，以所已曉測所未曉，從其然漸知其所以然，此格致之學也。夫明隱之道多端，設譬居一焉。故聖賢經典無不取譬，雖夫婦之愚，皆可令明所不明也。且此譬法，非特使理之暗者明，又使辭之直者文，弱者力。凡欲稱揚美功、貶刺惡德、啓愚訓善、策怠約狂者，可以異悅其耳，深入其心。正如俗傳點化之術，以鐵爲金。又如珍寶嵌物，俾增美好焉。古今書籍汗牛充棟，皆具美譬之資。即天文地理，山峙水流，空際萬象，四行乖和，卉華之鮮美，羽禽走獸之異性奇情，無不可借以爲譬。而善用譬者，又須先明諸物之性，否則譬或不切而旨愈晦。故人之深於物理者，其取譬無曲不伸，無隱不燦，無高不至，無理不通，無論不效，無學不著也。余欲以譬學爲同志者商，而九章段子適以爲請，遂略舉吾土古賢譬語，而以用譬之規弁其首。

譬者，借此物顯明之理，以明他物隱暗之理也。故譬必兼兩端，其一已明而取以明所未明，是謂所取之端；其一未明而由他端以明，是謂所求之端。如云"德照心，目照身"，目照身之理，顯於德照心之理，故此由彼明也。若所取之理不明不切，終不能致明他端矣。又宜兩端相類相稱，如人德本高明也，即以高明者譬之。若云："太陽一照，黑霧即渙，而萬象皆明；實德一立，私欲即退，而諸善復生。"人惡本慘毒也，即用慘毒者譬之。若云："凡值蛇獸之毒者，必驚而亟求醫矣。乃遭邪惡之害，不勤而求醫，何哉？"

譬非特欲類其物，又欲稱其人。與士言，必取關於學者譬之；與農言，必取關於農者譬之；與君言，必取關於國政者譬之。又必視其人之賢愚善惡，而因其才，順其勢，譬乃有功。

譬之文，欲約而不冗，雅而不俗，明而不暗。冗致人厭，俗致人鄙，暗則致理之晦也。又宜多變，不拘一格，而後免板腐之誚。

譬法甚廣。有明者，有隱者；有曲者，有直者；有單者，有重者；有解者，有無解者；有對而相反者，有無對而疊合爲一者。

明譬者，不待言而自顯。如云"舟師順風而引其路，智士順時而治其職"，若云"爾既居仕矣，奚不順風而行乎"，此乃隱指居仕者欲盡其職，必須法舟師順時之智也。

直譬者，直言此物即彼物也。曲譬者，反言此物非彼物也。假如目在身，正如日在天，此直譬也。施學非如施財之易盡也，此曲譬也。若云："施學非如施財之易盡也，如施光至於無窮，非特不損，尚增長而加明。"此譬乃愈曲而愈明矣。又云："君子如太陽，一照即惠萬衆。"此直譬也，而未悉。若云："太陽一射其光，致育萬品；君子一設其教，必治萬民。"此譬則絜其兩端，理因相類而明也。儻又云："君子之教，非如一匕之味，不足饜衆。"此曲譬也。直言君子所非，而曲指君子所是也。直譬之間，又有詳約之殊。若云："凡計喪其國，以致並喪其家，非甚愚者哉？"此直説也，不文不力。即立譬云："凡圖沉淪其所居之國，以致其身家並沉淪者，不甚愚哉？"此借海舟爲譬，未悉也。即復詳云："人圖鑿其所乘之舟，以至並沉其身者，愚之至也；人圖喪其所居之國，以致並喪其家，其愚如之何哉？"

單譬惟設彼此兩端而譬之也。重者多設其端，或疊譬與一對焉。假如智居於心，正如君居於國也，乃單譬也。若云："智於人心，如君於國，如師於舟，如御於車。"或云："生各有所爲，馬以騎，牛以耕，鳥以飛，而人以明以行。"皆重譬也。

重譬之法又有多種。一譬二端，各端又兼二相反之端。假云："狹口之器，斟以衆液，必不能容，反致旁流矣。漸而斟之，即無不容，以至於實。童幼之資，誨以深理，必不能解，反負師教矣。淺以誨之，即無不解，以至於成。"

譬法之中，多言二端相類，而不陳其所以然，又有陳其所以然者。若云："迷色者正如重病者，俱不喜聞忠言。"此則二端會於一理，所以相類而譬也。又有陳各端之所以然者，若云："俗人正如羊群，羊之同行者，一先而衆後從之，而人執其前行之俗，不復察審其宜否。"又云："仁士譬之羊焉。羊也者，以毳、以乳、以肉、以革益物。而仁者以言、以行，近遠生死，無不益於世。"又欲詳晰一仕之貪，損奪民財，即立譬云："是仕非民之父母也，乃天火耳，隨至毀損，而貽人以禍。"儻欲更詳其端，譬其所以然，又云："航海者回鄉，凡值相識者入海，無不以已經者[1]之險示之，使豫防而戒愼也。蓋人之同業同志者，無不欲相保全也。余曾忝仕籍之末，既經夫政之多險，可不盡忠以告同事同志者邪？"

重譬之法，又有詳晰[2]所以然者。若云："知古，太西國草名，食之無不死者。惟浸以蒲萄汁，可以解毒。儻和以[3]蒲萄汁飮之，其毒更甚。諂諛者無異是也。阿諛之毒能害人，直責之，似可解釋。若又借直責之忠情，而復潛藏其諛毒，其害不更甚哉？"

重譬之則，其數可至無窮焉，茲設一條以例其餘。如云："時日如珍玉，不可不惜也。"此譬明直。若復加文加詳，即云："物之彌貴者，人存之彌固，用之彌謹。時之爲至寶也，可怠於守而侈於用乎？或有委棄其珍玉者，人知非之。至靡棄光陰之重寶[4]，反無非之者，何也？且爾以失時爲何失哉，即生命之失也。夫人之命，非萬珍可比。

乃人於珍玉微玷,猶知惜之,於爾命之虧,反不哀邪？況珍玉一失,猶可再得,時日之失,無法可追,無寶可補矣。玉珍之失,多爲他人所得,是雖於爾有損,尚於人有益也。若時之失,獨於爾有損,於人無益。況珍玉已失,能杜人驕侈之端,有益爾之躬修。而時之失,非特無益,尚絕其修之路也。珍玉雖固守之,猶慮爲火所燼、爲水所漂、爲盜所掠,然而燼之、漂之、掠之,爾不任其咎也。若時之寶,無力可奪,無勢可强,而妄棄之,爾之罪矣。蓋珍玉之失由於外,爾之所不得主也；時日之失由於内,爾之所不得諉也。且珍玉可以易田地居室,不可以售善心美德。惟時之善用,可以積美學,立誠德,樹不朽之名,成無限之功。則時之益愈大且廣,其失咎愈重且深矣。彼委棄其珍玉者,或無明律嚴司究之審之[5]。若廢時[6]之咎,必有嚴主審而究治之,乃可不兢兢於寸晷之惜乎？"此一譬兼包各品之譬,尚可詳闡任意。但反覆叮嚀之際,戒同文同理重見再出,如此則反致厭笑,雖多奚爲也。

耶穌會士高一志撰。

校勘記：

[1] 者：梵蒂岡本無。
[2] 晰：梵蒂岡本作"悉"。
[3] 以：梵蒂岡本無。
[4] 寶：梵蒂岡本作"資"。
[5] 究之審之：梵蒂岡本作"審之究之"。
[6] 時：原作"失",據梵蒂岡本改。

跋況義後

謝懋明

余既得讀張先生《況義》矣，問先生曰："況之爲況何取？"先生曰："蓋言比也。"余乃規然若失，知先生之善立言焉。凡立言者，其言粹然，其言凜然，莫不歸之於中。至於多方誘勸，則比之爲用居多。是故或和而莊，或寬而密，或罕譬而喻，能使讀之者遷善遠罪而不自知。是故宜吾耳者十九，宜吾心者十九，且宜耳且宜心者十九。至於宜耳不宜心者，十不二三焉。張先生閔世人之懵懵也，取西海金公口授之旨而諷切之，復直指其意義所在，多方開陳之，顏之曰《況義》。所稱寬而密、罕譬而喻者，則非邪。且夫義者宜也，義者意也。師其意矣，復知其聞，雖偶比一事、觸一物，皆可得悟，況於諷說之昭昭者乎？然則余之與先生，先生之與世人，其於所謂義一也。何必況義，何必不況義哉？後有讀者，取其義而悟之，其於先生立言之旨，思過半矣。

鷲山謝懋明跋。

提正編敘

佟國器

厥初天主生人，畀以形神，原無疾病。自人類原祖，悖違主命，靈神受病，形病繼之，爰及苗裔。即如一痘之症，禀於胎元，如石之有火，隨感而發，無能免者。況人身湊合於火氣水土四情，苟或不加調燮，其一生病患，可勝數哉？然而神病更有甚焉者。因原罪而生本罪，蔓延滋長，迄無底止。又以罪屬無窮，非天[1]主親救不可。主乃大發慈愍，降生塵界，被釘十字架死，以救贖之。復活在世，不遽升天，親立教規，付於宗徒。譬如醫然，付聖水者，驅邪湯也；行告解者，拔除病根散也；領聖體，扶元固本丸也。人能服此，行見形神清潔，必獲常生矣。哀今之人，形不若人，則知惡之；神不若人，則不知惡。此西士所以修道式訓，不憚九死一生而至此也。然而群奉異端，相因日久，則譬諸病目之人，睹太陽光，匪直避之，且欲嫉之。故有談造物真主至尊，獨操生養賞罰，而莫窮其理，則惑矣。有談真主至慈，不惜降生救贖，而莫求其故，則誕矣。有談真主至惠，特降寵照輔翼，而莫識其恩，則藐矣。有談真主至教，定立持誡、領洗、告解、滌愆，與夫望領聖體,而莫察所以然之禮,非啞然笑,則漫然譏矣。夫微言妙理與俗相違,安望其信從乎?九翁有慨於中,而作斯編,命曰提正。始列主恩,以明其本;終示主教,以約其規。要以踐形盡性,原染悉捐,疢惡不作,底於常生之域。一編之中,三致意焉。嗚乎!泰西諸儒,格物致知,探玄抉奧,守真絕色,勤悔闇修,冒[2]險不避,就苦如飴,先正己而後正人。蓋不止諄諄勸誨,言提其耳而已者。學者目睹斯編,而覼縷弗輟,則我心庶幾可清,究與諱疾忌醫者遠矣。是爲敍。

順治己亥[3]季夏日,岱淵佟國器題。

校勘記:

[1]天:梵蒂岡本無。
[2]冒:原作"昌",據梵蒂岡本改。
[3]亥:原脱。據梵蒂岡本補。

賀天教碑記

<small>欽天監監正</small>明圖等

蓋聞天主堂之建也,始自利瑪竇先生欲行教中國,爰卜築於宣武門之東焉。而西士之來者,莫不靜修於此。爲之崇正教,明本原,使人人各知所由尊。其開示世人之

功，又豈淺鮮。厥後湯先生應徵而至，改定曆法，幾使太初、太衍諸家俱不可及。乃任事之後，常出其餘，取天主堂而巍煥之。是以世[1]祖章皇帝不特嘉其治曆之精，贈以通微教師，且嘉其崇祀之誠，欽賜碑記以美之。繼湯先生而起，則有南先生，又能正諸表、造六儀，立萬世推測之法。其彪炳之功，不可與湯先生後先映輝耶？至若安、徐二先生者，種種學術亦屈指難言。噫！何西士之體用周且悉如是也。今至我閔先生暨蘇先生諸君子，接踵而至者有年，或治曆法，或窮理學，或講音律，或制儀器。莫不矢清慎，日受盛朝之寵眷。在他人未免自以爲功，而諸先生則視爲智巧技藝，無關乎身心性命。唯力守其教，求盡夫昭事之功，而聲名之美，皆所弗計。圖等親炙日久，深知上主之大，宰制兩儀，造化萬物，始之無始，終之無終。其未生也，純無聲臭之可言；其既降也，遂有名像之可奉。且爲之闡奧義，垂聖言，立救世之表，開洗滌之門，誠超越乎諸教，而爲古今所宜遵。茲遇我皇上柔遠有道，樂善無窮，見向時天主堂規模狹隘，未盡美善，特發帑金，而更新之。且又洞悉其理，復書匾額對聯，以示優崇。則此一堂也，藉聖主之宸翰，可與日月爭光，星辰煥彩。由是瞻仰者皆思矜式，聞風者咸爲向慕。斯道將大行於天下，吾知諸先生傳教之心慰矣，利瑪竇先生初入中國之心亦慰矣。其慶幸當何如哉？圖等忝在同事，故歷敘始終，爲文以賀之。

　　欽天監監正明圖等頓首拜贈。

十誡作天梯努力登梯無限樂，萬人愁地獄修心離獄有常生。

校勘記：
［1］世：原作"聖"，據清刻本改。

卷六

交友論序（存目） 馮應京

大西域利公友論序

瞿汝夔

昔周家積德累仁，光被四表，以致越裳、肅慎，重譯來獻。周文公讓而不居，曰："正朔不加，未敢臣畜。"於是以賓禮賓之，而《周官》《王會》，著在史冊。自時厥後，漢通漠磧，唐聘海邦，雖亦殊域並至，德感鮮稱，故廷實則繁，而論著罔列。洪惟我大明中天，冠絕百代，神聖繼起，德覆無疆。以致遐方碩德如利公者，慕化來款。匪希聞達，願列編氓。誦聖謨，遵王度，受冠帶，祠春秋。躬守身之行以踐真修，申敬事天之旨以裨正學。即楚材、希憲，未得與利公同日語也。萬曆己丑，不佞南遊羅浮，因訪司馬節齋劉公，與利公遇於端州。目擊之頃，已灑然異之矣。及司馬公徙公於韶，予適過曹谿，又與公遇。於是從公講象數之學，凡兩年而別。別公六年所，而公益北學中國，抵豫章。撫臺仲鶴陸[1]公留之駐南昌，暇與建安郡王殿下論及友道，著成一編。公舉以示不佞，俾爲一言弁之。

予思楛矢白雉非關名理，而古先哲王猶頒[2]示之，以昭明德。今利公具[3]彌天之資，匪徒來賓，服習聖化，以我華文譯彼師授，此心此理，若合契符。藉有録之，以備陳風采[4]謠之獻，其爲國之瑞，不更在楛矢[5]白雉百累之上哉？至其論義精粹，中自具足，無俟拈出矣，然於公特百分一耳。或有如房相國融等，爲筆授其性命理數之說，勒成一家，藏之通國，副在名山，使萬世而下有知其解者，未必非昭事上天之準也。

萬曆己亥正月穀旦，友人瞿汝夔序。

校勘記：

［1］陸：原作"睦"，據梵蒂岡本改。
［2］頒：原作"須"，據梵蒂岡本改。
［3］具：梵蒂岡本作"其"。
［4］采：原作"來"，據梵蒂岡本改。
［5］矢：原作"失"，據梵蒂岡本改。

友論小序

伸者爲神，屈者爲鬼。君臣父子、夫婦兄弟者，莊事者也。人之精神，屈於君臣父子、夫婦兄弟，而伸於朋友，如春行花内，風雷行元氣内。四倫非朋友不能彌縫，不意西海人利先生乃見此。利先生精於天地人三才圖，其學作事天主爲教，凡震旦浮屠、老子之學勿道也。夫天孰能舍人哉？人則朋友其最稠也。檇[1]李朱銘常，於交道有古人風，刻此書，真可補朱穆、劉孝標之未備。吾曹宜各置一通於座隅，以告世之烏合之交者。

　　仲醇陳繼儒題。

校勘記：

　　[1]檇：原作"攜"，據《寶顏堂秘笈》本改。

友 論 題 詞

　　蓋自陳雷蔑聞，而公叔絶交，始有激論。以予所睹，利山人集友之益大哉，胡言絶也？班荆傾蓋結帶之歡，詎惟是昔人有之？管鮑慶廉，迄於今日，此誼故多烈云。少陵詩曰："翻手作雲覆手雨[1]，紛紛輕薄何須數。"殆即《伐木》乾餱之刺。用以示誡則可，倘執五交三釁而概謂四道，終不可幾於世也，當不其然。

　　丁未新秋日，朱廷策銘常父題於寶書閣。

校勘記：

　　[1]雨：原作"兩"，據《寶顏堂秘笈》本改。

述友篇序

沈光裕[1]

友者，上主之所爲畀也，故五倫居一焉。五倫者，環相包，互相貫，而友之所包獨周，其所貫疏更徹。當其相需之殷、相喻之篤，口不得語，書不及讀，鬼不及謀。君臣父子、夫婦兄弟默然退聽之時，而友義逾著。交道洋洋焉大、耿耿焉獨明且亟矣。士患義理不精，世故日涉，譬終日涉海而徒見一瀾，終日對棋而不見全局，芒芒悗悗而已。若知一瀾之具有全海，全局即繫乎下子之一著，説心研慮，即誰敢輕漫其事。故如是以求友，而友道幸甚。西洋衛先生航海而來，忡然抱此素懷，欲説不説。既歷百粤、吳、楚、閩、浙以還，慨然而嘆，閑爲《述友篇》，欲明此意於吾土，抑知吾土[2]棄此道久矣。夫非吾土無友，而友道不明，其有明者，又不能必行。於是愛不真，信不固，悠悠者天下皆是也。孔門之言曰："與朋友交，言而有信。"又曰："求於友者，先施之未能。"夫言與施，友中之一節耳，而孔門難言之。非言與施之難，而以一瀾見全海、以全局下一子之難也。今先生以不惑之年，攬遠洞徹微，爲學窮内外之際，析理[3]得天人之恉。尤不忍私其身，而欲與人爲友，其肯聽人私其[4]身而不爲友乎？不孝幸以患難流寓，得數從先生遊息，講課有間，首示此篇，或亦知不孝之不敢輕漫其事也。嘗見先生形法，表表修瑋，度越恒人，而精神又大於其身。又見其勤敬，壹志辨道，以行教爲己任。燕閑時，掀髯長嘯，或引觴顧盼，古色蔭映。我輩隨人叩答，若颸颸之出空谷。而又眼明於鑒，心熱於火。即其篇中，隨手拈説，翻覆流連，任人見深見淺，不律總作龍形，單辭莫非鱗鬣，何處得此一片頻婆悲悶來。吾人日纏世味中，養親事君既多乖方，兄弟妻子翕合有限。只賸朋友一路，而又聽其孤行，莫之理會，宜亦帝者之所惱恫也。但手是篇，於爭名罔利、洪爐熾炭時，讀之可以冷然失笑；或於雞鳴夜旦、晦明風雨中，思量一過，亦可以泚然浹汗，殷然涕血也。謂非世間一大溫涼妙劑乎？抑有進焉。利先生之言曰："友者我之半，明乎雖第二我，必以我爲正矣。如我僞不盡而望友之真，友斯不許。非友不許，主不許也。"觀篇中三致意者，唯信、愛二言。信之與愛，融結爲一，望在其中矣。夫信望愛，人之所以事主，而斤斤屑屑於友亦言之何？曰：友者，固上主之所爲界也。

校勘記：

[1] 光裕：原作"先袼"，據目錄改。

[2] 土：此下原重出一"土"字，據文意删。

[3] 理：原作"埋"，據文意改。

[4] 其：原作"具"，據文意改。

述友篇序

張安茂

夫五倫之四皆本乎天，獨朋友則本乎人。本乎天者以學問終之，本乎人者以學問始之。然則不學未可以論友，而閱友正所以明學也。《易》曰："二人同心，其利斷金。同心之言，其臭如蘭。"又曰："上下交而其志同。"《毛詩》嚶鳴之喻亦云："相彼鳥矣，猶求友聲。矧伊人兮，不求友生。"則所以周全乎君臣父子與夫婦昆弟之道者，惟友也。得友而四倫以正，失友而四倫以乖。故五倫之有友，猶星辰之有經緯、素質之有綵繪，名由之成，事由之立，所繫不綦重哉！慨自虢服誼衰，釁彰蘇暴，藏戈矛於燕笑，深谿壑於行藏，勢在則趨若附羶，利聚則耽如饞蚋。及乎患難在前，死喪觸目，求所爲脫驂解綈者無有也，求所爲守疾赴喪者無有也。甚而臨淵下石，乃把臂聯袂之人；市虎成疑，正三物屢盟之輩。嗟乎[1]！此豈友之爲害若是，實乃誤於友者之自害也。夫士有共死生、同利害之交，而後可以行我之忠孝節義；有盡忠告、相砥礪之交，而後可以成我之美德令名。如其泛泛相遇，面友非心，則寧有裂裳裹足，側身塵外，爲未嫁之女，爲不售之玉，退而掩戶讀書，濯磨我心，如明鏡無塵，妍媸立辨，以庶幾其一遇可乎？濟泰衛先生爲泰西大儒，越十萬里來賓，所至車騎歡迎，非有感慨於世。而所著《逑友》一編，則曲立善交之方，克盡物情之變。其言足以垂訓善俗，爲世楷模，自王侯士庶，當無不備之爲箴銘。吾所謂以學問始之者，亦惟此書，作白圭三復，絶韋不倦已。受而讀之，敬爲之序。

西湖旅客張安茂字蓼匪頓首[2]拜撰。

校勘記：

[1]乎：原作"呼"，據梵蒂岡本改。
[2]字蓼匪頓首：梵蒂岡本無。

逑友篇序

徐爾覺

今夫上主之理，不過欲人相勸爲善，其責莫近於朋友，故友居五倫之一。後世存置勿論，自《廣絶交》出，遂視友如寇讐，是五倫失其一也。然黨錮興而爭殺，門户起而敗亡，則友之爲害也寔甚。凡此皆失其逑友之道，故流患遺毒至是。濟泰衛先生九萬航洋來兹中土，甚樂與賢人君子爲友。故必須同志者相爲感應，相爲氣求，庶幾可以廣其益、一其理也。交道[1]可不講乎？雖中國名賢上士，博物洽聞、握瑜懷瑾者不乏其人，儻或巧媚者多，精寔者寡，其道在於擇交，不在於泛友[2]，爲作《述友篇》。中間條分縷析，反覆辨難，皆中國古來聖賢未嘗闡發者。天下學人果能共勤遵率，身體而力行之，君父賴而天下治，臣子賴而身家寧，有益無損，何必廣絶交哉？宣尼贊晏子曰："善與人交，久而敬之。"敬與述相爲協輔，其中微情奥義，非淺鮮也。何者？敬爲述後之事，功力皆在於先。未得友，則宜述；既得友，則宜敬。敬者敬真友、敬善友、敬益友，非敬僞[3]友、敬惡友、敬損友之謂也。辨别甚難，可概爲敬哉？今人尚勢利，角憎競，酬饋飲，飾虛譽，非此則交誼日淺，然諾日欺。則述之之道，不可泄泄言也。先生則不然。先生大德大智，從顯析微，心靜如鏡，情平如衡。靜則妍媸悉見，平則取擇靡私。以愛人如己之念述友，則蘭室長馨，鮑肆日化。讀是編者，皆移其夙志，永合不忤，忠者述忠，信者述信。相愛不懼，順理述義。毋謗毋妒，不怒不疑。比屋皆然，盡人皆是。俗成美俗，里成仁里。前所云君父賴之而天下治，臣子賴之而身家寧者，先生造福於是[4]不小矣。何有黨錮門户之患哉？世上多義友，天子得良臣，豈無裨於平天下之道乎？又豈無裨於上主勖善之理乎？今先生逝矣，是編其萬古不朽與？洪師見示，余爲作序。

　　時順治十八年辛丑季夏十日盥手書。松江徐爾覺順之甫撰。

校勘記：

　　[1]道：此下梵蒂岡本有"曷"字。

［2］友：梵蒂岡本作"交"。

［3］僞：原作"譌"，據梵蒂岡本改。

［4］是：梵蒂岡本作"世"。

述友篇敍

丁亥五月，衛濟泰先生過玲巖，時山棲[1]坐雨也。言及《交友論[2]》，先生曰："不止此[3]。"因日授數百言或數十言，間撫手呀曰："妙理，惜無言字莫形。"復沉思久久，顧石曰："且爾。"因復授訖，日計五矣。自先生言出，而益知友之不可少也。不可少之故，爲益己之身神。夫泛泛以述，損者覺益，復著損者，等何等何。損益昭，而述之之道人樂遵。且知人世事勢所極，情因以必有。析以理所不可不然，不得不然。不可不然者，宜也。宜也，上主所定之公性也。不得不然者，愛也。愛者，上主所賦之仁性也。宜也，愛也，故人樂遵也。先生偉儀修體而神明慈燁，望之猶天神，所謂至人也。願讀是篇者，惟求理之非是，勿以傲睨橫衷。理是則益身神。益者何？修德。明修德，自能事上帝。

蘭谿祝石子堅氏識。

校勘記：

［1］棲：梵蒂岡本作"樓"。

［2］友論：原作"論友"，據梵蒂岡本改。

［3］止此：梵蒂岡本作"此止"。

述友篇小引

昔西泰利先生緝《交友論》，第與建安王言少時所聞，未盡友義之深、之博也。是篇之述，予雖盡力竭知，敢自謂於友義足盡哉？緣旅人自西海觀光上國，他無所望，惟朝夕虔祝，願入友籍者，咸認一至尊真主爲我輩大父母，翼翼昭事，爲佗日究竟安止之地。此九萬里東來本意也。今既得上國諸君子締交旅人，所願勿爲假友，共作真朋，故始終述述友之道。雖遠離故土之友，此情自不能忘。因始陳實友之所以然、真交之本，後指與朋友晤聚之美事。但乍習華言，語難達意。惟願讀者取其意，略其詞，縱詞不文，而所命之意必不爲不善。故切懇名賢取其義，爲將仆之援、舛錯之正。不事虚言爲勸，惟期共學謀友之忠實，以成美俗。俾凡友者就其所善，避其所不善，相勸相勵，脱疵覓益。則耿耿鄙衷，庶得慊也。或曰：與朋友數，恐或斯疏。不知此不可懼也。蓋婉導友以善而不納，則其初認友不真。既爲吾真友，儻彼行不端，則吾規不止，何憚於數哉？若曰略責之遂足竟友情，此失交友之真義矣。故言雖樸陋，特覓善篤説，欲覽者采意以成真交之本。否則交天下滿，奚其益哉？故能識真交之本者，於天國近。

泰西耶穌會士衛匡國濟泰氏述。

交述合録序

《交述合録》者,利西泰先生所著《交友論》,衛濟泰先生所著《述友篇》,合而録之。置諸坐右,以備朝夕諷誦者也。二先生棄家國,離親戚,求友九萬里外,可謂摯且切矣。著書立説,皆由中之談,能令讀者愯然而驚,翚然而思。蓋友匪交遊之事,乃性命之事。以性命之人,道性命之語,所以入人深,而人勿有斁也。交之名,見《中庸》之篇;述之説,見《伐木》之什。交者,自天而定者也;求者,自人而定者也。定於天者,非人所得而離,使可離焉,五倫缺其一矣。定於人者,非其擇友之識,鮮不以人而戕天。非惟無以勷四倫之成,將四倫俱不得其所。此友誼所以重也。但吾人力弱而智劣,何以得良朋而契金蘭乎?毋亦思友所自而來,乃上帝所賜以啟我輔我,知人不能獨爲力、獨爲功,予之以多力多功者也。欲副上帝之意而不知所以求友,亦反而求之上帝而已矣。何者?知人不可以不知天,知天爲知人之原本。而求友之誠,即可通於神聽。然則人之求友,奉天命以行,未有不天啟其聰、天作其合者。人特患不交不求耳,苟交且求之,天且不違,而況於人乎？吾所以佩服二先生之言，不得不合而錄之也。宮紫玄先生點閱《交友論》而廣之，不減向郭之於漆園、孝標之於義慶，所以發明利先生者甚善，因并錄焉。嘗聞家渭陽湯惕菴先生，司理廣陵，下車先答拜宮先生。宮先生以午未茧聯，時以明經家居。舊例，司理不答拜明經，即答拜，亦不先兩榜。舅氏曰："宮先生可以例拘乎？"至今以爲美談。惟宮先生能讀《交友論》，惟舅氏能友宮先生。並識於末，以告今之交友者。

丁巳長至，南豐劉凝識於長安邸舍。

重刻二十五言序（存目）　馮應京

跋二十五言（存目）　徐光啓

睡畫二答引

李之藻

人自有生迄没齒，自省皆是一夢。他人從旁看之，則皆一畫。從古人至今人，皆夢皆畫也。則從小事至大事，從一事至億萬事，愉悲妒戀，得喪死生，以至征誅揖讓，無不夢，無不畫也。夢無留迹，畫有留迹，而迹虛非實。試夢中說夢，畫後評畫。夢從何起，從何滅，何以不自覺、不自主？鑄鼎象物，辨神奸，垂法戒，既以身入畫矣，當作檮杌垂戒畫，抑作聖哲垂範畫？夫夢緣習生，人不夢推車入鼠穴，非所習也。根性本超，合眼栩栩，機神已逗。醒來秋駕師傅，情就熟生，寤不自主，何況於夢。所以練性忘情，以寤寐卜所學之淺深也。若乃舉心動念，便妨描畫。有人十目十手，倍益警策，方且視潛伏爲龍見雷聲，誰甘備諸醜於蠅營狗苟？此今梁子《睡畫二答》之旨，恉論則隨事省克，精論則通晝夜爲大覺，徹宇宙爲繪觀，無非道，無非學也。如以睡與畫而已矣，則蕉鹿柯蟻，世方長迷不醒，提喚寔難。而辨士舌、文士筆，盈耳充棟，絕勝丹青之用，不聞矇瞍有省。奚以之解衣盤礴，而咀黑甜之味爲？

　　崇禎己巳日在斗，李之藻題於廣陵舟中。

畫　答　序

晉江人武進士**諸葛羲**

　　異域隔於中夏，寔風氣使然。至於能讀中人之書，明中人之學，又能時出其學，以與中人相質，古今未有也。神廟初年，泰西有利瑪竇者，航海九萬里，觀光中夏，志遠矣。著書立教，制器測律，至令天子改容，爲繪狀於府內。比歿，仍以客禮葬。天下所不知，朝廷深知之人，奇矣。其學首敬天，而所以事天，不離存心養性，初何異於周孔？

無如吾黨學周孔者,夷之西人,群起而排訿之。豈惟不知西人立教本意,亦未知中國之大,山藪藏納,與夫朝廷柔遠之心,見善若渴。是惟能讀周孔之書乎？未也。今梁畢先生,即利瑪竇高弟,客遊吳、浙、汴、粵間,所撰著甚富,皆我中人所未有。茲《畫答》靈心縣解,不依傍經子,而樹義揉藻,令人可作經子讀之。《易》之頤卦曰"觀頤",其《象》曰："君子以慎言語,節飲食。"語言飲食之微,而取象於山下之雷,如此其大。漆園氏論養生,亦曰：山木自寇,膏火自煎。不用之為大用。人身九竅百骸,一不攝,即為物攻,幾微墜落,萬仞深谿,如此其危也。至人屏嗜窒慾,尊奉其身,要不失上天畀我之意。坡公養生偈亦云：攝身如木偶,不令動搖。甚以商君孫武之法令嚴之。知此身之靈於物,即耳目手足無一可任縱逸。古之聖賢,所以踐形盡性,而真身至今不壞,用此道耳。夫豈若神僊之吐納,釋子之禪定,空其身於一無所有乎哉？愚嘗謂欲天地間俱是好人,須先令養心,而欲人盡養心,須先自不輕視其身始。夫《畫答》獲我心矣,謂踐形肖貌,人可合天,而歸之好心,以終師善省惡之旨。蓋合身心與天人而一之。如此學問,周孔而後,寥寥幾人。且文心獨創,即置之《關尹》《鶡冠》集中,亦何多讓？四海九州之外,更自有人,信矣。將揚挖之合,以羽翼周孔不暇,而何排訿之為？家君束身以奉天主,與今梁先生直作神交。是篇得自郢中朱咸一君,夫咸一於心性之學,固已度越中夏矣。

聖夢歌序

張賡

有客詢夢於西方之士，西方士曰：夢自有説，難究也。世人謂夢緜神出遊而有，不知神魂一息去身，身即死矣。所謂得夢，蓋因人靈覺有三力焉，曰明，曰愛，曰記。凡人生平見聞嘗嗅及觸覺像類，畢能收之記含中。故寐時隨其所記諸像，即遠在數十載，咸照矚如在目前。善則喜，不善則厭，猶寔寔有得喪然。顧在寤時，人能自主任意，拘拘一物，而夢卻不能自主者。緣記腦間諸像受藏胃熱氣上騰，恍惚貿亂，如釜中烹諸殽寔，火熾水沸，其間雜品互踴躍上下無定序。故人夢既[1]不足憑，而不足爲疑信者也。雖然，夢境亦恒有三，一爲自夢，一爲邪夢，一爲聖夢。自夢出於晝之所思，多從愛惡諸情而發，或習見習聞偶動[2]一像，或兩物湊合而成一怪異像，此不爲德亦不爲罪也。邪夢乃由平日修省功疏，徇情恣意，結而成像，或因邪魔誘感[3]，巧引怪誕，或動淫穢等景。此之爲夢非但不可信，且宜於初覺時即痛悔而絶忘焉。惟夫聖夢，則間緜造物主用之啓迪人心，當有取益而爲進修之助。如是特恩，獨盛德者時有耳。茲爲君粗述聖人伯爾[4]納一夢，名雖曰夢，寔則大道真訓也。此夢原有西土詩歌，聊譯以中邦之韻。韻學余夙未諳，不堪諷詠[5]，覽者有味乎其概可矣。客子爲誰？清源張子也。西方士爲誰？耶穌會艾先生也[6]。

校勘記：

[1] 既：梵蒂岡本作"曁"。
[2] 動：原作"勤"，據梵蒂岡本改。
[3] 感：梵蒂岡本作"惑"。
[4] 爾：梵蒂岡本作"而"。
[5] 詠：梵蒂岡本作"誦"。
[6] 也：此下梵蒂岡本有"序者又誰即客也"七字。

聖夢歌小引

林一儁

夢境多幻。世人浮想因緣，紛動不已，至於夢中，往往能笑能嗁，能飛能走。恍惚變幻，何關寔益？且世人所謂夢吉夢凶，大抵爲眼前世福世禍附會妄擬耳。不知此蘧蘧床笫間者，究竟著落何處，苦樂何狀，哀哉其弗之恤也。又常人以死爲夢，達人以生爲夢，其説皆似而非。夫夢，幻也。人生在世之日，惟一天主鑒之，有或善或惡之分；其謝世之日[1]，惟一天主判之，有永賞永罰之報。此何等關頭，而以幻者視之乎？惟以幻視生，故生無所備；

以幻視死,故死無所畏。愚者爲[2]蛾與火,智者爲莊與蝶,悠悠忽忽以終其身,此常人、達人所[3]同歸於夢也。嗟哉！世人無端而白日作夢,復無稽而白日説夢,迄無已時,終誰與醒之？泰西聖人從來不作夢語,其西來諸先生亦罕與人説夢。兹《聖夢歌》一篇,所述形神相怨之語,出自西聖伯爾納,譯自西來艾先生,則又與世人幻夢大相徑庭。蓋謂[4]至人常念死候,夙夜哀悔以祈主祐,故[5]天主開示實理實事,可驚可怖,雖夢中景,實醒中藥也。如斯之夢又曷可少？人試歌其歌,繹其旨,試思此等夢景屬之何人？彼昔日如我,我後日如彼,滔滔皆是,逝者如斯。危哉懼哉,切恐認主之不亟而聞道之不早也。請録一篇,置之坐右,當亦鞭心之一助云爾。

　　福[6]唐林一儁敬識。

校勘記：

[1]其謝世之日：原脱,據梵蒂岡本補。

[2]爲：原作"謂",據梵蒂岡本改。

[3]所：此下梵蒂岡本有"以"字。

[4]謂：梵蒂岡本作"惟"。

[5]夢：梵蒂岡本作"蒙"。

[6]福：此前梵蒂岡本有"景教後學"四字。

聖夢歌跋

李九標

宇内一夢場也。寓形其間者，夢中人也。營營焉，逐逐焉，升沉泡影，得失蕉鹿者，夢中景也。以夢偶夢，復以夢説夢，世有醒者，推而使覺，反指醒者爲夢也，豈不悖哉？聖夢之歌，醒也，非夢也。余在夢中，烏可語醒？得是歌而諷嘆之，咏繹之，醒矣醒矣。其如開卷而醒，掩卷而仍夢何？嗟夫！夜長[1]漫漫，孰呼之旦，舉世蚩蚩，言笑晏晏，請與共歌斯篇，庶幾東方之已燦。

景教後學福唐李九標盥手識。

校勘記：

[1]夜長：梵蒂岡本作"長夜"。

聖記百言敍

汪秉元 丙辰進士

公餘之暇，祝友茂善爲泰西陸先生，以《公沙效忠紀》

索敘於余。余披而閱[1]之,曰:異哉!遠[2]方之人而能慕義若是,是其[3]於西儒之教涵濡之者深乎?因謬爲數語弁諸首。既又以羅先生所著《百言》欲余爲之説。余曰:未遊其藩,安通其蘊?雖然,願流[4]覽以從事焉。攜就案頭翻繹數四,憬然得厥旨。其大要以篤信爲基,成德爲極,飭表以端乎外,儼思以正乎內。刻過期於盡,砥行期於純。恕於人而嚴於躬,肅於獨如凜於衆。淑身繕心,惟日孳孳。率斯道也,抑何慾之弗滌而德之弗崇哉?余向知羅先生精於天文曆數之學,而不知其於身心性命之理,更有深會焉。顧西儒之來余華也久矣,若利、若龐諸子,皆彼中博學有道聞人也。靡不各有著述,大都言言寔際,不作荒唐泄漫語。而此《百言》尤明且盡,令人操存省察,更有喫緊下手處。昔先正嘗云:"西方諸士爲我素王功臣。"余於是書益信之矣。謹以是復祝友之請,不識於羅先生有當否?

崇禎壬申秋七月,星源汪秉元幼起父題於持平公署。

校勘記:

[1]閱:原作"關",據梵蒂岡本改。

[2]遠:原作"達",據梵蒂岡本改。

[3]其:原作"具",據梵蒂岡本改。

[4]流:梵蒂岡本作"留"。

聖記百言自序

羅雅谷

客有謁予者，寒暄訖，入書屋[1]，見西國圖書，輒皵然而喜，擊節嘆賞曰："奇哉，博而且麗。"及見壁間西文一幅，因問曰："貴土載籍盈笥，何事別列此文，必有至義存焉，請略指示。"余曰："此聖人習記百言，爲日間修德行善之資也。雖書中備載，難顯揭之日用，故另列目前，藉以簡點身心，可幸無罪。"客曰："願竟聞斯義，請譯以相示，何如？"余唯唯，曰：依西巴泥亞西國名。近古有一慧女，名德肋撒。自幼束身修道，積有年數，德盛譽隆。四方童貞之女聞而慕之，往受學焉。緣依古聖賢之格言，立公行之規則，以爲内外交修之法。内者如主臺前，外者如廣衆前，斯二者爲修道之兩極，而此文則爲人衆前所當循之規則也。蓋人有過而不改，恒苦於不自知，惟設有法，可爲行事之鏡。人睹鏡則知面有垢污，睹法可知行有差失。朝夕省察，覺而能改，斯可以滌免悔詈，與人交而無失矣。聖女德盛而言旨，西庠因錄記之，凡百條。

崇禎壬申歲，遠西耶穌會士羅雅谷識。

校勘記：

[1]屋：梵蒂岡本作"室"。

聖記百言跋

程廷瑞

瑞生也鈍，幼讀《尚書》未竟而讀《易》，《易》固余華聖人寡過之書也，昔尼父曾三絶韋。余童而習之，以逮於壯，亦嘗奉以周旋，幾欲寡過焉而未能也。庚午冬，負笈北上，未春抵金臺。適值機緣莫偶，俛俛不自得，逗留未返，乃幸得入天主正教。既又獲從纂修曆政之役，徼與西儒諸位先生昕夕相薰炙，浹聆提誨，一言一字皆我箴砭。且觀型在望，更令觸目範心，覺生平之疢，不得求滌於《易》者，茲稍有瘳焉。一日，有客詣羅先生，求譯壁間西文。先生譯竟矣，不以我爲貿貿者，而謬以東里屬余。是海若而索濡於河伯也，不滋余望洋之嘆哉！然烏知先生非以其答客者之即以教我也。因不敢謝不敏，捧而繹之，凡數閱月，已而喟然曰：洵哉！此真行窀之鏡，爲吾人所當共寶者。讀是書以祈寡過，其功似捷於讀《易》焉。語樸味雋，無容增飾。但西文譯爲中字，微有亥豕之異，僭爲考訂，以復先生之命。而先生從余邑祝友之請，付梓以公諸世，竟以潤之一字加之。余豈敢，余豈敢！

星源後學程廷瑞。

四末真論序

夫事不切於人者，可以有，可以無，亦可以勿論，遑計其理之真僞哉？若夫四末之有死候，有審判，是人之所共有也。有地獄，有天堂，出此入彼[1]，是人之必有其一也。烏可以弗論？然有論之非真者，如道家所云長生不死，釋氏所云超出三界，甚至云天堂者難免六道輪回，在地獄者可以轉生天上。何論之不經而失其真也？此皆邪魔設計，引誘世人，異端之徒，踵事增華。於是愚夫愚婦自忖生平罪業[2]多端，冀圖倖免，皆[3]爲所惑，以入鬼魔之網，究莫之醒。即讀書明理者，亦從風而靡焉。嗟嗟！盡人冀享天福，而不知有賞善之主宰，不盡敬畏昭事，誤爲佞佛修真，是欲南轅而北適也。盡人冀免地獄，而不畏有罰惡之主宰，不圖克悔改悛，反爲從邪徇惑，是懼陷溺而蹈冰淵也。惟聖教教人，常念死候之必有而不敢忘，審判之必有而不敢忽，地獄之必有而惟恐陷，天堂之必有而恒求升，故述《四末真論》以相勗勉云。

遠西耶穌會士柏應理撰。

校勘記：

［1］出此入彼：梵蒂岡本作"非此即彼"。

［2］業：梵蒂岡本作"孽"。

［3］皆：梵蒂岡本作"遂"。

四末論序

劉凝

原本之學無過於泰西，其言之諄切亦無過於泰西。茲高先生《四末論》，何其再三致意於末也。言言痛快，語語刺入，能使人懼，能使人慕，能使人不得不懼、不得不慕。烏呼！末路至此，其懼爲徒懼，其慕爲徒慕。今夫戒塗者，猛獸水火之在左，九衢康莊之在右。弗審其孰利孰害，貿貿而蹈焉，逮至其地而後悔，斯亦晚矣。故救敗者不於其末而於其初，不於其末而於其本。本在於畏愛大主，初在於積累功行。夫人一日未至於末，尚可以勉圖而改轍。苟至易簀屬纊之頃，則功罪已定，賞罰已隨，萬千年莫之能更。如軍壘相對，交綏以後，其勝其負，莫可挽回。然則人何望於末歟？高先生之所以反覆於末者，非令人求之於末，正令人思其末而謹其初、崇其本也。乃世人諱言死而陷於死，諱言死，并不欲聆先生之言死。豈知先先生而言死者，孰過於孔子哉？孔子曰："朝聞道，夕死可矣。"死爲人之所惡，可死尤爲人之所惡，夕死可尤爲人之所甚惡，孔子何以言之？蓋欲知夕死之可，必先知夕死之不可。使死而僅同於草木之朽腐、飛走之泯滅，則亦何可不可之有。其死也可者，必其死也有大不可者在也。可則升於天門，不可則淪於火宅。可不可非關於死之時，而關於聞道。道者，率性之謂，性由於天。惡人齋戒沐浴，可以事上帝。苟生平積叢愆戾，一旦反躬痛悔，上帝未嘗不憐其志而宥其罪。故聞道於一朝，即死而復生之候。朝聞道而夕可死，即形死而神生之候。不聞道，雖壽逾期頤，不可以死；聞道，雖夭如子淵，而可以死。終身勤修而墮於一旦，不可以死；終身積廢而補於一旦，而可以死。則可死、不可死之故，孔子言之痛且切矣。謂吾儒不言天堂、地獄者，其亦未審於可不可之故歟？烏呼！乃命於帝庭，有天堂矣。文王在上，於昭於天，有天堂矣。《詩》《書》之言，不我誣也。如文武之在上，則知幽厲之在下，孰謂文武幽厲之可並在帝左右也乎？益知孔子雖未顯言天堂、地獄，而未始無天堂、地獄也。高先生之言四末，即夕死之説也。泰西諸先生之言主宰，言降生救贖，即朝聞道之説也。詳於言夕者，正其亟於言朝也夫。

康熙壬子時降生一千六百七十二年聖灰後六日，南豐後學劉凝序於南昌堂中。

死說小引

程廷瑞

嗟哉！夫人之生必[1]死也，奈之何人每喜言生而諱言死也？夫不知生之所以生而喜言生，不知死之所以死而諱言死，已惑矣。乃喜言生而反自戕其生，諱言死而反自速之死，其爲愚且癡也，不亦甚哉？或問：何謂自戕之、自速之也？曰：耽榮臕，邇聲色，日沉溺於種種快心之事，曾不務以修德，而衹取以娛身。是人也，方自以爲幸生於樂場，而不知其久已入於死塋也。聲音笑貌非不宛然具也，所爲君[2]形者亡焉，非自戕之、自速之乎？乃富貴者昂昂然競相夸視，貧賤者敝敕焉争相乞憐。哀哉！未有喚之醒者。若夫大智者則不然，彼[3]視其生，惟恐其濱於死也。珍時寶晷，潔身修行，日有孳孳焉，富貴貧賤不以二也。其所履者世間之境，其所向者天上之國。即或頻際艱危哉，而[4]其自安則以爲得樂階矣。蓋借暫苦之園，結永甘之菓，備暫死之路，開永生之門也。然則生誠不足喜，死誠不必諱。夫惟真能念其死，斯乃真能重其生，黨果真能善其生，則必真能善其死。況人之生時即其死時，越一刻則一刻死，越一日則一日死。死之云者，謂已去而不反之謂也。來之日爲[5]生，則去之日爲死矣。念及此，謂宜[6]時時息息，遷善補過之不暇，尚可偷樂以戕生而速死哉！予[7]因是知二先生之著爲《死說》也，非與人說死也，實與人說生也。

後學路嘉。

校勘記：

[1] 必：此下梵蒂岡本有"有"字。
[2] 若：原作"君"，據梵蒂岡本改。
[3] 彼：原作"被"，據梵蒂岡本改。
[4] 而：此下原重出一"而"字，據梵蒂岡本刪。
[5] 爲：梵蒂岡本作"謂"。
[6] 宜：原作"已"，據梵蒂岡本改。
[7] 予：梵蒂岡本無。

死 說 引

羅雅谷

龍先生榻側黏死鑑一圖，旁有西文一幅。客偶見而問之，先生答曰："此《死說》也。"客欲聞其語，先生因詳譯以復客。既以質之予，予因知古聖作爲此說，所以誨人善渡兩世之交也。人死必棄此世，適他世，如渡江河，離此往彼者。然一去不回，永留於彼，留之所報，視去之所取，善惡不爽。故曰兩世之交。夫死，非體非物，非色非神。西文特假設其像而解之，如有身體、有靈魂之物,能話能問答。其類頗多,有畫全髑髏,手持一沙漏晷者,喻時滿而來也。又有手持一鐮者,喻如割草,不拘大小堅嫩,一鐮而割之也。死亦如此,老幼同盡。又有畫一蛇在其圍者,蓋蛇每年天寒脱皮似死,然天熱復活,人死但脱郭廓而活。或曰:人死則尸爲蛇蟲之食。又有畫弓箭以帶遮其眼者,蓋射而不見,無憐恤之意也。像下有云:"我昔日如汝,今日胡不思。汝異日如我,今日何不戒。"噫!其所以警醒我輩者至深切矣。説亦甚多,特爲選而録之如左。

遠西羅雅谷撰。

代疑篇序

李之藻

聖人之道無疑鬼神,斯不惑後世[1]。若信心不及,則疑事無名,疑行無功,未聞與道有入。而彌格子急急望人疑,又恐人不疑而代爲之疑,遵何説哉?蓋道之近人者,非其至也。故曰:"及其至也,聖人有不知不能焉。"非聖人安於不知不能,而遺其可知可能,惟日孳孳以求知至知終,故一息不敢少懈也。一翻新解,必一翻討論;一翻異同,必一翻疑辨。然後真義理從此出焉。如石擊而火出,玉礪而光顯,皆藉異己之物以激發本來之真性。始雖若戾，終寔相生，安見大異者之不爲大同也？唯拘守舊聞，自矜極致，妄謂世無域外之境界，人無超性之名理，局小心量，靈機不活，聖人復起，其以爲然乎？夫謂道備於古，經盡於聖，則《易》《書》之後，不宜有他書矣，經史之作奚爲？《素問》之後，不宜有醫案矣，諸大家之出又奚爲？此見義理原自無窮，畸人畸書應時而出，未宜盡廢。既已畸於人，自必駭於俗。求諸自心而不得必生疑，質諸習聞習見而不合必又疑，而疑豈道中所禁哉？顧有正疑，有妄疑。正疑者，恐悖於理、傷於教，迷於人之性情，欲求一端至是，以窒彼之至非，此不可無也。妄疑者，吠聲吠形，襲譌襲舛，不問[2]有無虛寔，謂蘭蕙臭，謂莫邪鈍，此不可有也。西儒從絕域外，泛重溟，浮天末，來此創寓。匪第語言未通、性行未浹，即義理精微，全馮書籍，而文教懸殊。此中以六書爲體，有形而後有聲，彼國以二十三字母爲用，有聲而後有形。不但密義難疏，即尋常淺解，有一字而費數十遍翻譯。若欲摘疑生辨，逐支逐節皆是問端，安可置而勿疑？彼泛泛嘉與、無所違覆者，諸儒固最恥之。若謂彼嘉與者，不過奇我遠國土風，詫我新巧製作。此何異貴翡翠象犀旃檀之入中國，禽獸草木我也；貴工倕之指、離朱之目、般輸之斧斤，梓匠輪輿我也。是故僞者之譽我，不若仇者之詰我。以此望人求疑求辨、共疑共辨，安得不急急哉？始乎有疑，終乎定信。自是一信之後，不復再疑，始知宇宙公理，果非一身一家之私物，吾何不以公心還之。其真同者，存爲從前聖教之券，識東海、西海之皆同；真異者，留爲悟後進步之燈，亦復命歸根之有賴。無非寔益，大道爲公。孰與夫意見橫分，狹小天地，而自束縛其靈才者哉？請以質諸有道，毋靳此意[3]也。

涼庵子題。

校勘記：

[1] 世：梵蒂岡本作"聖"。

[2] 問：原作"聞"，據梵蒂岡本改。

[3] 意：梵蒂岡本作"疑"。

代疑篇序 舊名《徵信篇》

王徵

孔子曰："人而無信，不知其可也。"凡言不知，皆深絕之之辭，非止不可行而已。蓋事理見前，由信得及，然後有心肯。由心肯從，然後能身赴。信菽粟可飽自必食，信布帛可溫自必衣，信水火難蹈、堇葛傷生自必避。萬事成立，未有不從信始。故西學向天主三德，信之爲首。十二宗徒各表所信，爲《性簿錄》，誠重之矣。木之發榮，托命在根；室之嵬煥，造端在基。根撥而基壞，雖有場師大匠不能成功。故曰：師無當於五服，五服不得則不親；信無當於五常，五常不得則不舉。學者欲希聖希天，爲安身立命之事，未有不從信入。此西儒惓惓接引，首闢信行[1]，而彌格子承其意，作《徵信論》二十有四篇，有味乎言之矣。先是，西學深眇，與人言多不領契。幸儒者善疑，彌格善辨，舉向來人情最不釋然者，似已掊擊殆盡，昭揭靡遺。自今惟手[2]是編，即同面證，言說可無事乎？抑西士又言：信者心之眞嗜，非必見見，非必聞聞。待見待聞而後信，其信猶淺淺者。信東魯有尼父，未見聖如弗克聖；既見尼父，信亦無所用矣。信長安有天子，豈必身至闕廷；既與至尊接，信又不必言矣。此西國信字之詮解。而又云：有死信，有活信。活信者行解齊到，知與樂好一時都有。孔子云"信以成之"，成始成終之理，漆雕之吾斯，武城之莞[3]爾，足以當之。死信則浮慕而已，衷不熱，力不注，究必中稿焉。於以希聖希天，奚繇至哉？敢並述所聞，以足彌格子之未備，不知有當否？是爲序。

　　天啓辛酉，關中王徵謹撰。

校勘記：

　　[1] 行：梵蒂岡本作"門"。
　　[2] 手：原作"首"，據梵蒂岡本改。
　　[3] 莞：原作"完"，據梵蒂岡本改。

代疑續篇跋

張賡

嘻！有眼有胸者，能讀天學諸書，疇不知天主至尊，宜昭事也，而乃庸予喋喋也。疇不知傳天主之學者至正，宜信從也，而乃庸予喋喋也。亦疇不知從天主之學，諸名公之先知先覺，吾輩宜步趨也，更乃庸予又喋喋也。諸名公演諸傳教者之旨，闡一天主之秘，予既莫能贊隻詞。而今京兆楊先生先以《代疑篇》行，同教李浙西、王關中又業爲之敍，則且以至人成至言，備矣。予復惡乎言哉？雖然，疑者未能疑，而楊先生用疑代疑。代更未能信，而楊先生復用代疑續。於惟此衷，良亦苦矣。先師稱君子疑思問，夫能問者，必君子也。抑非君子乎，并不能疑。今之疑天學者咸告我曰：吾實疑焉。然彼實未嘗過而問也，因是而知其未爲能疑也。先師云：得見君子者，斯可矣。

崇禎乙[1]亥孟秋，教下張賡書。

校勘記：

[1] 乙：原作"己"，據法圖本改。

題天釋明辨

張賡

於乎！天學之不明不行也，釋教亂之也。但古來慧業文人，多爲釋家惑溺，何哉？即惑[1]溺，乃至原道，則罔不云"道之大原出於天"。天之真是，其不可掩也如斯夫。京兆楊公淇園，爲天學苦心，先行諸撰述誘人。又謂似是之關最宜詳明，遂不得已而作此辨。此辨行，釋其無所逃敗。然吾以爲深入禪理者，其轉入天學更彌精也。夫人不困幽谷，不知光天之大之尊。吾天會中玄扈徐相公及楊京兆，初時者等夙慧，博極群書，誤入釋門久且深。因窮思反，得天學而亟歸之恨晚，永歸之無貳。徐相公云：吾生平多疑，至是了無可疑。吾亦時欲作解，至是了無可解。此乃真慧業文人之真識力矣。古吳趙太常，嘗從尊人翰撰公讀書於京兆之室，習京兆辨論甚晢。虛懷傾服，爰茲不忘其知天、事天之自，贊贊艾先生，亟爲梓傳，而命余代之引。

昭事生張賡。

校勘記：

[1]惑：原作"或"，據梵蒂岡本改。

辨學遺牘跋

李之藻

蓮池棄儒歸釋，德園潛心梵典，皆爲東南學佛者所宗。與利公昭事之學，戞戞乎不相入也。兹觀其郵筩辨學語，往復不置，又似極相愛慕，不靳以其所學深相訂正者。然而終於未能歸一，俄皆謝世。悲夫！假令當年天假之緣，得以晤言一室，研義送難，各暢所詣。彼皆素懷超曠，究到水窮原盡處，必不肯封所聞識，自錮本領，更可使微言奧旨，大豁群蒙，而惜乎其不可得也。偶從友人得此鈔本，喟然感歎，付之剞劂，庶俾三公德意不致歲久而湮。淺深得失，則余何敢知焉？

涼菴居士識。

辨學遺牘跋

楊廷筠

予視沈僧《天說》，予甚憐之。不意未及數月，竟作長逝邪。聞其臨終自悔云："我錯路矣，更誤人多矣。"有是哉？此誠意所發，生平之肝膽畢露，毫不容僞也。今之君子所以信奉高僧者，以其來生必生西方淨樂土也。西方錯路乎？彼既認爲非，高明者宜舍非以從是，否則不爲後日之蓮池乎？噫！予讀此書，津津有味乎其辨之明，亦惟恐衆生墮此危池耳。又豈得已而述邪？

彌格子識。

答客問原序

張能信

昔者程子年二十四，著《定性書》。方朱子成此書時，年二十二[1]耳。其淺深何如哉？庚辰夏，余從馮石漚氏初見此書，石漚得之於錢發公氏，發公得之於武林范孔識氏。發公尤尊之甚，契之甚，手録副卷而之楚游，然余鄙[2]未知之也。其原卷競相傳示，遂失所在。余惋之甚，悔之甚。謂此必有邪人忌之，遺之水火。不然，則邪魔嫉之，或攝之去。又意天下公正道理，必無銷落，冀當有正神護之。不然，則亦豈無正人私之枕中，留之壁間者乎？越二年，朱子隨孟先生訪我於玫園，而發公氏適自楚反[3]，急出所録副卷於懷中，曰："余尊之甚，契之甚，蓋臥立與俱矣。"余重述前語，四人相視而笑。又逾年，朱子更爲增廣數十[4]條，屬余訂考而題簡端焉。余維庸俗人之搖脣鼓舌、喋喋翻翻者，大抵不倫不脊，有齒牙而無心胸，安得如是之條貫成章者？則是設爲問答之辭，未可知也。然即聚百千齒牙、百千心胸，一噪群吠，然[5]不出此數端。譬諸蠅營，衆響若一，則果有問答之辭，未可知也。先是，朱子撰《破迷論》以示所親，所親急掩其目，曰："恐見之而迷遂破也。"然則有聆是答者，不又急障其耳哉？如是則不如抑其口而使弗問之愈也，如是則不如弗抑其口而使善問[6]之尤愈也。夫鐘不叩不鳴，小叩小鳴，大叩大鳴；雷不鳴不震，小鳴小震，大鳴大震。使雷日轟轟焉求諸奸人而擊之，奸人不可盡，而雷之爲用亦褻矣，則又安能人人而提其耳哉？孔子曰："可與言而不言，失人。不可與言而言，失言。"故有答之答，有不答之答。貴善問，尤貴善答。

校勘記：

[1] 二：梵蒂岡本作"三"。

[2] 鄙：梵蒂岡本作"黨"。

[3] 反：原作"近"，據梵蒂岡本改。

[4] 數十：梵蒂岡本作"十數"。

[5] 然：梵蒂岡本作"終"。

[6] 問：原作"門"，據梵蒂岡本改。

重訂答客問序

蔡鏚

理有必折衆論而旨出者。子輿氏,吾師乎。無極太極,往還幾數千言,其亞也。若執戰觲嘲,昌黎辨諱,無關理數,直謷欬耳。天教久啓泰西,神廟時利艾諸先生,前後重譯九萬里以來,迄興朝同文之盛。鐸德所至,畎澮爲聰,累累成書,不下數千篋。大概直闡吾儒天命宗旨,一洗聃曇之遺瀋而更新之。可請[1]尋流得源,匪啻談天有口矣。獨是呫嗶家,囚死甕天,目或不及《西銘》《通書》之堂廡。其視西學,少見多怪,幾於詫駝腫背,矧俗鶩之不群相睨乎?李子南公,巨士也,於西學淹洽多聞。庚子夏,挈同夢雒諸子,領洗於吉暉穆先生。南公精心猛力,視諸子有加。兹取浙中朱氏《答客問》,爲釐蕪出新。讀之如臨淮代將,壁壘改觀,陋齊丘之窃談,齊郭向之注莊。匪特西學之功臣,即以作濂雒之津梁可也。余駑知萬不及南公,今者遂如坐我利艾諸先宗函丈中,山中瘂雁,敢云贊一辭哉?至其析精伐髓,譚鋒貫札,全書俱在,有目共欣,余亦何俟豐干爲。

校勘記:

[1]請:疑當作"謂"。

答客問序

漆宇興

庚子客章門，從庚兄李南公、蔡石奴諸君，領洗於穆吉暉先生。聆其緒論，挹其風儀，輒心醉久之。先生以西土之音，娓娓言論，聞而解者僅十七。大要接引招采，惟恐天下之人或即匪彝，有負大主生物生人之至意。余不慧，但能領其偕人爲善之心，而不欲自外。至於闡教旨，繹微言，則如取金與搏黍以示兒子，矇然不知金之足寶也。南公博學洽聞，於西學諸書具悉蘊奧。閔予固陋，思有以覺之。一日出朱維城《答客問》相示，烺烺乎顯處見月，明爽快人。間有非所能讀者，其議似高，撰以中道，未免格格耳。南公取而訂之，俾其顯者益顯，爽者益爽。議雖高，而撰之中道，無纖芥之不合。回憶接穆先生時，娓娓言論，聞而未解者，不第舌人之通，詎止有功西學已乎。不慧於此有得焉，嗣有所發明，未可知也。

答客問今本序

吴宿

往于[1]知有天學,追隨李子南公領洗於穆先生,欽負聖架,委抱相親。里人士各置異喙,弗與言。已而疑曰:得毋置心性之玄奧以明道乎?窮流溯源,覺有從爾室中發天遊者,因小悟曰:子思子發明性道而原諸天,子輿氏遠紹厥傳,闡存心養性,歸之事天,是天之爲元本也。蓋不事玄奧以遺後咻矣。釋氏師心,舍帝原奧,爲天逆子。獨儒者本天,而昭事不明,卒厭廢而亦入異。此朱子《答客問》所爲作也。辛丑冬,侍泰西柏先生坐,出以相示。展讀之次,既欣其晰疑剖微,復惜其多遺損益,以竢後人。因懷歸,與李子商訂不朽。李子欽心奉若,動靜語默,所謂本天而達昭事者,夙有《天學或問》之志。適嗣君達可爲請,許予商定,芟繁益簡,復成李子一書,別爲今本。凡兩閱月,藁脱,屬予辭。夫天主之義,朱子言之,李子暢之,審矣,復奚辭?第得言夫爾室所已經者,自瞻禮持珠,惟日冰兢之餘,以至眉睫開合,夢覺往還,凡吉凶動履,一如上帝示之趨避者然。意生死始終,亦若是則已矣。舍此自師其心,謂他有本來,使人人疑是心爲怪爲幻,如蠡測海,如灰候氣,了不可期矣。以斯云救,當使形聲嚮息,同生共命者，咸識依歸，則朱子與李子之功也。若夫衣冠僞儒，飲名既渴，嗜利復飴，優孟聖賢之言，雌黄自恣，徒文弇鄙。展玩是書，終倦且謗。予與李子又將分咎焉。

校勘記：
[1]于：疑當作"予"。

答客問序

李奭

乾元統天，資始者之爲無始。象垂尼父，維帝有五，王有三，經有九。未有不欽崇敬畏，憲律則奉，以知以事，爲溯源者也。述聖有作，性道教義炳日星。顧教不率、道不明行者，由一二素隱行怪之士，或不知天命而妄意天性，以六根之微因緣天地；或不知天性而妄意天命，以五行之質誕堙造化。此其爲道，尋義若精，施用已蔽，聆言如辨，徵事即罔。然人恒樂其影響，可托以土苴彝訓，而倅然自命於心性。賴我儒先，斯文未墜，第沉汩之餘，俗學拘蔽，有所不免。原始要終，又未必悉通乎晝夜死生之故。於是迂謹與誕謾不敵，高明者輒深中異端以相竄。且謂生死大事，非彼莫能了達。我尼父曰："未知生，焉知死？未能事人，焉能事鬼？"又曰："朝聞[1]道，夕死可矣。"

不死無生，無論影響，彼亦何所知，何所能？生已罔矣，死亦安可哉？直逃死偷生耳，安在其了達也？跡其我慢自尊，寔大獲罪於統天之主，而尊爲教宗，斯實悖已。蒙夙承家訓，稍窺原本。幸從泰西穆先生重聆真教，如唐子知歸，蔽所見聞者，驟加問詢，遂有酬對。然恒苦不得其辭，徒煩輔頰，無關至理。心擬撰《聖學或問》，少爲發明。曾未知浙朱子《答客問》一編，梓行已久。從吳漢通所見之，欣慰無量。漢通乃更標疑數處，謂此尚須子訂定。蒙巽謝不敏，需前曰："大人有意於《或問》，兹因朱子成書，不較易易乎？義期至當，以同而異；理歸不易，即異而同。我誠無意必者存，朱子能無首肯也？"因私念循愚引陋，此非一人一家之言。共一大父母，既當共事之，公理何爲不公質之？遂不揆濡筆，凡六易稿焉，蓋其慎也。大約本朱子者十七，冗蔓從刪，切要從補，辭義未暢，協徒更潤，要皆引據西學諸書。所恨識闇才弱，於元元本本，無能發揮萬一，聊藉手就正泰西諸先生暨我同人。倘不遐遺，憫其愚昧，賜之駁正，不特蒙所禱祠而求，前我實有朱子焉。匪夕伊旦，跂予望之矣。

　　時壬寅建元復獲聖架日，書於來復堂。

校勘記：

[1] 聞：原作"問"，據《論語·里仁》改。

續答客問序

李奭

衷受於維皇，而謂之曰性，人之事起已。然皇則降之，寧人之事已邪？明明天與人區而二之，而並列天與人，亦示以超而一之耳。明其一，不質其二，爲人將震而退處焉，或夷而與物伍。故我中邦聖人，特揭其自明而誠之教，還天道與人道。下學即所以上達，窮理即所以致命，事人即所以事神，知生即所以知死，無事於超而超舉是矣。故其言於命則罕，於天載則微，於原始反終則慎。既爲達天者直溯本原，并爲素隱者豫防流失也。智故日鑿，於所當知者不求其知，強欲知其所不知；於所當能者不求其能，強欲能其所不能。偶窺一二影似，輒自智自神，將謂道絕言詮，卒至混同靈覺。此固素隱所必弊，豈聖人本天敷教之義哉？曩者上帝恩開救贖，寵降大秦，西國聖人，闡其至教。謂明明此天人，惟區而二之，乃可得超而一之也。於是言命必言其命之之主，言天必言其所載，言人必原其始而反其終。爲之別物性於人性，別人性於天主性，而天人見矣。死所當知，能生而後能死；生必有自，知人尤在知天。道苟契於常生，身永膺乎洪錫，而天人又一矣。盡性之旨，不逾聖聖同然；超性之宗，寔發儒先未發。所以然者，渾敦未鑿，施救無先，私智害道，提挼無後。昊天成命，聖人謹奉而宣布之，行兆於唐年，教弘於明代，豈偶然哉？蒙固不敢謂四子六經更有餘理，亦安能謂四子六經之外無絕學也？從事恨晚，愚魯罕聞，常竊訂浙中朱子《答客問》，以當請業。石宗聶先生更手授聖教諸書，俾復采綴，另爲續編。深愧非才負委，甲辰季夏，始脫藁本。雖所詮次，非西賢鴻述，即中士偉裁。而循省蕪陋，易根恒誤，成鐵多慚，尤嗤爝篝之矇，莫適高深之助。僅可覆瓿，未堪災木也。吾師慈憫，其何以振我乎？引用諸書，別列著述名氏，茲不複。

時天主降生一千六百六十四年，聖若翰保第斯大致命日，筠西學人李奭謹識。

拯民[1]略說自敍

朱宗元

余生平伏念人壽最遠不過百歲，百歲之身豈非有盡，雖聲名藉藉，功業蓋世，總一時事，要當尋永久安頓處。又念一點靈明，迥超萬物，斷無[2]與物同生同盡之理，自然暫謝，神魂永存。更念世間萬事，不由人算，意者鬼神司之。然鬼神衆矣，亦自有所從受命者。三教百家，參悟有年，頗悉梗概，顧終無真寔確當、了徹完全之義，使此心可泰然自安者。及睹天學諸書，始不禁躍然起曰：道在是，道在是。向吾意以爲然者，而今果然也。向吾求之不得其故者，而今乃得其故也。復獲交大西諸士，益歎德行之純全，至西士止矣；學問之覈博，至西士止矣。吾何幸而獲聞茲理邪？先我而生者幾許豪傑，貿貿以生，昧昧以死。其間亦自有[3]號爲了生死者，究竟仍在迷途中也。吾何幸而獲聞茲理耶？雖造物主與人無厚薄，在我不可不自謂特恩，竊用自喜，又用自懼。懼夫既達茲理，而不全不粹，受責更倍於他人。復思吾身，幸識此高明之路，豈忍聽有衆之沉淪。故不顧世俗拂耳，每每喜向人道也。雖天[4]學典籍百萬，振聾聾聵而有餘。但余小子既受造物主多恩，識所能及、口所能言者，何敢不竭其區區。始也好辨，爲《答客問》行世，今標大義數[5]端曰《拯民[6]略說》，大約詳於彼者則略於此。夫天生蒸民，俾之安所，其如陷吾民者之多也。既陷之後，亦不自知其爲陷，而反以拯之者爲非。若然，則雖欲拔之使出，彼或不肯舉手待援，吾亦如之何哉。

烏程朱宗元述。

校勘記：

[1][6]民：梵蒂岡本作"世"。

[2]無：原作"勿"，據梵蒂岡本改。

[3]自有：梵蒂岡本作"有自"。

[4]天：原作"人"，據梵蒂岡本改。

[5]數：原作"教"，據梵蒂岡本改。

崇正必辨序

利類思

歲壬子，今上御極之十有一年，時維暮春，余寄跡在京。客有自江南來者，袖出何子公介《崇正必辨》一編，請正於余，丐余序言以弁其首。余曰：是亦不可以已乎！昔者余有《不得已辨》，略舉數端，折之以理，久已行世。孰是孰非，必有能論之者。矧乎楊光先之罪案定自皇朝，炳如列眉，他説俱可不[1]辨，是誠不可以已乎。逮余展閲斯編，則援引經史，證據聖賢，其條分縷答，校余《不得已辨》尤至詳。夫士君子讀書明理，以正人心爲己任，淫辭在所必放，邪説在所必息。何子博古名儒，究心天學有年，故其腹笥便便，足以崇正抑邪，爲後世慮至深遠也。殆亦效余不得已之辨也夫？即安得執是編而止之曰：是亦不可以已乎？余因序其所必辨，以辨夫後日之爲楊光先者。

時康熙十一年五月，遠西利類思謹敍。

校勘記：

[1] 可不：原作"不可"，據法圖本改。

崇正必辨自序

何世貞

　　或有問於余曰：受謗不辨，天教所[1]崇，何爲而作《崇正必辨》也？余應之曰：然，抑又有説。謗之辱我身者不必辨，謗之褻天主者則必辨。昔者耶穌當受難時，惡黨百誣，無一寔証，耶穌默不置一言。然天爲之昏，地爲之震，日月爲之慘黯，鳥獸爲之哀鳴，何以[2]不爲天主辨乎？嗣是西儒接踵，敷教萬方，必證救贖大恩，引人愛慕天主。靡不險可歷，苦可受，身名可殺可辱，而語以天主正教必不可抑，辨之弗明弗措也。余自奉教以來，指余爲迂者認之以爲迂，指余爲愚者認之以爲愚，獨謂余崇奉邪教，則必便便焉辨論不休，此豈因《闢邪論》而然乎？夫楊光先之有《闢邪論》也，由心中有佛氏，不有天主故也。善乎楊龜山之答吳國華書曰：“儒、佛之不兩立久矣，此是則彼非，此非則彼是。”又云：“所貴乎知道者，謂其能別是非、審邪正也。如是非邪正無所分辨，則亦烏在其知道哉？”自習俗移人，賢者不免，儒言而墨行者往往有之。終日戴天而不知天之有主，終日受造物生養洪恩而不知造物之有主，由辨之不早辨也。則余之《崇正[3]必辨》者，爲普世之人心不知有天主慮，爲後世[4]之人心不知有天主慮，并爲我奉教之人心，其初知有天主，其後仍不知有天主慮。夫不知有天主，誰不當以楊光先爲鑒者？而謂余之辨論不休，止爲《闢邪論》而然哉？雖然，辨之以言不若辨之以行，辨之以行不若辨之以心。誠使天下之人皆以崇正之心爲心，時時知有天主，則余之《崇正》一書，真可以不存矣。余且朝夕拜禮，祈主開牖而望之。

時康熙歲次壬子荷月立秋前三日，古虞何世貞公介氏敬述。

校勘記：

［1］所：法圖本作"攸"。
［2］以：法圖本作"一"。
［3］正：原脫，據法圖本補。
［4］世：法圖本作"日"。

聖水紀言序（存目） 李之藻

口鐸日鈔序

張賡

聽笑談不知倦，聞正言則惟恐臥，十九然乎？乍聞正言而動，退輒忘焉，十七然乎？有聞必繹，繹而得，蘄與人同，如是十可二三乎？心得之，口未必能言之；口言之，手未必能錄之。問何以爲？爲嬾故，爲忙故，爲拙故。夫亦人耳，人一奮，雖嬾必强也；人一恬，雖忙必閒也；人一想，雖拙必無不通也。悠悠忽忽，而曰嬾、曰忙、曰拙，誰授[1]爾此三疾邪？人原無疾而故自生疾，又或托疾。況爲世俗事，嬾亦行，忙亦逐，拙亦營，而曾不得片刻之强、之閒、之通徹，以從事我生之大根原，與夫我生之大究竟。嗚乎！是可謂終身不靈者矣。子思子敕人戒恐，直嚴須臾；曾氏日省戰兢，至死而後知免，是豈區區爲世緣作計哉？千百年來，胥世悵悵其無如，得西方先生提鐸而振焉，人始知有大根原、大究竟焉。但於所云三疾者，未見其有瘳也。即予侍諸先生，視閩中諸君子不後，亦且自謂能信不殆，曾何所得詮述一二言乎？乃今而始得吾勝友李其香，聞艾、盧二先生口鐸而日鈔之也。其香一日聞道，遂靜修三山堂，思辨一年，等功名於浮雲，視舉子業如弁髦。而且理日益明，才日益邁。歸而誘化數百人，交相磨厲，其德與日俱新。又期追隨二先生，周旋不暫舍，其鈔未有已也。予雖亦嬾、亦忙、亦拙，感其香亦稍知勉矣。

温陵張賡謹識。

校勘記：

[1] 授：原作"受"，據梵蒂岡本改。

口鐸日鈔序

林一儁

口鐸者何？艾、盧二先生傳播天學，覺世之洪音也。日鈔者何？吾友李其香氏常侍二先生側，錄之以惠同好者也。二先生遠自絶徼，浮海九萬，三易寒暑而至中華，惓惓以愛慕天主與愛人如己爲首務。斯其淵源之正、願力之宏、心思之苦，有未易明言者。世人拘於舊聞，溺於穢樂，曾不能開擴[1]心胸，馳域外超曠之觀，思此生之所自來與所自往。甚且認仇作主，岐適軼趨，貿貿以死而卒不悟。是固先生所大痛也。間有彼都人士，興緇衣之好，殷殷造請者亦繁有焉。然未繹思乎永報，先責望乎目前。不於萬有之上，認至尊至靈之主宰；第於牙慧之後，襲太極理氣之膚談。不以生死大事，早覓究竟之根宗；徒以異人異書，取快一時之耳目。是何異買櫝而還其珠，自負此一見之奇緣也哉？大抵三代而後，學者多以詞章爲務，科名爲業。又有一切下學之法，設爲方便梯航，積久認真，錮人思力。故於人性以上，生前死後之大關，存焉不論，論焉不詳者矣。及有一二超曠之士，欲尋究死生之故而有所未安。乃二氏之流，復創其虚誕不經之説，搗其虚而中之。如饑人思粱肉而不可得，黠[2]者授以甘餌而投其鴆毒，反甘之而不覺也。悲夫，悲夫！若諸先生之教，研理必究其原，察物必精其本，修治必要其寔。諸如舌頭假悟、棒喝僞機，與夫玄玄妙門之幻境，皆鄙絕以爲不足談。且其學問淵涵，深廣無量，即極穎慧者未易窺其底裏。間或隨人叩觸，偶寫靈詮，而當機片語，莫不妙啓扃鑰，徹人心髓。正如暍人得樾、渴驥逢泉，爽快之神，得未曾有。獨愧吾黨，未能廣豎斯義，迥標特解，爲起予助我之資。所冀發先生之響，更抽繹於無盡者，不無望於高明諸君子也。諸君子試思吾黨中，治鉛槧，應制科，一旦雲蒸龍變，或標旂常、銘鼎呂，或廣第宅、飾輿馬，赫赫焉誇矜其梓里，榮其宗祊者，足爲吾生一大究竟乎？抑靈神本鄉更自有在，而斯世僞榮微福直轉瞬浮雲，無堪久戀者乎？此關勘破，則凡種種悲愉得喪、勝負短長，舉無足校。而胸中冰炭，世境戈矛，一齊放下。而後妙義滿前，始有引伸不禁者矣。酌滴水而想泉原，燃星火而傳槖炬。此之性光日啓，先生之口鐸日宣，其香行且筆不停毫，時無暇晷，將來之秘笈琅函其未有止也。獨非吾黨一大快事歟？金玉洪音，請自今日始矣。雖然，先生之鐸者，口也；其所以鐸者，非口也。其[3]香之可得而述者，先生之口鐸也；其不可得而述者，先生之身鐸與心鐸也。口鐸存乎其香之日鈔，身心之鐸存乎吾儕之日省。以吾儕之身心仰參先生之型範，是即勒珉摹本，兩相印合於無盡者也。此際之通功，其香更有以益我乎？余羨其香之苦心，慕其香之慧力，竊不勝莫助之愛，而深媿余之不逮也。故忘其鄙拙，而僭爲之序。

林一儁用籲甫題。

校勘記：

［1］擴：梵蒂岡本作"拓"。

［2］點：原作"黠"，據梵蒂岡本改。

［3］其：此下原衍一"其"字，據梵蒂岡本刪。

口鐸日鈔小引

李九標

泰西諸先生之航海而東也，涉程九萬，歷歲三秋。比入東土，而尺絲半粟毫無所求於人。獨鐸音遠播，其所醒覺而提命之者，不一而足。嗟夫，是豈[1]炫學問而博聲稱者哉！蓋亦以造物主之真傳晦蝕已久，而二氏之曲說浸淫方深。馮生總總，都在洪波浩淼之中，覓一片板隻筏而不可得。故熱腸不禁，欲爲人世作津梁耳。標不敏，戊辰秋杪，始得就艾、盧二先生執經問道。顧質性魯鈍，未能頓了，即間有所得，亦如謖謖[2]松風，滌煩襟於半晌，不逾時而過耳即空者矣。夫田父之得燕石也，尚什襲藏之，欽爲至寶。剞昆山之璧，種種見前，乃入寶山而空手回，何能不爲田父所笑？庚午以返，其親炙二先生者多無曠時，或在同堂,或在燕處,或爲師言之詔我,或爲朋儕之起予。爰筆所紀,不覺成帙。總之,余輩如駑駘[3],策之始前;先生若洪鐘,叩之即響。兹鐸音具在,真足令愚者醒,頑者馴,智者見智,而仁者見仁。小子何心,其敢私爲帳中之秘也乎?謹揭而傳之,以昭同好。若夫搦管摛詞,亦僅取通明曉暢,固不問其文之工拙也。

崇禎四年重光協洽之歲,日在角,福唐後學其香氏李九標薰沐拜手題。

校勘記:

[1] 豈:原作"其",據梵蒂岡本改。

[2] 謖謖:梵蒂岡本作"稷稷"。

[3] 駑駘:梵蒂岡本作"駘駑"。

口鐸日鈔第三卷紀事

李九標

辛未冬初,余爲省覲東粵,偕艾先生同至莆陽,越旬告別。先生謂余曰:"吾子過清漳,爲言嚴子思參,訂晤温陵。"余應曰:"諾。"維時驅車就道,日馳騁荒山斷澗之區,與夫勞人牧竪之側。向來提耳鐸音,杳[1]如天際,雅欲一劄述而無從也。比入桃源,一謁張令公,過温陵,再謁諸葛民部。明師在遠，良友可親，蓋深幸此行之匪虛已。至若清漳接壤，已在復月之杪。余思思參以庚午秋闈[2]，一再晤對，今歲逾一周矣。夫以數百里不相謀之地，十數月不再訂之期，萬一主賓相左，悵惋何極。於時仰祈主祐，以今晚得晤嚴子爲禱。比抵清漳，而思參則遠讀海澄，去家二百里而遥也。快望之情，未能已已。詎意甫入夜，忽有維舟江滸者，而思參至矣。兩人握手，諄諄道故，因述頃來默禱之由。思參則瞿然曰："侵晨細雨霏霏，居亭力阻予行，予峻謝之。及放棹中流，忽憶[3]艾先生及子今在何所，且手書其香兩字於册。俄而風順，倏忽抵家。若非大主默啓，詰朝則無及矣。"相與默謝主恩，出《日鈔》舊稿，辱承參訂，信宿而言別。嗣後余至東粤，覲二親，溯上游歸里，與艾先生及諸友杳不相覿。然聞嚴子思參果有温陵之行，而先生則再入桃源，今且龍潯而倦豀矣。秋風正朔，每動懷人之想。乃有緘一篇示余者，亦題曰《口鐸日鈔》。讀之，知爲思參、爾宣二子所續而紀者，屬小子彙而成書。余作而嘆曰：艾先生之入吾邦也，廿餘載於兹矣。諸凡燕、秦、齊、楚、吳、越、閩、廣之鄉，足跡幾遍天下。其間玄言眇論，一往不留者，不知凡幾。庚午之春，主啓余衷，謬興剞[4]記之役。然特標所聞且見耳，其未見聞所未經者，挂一漏萬，寧有窮乎？憶[5]客歲晤思參時，思參即雅存是想。乃懿好不孤，勝友朋起，復有爾宣顔子其人者。讀思參之述，宛覿舊識；讀爾宣之紀，怡對新知。竊謬加詮釐，并拙述數帙，彙成一卷，庶無負二友一片苦衷，且遍告同道者友之均有是心者。俾先生言言誘誨，並作津梁；語語箴規，悉儲藥石，則吾黨幸甚，小子尤幸甚。

崇禎五年玄默涒灘之歲，日在翼，景教後學其香氏李九標謹識。

校勘記：

[1]杳：原作"香"，據梵蒂岡本改。
[2]闈：原作"圍"，據梵蒂岡本改。
[3][5]憶：原作"臆"，據梵蒂岡本改。
[4]剳：原作"創"，據梵蒂岡本改。

口鐸日鈔第四卷小言

李九標

隙駒如駛，歲月不留，反顧年來，芒無寸得。雖渝糜不律，謬叨剳記之司，然而塵思撩人，如著敗絮，行荊棘道中，左支右拄，苦莫可脫。安得時聞德音，可以破空而走也？壬申之七月，盧先生忽棄人間世，捧誦遺言，邈不可復，攀戀之私，何能已已。而艾先生則又自莆而泉漳，而江右，且重有富沙之行。向日鐸音，幾成曠響矣。何幸林先生不鄙夷[1]，時辱函丈而誨之。其所以嘉惠小子者，三先生如一身也。今秋闈[2]事正迫，重晤思參，復承數簡見示。余媿且謝曰：夫照乘之珠，籍以赤玉之盤，則輝光倍映，識者咸欽其寶也。若余則瓦缶耳，雖愛珠之深，不敢不出以相藉，而其不韻也不既多乎？因受而踵成之，彙爲四卷。而思參則勉余曰：艾先生有云：讀百言不如記一言，記百言不如行一言。余記且不文，行於何有？拜錫良規，其負明師益友數矣。無何，陳子孔昭顧予邸中，曰：聞泰西諸國，常置一鐘於山之岑，人有怠厥功者，則擊而使醒，然而鐘則無功。故先生之視有言無行者，譬諸鐘。余思是役也，董播洪聲，行將聒耳，乃反躬寔課，曾百不得一焉。李氏之子，其猶鐘乎？雖然，鐘頑質耳，既不任功，於何任責？獨怪吾黨身負靈才，深荷上主之畀，顧有口無心，崇空言而鮮寔行。皇皇臨汝，雖欲爲鐘也，其可得乎？此則余之所滋懼者也。故因四卷之成，而并志之。

　　崇禎六年昭陽作噩之歲長至日，景教後學其香氏李九標謹識。

校勘記：

［1］夷：原作"𡰥"，據梵蒂岡本改。
［2］闈：原作"圍"，據梵蒂岡本改。

卷七

勵修一鑑小引

陳衷丹

夫有本之識,始可以定學;允確之理,自足以堅志。庸昧之子不覓精鑑,倚徙妄緣,隨俗好醜以爲苦樂。畢世茫茫,不得一歸宿,可憫實甚。間有自執所是者,而元主不奉,費日無功,憂勤不濟實用,齋沐無當馨聞。即枯形槁血,獨耐勞勞,愈成罪罟,其可憫尤甚。夫帝有成命,而人事絲焉。遵之爲實事,成之爲實功,通之爲實感實應。從天暨地,緣古迄今,人道物理,義類森昭,其懸鑑固已分明矣。無奈世人之反鏡索照也。余友其鈙鞠力昭事,得之天者深,因而覽之人者正。以其精修,據爲實歷。凡夫宇宙之臚情,聖凡之勝蹟,中土所習聞,外邦所傳紀,與夫上帝之矜嘉何物,下鬼之懼懾何事,莫不羅而輯之,標目揭指。不啻對鏡而數其形,肥瘠黑晳俱一一睹也。且可以使人審於所事而不惑,定於所信而不搖,處貧無餒,居泰能冲,履疑謗而坦然,當艱阻而不懼。其壯人德力,擔荷大事,寧有既哉?有金鑑焉,十年不磨,啓其匣則日月留光,山河垂象,錯著并現於一團。閉目對之,則帝宮金碧,天官鬚眉,璀燦彬都,若可咫尺接者。則非但寶鑑也,乃神鑑矣。

乙酉仲秋，仙谿社弟陳衷丹葵伯氏書於三山約禮署中。

勵修一鑑序

李嗣玄

群古今戴髮之倫，萬有不齊者莫如面。古之瞭者，能察所棲於蟣蝨之目睫，而不能自辨其妍媸。於是舉萬有不齊之妍媸。悉委其辨於鑑。然鑑之爲物，舉則辨，措則忘。人日日鑑面，竟不知妍媸之所存。有人焉從旁而詔之曰：爾某處妍，某處媸。有當於心，啞然信之，故往往疑鑑而信人。語曰："請無以水鑑，而以人鑑。"然人知內而不知外，知暫而不知永，故曰"人之君子，天之小人"。則夫鑑內外、徹始終者，洵莫如天矣，故曰"日鑑在茲"。夫所謂"在茲"者，古今在茲，隱顯在茲，富貴、貧賤、夷狄、患難、須臾、終食無不在茲者。人乃欲逃其鑑，譬如赫日中天，隻手自障，而冀其影之不照也。此無他，自修不勵焉。夫天下之人，有不修之心，而未始有不修之貌。若舉鑑而照，以惡駭國中，未有不抵鑑而歎者也。夫惡知鑑能不昧其媸，而不能轉媸以爲妍。若有鑑於此，能妍人之媸，則世兢寶之。夫心之以惡駭國中者多矣，倘有所鑑而修焉，則至厲者可轉而爲至姣。此其鑑不屬於水、不屬於人可知也。鑑此者未有不修,修此者未有不厲。鑑而修且厲焉,而歸於一者何也?此其義在欽崇之説矣。吾因以爲《勵修一鑑序》。《勵修一鑑》者,李子其敘撮天學之聖跡奇行而彙焉者也。李子之功專,故其述覈,而屬其敘於余。余瞽者也,惡知鑑?有瞭先生曰:張夏詹者,窺心之離婁也。其序天學也勁而靈,吾畏之。其敘其走清源而質之,其於斯言有當乎否耶?

綏安社弟李嗣玄題於石輞山中。

勵修一鑑自序

李九功

學不窺史,人之淑慝不得而知,即己之純疵亦不得而辨。故銅鑑以鑑吾形,書鑑以鑑吾心。古今傳記諸家,謂非照世一大鑑哉?聖化翔洽,西儒接踵來賓,其遠攜緗帙七千餘部,譯者百有餘種,而教中闡理記事諸書已具大凡。予幼習先博士訓,頗知自好。戊辰冬,偕伯氏其香就試三山,聞道於艾先生,幡然志昭事之學,始受聖洗。嗣是予鄉唱和,實漸有人,協力建堂,爲祀主講德地。予亦幸從諸君子後,互相切劘,以庶幾無負師恩、無墮主寵。歲乙亥,讀書海澨,明師益友去我一方。因念人度險世,如履雪地、走危陂,矧予小子秉質愚柔,獨立寡助,幾何得免顛躓之患？惟主憫予、啓予，悉發篋中書，焚香薰几，次第閱之。繇是而覺蒙者開，弱者振，食蔗知甘，向火生熱，感上主之鴻恩在在悉被，信善書之啓掖受益無[1]方也。嗟乎！善書增長神智，猶天雨滋潤嘉禾。天雨不擇地而濡，善書不擇人而誨，予何忍私爲己益耶？於是就累月所閱，取其顯淺可味，便作下學梯航者，依日類記。一諦讀之，其詔我欽崇者，聖賢之懿范立；訓我證修者，克復之嚴規備；導我哀矜者，形神之美行列；起我敬信、示我吉凶者，大主之神功靈蹟，福善禍淫，昭昭在人睹記矣。明鑑高懸，妍媸自照。顧茲德鄰，共在一天，函蓋之內，心同理同。其不同予興起者，豈情也哉？予伯氏嘗於西師鐸音，歷年筆記，成《日抄》若干卷。今予慎旃茲帙，爰付棗梨，蓋亦敬承師命，爲學者勵修少助耳。若夫高明篤雅，志探性命淵源者，則有天學全書在，未可以一勺當河海之觀、一鑑掩日月之明也。是爲序。

崇禎己卯歲季秋，福唐末學李九功。

校勘記：

[1] 無：梵蒂岡本作"靡"。

三山仁會小引

葉益蕃

武林之有放生會也，從竺乾氏戒殺而設也。夫造物主化生萬有，人貴而物賤。今反輕所貴而重所賤，毋乃逆施而倒行者歟？京兆淇園楊公著説以廣之，更爲仁會，蓋所以仰體上主閔下之心，而愛人無已者也。於時彼都人士無不歡忻鼓舞，慕義而景從。兩浙之民何多厚幸耶？先文忠公在綸扉時，雅與楊公友善。謝政歸來，復屢接艾先生。聞茲勝事，嘗與余小子津津道之。余思三山爲古閩都會，乃遥挹仁風，空懷贊賞。豈其可行於浙，而不可行之於閩？毋亦慮有倡而寡和，有始而鮮終乎？非然也。天主生人，即賦以愛德，爲諸德根。無論貴者賤者、智者愚者，一叩其惻隱之心，未有不懍然惺而躍然動者。可見豈弟慈祥，維均厥賦，有其舉之，不啻取火於燧，而挹水於源者矣。因請諸同志，後先聲應者，遂得若而人。懿德不孤，亶其然乎？會有定期，人無定數，捐金亦無定額。考諸施格，隨時舉行。竊意始也難，久之必易；始也寡，久之必衆。一會興，則會會可興；一郡一邑舉，則諸郡諸邑可舉。人抱慈德，國有淳風。於以答上主愛人無已之心，佐熙朝宏仁廣被之化，豈曰小補云乎哉？

　　福唐葉益蕃謹題。

未來辨論序

許纘曾

此泰西天學士用觀潘先生所著也。先生何以著此論？蓋天有所以與我，我有所以答天。天命人以性理，人盡性以至命。窮原反本之學，如此而已矣。後世昧於勿違奉若之旨，紛紛爲算命之俗，蠱惑於人心而不能去。夫命果一定，有主之者；命果不定，有主之者，非人之所得而推算也。其愚夫俗子捐數文錢，易星家編造之成言，及後來之諂諛，固可鄙已。至於讀書家，亦究心於星學諸術，説流年，談月建。一小喜即曰吉星入命，一小災即曰凶星入命，某星何日入則交某運，某星何日出則交某運。不過此甲乙子丑，顛倒附會。而星鑑堪輿，亦皆不出此套耳。世人陷溺其中，積迷不悟。先生閔之，著爲此論以救之。闡發實理，通明真性，不必假吾儒之言，亦不必不假吾儒之言。非援儒也，亦非附儒也。第恐世人以此論爲西洋書，不侔於中國。試問孔孟以前，曾有此命書星學之習乎？世俗不信孔孟，豈肯信先生邪？即不信先生，能不信孔孟邪？此如中邦不解西音，鄉人不通官語。予故因先生之論，譯以孔孟之書。孔子罕言命，言之且罕，而況算乎？其曰"居易俟命"，俟之者而非算之也。曰"死生有命,富貴在天",安之也而非算之也。曰"殀壽不二,修身以立命",立之也而非算之也。曰"知命以爲君子",知之而見危致命,非算之而臨難苟免也。曰"性也有命,命也有性",注云:"養則聽命於天,道則責成於己。"蓋安命以忍性,盡性以至命也。且聖賢言命,亦但以制馭小人而已。故於公伯僚則曰"如命何",於彌子瑕則曰"有命",於臧氏之子則曰"天也""非人之所能也"。凡此歷歷證佐,蓋以中邦之經傳,明先生之至教,猶以鄉談土語,向各方本地人士而告之也。故爲之弁數語。

時順治十六年臘月,欽命驛鹽道原任翰林院春坊許纘曾撰。

合刻闢妄條駁序

王

人生要務,莫重於認本原;欲認本原,莫急於辨真妄。苟不辨真妄而誤行妄法,必陷靈性,而天譴立加。譬積金者,不辨真偽而誤使贗金,必干國法而刑讞莫逭。辨真贗之金以鏐石,辨真妄之説以至理。試觀建中立極之帝,首推堯舜者何?無他,欽若昊天而已。由欽若之心,以克明峻德,教養斯民,不憚勤勞。迹其生平所[1]巡方省嶽,黜幽陟明,唯曰時亮天工,謂非敬天以勤民,能識本原者乎?

孔子删《書》，所以斷自唐虞也。楊墨變亂仁義，孟子斥其無父無君，蓋逆慮其害必至是矣。今佛氏不知尊天，異於堯舜；逃棄君親，甚於楊墨。猶儼然以其僞妄之言陷害人靈，是何異日持鴆毒，暗入壺漿，誘人飲歠，且曰是佳醖也？其不至殺人生命者鮮矣。故程子曰："佛氏之言，比之楊墨尤爲近理，所以其害尤甚。"朱子曰："老佛之言，彌近理而大亂真。"又曰："邪説害正，人人得而攻之。"蓋深惡其剽竊名理，藏匿僞妄，以惑世也。有明元輔徐文定公者，學貫天人，識究真妄。憫佛氏昧本之學，誘人行妄，致蹈獄火，特著《闢妄》一書，發前此諸儒未盡之奇，抉僞教邪法誑人之妄。猶之永夜幽陰，大光現而冥暗潛消，此誠試真贗之鏒石已。乃道高者妒深，言正者怨衆。果有截沙門者，懼其僞妄已破，曲意回護。其於孤魂、血湖、燒紙、輪迴、念佛、禪宗諸論，已自知其妄，不敢一言置辨。獨於持呪、破獄、施食三章，巧肆妄説，混淆愚目。其爲人心世道之害，與洪水猛獸比烈矣。同學摘其悖理之尤甚者駁之，顏曰《條駁》，并合《闢妄》原文付之剞劂。使人知堯舜之敬天爲聖主，則知佛氏之卑天爲妄人；知孔孟之盡倫常爲正道，則知佛氏之背君親爲異端；知程朱近理亂真之言爲至正，則知佛氏行妄惑人之害爲甚大。諸説具在，真妄之辨，不啻黑白之較然矣。殆鏡愈昏而愈磨愈明，説彌妄而彌駁彌著者乎？凡我同儕，平心較閲，將灼知天主爲我人類本原。賞罰之權，至公不可撓也；破獄之妄，極僞不可信也。怨艾悛改，棄妄皈真，即塞獄之良方，修德之捷徑。若人且上侍天主，何地獄之不可免，而惑彼持呪、破獄、施食諸僞妄爲哉？謹序其合刻之意，以弁之首。

康熙己巳蒲月，武林王若翰書。

校勘記：

［1］所：此下梵蒂岡本有"爲"字。

闢略説條駁序

洪濟

昔吳淞徐玄扈先生，諱光啓，謚文定者，見釋氏以誦經持呪、破獄施食等諸邪妄蠱惑斯民，崇邪背主。不知設妄誘人，希齋襯以圖養身，與信誘行妄，廣布施以冀超脱者，厥罪惟均，皆不免夫地獄之永苦。故爲《闢妄》八章以拯救之。其首章曰：地獄以爲有邪無邪？無則罪人原自不入，可以不破；有則爲天主所造，堅於鐵圍。乃困苦冥魂者，竟爲無賴凡流，念數番言，獄破魂走，有是理乎？詳味文定公數言，破獄之妄，提醒殆盡。蓋破獄之妄，乃鬼魔寬解爲惡之心，使之毅然横行之秘法也。以爲非義之富貴逸樂，現前儘可享用，身後縱墮地獄，有積累多金，延僧誦經持呪，獄可立時破壞，魂可立時超脱。所以世人惟知利己，雖弑父弑君，一切逆倫敗行之事，甘心爲之者，恃此破獄之妄以致之也。文定公閲之，謂作惡人地獄是真，僧人破獄是假，一信邪法，永遠沉淪矣。喚醒夢魅，情辭真切痛快。歷今百年，釋氏中雖有傑出者，無敢置一喙。乃有虞山北澗普仁截沙門者，懼文定公《闢妄》之言彰，則衆僧謀身之計絶，强爲《闢妄闢略説》，希存僞妄以冀養生。孰知人生百年，不過電光石火，豈可爲朝露之危軀，守惑世之僞術，以致常存至貴之靈性，墮永殃不壞之地獄哉？或曰：身雖暫寄，而饑寒亦是大事，烏容置之不講邪？噫！身之得養，夫豈自爲之能，皆由天主上帝大力深仁錫之使然。人之士農工商，隨分營生，不過仰承天主之錫焉耳。奸僞逆命者未必獨豐，誠謹順命者未必盡嗇。試觀前代舊俗，士則冠巾，民則戴帽，於是業結巾製帽者不可勝數。及我皇清定鼎，改式易服，未同舊製，迄今四十餘年矣。人人含哺鼓腹，共樂時雍，未見昔日結帽製巾之人失其故業，悉填溝壑也。明此，則知力棄養身之邪，以事真主，另謀別業，安見至慈天主之不我加佑，使致安全乎？今截沙門妄著《闢略説》，既害一己之神魂，復陷多人之靈性，失計甚矣。予與張子紫臣傷之，就其辭之謬妄尤甚者，略駁數條，以當截沙門對證之神砭，并爲信妄誤陷之手援云。

闢略説條駁序

張星曜 紫臣

人之所以異於禽獸者,以其有五倫五常也。五倫者,君臣、父子、夫婦、兄弟、朋友也。五常者,仁、義、禮、智、信也。皆天主畀,基於靈性,故曰天倫、天性。千古聖賢,敬天畏天,自治治人,唯此而已。佛氏興,倫理廢;禪宗熾,義理滅。敢爲捕風捉影之大言,謂山河大地,一切唯心具造。雖以賦性之天主,統馭之國王,生身之父母,皆岸然不顧,以爲唯吾獨尊,人倫之禍於是極矣。夫楊墨之無父無君,孟子推其流弊必至於此,故諄諄辨之。今釋氏儼然無父無君矣,不獨無父無君,且無天主上帝矣。有識之士,其能嘿然已乎?至禪宗一道,即彼佛釋迦,亦僅列於六度中,未嘗專重此也。自達磨來,五宗創,南能北秀,異説横生。考其大旨,不過曰無,曰無無,曰無無亦無而已。而故作無稽之談,不根之説,惑世誣民,巍然高座。其卑者看經持呪,破獄施食,種種僞妄,誤人靈性。嗟乎!以虛無僞妄之人,説虛無僞妄之言,行虛無僞妄之事,天理何由明,人心何由正乎?泰西諸位先生,自九萬里來行教,見沙門若此,心竊憫之。爰爲吾人分別邪正,教人敬畏天主,敦五倫,盡五常,改過遷善,與堯、舜、禹、湯、文、武、周、孔之言翕然符合，此人類之大幸已。有明元輔吳淞徐[1]文定公，因作《闢妄》八章，欲世人知無益之事不可爲，而悔過遷善，昭事天主，爲必當學也。何物普仁截沙門，敢作《闢妄闢略説》，以肆狂詆！汝沙門盍[2]亦思今日之登高座，而能安然説有道無者，非我皇上乂安天下之恩乎？使朝廷不爲汝經理，將强陵衆暴，汝沙門無容足之地矣。今日之饑而食、渴而飲、寒而衣者，非天主生植萬彙之恩乎？使天主不爲汝化育，將水澇旱暵，汝沙門無粒米寸絲之募矣。今日之能視能聽、能言能思者，非天主上帝賦汝以靈性，爾父爾母生汝以肉軀之恩乎？使父母之撫恤不周，則汝不能以有生；天主之賦畀稍減，則汝雖有生，而不能聰明秀發矣。今也運天主所賦之靈性，享天主所生之衣食，安朝廷所奠之室廬，行父母所遺之軀體，而動口搖手，輒曰靈性最大。我自無始以來，與諸佛同來也。一切山河大地，皆我妙明真性中物也。非有非無，亦有亦無，離心意識參，出凡聖路學也。凡此者，汝之所謂月中蟾兔也。夫山河大地，果汝妙明真性中物，汝何不別生一草可以衣汝，別生一穀可以食汝，別於虛空自搆室廬可以居汝乎？吾知汝必不能也。汝能離心意識參，出凡聖路學，汝何不屏《傳燈》《指月》諸書不視，拒善知識問不聞，遇詆訶汝者不應，獨守一性，變化萬端乎？吾又知汝亦不能也。不能則知山河大地，係天主所造也，非心造也；靈性天主所畀也，非無始也。運天主所賦之靈性，享天主所生之衣食，安朝廷所奠之室廬，行父母所遺之軀體，而不事天主,不知君親,日肆妄言,日行妄事。嘻,誤矣!可哀也已。孔子曰:"朝聞道,夕死可矣。"汝亦知生死事大,而如此而生,如此而死,其得謂之聞道矣乎?夫人之生也,呱呱而泣,此時名物不知也,便溺不辨也。終歲而稍能言矣,積久而始知事理矣。若以爲無始以來,輪迴得生,則何不悉知無始以來之事乎?人之死也,一生善惡,往往雜揉,天主審判,定以升[3]沉。若以地獄唯心所造,可有可無,則惡者之肆志反得勝算,善者之修持不幾徒苦乎?截沙門生死之不究,而徒逞誕妄之機鋒;事理之不知,而徒肆狂悖之飾説,惑世誣民莫甚於此。予竊憫之,與洪梂民先生共作《條駁》八章,以拯世溺,不得已也。知我罪我,人其鑑諸。

校勘記:

[1]徐:原脱,據梵蒂岡本補。

[2]盍:原作"蓋",據梵蒂岡本改。

[3]升:原作"生",據梵蒂岡本改。

闢略[1]説條駁引言

張星曜

張星曜曰:徐文定公《闢妄》八章,特取釋教中最鄙謬之事，爲世俗無知之人最易惑者，先爲闢之，尚未盡著釋教之謬妄也。若孔孟時，雖無禪釋，而孔孟之闢禪釋，已極至矣。先叔祖諱蔚然者，曾爲拈出。其辭曰：孟子曰："子之道，貉道也。今居中國，去人倫，無君子，如之何其可也？"此闢佛之教也。"天之生物也，使之一本，而夷子二本故也"，此闢佛之緣也。"然則犬之性猶牛之性，牛之性猶人之性歟"，此闢佛之宗也。即此三言，已徵妙諦。若"無父無君，是禽獸也"，直露聲色矣。孟言若此，孔訓更可縷陳[2]。如"索隱行怪，後世有述焉，吾弗爲之矣"，此是闢覺宗。"身體髮膚，受之父母，不敢毀傷。天下之達道五，欲潔其身而亂大倫"，此是闢佛[3]衲教。"飽食終日，無所用心，難矣哉"，此是闢懶禪。"生事之以禮，死葬之以禮，祭之以禮"，此是闢懺度。"生之者衆，食之者寡"，此是闢緇流。"以思無益，不如學也"，此是闢參悟。"惟仁者，能好人，能惡人"，此是闢廣慈。"女正位乎内，男正位乎外"，此是闢四衆。"山節藻梲，何如其知也"，此是闢崇佞。"君子可逝也，不可陷也"，此是闢舍身。"釣而不綱，弋不射宿"，此是闢放生。"丘之禱久矣"，此是闢齋禳。"死生有命，富貴在天"，此是闢徼福。"傷人乎，不問馬。鳥獸不可與同群，吾非斯人之徒與而誰與"，此是闢平等。"君子思不出其位"，此是闢止觀。"生生之謂易"，此是闢無生。説詳《蓬居問疑》。乃知釋氏言行之妄，多與孔孟相左，闢之有罄竹難盡者。截沙門以徐文定公之言爲妄闢、爲鄙謬，豈可以孔孟[4]之言亦妄闢、亦鄙謬乎？

乃諸妄之中,更有大綱當正者。孟子曰:"知其性,則知天矣。存其心,養其性,所以事天也。"釋氏不知尊天,齊人於物,此尤其妄之本也。許行齊物價,孟子斥之,夫物其小者也。人之於禽獸,相去不啻什伯千萬,而釋氏以十二類生,皆人心輪迴顛倒所流轉[5],昧天主生物之原,齊人類於禽獸,更出許行下矣。故《傳燈錄》云:"作用是性,謂在目曰見,在耳曰聞,在鼻嗅香,在口談論,在手執捉,在足運奔。"朱子辨之曰:"佛氏之説,只是個無星之秤,無寸之尺。若在孔門,則在目曰見,須是明始得;在耳曰聞,須是聰始得;在口談論,及在手足,須是動之以禮始得。"陳東莞曰:"吾儒唯恐義理不明,不能爲知覺運動之主,故必欲格物窮理,以致其知。禪家唯恐事理紛擾,爲精神知覺之累,故不欲心泊一事,思一理。"歷觀諸儒之言,釋氏大本已昧,毋怪其尊己而卑天也。因駁《鬭略説》而首及之,高明者幸無爲其所誤可耳。

校勘記:

[1]略:原作"妄",據前後文改。

[2]陳:梵蒂岡本作"數"。

[3]佛:梵蒂岡本無。

[4]孟:原作"子",據梵蒂岡本改。

[5]轉:原作"傳",據梵蒂岡本改。

論焚楮非禮

嚴贊化

方今士庶之家，凡祭祀後，必焚楮錢及金銀楮錠之屬，謂之冥寶。其製或印貫，或象形，或不印貫象形，直用片楮。銀則糊錫薄於楮耳，金則染槐汁於薄耳。虛鄙誕褻，真塵羹土飯不啻也。然沿之既久，巫覡百端詭狂以脱人財，邪魔因惑作祟，亦往往有附語求索者。以故疾病之家，輒迎巫焚楮，謂之進錢。幼者有還庫之説，老者有寄庫之説，浸淫不息，真謂鬼神可以賄干，冥福可以力致。而上帝赫赫之賞罰，直可以一撮灰燼而轉移之矣。間有守禮之士著力刊革，祭祀之後，置此不用，而室人交謫，物議沸騰，紛紛指爲不孝。以故懦者從風波靡，中智亦勉强雷同。余憫其弊，思拯其溺。夫所謂孝者，事死如生、事亡如存之謂也。黍稷牲醴，皆爲實物，故親在以養，親殁以薦，思其所嗜，不忍之死而致死也。設親在日獻以楮錠，必蒙詬責，以爲僞物。今也既殁，而遂獻之以此，豈非忍於死其親而敢於欺之乎？弗思甚矣！子曰："祭之以禮，可謂孝矣。"明違禮之祭，即非孝也。楮錠之禮，何禮乎？謂三代以上之禮，則秦以前未有楮，文、武、周公之祭未嘗用楮。原其制，始於漢有瘞錢，後世稍以楮代。及唐之巫覡，稍用楮錢，而王璵遂用以禱祀。楮錢之禮，寔始於璵耳。然余讀唐史曰：璵焚楮錢，類巫覡，習禮者羞之。亦可見當日之人，尚以爲恥，而風之未盛也。浚遲至於五季，厥制漸備。故陶穀《清異錄》載周世宗引發之日，金銀錢寶皆寓以形，有曰泉臺上寶，有曰冥遊亞寶者。蓋五代之時，聖王不作，邪説紛紜，先王之禮樂典章崩壞無餘，宜其猥褻若此也。是故王邠州屏之，歐陽永叔斥之，錢鄧州禁之，司馬、程、朱諸大儒各著《家禮》，並革不用。王嗣宗之寝疾也，家人焚楮錢以祈福，嗣宗知而大呼止之曰："神苟有知，豈肯苟受賄邪？"永叔爲《晉出帝紀論》，其末曰："五代干戈亂賊之世也。先王文章掃地，而盡於是矣。如寒食野祭而焚楮錢，天子而爲俚鄙之事若是，是豈可以人理責哉？"莒南公之頌鄧州曰："肅肅鄧州，惟道之由。識獨超於衆謬，行不徇於時流。孰巫祝之可因，而嘉祥之苟求。蓋清修而不媿，則萬福之來酬。是何楮鏹之不然，而名位之優優。"是數君子者，彼豈愛微貲而短孝思，見出王璵輩下哉？誠有以見其虛鄙無用，徒滋僞風而長巫習，斷斷其有不可也。故曰：虛器僞弊，以享尊親，不可謂義。不從聖賢，而學巫覡，不可謂禮。人實好利，謂神亦然，不可謂智。不施寔財，以資死者之福，徒焚虛寶，以侈生者之文，不可謂仁。非仁非義，非禮非智，而用之不止。用之不止，而反責不用者。曉曉之子，豈盡樂於同汙哉？蓋亦不學之咎也。烏乎！久假不歸，惡知非有。聞斯言也，其亦有悔而知歸者乎？余日望之。

闢輪迴説

世間非禮謬談，無過輪迴之説。自佛氏簧鼓天下，人心世道遂紛紛矣。雖然，理之正者，經萬剖而益顯；理之非者，置一喙而立窮。謬理之談，杜撰雖工，只以欺不識不知之小民，難以罔格物窮理之君子也。茲略揭數端，以正其謬焉。夫造物主好生之心，原自無窮。其賦人也，畀以傳類之能。故今日生之，乃今日新造之人身；明日生之，亦明日再賦之靈性，歷千萬世，遞傳其新新不已之機。殆如麥寔一粒，初種而獲百，再種而獲千，數種而後，其收穫之多，有非斗石所能量者，方以顯造物主之全能也。儻人必待輪迴而爲人，則造人之初，前人之身未死，後人之身其魂胡自而來哉？若謂肇造之初，即生數[1]萬人焉，其後不外此數，以聽其輪回，則造物主之能亦隘矣。其謬一也。天地造化之初，先物而後人。先造物者，爲人備日用之糧也。故人爲萬物之靈，一生而後，即役萬物而君之。《易》之《繫詞》曰："有天地然後有萬物，有萬物然後有男女。"可考鏡已。儻人必輪回而爲物，則必先生人，殆一世之後乃生物而後可。不然，則人類未死之初，此物之魂胡爲而有哉？抑人之魂，必皆由物輪回而後可。乃造物之後，爰即造人，斯時尚未有死之物也，則何自輪回也？其謬二也。上古之世，粒食之利未興，人皆茹毛飲血。假令輪回之説而果有焉，造物主斯時，不急急爲人圖資生之計，而罔人以陷於罪，豈造物主生人之心哉？惜乎佛法之來，乃在三代之後，漢唐之間耳。設當下巢上窟之世至焉，縱欲教人頓去其食肉寢皮之利，計必讓天下於禽獸，舉世柯腹就斃，而無遺種也。輪回之説，立見其窮矣。其謬三也。古先聖王以正理治天下，禹平水土，稷教稼穡，益烈山澤，庖犧之網罟，孔氏之釣弋，孟氏之雞豚狗彘，要皆體上天愛人之心。非爲民除害，即立表於萬世也。自佛氏倡輪回之説，罔誣先聖，徒爲茹素者升天享福，殺生者墜地輪回。是將明天之上，盡此昧理無德之夫，吾不知將置堯、舜、周、孔等之大聖於何地邪？其謬四也。且也飛走動植之倫，咸有其命，惟中分別生覺靈三品。靈尊於覺，覺貴於生，故生覺之物，俱爲靈者之用。佛氏不識，妄爲飛走動，皆能輪回不可殺，獨植物可殺。不知植物之中，原附飛走動之倫，如木中之螟螣蟊賊，草中之蜉蝣蚍蜉，種種不可勝數。是殺植物與殺飛走動無異也。是殺一飛走動，輪回猶少；殺一植物，其輪回當更多也。其謬五也。齋素茹草，釋氏所重。不知五穀之生，必由耕耘；草蔬之用，必經鉏種。造化生生不測，胎卵濕化，附於水土者尚多，如蚯蚓、蝦、鯽、鰍、蠃之類。耕耘鉏種之中，未有不害其生命者。佛言殺一蚯蚓，轉生必受其報。此等輪回，將誰受之乎？茹之者受之，則飯蔬皆不可用。釋氏用之，是自罹其禍也。耕鉏者受之，則釋氏自圖口腹，而遺禍於人，釋氏又何其忍也？其謬六也。王者宰世立法，教人以孝弟忠信、禮義廉節，然必自先立表，而後不遵者有罰。佛氏創爲此説，尚多自犯，何以禁人？如塑佛像，必用牛膠以施五采；建法鼓，必用牛皮以當撞擊，是佛當輪回爲牛矣。如製袈裟必用錦繡，則寸絲千命，是佛當輪回爲蠶矣。爲輪回，爲不輪回乎？爲輪回，則禁止一切不用可也，乃不用又不可得。爲不輪回，則又自相矛盾矣。顧乃詞窮，而駕言爲佛所殺，則轉生淨土。烏呼！天子犯罪，與庶民同。世法且然，況天法乎？此又與於欺罔之甚者也。其謬七也。蓋人明於理者，必無不經之談。佛氏既昧於理，故立説偏而不正，謬而悉非。嘻！佛氏不惟悖理，且并不識吾人性形原自判然，故其視人與物無異。不知人之受命於天者，性也。形乃物而無用者。使造物主賞罰人世，不於傲怒貪淫，與性相關者是問，而徒區區焉究其食肉幾口，殺物幾命，俾還受報也。呀！亦陋矣哉。夫輪回之非，昭昭在人耳目如此，人尚信之。豈非至愚至癡，而自安於矇瞀哉？

校勘記：

[1]數：梵蒂岡本作"億"。

論釋氏之非

釋氏之誣民也，悉以戒殺食素爲旨以惑人，論者當即其戒殺食素之旨以闢之可也。今問釋氏，禽獸之生，爲自主耶，抑誰主之？如謂自主其生，則焉有樂害於己而生不已者乎？能自主其生，即能自主不生，天下將無禽獸矣。殺焉用戒？如謂佛主其生，今佛方嚴於戒殺，豈反生禽獸，而誘人犯罪乎？則必不生，天下亦將無禽獸矣。殺焉用戒？今生者殺之，多殺多生，少殺少生。則知禽獸之生，非自主，亦非佛主，是天主主之也。天主特爲人用而生萬物，佛安得而阻之？所以殺之者愈多，而生之亦愈多也。觀夫豕，人食者多，則其所生亦多。牛馬以代耕乘，人食者少，則所生亦少。至於水族，無論貧富之人皆食之，故魚之生子，不啻萬億計矣。佛總不知生，又何戒乎殺？且天地間賞罰，佛主之乎，抑天主主之？如佛主賞罰，彼即能禁生物者不生，天下亦將無禽獸矣。今殺者自殺，生者自生，佛一無所阻，則知賞罰亦非佛主，而爲天主主之也。天主之主賞罰也，是賞爲善者，而罰爲惡者，非賞食素而罰殺生者也。佛不亦枉用心哉？又佛氏在禽獸，則蠢動皆不可殺；在人，則欲其男爲僧，女爲尼，使絕其生育。果如其教，不數十年，而人類盡矣。如男爲僧而不耕，女爲尼而不織，不兩寒暑，人皆凍餒死矣，奚待數十年哉？人類盡，則所存皆不殺之禽獸遍天下耳。是佛之心何心歟？愛禽獸之心，正殺人之心也。夫天主之生人也，善人有小惡，則或使受世之貧苦；惡人有小善，亦或使享世之福餘，後則以天堂、地獄永報之。佛氏謬云：今富貴者，因前世施舍而得；貧困者，因前世不施舍不得。彼何意乎？惟冀富貴之人，慕前世之施，今當再施，將分其有以與我也。令貧困之人，懼前世之不施，今當減口齋僧，亦惟欲其與我。正不顧千人之飢，止欲一己之飽耳。又天主之生人，亙古及今，人面並無一同。主之用意，一爲男女有別，一爲善惡之辨。且不獨人面，即音聲亦無一同，恐別於晝而不別於夜。此重人倫者至也。佛氏乃用輪回之說以誣民云：前人之魂又爲今人之魂，且雜入禽獸之魂。豈非聾瞽喑啞，而欲誨世人之耳聰目明者乎？佛氏總不知人爲人模，物爲物模。又不知各物各模，人惟一模。設此不經之論耳。試觀犬不生羊，牛不生馬，各一模也。物而各模，不可相通。而人乃可以相通乎，又可以與禽獸相通乎？又天主生天堂定於賞善，升天堂者，則永享其福而不替；生地獄定於罰惡，入地獄者，則永受其刑而不出。釋氏謬云：死者可以懺悔破獄，無論罪愆多寡，皆超度之生西方。如其經呪果靈，則一懺便可出獄，生西方矣。何懺悔破獄之事數爲之乎？彼惟爲己衣食計耳，安問其人之魂不可出獄也，亦安問其齋主之金錢棄於無用之地也。且世之貧富，暫時事也，亦皆天主之命也。而釋氏以爲前世預修，今生享受。依其言，有錢爲豫修，則富者世世常富；無錢爲豫修，則貧者世世常貧。是豫修寄庫之説，詎非導人爲竊乎？貧困者既因前世不豫修，今受其貧，今生又無金錢爲豫修，來世又貧。且死入地獄，又不能使釋氏懺悔破獄，不得生西方，富足又不可致。生而貧困，死受地獄，誰肯安於貧困哉？不如爲盜賊，且見致其富。既剖其十之一，與釋氏爲豫修，則來世又富。是一作賊，即可世世不窮。縱有罪入地獄，爲子若孫者，復以其盜竊之餘使釋氏爲之懺悔，則仍舊破獄生西方矣。人何憚而不爲盜賊？生而富足，死冀西方。故佛教漸盛以來，爲盜賊者無可底止。寧不倚西方爲盜藪，而賴佛爲窩主與？世教人心寧不悲哉！然佛之意，雖千岐百轍，以惑世誣民，究其指歸，惟欲盡人類而存禽獸也。故向人便以戒殺食素爲言。佛之爲害若此，乃今之愚癡，尚喋喋念佛而求淨土者，是不求早死早滅者乎？烏呼！世之沈淪永獄者無計矣，彼佛猶諄諄誘之不已也，佛亦狼心也哉！

獨醒齋主人識[1]。

校勘記：

[1] 按：本文作者，原目録作"楊廷筠"。

譯幾何原本引（存目）　利瑪竇

刻幾何原本序（存目）　徐光啓

幾何原本雜議(存目) 徐光啓

題幾何原本再校本

徐光啓

是書刻於丁未歲,版留京師。戊申春,利先生以校正本見寄,令南方有好事者重刻之。累年來竟無有,校本留置家塾。暨庚戌北上,先生没矣。遺書中得一本,其別後所自業者,校訂皆手跡,追維籌鐙函丈時,不勝人琴之感。其友龐、熊兩先生遂以見遺,庋置久之。辛亥夏季,積雨無聊,屬都下方争論曆法事。余念牙絃一輟,行復五年,恐遂遺忘,因偕二先生重閲一過,有所增定,比於前刻,差無遺憾矣。續成大業,未知何日,未知何人,書以竢焉。

吴淞徐光啓。

幾何要法序

鄭洪猷

世之執牛耳盟者恥言理,至度數之學,則以爲迂而無當於道，而芻狗置之。夫度數而斤斤術藝也者，則芻狗置也可。度數之中，大而授時定曆、正律審音，算量分秒不爽，水泉灌溉有資，與夫力小任重，營建機巧畢具。而兵家制勝，列營陳，揣形勢，策攻守，所須乎此者尤急，用之如斯其廣且切也。此而可芻狗視之，將羲畫虞璿，亦枯而不靈之器，而禹奏平成，可舍勾股勿用。而姬公測驗，必周髀是問，何為也？始信理脫數而藏，易借以覆短，數傳理而見，則有物有事，假作不得，假說亦不得也。善哉！《幾何原本》之帙，譯自西國，裁自徐太史先生之手。其中比分櫛解，義數詳明，可以佐隸首、商高所不逮，可以補十經九執之遺亡，而梓甘翟裏不擅長焉者。神而明之，引類而伸之，先王[1]制器前用之法備見矣。特初學望洋而嘆，不無驚其繁。余因晤西先生，得受《幾何要法》，其義約而達，簡而易從，如攻堅木，先其易者，後其節目，久也相說以解。先河而後海，昔有言之矣。不操縵而能安弦，有是學乎？爰是訂而副諸梓人，僭數語弁其端。有笑而詫猷以俗吏而迂談度數之理也，猷烏知？

崇禎辛未年仲春，陸安鄭洪猷書。

校勘記：

[1] 王：原作"生"，據梵蒂岡本改。

勾股義序（存目） 徐光啓

勾股義(存目) 徐光啓

題測量法義(存目) 徐光啓

同文算指通編序(存目) 楊廷筠

刻同文算指序(存目) 徐光啓

同文算指序(存目) 李之藻

籌算自序

羅雅谷

算數之學,大者畫野經天,小者米鹽淩雜,凡有形質、有度數之物與事,靡不藉爲用焉。且從事此道者步步蹠實,非如談空談[1]玄,可欺人以口舌;明明布列,非如握槊奪標,可欺人以強力;層層積纍,非如由旬刹那,可欺人以荒誕也。而爲術最繁,不有簡法濟之,即當年不能殫,惡暇更工它學哉?敝國以書算,其來遠矣。乃人之記含[2]弱而心力柔,厭與昏每乘之,多有畏難而中輟者。後賢別立巧法,易之以籌。余爲譯之,簡便數倍,以似好學者皆喜，以爲此術之津梁也，遂梓行之。傳不云："不有博奕者乎？爲之猶賢乎已。"是書稍賢於博奕，然旅人入來，未及它有論著，以此先之，不亦末乎？行復自哂，曰：小道可觀，聊爲之佐一籌而已。

　　崇禎戊辰暮春廿日，羅雅谷識。

校勘記：
　　[1]談：《崇禎曆書》本作"説"。
　　[2]含：《崇禎曆書》本作"函"。

卷八

表度説序（存目） 李之藻

表度序（存目） 豫章人熊明遇

表度説序（存目） 慈水人周子愚

題天問略（存目） 周希令癸丑進士

天問略小序（存目） 孔貞時

刻天問略題詞（存目） 王應熊

天問略自序（存目） 陽瑪諾

簡平儀説序（存目） 吳淞徐光啓

渾蓋通憲圖説序（存目） 仁和人李之藻

鍥渾蓋通憲圖説跋

樊良樞

在昔顓頊，乃命南北重黎；稽古帝堯，爰咨羲和、仲叔。維司空熙載，尚求平土之官；若師尹具瞻，寧忘省日之政。越有君子振之先生，踔躒三才，漁獵二有。長庚叶彩，豎赤幟於詞壇；太乙揚煇，下青藜於秘閣。吞三爻而受命，道契羲圖；按《九章》而測維，算窮亥步。玉尺徵其神解，錞于辨以靈心。既索隱於西人，亦探奇於北地。司分司至，學在四夷之官；渾天蓋天，傳自中郎之帳。排閶闔而上，卿雲旦浮；遊河渚以來，流星夜朗。觀文察變，象賁趾於丘園；正日協時，喜寅賓於暘谷。於是真人東度，令康署里以高陽；僊氣西來，尹喜受經於柱下。土圭之法，測日景以求中；水地以縣，考辰樞而正夕。平軌衍經緯之術，圜儀具句股之形。驗黃道於重乾，旋規拱極；準玉衡於七曜，立則扶陽。爰制會通，遂開靈憲。圖以無象之象，數本畫前；説有不言之言，筌忘蹄表。雖神竈、梓慎，莫喻其神；若甘德、石申，罕窮其奧矣。刊諸貞石，用表少微之墟；傳之大都，豈藏名山之笈。庶官靖共爾位，克撫五辰；昭代敬授人時，行申四命。鄭康成之擅禮樂，大道知其東行；李孟節之占風星，中使於焉內召。玉者猶玉，告厥成於復圭；玄之又玄，貴此道於拱璧。莫贊談天之頌，聊同測海之觀。

萬曆疆圉協洽之歲，日躔在軫，豫章樊良樞致虛甫撰并書。

題測候圖説（存目） _{龍谿人}王臣夔

圓容較義序（存目）　李之藻

民曆鋪注解惑序

胡世安

王者奉若天道，首重民時。表正風俗，興起禮樂，莫不於是乎始基。顓蒙雖不足與言理，趨吉避凶，有恒情也；舍逆取順，有同志也。獨不知上天默牖，懸象於昏旦之中，橐氣於貿月之律。正朔之頒，所以大一統，使天下炯然於向背，有以異於山中不知年之侶。豈曰神道設教，可由不可知云爾哉？道未湯先生，於《民曆鋪注》有《解惑》之作。首明後慕前意，率舊章不愆忘之旨也。次明頒行協正，三重寡過之旨也。猶恐奉行者未盡曉暢於衷，復博引經傳，詳證理效，剖析方位，條疏月建諸説。蓋欲四海蒸黎，共稟王制，欽奉天道，塞違昭德，一道同風，罔敢汨紀綦行,永保太平之休。是編義正而大匡,僅解惑乎哉?

秀巖老史胡世安題。

民曆鋪注辨[1]惑小引

汤若望

有客問於余曰:附曆之鋪注,此亦西法否乎?曆家何爲而有此宜與忌之紛紛乎?余應之曰:鋪注之非西法,進陳有疏,曉世有説,刊附曆書,非一日矣。至所謂鋪注之紛紛,其亦據理解之乎。夫取平必以準,取直必以繩,理亦士君子論斷古今之準繩也。舍理烏能决一辭?然而曆學相傳,歷數千百年之久,文詞殘缺,意旨多晦澀而未明。所賴後之君子虛心考求,曲探旁通,而其理始出。有如夜分覓物,手持燭籌,光亮見於籌外,義理見於言外。苟不求之言外,而徒泥其文,何異滅燭息光,空持一籌,暗中摸索,終無所得矣。豈不亦羞古人而誤來學乎?余自分鹵鈍,只緣身典曆務,如客之殷勤過問者,時遇其人。因嘗彙閲曆家論述諸書,參酌成編,以代應對。今請出以示客。客覽竟,憬然悟,囅然而笑曰:是足以解吾惑也已。遂命曰《解惑》,并摘先後三奏疏語,暨《曉或[2]》一則附後。

康熙元年歲次壬寅清和穀旦,湯若望題。

校勘記：

［1］辨：疑當作"解"。
［2］或：原作"惑"，據法圖本改。

泰西水法敍（存目） 曹于汴

泰西水法敍（存目） 鄭以偉

泰西水法敍（存目） 徐光啓

水法本論（存目） 熊三拔

遠鏡說自序

湯若望

人身五司，耳目爲貴，無疑也。耳與目又誰[1]爲貴乎？昔亞利斯多稱耳司爲百學之母，謂凡授受以耳，學問所以彌精彌廣也。若目司，則巴拉多稱爲理學之師。何者？蓋其陡與物遇，見其然即索其所以然，由粗入細，由有形入無形，理學始終，總目爲牖矣。而不寧惟是，明光色光，校形聲臭味獨居上分，不既屬於目乎？觀夫亞尼瑪以目爲居止，孟子謂存乎人者莫良於眸子，則凡情開意動之微，必達於目，善惡莫掩，有如執左契然者。且耳之於聲也有待，目之於形也無待。聞每後，見每先；聞每似，見每真。聞僅有輕重清濁，見豈特玄黄采素而已哉？物體有大小方圓、邪正動静，數有[2]多寡，位有遠近，疇非於目辨者乎？誠若是，則目之貴於耳也明矣。雖然，耳目皆不可廢者也。則佐耳、佐目之法，亦皆不可廢者也。第佐耳者用力省，以管則遠，以螺則清，利物出於天成，其巧妙自無可得而言。佐目者用力煩，管以爲眶，鏡以爲睛，利物出於人力，其巧妙誠有可得而言者。無可得而言者，言之則誕；有可得而言者，秘之則欺，此《遠鏡説》之所由述也。

天啓六年歲次丙寅仲秋月，大西洋湯若[3]望題。

校勘記：

[1]誰：梵蒂岡本作"孰"。

[2]有：原作"目"，據梵蒂岡本改。

[3]若：原作"如"，據梵蒂岡本改。

遠西奇器圖説録最序

王徵

《奇器圖説》乃遠西諸儒攜來彼中圖書，此其七千餘部中之一支。就一支中，此特其千百之什一耳。余不敏，竊嘗仰窺制器尚象之旨，而深有味乎璿璣玉衡之作。一器也，規天條地，七政咸在，萬祀不摩。奇哉！蔑以尚已。考工指南而後，代不乏宗工哲匠，然自化人奇肱之外，巧絕弗傳，而木牛流馬遂擅千古絕響。余甚慕之愛之，間嘗不揣固陋，妄制虹吸、鶴飲、輪壺、代耕及自轉磨、自行車諸器，見之者亦頗稱奇，然於余心殊未甚快也。偶讀《職方外紀》，所載奇人奇事，未易更僕數，其中一二奇器，絕非此中見聞所及。如云：多勒多城在山巔，取山下之水以供山上，運之甚艱。近百年內，有巧者制一水器，能盤水直至山城，絕不賴人力，其器自能晝夜轉運也。又云：亞而幾墨得者，天文師也。承國王命，造一航海極大之舶。舶成將下之海，計雖傾一國之力，用牛、馬、駱駝千萬，莫能運也。幾墨得營作巧法，第令王一舉手引之，舶如山嶽轉動，須臾即下海矣。又造一自動渾天儀，其七政各有本動，凡列宿運行之遲速[1]，一一與天無二。其儀以玻璃爲之，悉可透視，真希世珍也。《職方外紀》，西儒艾先生所作，其言當不得[2]妄。余蓋爽然自失，而私竊嚮往曰：嗟乎！此等奇器，何緣得當吾世而一睹之哉？丙寅冬，余補銓如都，會龍精華、鄧函璞、湯道未三先生，以候旨修曆，寓舊邸中。余得朝夕晤請教益，甚謹也。暇日因述《外紀》所載質之，三先生笑而唯唯，且曰：諸器甚多，悉著圖說，見在可覽也，奚敢妄？余亟索觀。簡帙不一，第專屬奇器之圖之說者，不下千百餘種。其器多用小力轉大重，或使升高，或令行遠，或資修築，或運芻餉，或便泄注，或上下舫舶,或豫防災祲,或潛禦物害,或自舂自解,或生響生風,諸奇妙器無不備具。有用人力、物力者,有用風力、水力者,有用輪盤,有用關捩,有用空虛,有即用重爲力者。種種妙用,令人心華開爽。間有數製,頗與愚見相合。閲其圖繪,精工無比,然有物有像,猶可覽而想像之。乃其說則屬西文西字,雖余嚮在里中,得金四表先生爲余指授西文字母字父二十五號,刻有《西儒耳目資》一書,亦略知其音響乎。顧全文全義,則芒然其莫測也,於是亟請譯[3]以中字。鄧先生則曰:譯是不難。第此道雖屬力藝之小技,然必先考度數之學而後可。蓋凡器用之微,須先有度、有數,因度而生測量,因數而生計算,因測量、計算而有比例,因比例而後可以窮物之理,理得而後法可立也。不曉測量、計算,則必不得比例。不得比例,則此器圖說必不能通曉。測量另有專書,算指具在《同文》,比例亦大都見《幾何原本》中。先生爲余指陳,余習之數日,頗亦曉其梗概。於是取諸器圖說全帙,分類而口授焉。余輒信筆疾書,不次不文,總期簡明易曉,以便人人覽閲。然圖說之中,巧器極多,第或不甚關切民生日用,如飛鳶、水琴等類,又或非國家工作之所急需則不錄,特錄其最切要者。器誠切矣,乃其作法或難,如一器而螺絲轉太多,工匠不能如法,又或器之工值甚鉅,則不錄,特錄其最簡便者。器俱切俱便矣,而一法多種、一種多器,如水法一器,有百十多類,或重或繁,則不錄,特錄其最精妙者。錄既成,輒名之爲《遠西奇器圖說錄最》云。客有愛余者,顧而言曰：吾子嚮刻《西儒耳目資》，猶可謂文人學士所不廢也。今茲所錄，特工匠技藝流耳。君子不器，子何敝敝焉於斯？矧西儒寓我中華，我輩深交，固真知其賢矣。第其人越在遐荒萬里外，不過西鄙一儒焉耳，奚爲偏嗜篤好之若此？余應之曰：學原不問精粗，總期有濟於世；人亦不問中西，總期不違於天。茲所錄者，雖屬技藝末務，而寔有益於生民日用、國家興作甚急也。儻執不器之説而鄙之，則尼父繫《易》，胡以又云"備物致用，立成器以爲天下利，莫大乎聖人"？且夫畸人罕遘，絕學希聞，遇合最難，歲月不待。明睹其奇而不錄以傳之，余心不能已也。故嚮求耳目之資，今更求爲手足之資已耳，他何計焉？夫西儒在茲多年，士大夫與之遊者，靡不心醉神怡。彼且不驕不吝，奈何當吾世而覿面失之？古之好學者裹糧負笈，不遠數千里往訪。今諸賢從絕徼數萬里外，齎此圖書以傳我輩，我輩反忍拒而不納歟？諸賢寥寥數輩，胥皆有道之儒，來賓來王，視昔越裳肅慎，不啻遠之遠矣。正可昭我明聖德來遠，千古罕儷之盛。邇來余省新從地中掘出一碑，額題"景教流行中國碑頌"，乃唐郭子儀時所鐫，千載如新。與今日諸賢所傳敬天主之教，一一若合符節。所載自唐太宗以後凡六帝，遞相崇敬甚篤也。在昔已然，今又何嫌忌之與有？客又笑謂余曰：是固然矣。第就子言，耳目有資，手足有資，而心獨可無資乎哉？西儒縹緗盈室，資心之書必多，子不之譯，而獨譯此器書，何也？余俯而唯唯曰：有跡之器具麤可指陳，無形之理談猝難究竟。余小子不敏，聊以辦此足矣。若夫西儒義理全書,非木天、石渠諸大手筆,弗克譯也,此固余小子昕夕所深願,而力不逮者,其尚俟之異日。客遂頷然而去。余因並錄其言,以識歲月。

時天啓七年丁卯孟春,關中涇邑了一道人王徵謹識。

校勘記:

[1]速:武位中本作"疾"。

[2]不得:原作"得不",據武位中本改。

[3]譯:原作"益",據武位中本改。

奇器圖説小序

汪應魁

余自燥髮時,聞有虞氏之璿璣玉衡、周公之指南車、諸葛之木牛流馬,以爲隻千古而獨出,越萬祀而無倫。其爲靈心異巧,有非後人所敢仿佛者。及讀《考工記》一書,其聖人之制作,工巧之述守,凡所以飭五材以辨民器者,莫不臚列畢載,昭灼無遺。因知備物致用,立成器以爲天下利者,聖人之心亦良勤篤矣。後客遊廣陵,得郡司理關中王公授以西儒鄧函璞《奇器圖説》一編,蓋函璞之所指授,而王公之所譯注者也。《圖説》所載,不啻數十百種,其資民用爲最切,其費工力爲不煩。眂吾聖人制器尚象之旨，不既有妙契縣解也邪！至若圖繪之精，語言之妙，又不待言矣。殆如張平子所稱心侔造化、思協神契者歟！噫！亦大奇矣。予懼是錄傳布弗廣，命剞劂氏重刻之。俾寓内好事君子師而用之，其濟世利物者，詎淺鮮哉？若曰形而下者謂之器，則奇器雖精，亦一藝爾。而與奇肱之風車、梓慶之削鐻、公輸之飛鳶、偃師之巧倡、宋人之葉玉、燕士之棘猴，同類而等視之，則淺之乎知此錄矣。

新安後學玄朸汪應魁題。

奇器圖後序

武位中

世間非常之事，非常之人爲之。非常者，奇也。小儒膽薄而識淺，借口中庸，以文飾其固陋。夫中庸之不可能，非奇邪？藝苑有奇文，戰陳有奇兵，術數有奇門，人倫有奇士，山海有奇物，鬼神有奇狀，詎於器而無奇也者？要亦非常之人，靈心躍露，直以器爲奇焉耳。關西王公，司理維揚，寬明仁恕，莊敬中和，政簡刑清，士民胥化。即正樂一事，其與不肖位講明而修舉者，亦既洋洋大雅，追六代之遺矣。以位爲可教也，復出其《奇器圖説》一書，采輯者爲卷三，創置者爲卷一，授位學焉。蓋公瞻智宏材，披天根而漱地軸，觸類多能，其緒餘矣。嘗考古善奇者，輪班、墨翟,見用於時,有益於世,其最著者矣。嗣若祖沖之、張平子、馬鈞、藝元之流,皆當世名巧。而功不集事,利不及民,終無取焉。獨木牛流馬,膾炙至今。此外多屬假托,非其真也。乃公所製自行車、自行磨,已足雁行武侯。而虹吸、鶴飲之備旱潦,輪壺之傳刻漏,水銃之滅火災,連弩之禦大敵,代耕之省牛馬,因風趁水之不煩人力。其有神於飛輓轉運,軍旅農商,瑣細米鹽,小大悉備,逸勞相萬矣。昔人謂文至韓愈,詩至杜甫,書至顏真卿,畫至吳道元,天下之能事畢焉。然與國家緩急、生民日用,曾何毛髮益乎?是書也,廣而公之,固濟世利物者一大舟楫也,寧止嘉惠維揚哉?《陰符》曰:"爰有奇器,是生萬象。"位則曰:公有奇器,寔利萬民。則公之品誠有用大儒,公之書固非常偉業,是胡可以不傳也。敬手繪而壽之梓。

時崇禎[1]改元中秋日,直隸揚州府儒學訓導武位中頓首撰并書。

校勘記:

[1] 禎:原作"貞",據武位中本改。

新製諸器圖小序

王徵

甕㼭抱樸,驚搭渾帝,化人奇肱,巧絕弗傳,懼滋竭來，人心之幻耳。然人心之幻滋甚，彌難方物，初不盡識破覬之態。而民生日用之常，漸有輕捷省便之法，翻多滯泥罔通，似於千古尚象制器之旨不無少拘。睨彼大圜，輪輪遞轉，匪一榦以自斡，疇萬象之更新，而顧爲是拘拘者邪！不揣固陋，妄有所作，見之者頗謂裨益民生日用。有已造而行之者，有未造而儀其必可行者。繪集爲圖爲說，間爲之銘，自解其嘲，而識之若此。其他自動風翣，與活輥木、活地平及用小力運鉅重之器，尚有多種。爲其關民[1]之未甚急也，兹不具載。

時天啓六年孟春人日，了一道人王徵題。

校勘記：

[1]民：此下武位中本有"生"字。

西國記法序

朱鼎㵩

今天下無不知有西泰利先生矣。外父徐方牧有所藏先生墓中誌，云："先生於六經，一過目能縱横顛倒背誦。"㵩未嘗不洒然異之。外父曰：夫有所授之也。其書久在則聖高先生笥中，然出利先生偶爾草創，未易了了，高先生再爲刪潤之。高先生則後利先生傳其教於天下，外父所父事者。高先生嘗教瀚曰：靈性有三司，匪直記含，而記含得稱性靈之能，故能記有象以及無象。如乙能記甲爲兄，丙爲弟，又記甲、丙總爲同生，又能記同生之甲、丙總爲人。兄弟爲專，同生爲總，人爲大總。繇此申之，以至念茲在茲，不忘人之靈性所繇生者，此二先生不遠九萬里西來意也。不然，此書一村學究教人讀書法矣，豈不有負先生？

東雍晚學朱鼎瀚字濯也書於景教堂。

獅說序

利類思

嘗觀寰宇諸物，豈非一大書，智愚共覽乎？愚者惟視其外形觀悦而已，智者則不止於外形，反進而求其內中蘊義。如不識字者獨觀册內筆畫美好，識者不但觀字畫之精美，且又通達其字文所講之理焉。蓋受造之物，不第爲人適用養肉軀，且又授學養靈性，引導吾人深感物元，勿負生世之意。即特仰觀飛禽，俯視走獸，無靈覺類，愈訓我敦仁處義，積德之務。如於君盡忠，於父盡孝，於兄盡弟，夫婦盡愛，朋友盡信。試看蜂王争戰，群蜂擁護，至於亡身不顧，示有君臣之分。獅子養父，獲獸吼招父同食；獅之父保其子，雖傷不避，此存父子之親。各獸不殺同類,顯兄弟之愛。鴿子、鴛鴦一匹不相瀆亂,雁失偶不再配,是守夫婦之節。一鴉被擊,衆鴉齊集護噪,此有朋友之義。至論其各德,亦足訓人。蜂王雖有針刺而不用,指治國刑措之化。螻蟻夏運收,冬積貯,示人勤勞預圖之智。又死蟻必帶入穴藏埋,示安葬暴露之仁。獅子不殺蹲伏者,即寬恕歸順之誠。蜂采花作蜜而不傷果實,猶之取公利而不害理義。群雁同宿,必輪一醒守以備外害,兔營三窟,以斷獵犬嗅跡,皆保身防盜之策。飛鳥構巢,外取堅材,內取柔物;蜘蛛結網,經緯相錯。一以爲作住之宮室,一以爲織造文繡之服,或趨利避害,且有巧法,吾人多有取焉。諸如此類,無知蠢物,非造物主具有全知默賦,豈能然哉?今述獅之像貌形體,及其性情力能,不徒以供觀玩、暢愉心意而已。要知天地間有造物大主,化育萬物,主宰安排,使物物各得其所,吾人當時時贊美感頌於無窮云。

泰西利類思識。

泰西肉攫自序

利類思

類思遠西末學,自幼修道,謝絕外物,專意昭事,何暇論及於鷹。因今上萬幾之暇,孜孜博學,於經傳子史、象緯曆法諸書，睿徹靡遺。見西字飛禽一册，命類思譯鷹之形象性情諸端。此乃仁民之餘，及於愛物。故春秋閱武，布解網之仁，示鷹鸇之逐，而治道之機權，即寓是矣。類思仰體德意，翻譯進呈。因知受造各彙物性，由於造物者全能，超人思議之外。即飛禽一種，蠢然無靈之物，賦以覺知之情，未易更僕數也。或以聲音，或以翅翼，或以遷移，或以舉動，或以洗濯，種種不一，俱可爲知來之券。如寓水澤者，浴時互相歡嬉，知雨之將至，緣其性熱，覺雨將來而喜。寓林木者，回巢非常迅速，則知有暴風疾雨，緣其性燥，不欲濕濡，故速回以避之。罕水而涯棲者，嘴掠毛翅，亦因將雨感濕氣而頭重，故掠毛翅以舒之。海鳥岸飛，大風巨浪將作。棲陸地者，忽往濕處，定爲晴霽。在海島及平原者，忽移集域[1]郭，爲荒旱之兆。若離棄其巢及無端墜死者，不久必有災疫。夜鶂日晡而出，且多鳴叫，知有驟雨，慮不能覓食故。若大雨而鳴不絶，則天必霽。烏鴉群飛，仿佛鶂子之鳴，大風雨必至。由南風衝入，發聲音之司，故變其聲音。小雞等鳥，以嘴分毛覓蝨，必將雨作，爲其内熱而外冷，驟至不能呼氣故。海鴈往岸地，豫知有雨；如飛而不鳴，則天晴；飛而復回，海中必波濤大起；或往下飛，亦爲雨兆，避雨雲故也。各等將來之徵，飛禽雖能豫覺，然不知其所由，惟人類能窮其理而格其物焉。至羽蟲飛鳴，如鴉噪雀叫，飛左飛右，乃云知人之吉凶，皆蒙昧無識之俚語。夫知來之權，惟造物主獨操，非傳乎神聖，即神聖亦不克知，況蠢然無靈之禽鳥乎？

舉世狂惑妄信，可慨也。蓋物以人之用，人有御物之權，故吉凶禍福，非物所得而與，而教習養治，乃人所得而專。泰西書籍繁多，雖草木鳥獸各有專册，飛禽特其一種，而鷹又特飛禽之一種。兹奉上命，翻譯成編。亦見格物致知，爲《大學》之首務，而征鳥厲疾，乃曰令所不廢也。况進而求之，物司於人，人稟於天，不可由是而得欽崇之實也哉！

校勘記：

［1］域：疑當作"城"。

泰西肉攫序

劉凝

富哉泰西典籍乎！深通天載，微窮物理。凡飛潛動植，罔不究其性情，審其宜忌，确有寔據，非如貝葉雲笈，荒唐無稽者也。我國家德化翔洽，萬國梯航，客歲狻麑，貢自絶域，古之白雉旅獒，未有若斯之盛者矣。中華繪刻獅像，絶不相似，非經目擊，終成影響，傳譌日久，反以真者爲贋，利再可先生因述《獅説》以行世。今天子好學右文，遠逾曩代，遊神墳典，究心緗素。閲泰西動植諸册，復命利先生翻譯《鷹説》。蓋祭鳥行戮，《月令》順嚴肅之氣；

鷹鸇逐雀，《春秋》警無禮之臣。命將遣征，師旅四出，竊揣宸衷，其殆思鷹揚之佐乎。少皞以鳥紀官，五鳩五雉九扈，冥通物情，裨益治道。世人動以注蟲魚非磊落人爲口實，掩其空疏，此寔學所以衰也。王肅、杜預爲一代通儒，於問官之注，亦多觝謬。青鳥即倉庚，誤訓鶬鴳，溷入九扈。丹鳥即丹良，誤訓赤鷩，溷入五雉。甚至以爽鳩爲鷹，改來鳩爲爽鳩。樊光、郭璞、顏師古、孔穎達諸人皆然，古今相承，卒無有知其謬者。欲救斯弊，當廣集師儒，旁蒐遺逸。如泰西卷軸浩繁，另設專科，翻譯成書，未必無補於文明之治也。鳥獸不過動植之一端，獅鷹不過鳥獸之一端。觀其論次鷹之形像、性情與教習、療治，遠勝段柯古之肉攫矣，因命曰《泰西肉攫》云。

康熙己未孟春晦日，南豐劉凝拜書於燕臺旅次。

天教駢述（存目） 熊士旂

畏天愛人極論序

鄭鄤

《尚書》之《湯誥》曰："惟皇上帝，降衷於下民。"武王曰："天地萬物父母。"此皆湯武當軍旅之際，諭[1]臣民之時，而其言如此。則三代以上，聖人之教，概可知矣。吾夫子以天命立教，其最明切者曰："君子畏天命。"小人不知天命而不畏也。君子小人，間不容髮，其關在此。自漢儒謂道之大原出於天，後來愈析愈精。若以天爲玄微幽眇，非聖賢不可許知天，非談學者不許稱事天，則三代之教荒矣。夫上帝臨汝，昭事上帝，明乎其有以臨之事之也。後乃曰"天即理也"，然則祭天乃所以祭理歟，言不幾於不順乎？嗟乎！此學術之所以不古若也。王子《畏天愛人極論》，直揭天以詔世人，反覆若干萬言。君平《道德指歸》而後，說之閎暢，未有若此者也。其言天主，亦猶之帝也云爾。或者謂道無諍，諍乎哉？夫王子直謂事天之心不可以二，故總其紛紛而要諸至一也。或者又以西說爲疑，夫說亦何東西之有？王[2]子誠有取爾也。誠使人人皆知天，時時皆能畏天，事事皆可以對天，是則王子之心也已。苟能是，則三代何不可還？故其說不可以不存也。王子經濟大手，別所結撰，多奇絕。王子一不自有，而獨以此爲日用之課，既極論之，又命予評點以傳。予嘗論三代以上之人材，其功業皆還之天；三代以下之人材，多欺天以自爲功。惟韓忠獻有言："某生平寔天扶持之。"蓋天者，古之常談，今之絕學。夫《詩》《書》之所睹記，有目者皆得而見之。讀者其即是而反之六經之大道，無作爰居之駭也。

崇禎元年七月之望，毘陵年弟鄭鄤崒陽氏敬題。

校勘記：

[1] 諭：此上法圖本有"告"字。

[2]王：此上法圖本有"且"字。

畏天愛人極論記言

王徵

《畏天愛人極論》者，所以論天之不可不畏，人之不可不愛。而凡學聖賢者，畏天愛人之功，必不可少也。然"論"焉足矣，而必曰"極"者何？蓋畏天愛人，本人人原具之良心，亦愚夫愚婦所可與知與能之平常事，而寔千古希賢、希聖、希天者之真功用，只在吾人一提醒轉念間耳。奈之何邪説充塞已甚，真心沉薶已深，錯認他人爲本生父母者已久，反遇本生父母而不認也。間有畏天命悲人窮者，非不時爲提醒，其如習念之猝不可轉何？徵不自揣，思欲解人之嘲，輒因畢己之愚。爰爲之反覆極論，以破其積習，以開其閽惑，以撥動其夙具之真心，而指之還家之路。故理所創聞，雖爲舉世所震駭，而寔爲天地間之必不可無者，則不得不極論其是。理所僞誕，雖爲舉世所皇惑信向，而寔爲天地間所必不可有者，則不得不極論其非是。總之，欲吾四海兄弟，人人認得元初真父母，共盡昭事之道，以期偕歸本鄉云爾，無他腸也。縱高明君子，誚其狂，誚其迂腐，誚其蔓延僻俚而無當乎，吾惟盡吾畏天愛人一點不容已之心焉耳矣。知我罪我，夫奚恤？

時崇禎元年孟秋十有五日，書於景教堂。

論 道 術

沈光裕

或問立教同異，答曰：中國聖人所自立，直合以中國之治治之。六經五常，其大端也。若夫以適治則有餘，以撥亂則不足，雖老釋何莫不然。近日遠西之學，卻於亂世有得力處，蓋不尚言而制作，跡近於名法，而意主於必然，自治治人，明顯切寔。而儒者之牽拘，老釋之景響，至此乃有以濟其窮，固知其學將必興於吾土之世也。語固有之曰：儒門淡泊，收拾不住，其弊反與於亂之甚，而莫之止。迦文亦曰：我法將敝，有教復興。今西學不廢五倫，不屏鬼神，不辭苦難。惟是賢者引之就中，而不肖者若姑縱之，使極其流弊。流弊既極，雖甚無良，亦將廢然而思反焉。是故務去自然之名，而用有爲之法，空者寔之，寔者空之，辭位而握權，寓意而泯跡。其在今日，可謂救時聖手、善病者之良劑也。乃若淺深因人，非明不悟，非誠不行，非忍不濟，豈惟一時。推之四海，準之千聖，豈有二乎？遠西之地，吾未之遊也。然設想其間之人，善者資稟既極靈通，惡者氣質亦殊堅重，故耶穌立教，亦因其方。若今來吾土，參調華國之風，合準儒者之道，吾知其誘人於爲善，必甚逸而有力，事簡而功鉅也。在善學者審所向而已。

儒者之言曰：天何依，依於形。地何附，附乎天。夫地可謂形之極矣，而必附乎天，無外之義，可想見矣。若天則不可言氣，不可言虛。蓋氣虛皆天，而天不徒盡於氣虛。生人生物者地也，而非天莫施。然非地，吾亦未見夫天之何所施也。凡人物之形質、食飲滋乎地，而形有必解之時，食飲有難恃之會。天義於此，章章校著焉。人百年之身，書傳之智，測景觀象，分別善否，是亦近似而無窮者，終不可勝窮。聖賢兢業之事，皇王承藉之勢，目營手著，及身而止。或尚高奇，務爲精鑿，識詣所及，理絕恒區者，間或有之。究亦超朗乎天中，未聞自外，謂不滯於地或可耳。夫形色之衆，執之皆物，不執之皆道。道物物，而不物於物。物無知者，或能違道，而道自若。道也者，天之謂也。天道大常，不辭小變，而其常者，終古不易。日差星亂，山飛海涸，舉歸之天。此天之小者，非其大者。其大者視五緯如絲繁，等二曜於鼠跳，所處至尊，與人無涉，而又終日與人相見，周旋左右，呼吸無間。當其融盎，森森孤露，黃帝無所役其聰，鄒衍無所施其辨。所謂廣大精微，無際剖判，而大略不遺萬物，尤著靈於人。不越耳目心思之介，一端可見，全體未離。明者知之，故驗之於性情，勤之以問學。至能使地分漸輕，天分漸合，然後以植人倫而有立，幹國事而不謵。夫倫理適於治術，因地之功也，而非天莫附。今之君子敬天可乎？有謂天理非蒼蒼，此亦橫生分別之言也。天理無所不貫，而又逗漏一蒼蒼者乎？蒼蒼者，無物不生，無化不行，而又自外於一理乎？但其神貴而象粗，學者通其神，不妨兼治其象。若尚治其象，或不能通乎其神。此順逆之勢，小大之辨，亦不可不察也。《易》先天不違，通乎其神，後天奉時，治其象也。仲尼迅雷變容，爲敬其象，非不測其神。君子聞雷霆而不驚，謂防於其神，非遽忽其象。於此不察，謂後之君子賢於仲尼，可乎？

道術不可不一，不一則天下裂。而道術不可徒一也，徒一則天下形完而中裂。天下裂之敝，中於土地人民，其禍大者五世，次者三世。形完中裂之敝，中於人心，其禍十世，大者百世。可勿察乎？孟曰"五百餘年興君相"，亦約略仿佛言之耳。以古今大致衷之，蓋上古尚天道，中古尚人事，故氣醇而力厚。至於近古，尚言語文字形跡而已。補偏救弊，有不誣者，要於天道有未窺，於人事亦未能盡善，運數然也。即以載籍近術言，秦政所燼，不具論矣。見聞所章，則老氏是一術，釋氏是一術。老氏不言黃帝，而寔本乎黃帝；釋氏不襲中國，而可以喻中國。何也？彼皆聖人，所由不同，其發趣期待一也。老變而莊、列，釋頗因之，又變而申、韓，近來天學頗因之。若道陵、旌陽，及瑜伽之徒，每每岐中之岐，無關遠大矣。達摩東來，直標向上一路，而不能契一蕭衍之機，況其汎汎者乎？孔子生東魯，古策具存，好學不倦。今其書明妥詳正，初無殘闕溼漫詭固之患。漢以來，君相用之，於以致治而禦亂，亦既昭昭矣。然致治而不郅於隆，禦亂而不克反乎淳閟，豈非文言形跡之效，僅僅而已。及益以老、釋翊之，托諸清静空苦，然於天道、人事，往往奪一裨一焉。人或見其裨，即不復議其奪；或見其奪，即不復許其裨。此士私其學，衆爭於細而已。黄帝薦祠破鏡，膳用一梟，周公亦惡之，百物用之，而梟自若也。桀駕人車，儒者興嘆，而後世益用肩乘，不能少止。樊宇之大，有此物，即不能絶此類。忽見此事，即當思此理。若黨同伐異之計，蔡衛足即無咎，鳥填海即卒瘼，是何也？宇宙大矣，萬籟不齊，其來既久，貴循其本。本之不循，而末是議，雖饒舌費辭，聽從蓋寡。是故本者一也，其不一者非本也。草木之不能無本而爲柯支，人即知之。然草木之不能二本，而柯支之不能不萬殊，抑又明矣。譬之作字，中國主形，萬國主音，所以者何？形起東南，音迄西北，西北金收，東南木長，故形繁而音絜矣。今欲通天之故，協萬術之宜，從生長乎，抑從收藏乎？欲從收藏，即難廢二氏；欲從生長，則東魯之教，尚中天也。聖人知微知彰，知陰知陽，不逾名蹟之觀，而有以見道術貞元之統，豈區區蕭瑀、韓愈優劣已哉？

愚幼而闢佛，蓋讀韓歐及濂洛諸書而有憬也。稍長而佞佛，蓋繙《楞嚴》及《弘明》《傳鐙》，而又有慨也。年逾知命而從事天學，則舉囊之憬且概者，始翻然焕然，知文句之道既非至極，即盡性至命、立空出幻之奇，亦猶存乎精粕之間而已。何也？洪水以前，尼山未生，雪山未作，即苦縣亦未出也。此三聖人既見中古，豈非天人。如果可以了辨乾坤，即天心甚愜，不必復降生耶穌一番矣。既而夫子不獲爲東周，老子出關，迦文付囑單傳而已。由此觀之，可見人心不齊，天事難任，語顯則微遜，言裏則表亡。賢智不奈愚蒙，愚蒙又竊賢智，民窮盜劇，往往而然。天主憂之，示誕牛槽，以救後世，亦猶夫不得已也。儒者不察，輒謂吾教已足，翊以釋老，性道都明，何庸復贅。此爲一二通才賢者言，猶之可耳。若盈宇之大，環海之遙，獸衆人希，魔繁道寡，不且觀面如此矣。如此而曰賴有三教在，則當弒父之時、叛君之際，三教安往乎？且今亦未見天教之果遽絕弒與叛也。此有淺深焉，淺者教人爲善，亦不過三教之蹟而已，其深則在乎不必絕其端而能窮其弊。譬如春甘夏辣，秋酸冬鹹，物之情也。乃有嗜甜者，指東海爲餳，使之啖盡；喜辛者，罄南山爲桂，迫之畢咀，有不廢然思反乎？即亦《中庸》以人治人之旨而加厲加愍焉。凡以云救也，此亦深矣。其尤深者，莫尚乎元罪之獄，審判之期。何也？人凡罪思辨，而元罪無辨，且讖思延且逃，而此之審判無逃。明者慮此，自墮地至蓋棺，應無置身之所。即不肖者，酣淫莽劣，猛一念及，亦有痛哭之時。此即主使之然也。此其意也。若其制之盡善，亘絕古今，非人力所幾及，特今教未大行耳。大行，則將吾人頂踵肌髓，皆有收管安頓之處，使不大苦，亦不大甘。然人性趨甘，初既無苦，究甘莫逾矣。宋人之言曰：儒門淡泊，收拾不住，皆歸釋氏。釋氏亦曰：我法將弊，聖人復生。諺云：達摩又要東來，老子又要西去。雖多事苦心，而彌縫不給。今主教迄立,則善人浡興。若主力加佑,得遍及吾土,將永致太平,使劫殺不作,淫盜衰止,雖千年一姓可也。夫謂晚近欲幾隆古,似乎昔難今易,吾土聞之,或有河漢焉。然人肯信主愛主,即灼然不疑。蓋非人之能,理制既詳,教法盡善故也。天釋之辨,鴉鷺之鳴,或者不察,却皆似荒歲市人,爭奪餲飯矣。請虛中觀理,删空標寔,立教以淑世,有濟爲大耳。若説到風雨天寒、當門定腳時,則一倔强漢皆解辨此,又何須校論紛複邪?四川講師,説戒受供養,既富則去而還俗。商賈遊俠,比比而是。即其徒受戒者旋復犯戒,都無照管攝伏處,滲漏多矣。又金剛準提,但標利益,而不言灾害。今天教中,一人領洗,即有照攝,雖在幽遠,不得違犯,違犯輒有禍報及之。顯隱差等,猶景響然,蓋通功之義大矣。明高皇帝云:昔誠以寔爲誠,今誠以空爲誠。蓋合鑄儒釋之言。然爲高必因丘陵,若以空爲誠,畢竟多一轉折。雖禪悟則然,而禪悟可以治天下國家乎?高皇又云:日殺人於前,而後者復犯,乃知民不畏死,有司殺者。使帝及聞天教,亦必信其直捷了當,而嘆其莫載莫破也。吾土惟妄證人,最宜察治。彼且藉教爲膳口地,亦緇黄之徒,撈衣打食之故智耳。原其始,皆因鐸德初來行教,或有齎攜本國珍物,人取我與,厚往薄來,遂滋馬扁覬覦之慝。今西糧不給,而從教者轉相囮哄,與於名利穿窬之甚,賴鐸德方嚴,不假以權。然知人不易,防範或疏,漸多陋敝,是反爲緇黄[1]云大士曾許。習俗相沿,莫此爲陋。又何怪黄冠醮士,皇皇牲醴謝將乎？今幸鐸德,皆其本國選士,自克有制,權不濫假。而從教者,率虔始則優,厚終或劣。雖主鑒宛轉昭明,抑望神父勿以自己神貧,而姑息彼衆也。

壬辰春住延平堂三日,秋住武林堂三日,得與鐸德先生相近。然瞿先生酷貧好勞,陽先生年高好静,而教友閩推蔡兄、浙推郭兄,又朝夕事師課經,無講論之暇。余於此六日,每拈《崇正集》讀前輩諸公文字,偶感而書此。

歲欲甘苦,其草先生,然亦循環常道也。洪荒不具論,堯舜西迄,文武東漸,穆滿王母相遇處,殆兩相移就耳。漢明白馬之來,始自西徂東,其徒蔓延,幾半我土,此日入之運遊於日出之兆也。更百世後,西北之治將盡暨東南,又何疑邪？

校勘記：

［1］黄：此下疑有脱漏。

卷九

天學傳概序

許之漸

自天地之心見,而後君師之道興。帝王之所以爲治,聖賢之所以爲學,未有不本乎天者也。黃軒迄今,世無異治,而教統一裂,人自爲學,家自爲師,若水火之不相謀,要無不尊天以立説者。一彼一此之間,往往陽擯其名而陰竊其寔。雖道家之幽眇,釋子之虛寂,窮其所托,與吾儒之盡性至命,不有殊涂而同歸者乎?惟是斁倫毁紀,舍君臣父子之大,而耽夫幽眇虛寂,以別求其所謂天,此二氏之教,吾儒所以辭而闢之也。彼行之不著,習矣不察,終其身於君臣父子,而莫識其所爲天,即儒者或不能無弊。如欲循其弊以爲救,仍莫若尊天以立説。相傳開闢以來,有所爲天主教,學者驟而聆其語,若倘悦而弗可據。即其於吾儒,當告之以二帝三王之道,日月星辰之行,天地之所以著,鬼神之所以幽,物類之所以蕃,江河之所以流,不應瀆告之以其學也。久之而親其人,繹其書,以昭事不墮爲宗旨,克己愛人爲工夫,悔過遷善爲入門,生死大事有備無患爲究竟。其於二帝三王之道,日月星辰之行,天地之所以著,鬼神之所以幽,物類之所以蕃,江河之所以流，靡弗相始終、相表裏，超出乎二氏之上。而後知其學何莫非吾儒之學也。其教自漢唐流傳中土，明萬曆辛巳，耶穌會士西泰利子航海九萬里而來，建堂於宣武門内，一時名公卿多樂與之遊。至國朝恩禮倍渥，通微教師寔總曆務，復敕建東堂，再可利子、景明安子主之。余俱樂與之遊，而然真李子以余爲有契乎其言也，持所著書屬利子索余序，因述其大略。惟向者福清葉相國贈西賢詩有云："言慕中華風，深契吾儒理。"又云："拘儒徒管窺，達觀自一視。"誠化其同異之見，取所爲尊天以立説者，究其指歸，精其義藴，即不言學，并不言教可也。而一切窮神達化，更有進乎此者，抑非余之所及知也已。

康熙三年歲在甲辰春王正月，柱下史毘陵許之漸敬題。

不得已辨自敍

利類思

甲辰冬，楊光先著《不得已》等書。余時方羈緤待罪，靜聽朝廷處分，又以孤旅遠人，何能攖其鋒刃而敢措一詞乎？閱明年三月，星變者再，地震者五。上大赦，得離西曹法署，至是可稍稍吐矣。雖云受謗不辨，君子攸崇[1]，然或當言而弗言[2]，與夫言及之而猶不[3]言，非復余跋涉[4]九萬里航海東來之初志也。夫光先藉曆數以恣排擊,厥事別有顛末。辨詳[5]他卷。惟是毀聖訕道,悖謬拂經,以是爲非,以非爲是,一憑其寸舌尺管,摭拾天學之餘緒影響,而又援引舛誕以欺當世,莫如《不得已》一書。故不得因其譌謬而弗正告之。顧道本乎率性,而喪乎失德,理明於至當,而忽於苟然。豈得以一人之疑,疑衆人之信?東海西海,此心此理有同然者,余豈忍以芻言不急醒之乎?請以質諸[6]窮理格物之君子。

乙巳夏五月,利類思題於長安旅舍。

校勘記:

[1]"雖云"至"攸崇":梵蒂岡本無。
[2]然或當言而弗言:梵蒂岡本作"然當言之而不可言"。
[3]猶不:梵蒂岡本作"不敢"。
[4]跋涉:梵蒂岡本無。
[5]辨詳:原作"詳辨",據梵蒂岡本改。
[6]諸:梵蒂岡本作"之"。

不得已辨自序

南懷仁

懷仁遠西鄙儒,靜修學道,口不言人短長。若事關國家億萬年之大典,則不禁娓娓焉諍而白之,蓋言乎其所不得不言也。仁自順治十六年，荷世祖章皇帝欽召進京，豢養繼曆。康熙三年，楊光先以一紙訕詞，搆彌天大獄。方是時，若望瘖矣，懷仁入中土未久，語言不通，一詞莫措。幸蒙皇上洞鑒，待以不死。仁等得仍栖賜宅，掩關靜息之餘，細繹光先所布十謬等書。其所剿襲者，皆前朝已敝之舊法；其所詆[1]毀者，皆世祖特用之新法。仁不勝忿激，因著此《不得已辨》，以待公評。夫天文者，朝廷之寔政，儒者之寔學，非比一人一事，可以掉三寸之舌，立地雌黃，洒筆端之墨，依稀形似者也。此其道在於測驗。《書》曰："日中星鳥[2]，宵中星虛。"又曰："在璿璣玉衡以齊七政。"皆言測驗也。測驗之法不一，舉其[3]膚淺而易見者言之，如日月之交蝕，太陽之出入，晦朔之盈虧，五星之躔度，舉世之人有目共見。測之而驗者，法也；測之而不驗者，非法也。盡人以合天者，懷仁之言也；強天以合人者，光先之言也。光先胸無確據，強辨飾非，不過借曆法以行恩怨，無怪乎屢測而屢謬也。大抵天文之學，世代愈久，其講求愈精。古來創製曆法者，其聰明百倍於今人，其艱難亦百倍於今日。然一時之窺測，未能盡備也。閱數百年、數千年，代有其人，周詳考究，而其法愈精，其學愈驗。懷仁一腐儒爾，幸而生千百世之後，曆法詳備之時，守而勿失，以上測天行。所以屢測而屢合者，非仁之能也，寔法之善也。且新法之行二十餘年矣，以先皇帝之神聖，幾經詳慎，部測監測，屢遣內外大臣公同測驗，密合無差，奉有"盡美盡善，永遠遵行"之旨。特賜敕書云："天生賢人，以助朕造曆。"又云："補千年之缺略，成一代之鴻書。"煌煌天語，至今猶存。乃光先以舊法爲善，以新法爲謬，竊無稽之唾餘，逞明季上書之故態，鴟張簧鼓，不崇朝而監員八人，無辜骈首。傷心慘目，寧不獨愧於心乎？且光先之言，謂但知曆理，不知曆法。夫法出於理，理以法徵，此千古不易之定論。今光先止認通理而不敢認通法者，其心蓋懼曆法有測驗可據，立時可辨真僞；曆理[4]人多未諳，或可以強辨支吾。奸計若此，其自欺欺人，以欺天欺上，豈不貽笑於天下哉！至康熙九年，上命内大臣、内院部院大臣，一測於靈臺，再測於午門者兩閲月。疏稱懷仁所言，件件皆合；光先所言，件件不合。又命親王及廷臣會議，疏稱光先茫茫無知，妄生事端，誣害多人，奏請大辟。吁！今而後，國家之大典已正，千古之是非得白，懷仁可以無言矣。竊恐天下後世見光先之書，猶有惑於紙上空言者。謹將其所布十謬等書，條分縷析，言必有憑，法必有驗，孰得孰失，世必有能辨之者。

　　極西耶穌會士南懷仁識。

校勘記：

　　[1]詆：原作"試"，據梵蒂岡本改。
　　[2]鳥：原作"烏"，據梵蒂岡本改。
　　[3]其：原作"具"，據梵蒂岡本改。
　　[4]理：原作"法"，據梵蒂岡本改。

天 學 說

邵輔忠

我中[1]國從來不知有天主也。自神宗朝，泰西利西泰[2]始倡天主之教。其所立言，以尊天事天[3]著，一時士大夫爭慕嚮之，遂名天學云。今上復授泰西學者官，俾訂《大統曆》，於是其教益行於各省郡邑間。然不免有迷者、疑者、謗者，無有發明天主之義喻之者。孔子曰："中人以下，不可以語上也。"上何所指，非天乎？天豈謂蒼蒼之象哉？有主焉。主者，至一而無不統貫之謂。此主生天，則謂之天命；此主生人，則謂之人性。子貢曰："夫子之言性與天道，不可得而聞也。"天下惟中人以上不易有，則性與天道不易言，亦不易得聞。所以孔子以欲無言提醒子貢，及子貢苦無述，復言之曰："天何言哉？四時行焉，百物生焉。"寥寥行生兩語，令今學者從旁耳聽，不幾訝與吾身不相親切哉？乃子貢言下了悟，寂無疑辨。嗟乎！古今此天，古今此時此物。顧終日見天而不知天之主，終日行時中而不知時之所以行，終日生物中而不知物之所以生。予少而壯，壯而老矣，猶悵悵焉，作一不知人哉？逮今而始悟，奉天主一從事焉。聞其教惟談天，其學亦惟學天。閱《天問》《幾何原本》諸書，皆以明曆數，夫曆數豈非天主倡明行生造化譜乎？凡曆數，一年十二月，一月三十日，一日十二時。不知者，視爲欽天博士家選擇言耳。反復思之，其中日之出入，月之晦朔弦望，與夫風雷霜露、草木魚鳥，無一不載之於曆。此何關於選擇事？余謂時有盈虛消息驗諸物，物有榮枯生死乘諸時，故春月物生，夏月物長，秋月物收，冬月物藏。有收藏便有生長，有生長便有收藏，此孔子所謂時行物生，對照鏡也。照物則須認己，己一物也。照時則須認[4]天，天一時也。然物生而物何以生，是時；時行而時何以行，是天。非時無物，時在物中；非天無時，天在時中。則時之行，乃天之行也。顧天行一日則一小周，一歲則一大周。小周一晝一夜，大周積晝積夜而成一歲。日出而晝，萬物並作。日入而夜，萬物並息。是晝則天行地上，長而收也；是夜則天行地中，藏而生也。人不知春夏秋冬之爲生長收藏，而又何知一日之爲春夏秋冬、爲生長收藏乎？何者？以人之生，而父兄之養，師之教，莫不先以名利之念入之，名利之事成之。只知向外務生務長，不知反内而收之藏之者，爲寔能生之長之也。萬物中人爲最靈，萬物不識不知，順天之則，常收常藏，故常生常長。乃人違天而行，其獨衰老病死[5]、魔難罪獄，相尋而無能已。説者誤認死以爲歸藏而非也。孔子所謂"未知生，焉知死"，予亦曰：未知藏，焉知生。古歌云："年年歲歲華相似，歲歲年年人不同。"可不哀哉！予稽古帝堯《書》載，命羲和曆象日月星辰，敬授人時，曰"欽若"，曰"敬授"，何隆重一至於此？惟是人時蓋重，人體天時以盡人道也,不特人也。至堯老,以天下傳舜,此古今第一大事。惟咨舜曰"天之曆數在爾躬",豈矜詡諸履帝位者紀永年乎?明以天道傳焉,故繼之曰"允執厥中"。中者何?天心也。先儒邵子曰"天向一中分造化",是也。孔子贊堯惟則天,故堯亦惟以天道傳舜。然云"允執"者何?黃帝《陰符經》曰:"觀天之道,執天之行。"盡矣。孔子對哀公亦曰:"誠者,天之道也。誠之者,人之道也。擇善而固執之者也。"從來聖聖相傳,道統心法無以逾此。即《中庸》贊孔子曰:"仲尼祖述堯舜,上律天時。"其亦有見於此乎?然而我中國學者,止知尊信孔子,不知孔子自道"下學而上達""知我者其天",何下爲學,何上爲達,何天爲知。竊想孔子一生所深知而得力者,莫如《易》。《易》,天書也,天學之祖也。觀贊《易》乾卦曰:"大哉乾元,萬物資始,乃統天。""乾元統天",天主之説也,異其名而同其寔也。贊《易》坤卦曰:"至哉坤元,萬物資生,乃順承天。"坤無元,以乾之元爲元,乾施而坤承之也,故曰"順承天"。贊《易》六十四卦曰:"乾以君之,坤以藏之。"不大明天主之義而泄《易》之蘊邪!孔子提醒子貢,時行者乾,物生者坤。下學者坤,是卑法地。上達者乾,是崇效天。而知我者天,明[6]惟統天之乾元,與之爲一,而通乎晝夜之知也。所謂"大人者與天地合其德,四時合其序"者,此也。知孔子之贊《易》,則知天主之義矣。予未能悉知其義,竊觀聖母天主像,而又借《易》以明之。聖母有坤之象焉。坤,母也,故懷子,即天主係所生子也。天主有震之象焉,震乾之長男也,代乾行權,故手握天。震木之數三,又名天主三也。然既名天主矣,又生於聖母者,何也?天主有先天之主焉,則開天闢地生人,是天地人資始而天主無始,故稱乾父。有後天之主焉,則今圖像費略[7],是生於坤之聖母者也,所稱代乾行權者也,故稱震男。泰西稱聖母童貞,則此天主三又何以生焉?蓋乾體位上,坤體位下,何常見乾下交乎坤?然乾坤不交以體而交以氣,乾行爲施,坤承爲受。則稱爲童貞者,宛然模擬一坤藏乾之全體,於此見藏諸中則爲坎,生諸外則爲震。曰震,曰坎,曰艮,雖乾有三男之名,而止坤中之藏爲坎中之一。天主名三而寔一者,不誠相合一乎?故坎位子也。古人謂乾之元復於子,人之元胎於子,曆之元起於子。孔子於復卦《象》曰:"雷在地中,復。"雷,震也。"先王於至日閉關,商旅不行,后不省方",得藏之之義焉。"聖人以此洗心,退藏於密"者,指此。《中庸》贊仲尼,不特曰"上律天時",又曰"下襲水土"。土坤水坎,直指下學上達處,此上律之真原頭也。古今聖賢密相授受,子貢所謂"性與天道不可得而聞"者,亦惟此爾。天主教不以言明人,而第以其象明人,使學者觀象而心悟之。孟子曰:"天下之言性也,則故而已矣。苟求其故,天之高也,星辰之遠也。千歲之日至,可坐而致也。"孔子後,惟孟氏揭出夜氣,透露消息。孟子後,惟先儒邵子云:"冬至子之半,天心無改移。"時行物生秘密,滿盤托出。嗣是而後,知者何人,言者何人。不意今日泰西[8]猶能發明斯義以教人。苟學者能不迷不疑，登天主之堂，入天主之室，而學焉、問焉、辨焉、思焉、行焉，則庶幾矣，故作《天學說》。

明明子邵輔忠著梓。

校勘記：

［1］中：梵蒂岡本作"明"。

［2］西泰：梵蒂岡本作"瑪竇"。

［3］尊天事天：梵蒂岡本作"天文曆數"。

［4］認：梵蒂岡本作"識"。

［5］病死：梵蒂岡本作"死病"。

［6］明：梵蒂岡本作"則"。

［7］費略：梵蒂岡本於此前有"罷德肋"三字，於此後有"彼利斯多三多"六字。

［8］西：此下梵蒂岡本有"天主教"三字。

辨　　學

居恒病三種人，難與進道：一曰俗人，二曰邪人，三曰拘人。俗人之心，只論眼前。俗人重肉身，不重靈魂。見肉身暫樂則趨，至若靈性有永樂，則不見而不知趨也；見肉身暫苦則避，至若靈性有永苦，則不見而不知避也。譬如小兒，與以泥車瓦狗之屬則喜，與以夜光連城之寶則不顧。不知夜光連城之寶，貴於億萬泥車瓦狗，不可以數計也。夫喜泥車瓦狗肉身之需，而不顧夜光連城靈性之需，此其爲俗人而已矣。

邪人之心，不知重靈性，或知重靈性而不得其道。誤信瞿曇柱下之說，爲足了生死，長生久視，妄謂人可逃天，己可侔主。此蓋受傲魔欺誑，以大欲而墮天塹者也。又或流入白蓮、無爲、金禪、大乘種種門户，略通一二幻術，或見些小魔效，便自詫異，誇誘愚夫愚婦，敢爲敗常亂俗，恣行無忌。或畏法禁官捕，群起而爲大逆無道者有之。蓋緣教本非眞，又與諸魔徒伍，日月薰蒸，面目漸易。然猶自謂善人，相呼善友，以爲是中有出人頭地，而不知其汩性敗類亦已甚矣。譬諸習於污穢之人，凡諸香物近之輒遭其敗，而寔自不覺其臭。此爲邪人而已矣。

拘人之心，語之以俗人則不屑，語之以邪人則深病。雅志欲爲聖人，而不知聖人之所以爲聖者安在，徒在皮毛上襲取，行則循規矩，言則拾唾餘。終日言命，而不究命之始從何來；終日言性，而不思性之終將何往。乃從紙上陳詮，稍有解悟，便矜神識，自見爲道。嗚呼，道果如是小歟？不知道本無窮，觸處充滿。天地大書也，萬物皆字也，言無遺載，字有奧義，雖聖人不能遍觀盡識。故文王望道未見，孔子學如不及，非謙詞也。《中庸》不曰聖人有所不知能乎？即聖人非敢望盡知能也。但知吾性始從天來，終歸天去。復其本所，則吾性大安。牽身欲，染惡俗，從魔誘，不得復其本所，則吾性大危。故堯兢兢，舜業業，湯遲遲，文翼翼，孔子戒慎恐懼。總歸於尊天事天，求吾性復其本所而已。然既尊天事天，則天亦特加寵牖，以神光照明其心。使不假言詮，默識心融。讀天地之書，辨萬物之字，如明鏡之得畫光，乃能照物者然。夫明鏡何所不照，然非借畫光，則亦何所照？聖心何所不通，然非賴天牖，則亦何所通？故聖人之所以爲聖人者，尊天事天而已矣。學聖人者，學其尊天事天而已矣。尊天事天而得其默牖，即凡人可與大聖比肩。不尊天事天而刻畫聖人，雖摩擬克肖，究竟是一凡人。幾見昏鏡在黑夜中，不須畫光，僅借明鏡之餘輝，便可照物也哉？若夫拘人之見則不然，曰[①]：天下之理，有出於吾聖人之言者哉，而彼且奚言也？其言與吾聖人同邪，吾守吾聖人之言足矣。其言與吾聖人異邪，吾不聽異吾聖人之言。不知以此絕彼異端邪說則可，以此拒天下萬國聖人之言則不可。何者？聖人如明鏡，而得畫光者也。明鏡盡天下之物無不可照，然亦安能盡天下之物而照之？天下須明鏡者不少，誰敢謂有此明鏡，不復須彼明鏡。則亦誰敢謂有此聖人，不復須彼聖人乎？夫天生人而與之以靈性，以明道也。道者，所由以適於天之路也。凡人靈性無不可以向天，向天無不可以作聖，作聖無不可以明道。而顧謂此聖人之言則是，彼聖人之言則非乎？帝王之都市，萬貨畢集，凡入而見者能言之。有穉子者，偶聞其鄰翁言其所見，便謂都市之貨止此。其所不及言者，他日聽客言之，即以爲誑，曰：向鄰

---

① 此處有小字夾注："描寫拘儒之意逼真。"

翁未之言也。彼拘人者,何以異此？夫聖人之生於天,猶巨螺之生於海。螺殼雖大,安能盛盡海水？聖心雖廣,安能發盡天道？是故前聖立言,已無所不用其極,而後聖繼起,則嘗發前聖之所未發。以至千聖萬聖,其言絕不相襲,而其道亦卒不相暌。則豈非道本無窮,非一聖人所能盡之明驗乎？如謂一聖人能盡道,則有堯不必有舜,堯舜之後不必有湯,湯之後不必有文,文之後不必有孔子①。而乃謂孔子之後遂無聖人,可乎？東海有聖人出焉,此心此理同也。西海有聖人出焉,此心此理同也。乃我國之聖人稱爲聖人,而他國之聖人即指爲異端,何所見之不廣也。夫天至大而公,故以神光遍照千萬聖之靈心。而一聖所得於天者,不能當萬頃之一滴。而後之學聖人者,其所得於一聖人,又不能當九牛之一毛,猶且拘拘焉執一成見,不復虛心聽理。惟言與之合,雖甚朽腐,即以爲是;言不與之合,雖甚高明曠達,即以爲非,諺所謂依他斗量者是也。亦何異於坐井之觀乎？此其爲拘人而已矣。此三種人者,皆難與進道,而惟拘人爲深可惜。何也？爲其近道也。皆難與進道,則皆不能無罪,而惟拘人之罪爲深可恨。何也？爲其似道非道,反賊道也。夫道期至也②,俗人以不行不至,邪人以卻行不至,拘人以止半塗不至。其爲不至等耳,而止半塗者,獨爲棄前功。又如治田者,或

---

① 此處有小字夾注:"今儒誰能學孔子,須知孔子在今日,必從天教無疑。"
② 此處有小字夾注:"以下言可惜,層層況義,如錐畫沙。"

不耕，或反植荆棘，或耕且芸，但不於苗，而於近苗之地。校彼不耕與反植荆棘者，非不勝之。然而嗇人無功，與不耕與反植荆棘者同受其餕，誰問其近不近哉？又如登梯摘果木之寔，或不登，或反去，或登而争一級，止步不進。高下遠近則有間矣，其爲不得果實則一也。航海者或遠岸遭風而沈，或近岸失步而墜，近遠於岸不同，然而死水中則同。歸家者或遠在曠野而不能趨，或近在抵門而不肯入，逮夫昏夜爲虎狼所傷、盜賊所劫，近遠於家不同，而死於門外則又同。彼拘人者，近岸而不克登，抵家門而不肯入者也，故深可惜也。《中庸》論道曰"率於性"，論性曰"命於天"。然則道不歸性，有難乎爲道者矣；性不歸天，有難乎爲性者矣。如天子命人爲官，官展采措能爲政。政權不歸官而歸隸，則政壞；官不爲天子而自爲，則官壞。聖人者，尊天事天以盡性，盡性以明道，明道以教人者也。故學聖人者，尊天事天，其首事矣。不然，必其不善學聖人者也。如弟子受業於師，所尊者惟師，而師之所教者，固盡忠孝之道也。他日見其親而不孝，曰：非吾師也。見其君而不忠，曰：非吾師也。此豈善尊事其師者哉？彼學聖人而不知尊天事天，亦若是則已矣，猶且自命曰：我聖徒也。人亦共推之曰：彼聖徒也。使天下有志豪傑之士，皆慕之效之，以爲學聖人者，如是而已。止未成之一簣，棄九仞之不及泉，壞天下有志豪傑之士，使萬世之下，無復知有道者，匪他人，必拘人也。夫拘人者，擬議後言，繩墨後行，非有可訾議也。獨其聖人之見，橫於胸中，自是之心，牢不可破。究竟自成其爲拘人之道，而不可入堯舜之道，不可入湯文周孔之道，此孔子所以致憾於鄉愿也。彼俗人特自壞耳，何能壞人？邪人亦壞邪人耳，何能壞正人？拘人則并正人而壞之，則其罪爲尤大，故又深可恨也。蓋彼徒見聖人之道之妙，而不思妙從何來。夫聖人得道於天，猶人掘井於地也。掘地而得井，以資人酌取，所得如其器焉，非不甚妙。然以供飲食十室之衆則有餘，以灌溉百頃之田則不足。如第爲飲食之人，則但分潤於他井可。如欲大灌溉之用，則非掘井於吾地不可。然則爲道，何必乞靈於一聖人哉？蓋亦反而求之天矣。天之神光如日[①]，聖人之神光如燈。合百萬燈光，不能當一日光。尊天事天，如晝行不必持燭，其道莫有明於此也。天生萬民，爲吾大父。宰治萬物，爲吾大君。尊天事天，如孝子事父，忠君[1]事君，其分莫有宜於此也。不敬其親而敬他人，謂之悖禮。不愛其親而愛他人，謂之悖德。尊天事天，是爲敬愛吾親，其理莫有順於此也。海爲萬水之宗，故天下之水皆歸之。聖人則其江河也，尊聖人則其細流也。江河會細流以朝宗，固不敢私乎細流。細流由江河以入海，亦不敢止乎江河。蓋必歸其本原然後已。學者由尊聖人，以極於尊天事天，亦以歸其本原而止，其心莫有安於此也。學者學爲聖人，而學之道無他，只在求放心。顧使此身事事求合聖人，未必此心刻刻可對上帝。

---

① 此處有小字夾注："以下九段言尊天事天之道。"

但使此心刻刻可對上帝①,即可此身事事不媿聖人。且使此心對人骨俱朽之聖人,何如此心對日監在茲之上帝?其法莫有捷於此也。人由天生,不由聖人生。人之靈性由天賞罰,不由聖人賞罰。故孔子論三畏,首天命,兢兢然惟恐獲罪無所禱。不睹不聞之中,有十目視、十手指,故獨不得不慎。凡此皆畏天,非畏聖人也。在內心,不在外貌,其德莫有真於此也。性無不備,德無常名,善事親爲孝,善事君爲忠,善事天爲仁。孝得親歡,忠得君寵,仁得天佑。君寵甚於親歡,顯榮在天下,不止一家故也。天佑勝於君寵,真榮更在天上,不止天下故也,其福莫有甚於此也。天包乎人,猶全包乎其分。孝不能該忠,忠不能該仁,猶尺不可該丈,百不可該千也。至於忠而孝愈大,至於仁而忠愈大。故孝子恒有,忠臣恒有,而仁人則聖人猶不敢當。《大學》止至善,其善莫有至於此也。生命有窮,靈性不滅。此不滅之靈性,死將安歸?謂歸聖人,則未有聖人之前安歸,且聖人靈性又安歸?則不得不舉而歸之天,而天固非惡人所得歸也,又非竊善人之似、不識天者所得歸也。尊天事天,是謂真善,是謂歸天正路,其樂莫有大於此也。

雖曰行遠自邇,登高自卑。卑邇者,人道也;高遠者,天道也。然聖人特謂自邇自卑云爾,何嘗忘高遠?如忘高遠,則又安用盡力卑邇爲也?孟子謂盈科後進,孔子謂下學上達,豈嘗謂盈科而不進,下學而不上達也哉?孔子

---

① 此處有小字夾注:"精言。"

曰："中人以下，不可以語上也。"又曰："民可使由之，不可使知之。"彼拘人者，謂學聖人已耳。至於尊天事天，所以爲聖人者，反不欲爲焉。則亦中人以下之人耳，不可使知之民耳。何足道哉？蓋亦反而求之天矣。但天之説，孔子未嘗明言，而五經皆言上帝。帝者，天之主宰也，則凡言尊天事天，皆指其主宰。而後儒解爲積氣，或解爲理。夫氣則似指蒼蒼之天①，然蒼蒼之又[2]亦非氣。四元行，土上爲水，水上爲氣，氣上爲火，火上爲七政列星之大[3]。至火域已無氣矣，體更清於火，所謂無聲無臭者是已。則解積氣者，固甚陋矣。謂天即理，則孔子謂郊祀上帝②，不言祀理者，何也？理者，依賴萬物而見者也，天生萬物而理在其中，無物則理從何處安放？故有萬物然後有理，有天然後有萬物。天在物先③，理在物後，謂天即理可乎？夫天以理理物，猶天子以法理人。無人則法亦不設，無物則理亦不需。謂天即理，豈謂天子即法也？朝天子者，何必趨赴神京④，但取廷[4]律典，而拜之跪之足矣。有是理哉？夫天子，立法者也，謂犯法即犯天子之命可，謂犯天子則不可，謂天子即法則愈不可。何獨至於天理，而疑之且混之也？則解天即理者，抑又非矣。如此言天，豈孔子所謂上帝爲天之主宰者哉？惟吾儒不明其旨，然後異端

---

① 此處有小字夾注："天非積氣。"
② 此處有小字夾注："天非理。"
③ 此處有小字夾注："了義。"
④ 此處有小字夾注："喻絶。"

得以亂其真。浸淫至於佛老之徒,則有三十三天之説,其尊者爲帝,釋有五方五帝、玉皇大帝等説①,而玉皇則又張其姓。妄誕不經,莫此爲甚。夫人必識其家,然後能歸之。天者,性之本家也。天混矣,而性何以不昏？性者,道所從出也。性昏矣,而道何以不亂？請觀今日之天下,人心風俗成何光景,斯豈性道大明之世哉？所以然者,蓋由人不識天。其原差,其流愈不得其正也。所以舉世盡是俗人、邪人,而拘人乃有以見其高,如校行於跛蹇者,而自謂其捷也。不知壞天下之正道者,正是此輩。何也？俗人、邪人明叛正道而道在②,拘人陰竊聖道而道亡也。於是吾至仁至慈之天主,不忍中華之民盡入魔網,默詔西儒浮海九萬里,傳耶穌聖名,乃天主降生以立救世之丕功者。以爲人則真人,以爲天主則真天主。既有面目,非杳幻無可馮；又有的證,非邪魔所敢假。當時凡見而信者,瞽者視,聾者聽,跛者行,死者復活,聖跡無窮,滿載西國信史。且由其教以成聖者,不可勝計。而成聖者,皆著奇異聖跡,不可勝計。不但西國,即我中華,凡真信天主者,率蒙聖佑,見奇異聖跡甚夥,略紀見聞,且已成帙。苟非真正造物之主,何以能著顯如此也？此豈復向者芒芒理數氣行③,與夫三十三天、張玉皇等説,所得參也哉？能信

---

① 此處有小字夾注："不稱上帝,而稱上天主,懼其混也。"
② 此處有小字夾注："甚於俗人邪人。"
③ 此處有小字夾注："真主。"

而事之，方許理眼可開，心鏡可明，至道可入[1]，聖人之徒可稱，既壞之人心風俗可挽。從前可恨可惜化爲可喜可愛，而戈矛相加變爲塤篪相和矣。但恐拘人於此，深迷難轉，未肯遽信耳，尚容專論詳之。

古晉靜樂居士儒望氏撰。

校勘記：

[1] 君：疑當作"臣"。
[2] 又：疑當作"天"。
[3] 大：疑當作"天"。
[4] 廷：此上疑脫"朝"字。

用夏解（存目） 張賡

天儒印說

尚祐卿

粵稽大主全能，破分混沌，創立初人，畀以明德之性，啓靈順則，而天教於此彰焉。以故大主之造物也，殆如硃印之印楮帛。楮帛之印，非可執之爲印，斯乃印之蹟耳。天地人

---

① 此處有小字夾注："婆心。"

物，一切萬事之理，皆天主蹟也。使欲當之原印，而復以印諸物，不亦謬乎？想我哲人未萎，泰山梁木誰寔誕之，聰明睿知誰寔予之，謂非天生天縱可乎？既曰天生天縱，必有生之縱之主在焉，則尼山之心源固維皇之降衷也。大主其授印者乎，宣聖其承印者乎？苟不問生縱之由來，而徒知表章孔子，尊爲立極之至範，雖非阿私所好，然執楮帛之印，當原印以印諸物，吾知至人復起，亦必辭而闢之矣。記云："天子有善，讓德於天。"矧知天事天之大聖，司傳木鐸，覺世扶民，而又五德在躬，詎有不遜美於至善之天主者哉？不肖[1]從事主教多年，緣作吏山左，宦拙被放，萍踪淹濟。幸得侍坐於泰西利、汪兩先生神父之側，昕夕講究，天學淵微，得聆肯綮。未敢漫云入室，亦或引掖升堂，不同門外觀矣。嗣此益訂天儒同異，多所發明。不肖爰有《補儒文告》暨《正學鏐石》二書，將以就正同人，剞劂有待。一日，利師出所解四子書一帙，且詔之曰："遠人不解儒，略摘其合於天學者而臆解之如此，然與否與？"不肖讀竟，蹴然興[2]曰：吾儕類言天儒一理，若師所言，理庸不一？儻溺於章句而不深究其指，之南而以爲之北，奚一焉？今而後謂四子之書，即原印之印蹟也可，於是名其帙曰《天儒印》。

天主降生一千六百六十四年，淮陰尚祜卿沐手敬書於濟南之西堂并識。

校勘記：

[1] 肖：原作"胄"，據梵蒂岡本改。

[2]興：原作"與"，據梵蒂岡本改。

天儒印序

魏學渠

余髮未燥時，竊見先庶常從諸西先生遊，談[1]理測數，殫精極微。蓋其學與孔孟之指相表裏，非高域外之論，以驚世駭俗云爾也。顧世不察，以貌相者去而萬里，或陽浮慕之，第膚掠其制作之工巧，與竄述其測算之法度而已。言文而不及理，言器而不及神，毋乃先失其孔孟之指，於體用何所取裁乎？頃見利先生《天儒印說》，義幽而至顯，道博而極正，與四子之書相得益彰。則孔孟復生，斷必以正學崇之。使諸西先生生中國，猶夫濂洛關閩諸大儒之能翼聖教也。使濂[2]洛關閩[3]出西土，猶夫諸西先生之能闡天教也。蓋四海内外同此天，則同此心，亦同此教也。今利先生處濟上，近聖人之居，必更有發揚全義，以益暢乎四子之指者，則儒家之體用益著云。

時康熙甲辰夏閏，浙嘉善魏學渠敬題。

校勘記：

[1]談：原作"設"，據梵蒂岡本改。

[2]濂：原作"關"，據梵蒂岡本改。

[3]閩：此下梵蒂岡本有"諸大儒"三字。

格言六則

楊廷筠

世有不能使人爲善，而直使人爲惡者，巫覡機祥是也。有名使人爲善，而實使人爲惡者，釋老之教是也。有名使人爲善，寔亦使人爲善，獨不能必人爲善，孔子之教是也。有名使人爲善，寔亦使人爲善，且令人死心塌地爲善，天主之教是也。右四教。

無論泥塑木雕，是非真假，見像即拜，不能知不能辨者，婦人女子也。敬泥塑木雕，相沿而不問，使敬天主則疑，可知而不求知者，世俗碌碌之庸人也。神也佛也，天地日月及忠孝節烈皆敬也，獨天主不敬，能知而故駁者，驕矜自滿之腐儒也。知佛老之理裹而不能謝，知天主之理正而不能歸，心明而身混者，魔障[1]牽纏之人也。右四民。

仁人之安宅，義人之正路，可離非道，有諸己而後求諸人，故君子不可以不修身。事親孝，則忠可移於君，順可移於長，瞽瞍底豫而天下化，故君子不可以不[2]事親。與學識者遊，必將有其學識；與愚癡者遊，亦將有其愚癡，故君子不可以不知人。日月星辰繫焉，萬物覆焉，形質之體有九，宰制之性[3]惟一，故君子不可以不知天。右四要。

富貴子孫壽考，四者在天，人皆知之。因佛曰：念我名號，所求必得。故人不勝其杵額。奸盜非爲驕奢，行之有罪，人皆知之。因佛曰：舍爾[4]善財，懺罪在我。故人不勝其造愆。持齋念佛，戒殺放生，似善非善，人皆知之。惟同乎流俗，合乎污世，故人不勝其追隨。認主愛人，克己去衷，升天之本，人皆知之。獨與佛相忤，佛人之私，故人不勝其棄置。右四愚。

數於施佛者，貪刻愈甚也。深於學佛者，驕矜愈形也。切於談佛者，欺誑愈著也。勤於念佛者，愚癡愈露也。頻於拜佛者，聾瞽愈彰也。誠於求佛者，醉夢愈顯也。真於信佛者，虛僞愈昭也。故云佛富貴，空中樓閣也。云佛法力，水上泡影也。云佛功行，墨氏無父也。云佛莊嚴，土木而俑也。云佛舍身，匹夫[5]自經也。云佛報應，死人說夢也。因佛以色爲空，無寔理可憑，佞佛者自如此，釋迦於人何有哉？右佞佛者。

明目而問卜於瞽，棄光就暗也。讀孔孟書而學佛，舍正趨衷也。將錢買楮錠，以真易假也。不言今世而言前世，遺寔就誑也。作家而豫修寄庫，雖生已死也。行德而望報，僞善寔惡也。衣粗食素，而冀來生富貴，忽見在而[6]討賒也。造罪而求懺於佛，盜鈴掩耳也。向土木偶而徼福，癡人想夢也。爲形軀而賤性，舍本逐末也。如此之人，若行霧中，前後不知，其所行爲直晝寢耳。右觀夢。

獨醒齋主人識[7]。

校勘記：

［１］障：此下，法圖本有"業障"二字。
［２］不：原脱，據法圖本補。
［３］性：法圖本作"主"。
［４］舍爾：原作"爾舍"，據法圖本改。
［５］夫：原作"天"，據法圖本改。
［６］而：原脱，據法圖本補。
［７］識：原作"誠"，據法圖本改。

帝京景物略二則

劉侗

天主堂在宣武門内東城隅。大西洋奉耶穌教者利瑪竇，自歐邏巴國航海九萬里入中國，神宗命給廩，賜第此邸。邸左建天主堂，堂製狹長，上如覆幔，旁綺疏，藻繪詭異，其國藻也。供耶穌像其上，畫像也，望之如塑。貌三十許人，左手把渾天圖，右叉指，若方論説次，指其[1]説者。鬚眉豎者如怒，揚者如喜，耳隆其輪，鼻隆其準，目容有矖，口容有聲，中國畫繢事所不及。所具香燈蓋幛，修潔異狀。右聖母堂。母貌少女，手一兒，耶穌也。衣非縫製，自頂被體，供具如左。按《耶穌釋略》曰：耶穌，譯言救世者,尊王[2]陡斯降生後之名也。陡斯造天地萬物,無始終形際。因人始亞當,以陀[3]襪言,不奉陡斯。陡斯降世,拔諸罪過人。漢哀帝二年庚申,誕於如德亞國童女瑪利亞身,而以耶穌稱。居世三十三年,般雀比剌多以國法死之。死三日生,生三日昇去。三日字誤,當云生四十日昇去。死者,明人也。復生而昇者,明天也。其教,耶穌曰契利斯督,法王曰俾斯玻,傳法者曰撒責而鐸德,如利瑪竇等。奉教者曰契利斯當。如丘良厚等。

祭陡斯以七日,曰米撒。於耶穌降生升天等日,曰大米撒。刻有《天學寔義》等書行世。其國俗工奇器,若簡平儀、儀有天盤,有地盤,有極線,有赤道線,有黃道圈,本名範天圖,爲測驗根本。龍尾車、下水可用以上,取義龍尾,象水之尾尾上升也。其物有六:曰軸,曰牆,曰圍,曰樞,曰輪,曰架。潦以出水,旱以入。力資風水,功與人牛等。沙漏、鵞卵狀,寔沙其中,顚倒漏之,沙盡則時盡,沙之銖兩準於時也。以候時。遠鏡、狀如尺許竹筒,抽而出,出五尺許,節節玻璃,眼光過此,則視小大,視遠近。候鐘、應時自擊有節。天琴鐵絲弦,隨所按音調如譜。之屬。瑪竇亡。其友龐迪峨、龍華民輩代主其教。教法友而不師,師耶穌也。中國有學焉者,奉其厄格勒西亞七式。萬曆辛巳,歐邏巴國利瑪竇入中國。始到肇慶,劉司憲某待以賓禮,持其貢表達闕庭,所貢耶穌像、萬國圖、自鳴鐘、鐵絲琴等。上啓視嘉歎,命馮宗伯琦叩所學,惟嚴事天主、謹事國法、勤事器算耳。瑪竇紫髯[4]碧眼,面色如朝華,既入中國,襲衣冠,譯語言,躬揖拜皆習。越庚戌,瑪竇卒,詔以陪臣禮,葬阜城門外二里嘉興觀之右。其坎封也異中國，封下方而上圜，方若臺圮，圜若斷木。後虛堂六角，所供縱橫十字文。後垣不琱篆而旋紋，脊文螭之岐其尾，肩文蜓之矯其鬚，旁文象之卷其鼻也。垣之四隅石也，杵若塔若焉。祔左而葬者，其友鄧玉函。函善其國醫，言其國劑草木，不以質咀，而蒸取其露。所論治及人精微。每嘗中國草根，測知葉形花色、莖寔香味。將遍嘗而露取之，以驗成書，未成也。卒於崇禎三年四月二日。按：西賓之學也，遠二氏，近儒，中國稱之曰西儒。嘗得見其徒而審說之，大要近墨爾。尊天，謂無鬼神也。非命，無機祥也。稱天主而父傳教者也。器械精，攻守悉也。墨也，墨乃近禹。今其徒晷以識日，日以識務，晝分不足，夜分取之。古之人愛日惜寸分，其然與？墓前堂二重，祀其國之聖賢。堂前晷石有銘焉，曰："美日寸影，勿爾空過。所見萬品，與時並流。"

近墨之言，說雖略似，猶是皮膚之間也。當先勘破墨氏之膏肓，而後可徐啓今人之廢疾。予有論別詳。

校勘記：
[1]其：《續修四庫》本作"所"。
[2]王：《續修四庫》本作"主"。
[3]陀：《續修四庫》本作"阿"。
[4]晷：原作"冉"，據《續修四庫》本改。

答鄉人書(存目) 劉胤昌

與黎茂才辨天學書

李嗣玄

歲在辛巳，舍弟鳳翔與足下俱爲督學郭公首拔士。舍弟翔亟稱足下制業文，玄意足下魁壘偉人也。及聞足下有闢天學文，意必有特見妙義，急走使抵汀，索大篇觀之。乃歎曰：以足下才，猶疑西儒之跡而不得其心，發無稽之言而不究其旨，玄不可以無辨。辨之者，非爲西儒地，爲足下惜，爲汀人惜也。惜之者何？誠以天學一教，非聰明才辨之士，不足以窺其藩。今汀郡幸有士如足下，顧不領袖士民，相率爲知天敬天之學，乃挾孔甲之矢而彎后羿之弧，誤己誤人，豈不重可惜哉！足下之文，娓娓千言，其大旨在尊學校，攘夷狄。其尊學校，在恪遵堯舜周孔之傳，不欲以佛老之教蠱我民心。其攘夷狄，在恪守內外夷夏之防，不欲使日本諸夷窺吾堂奧。豈不亦憂當世，慮人心，侃侃篤論哉？然天主非他，即吾儒所云上帝是也；天主教亦非他，即吾儒所云昭事上帝是也。堯之欽若昊天，舜之肆類上帝，周公之言，曰將天明威，曰敕於上帝，曰嚴恭寅畏天命。孔子之言，曰獲罪於天，曰知我其天，曰小人不知天命而不畏也。此四聖人者，深知帝鑒之有赫也，凛凛然欽若而類之，惕然明威之在目，嚴恭寅畏，而惟恐一念之獲罪也。其昭事對越爲何如？豈若後儒以理氣視天，僅以爲頽然穹然，曼無主宰，曼無賞罰者，可同日語哉？自堯舜周孔之道微，佛氏之教始入而亂之，其教雖始於永明，猶未大行。至東晉以後，三綱淪，九法斁，佛氏之教始儳然篡堯舜周孔之道而上之。昌黎氏力辨其非，而其焰愈張，其瀾愈倒。蓋至今日，上而王公卿相，下而里巷細民，弱而婦人孺子，靡不皇惑瞀亂，惟佛是崇。西儒以九萬里孤踪，昌言極論，使知佛像之僅爲土木，佛教之悉屬魔群。其禍福賞罰，皆僭竊天主之權；其輪迴六道，皆誕妄荒唐之説。於是人心曉然，毁其像，火其書，絶其萌蘖根株，而惟上帝之是事。其教首敬天主，次愛人。愛人必首敬所生之父母，推而至於治我之君、訓我之師，務忠之愛之。其條目以悔過遷善爲入門，以信望愛爲昭事，以省察妄思、妄言、妄行爲課程，以普愛一世形神爲功行，以形神升天爲究竟。其道廣，其戒嚴，其功密，其理微。儻此教大行，將普世皆慎獨之君子，而無閑居爲不善之小人。於家爲孝子，於國爲忠臣，隱爲正人，顯爲良牧。無不相親相愛，相勸相規。絶奸盗，杜戰争。豈不久安長治，躋世於唐虞三代之上哉！誠如是，其於堯舜周孔之道①，又何悖焉？至於海禁之設，止恐日本紅夷，乘機竊發，故厚爲之防。其餘海商互市，原無厲禁。矧西儒挾天

---

① 此處有小字夾注："已上一段辨尊學校。"

學以來，欲我中國洗舊染、勵真修、極迷途、偕覺路，是施我以希世之奇珍、反魂之鴻寶也。顧不得與互市之海商，同寬厲禁，其可乎？且足[1]爲攘夷之説，疑其跡邪，抑揣其心邪？疑其跡，則西儒久於中國，服吾服，言吾言，處通都之中而無隱僻之可議，偕大道之公而無曖昧之足疑。揣其心，則念念敬天，念念愛人。設有一方一人之不事天，輒惻然哀憐，引爲已咎。彼愛人而人反憎之，彼救人而人反害之。其或加以橫逆，欣然樂受，而無一毫之勉强。即至於逐之殺之，彼方且仰求天主，赦此無知，而無一毫之怨尤。世豈有仁愛縑[2]忍如此，而猶爲所不爲，欲所不欲乎？足下之過爲此慮，總由重視世福，以爲非分之得，彼或冀之。不知西儒之視世福至暫至微，即萬鍾千駟，僅同一芥。彼於一切嗜欲，悉已棄捐，惟日以愛人救人爲事。足下乃疑其爲倭夷中之黠慧者，托行教而爲間諜，是何異指伯夷攫金、共姜倚市？一言而智不智繫焉，故言之不可不慎也。且世未有爲其事而無其功，亦未有歷百餘年之久、數十人之多，毫無景響，而猶欲疑之者也。自利氏入中國，已六十有三年。其前利氏而至粵者，又六十年。此百二十年中，以行教老死中國者，凡數十人。其繼此而來者，亦且老且死。前此已矣，後者復來，久而不動，彼將何冀？世豈有如此倭夷、如此間諜哉！夫日本，小夷也，其地不足當中國大郡，其人無仁義道德，其俗無禮樂詩書。今西儒皆禀絶世聰明，皆抱邁倫道德，其所攜典籍皆載超性微言。當今之世，吾中國儒生恐亦不可多得。而謂日本一島，産數十至人，接踵而爲之間諜。則至人之在彼國而未來者，又何啻百於此、千於此。是吾中國曠世而不一見者，島夷乃比肩而不可數計，抑亦不思之甚矣。且往年敵入登萊，西儒陸若望與其國人公沙的，獻銃宣力，竟死國難。舊歲敵騎大入，西儒湯若望又造無聞銃車，已奉旨命工部試驗，敵以此不敢近京師。其效忠於吾國如此，是以神祖有廩餼葬恤之隆施，今上有欽褒天學之扁額。足下乃謂當時好事諸臣，見識短淺，爲之游譽至尊，上瀆天聽。然則足下所謂見識短淺，不徒爲諸臣發，恐非所以敬神祖、敬今上也。綜而論之，道之大原出於天，吾堯舜周孔不同於彼國之聖人，而範於天則一。國之畛域分於地，吾中國之幅員不同於彼國之疆界，而囿於地則一。同此天，同此地，同此生天生地之一主，而必中之外之、夷之夏之，是何其所見之不廣也。且地圓形也，方有中而圓無中，人各以所居之地爲中，我以彼爲外，彼亦以我爲外。中外原無定形，夷夏亦非定論。儻不論其人之善惡，而惟町畦之務峻，則是由余之智、金日磾之忠，且不得與莊蹻、柳跖並收於中國，是豈理之正也哉？夫所惡於夷狄者，爲其無禮義廉恥，故以爲近於禽獸而不足齒也。今西儒之執禮也恭，其秉義也正，其操廉也峻，其用恥也精。西儒之禮義廉恥於我何如，而猶夷之獸之耶？古之所謂異於禽獸者，在幾希之去存；今之所謂異於禽獸者，在所居之界限，是亦異於孟子之說矣。且用夏變夷之說，本於孟子，而孟子又以舜、文爲東夷、西夷之人，且曰

"得志行乎中國,若合符節"。尊周攘夷之説,出於孔子,而孔子又歎西方有聖人,且欲居夷浮海。其後雖不果居、不果浮,非不可居、不可浮也,亦勢有所不給,時有所不暇耳①。繇此觀之②,夷夏中外之防,可以限倭夷北狄之窺伺,而不可以限抱道之西儒;堯舜周孔之説,可以擯楊墨佛老之異端,而不可以擯昭事之天學。至若大篇所云③,使王制稍可更改,必將焚棄《詩》《書》,破滅儒教,彼特怵於王制而不敢動。嗚呼!此直可爲口孔孟而心佛氏者道耳,而非所論於西儒也。西儒之非佛教,非仇佛也,以其抗天主爲有罪,故從而非之也。西儒之是儒教,非媚儒也,以其尊上帝爲有功,故從而是之也。儻彼有一毫懼而思媚之心,則舉中國皆口孔孟而心佛氏,彼於佛教,何不稍爲推移、稍爲含忍,而必排之擊之。以絶域一介之旅人,挺而與燎原倒海之邪説角,此亦可以觀其信道之篤、立志之堅矣。而猥云此即彌勒降生等教,假名天主,至於五斗黄巾,同類而噛之。悲夫!夫彌勒等佛,固西儒所深惡而痛絶之者也。世豈有真知砒毒之殺人,諄諄勿遭其毒,又拾路人之嘔吐砒毒之殘瀋而食之,有是事、有是理哉?至如所云始奉教之人,設立誓章,則彼方以設誓爲戒。既奉教之後,燒燬先像,則彼方以敬親爲先,俱不足辨。其他如以水加額,蓋欲洗滌宿愆,易西聖名號,蓋欲傚至德,俱未

---

① 此處有小字夾注:"已上一段辨攘夷狄。"
② 此處有小字夾注:"總束。"
③ 此處有小字夾注:"上兩段辨大旨,以下逐端條答。"

暇詳答。惟景教十字二碑之出，足下謂本無此碑，不過奉教之徒僞造惑衆。今亦不必論二碑之爲真爲僞，惟以確然可據者爲足下一明之。有劉嵩字子高者，國初名臣也，其歌詩爲國初第一手。今其詩集俱在，集中有《廬陵鐵十字歌》。子高雖不知十字爲何物，然其爲天主聖架無疑。鐵十字有孫吳赤烏年號，又遠在貞觀景教前。西儒去劉子高將三百年，豈西儒未入中國三百年前，即豫托冶師鑄此十字，豫托子高作此詩歌，以爲行教惑衆地邪？足下又云：蒼蒼之高，浩浩之廣，豈以念誦經言，叩首畫額，便謂無罪哉？即玄亦以足下之言爲然。但叩首畫額猶之望闕者之舞蹈山呼，子謂舞蹈山呼之不足爲忠是也，然豈謂不舞蹈不山呼者便足爲忠邪？總之，西儒種種皆寔，吾中國人種種皆疑。西儒闇修謙謹，受詬厲而彌甘；吾中國人忮懻虛憍，工揣摩而益遠。凡此皆於彼無虧，於我寔損。夫西儒於我至遠也、至疏也，猶間關九死，以愛我救我爲汲汲。矧玄與足下同爲閩產，同在上游，而又有弟翔同時之聲氣。儻默默不言，揆之遠儒熱心，不深媿乎？是以不避怪訝，與足下稍言其概。若夫微言奥旨，纍幅難竟，自非虛心促膝，作數日談，亦何以辨真似、一異同，窺天主統世之全能，白西儒淑世之慈念哉？玄極欲就正，無奈病廢，不堪負笈以從鞭鐙。足下儻有意顧我商此大事乎？伏惟不棄芻蕘，一明教之，幸甚。

校勘記：

[1] 足：此下疑脱"下"字。

[2]縑：疑當作"謙"。

福州重建天主聖堂記代佟撫臺

李嗣玄

　　群古今知愚所同然之心，莫不知主宰之惟天；盡萬國聖賢所共垂之訓，莫不知降衷賦命之惟帝。自泰西利公觀光振鐸以來，七十有餘歲。我中華十五國之人，莫不知降生救世之耶穌，即是知愚所共知之天，聖賢所共尊之帝。然敷教不爲不久，奉教者不爲不多，我中華之世道人心澆競如故，干戈戰爭如故者，何也？則以降生救世之事，信不能勝其疑。而於教中所當爲之善、當守之戒，勤不能勝其怠。而其所以怠勝勤、疑勝信之故，則以私欲蔽其心，而異端之教有以奪其鑑也。夫私欲，幻欲耳。徇幻欲者，乃其不可告人之穢情，至不堅牢之穢軀耳。徇此者之罹殃可憫，無論矣。彼異端之教，豈不自矜解脱，無奈頓忘我賦性生身保存安養之慈主，悍然妄踞其上，狠[1]云造化在乎。宇宙獨尊，身前身後之禍福予奪，惟己所專。則主此教者爲篡、爲逆，奉此教者爲篡黨、爲逆臣，可知也。即能盡捐諸欲，而其妒傲忿恔之狂焰，無以異於徇欲之徒。方且堅其壘、巧其辨，自以爲大雄無礙，而不知自責責人。其教愈行，其教愈盛，其陷溺愈深，至於滔天倒海，而莫知底止也。悲夫！今異端庵寺遍天下，大邑數百，小邑數千，緇流多者數千人。其土[2]木之侈，至於輝碧流金，礙日月而變陰陽。其安居坐享，使天下之農夫紅女，疾耕力織，僅以供彼無名之衣食，其蠱民亂教如此。而我至仁普育之上主，曾不得一堂昭事，以食報於吾人。即或勉搆數椽，人皆湫隘嚚塵，不足當至尊之歆格。無論賦我靈性，與夫降生救贖之恩，罔極難名。即戴天履地，仰觀日月之照臨，俛而觀萬物之蕃變，此豈無全能上主主宰運旋於其間，能並行並育、萬世無敝哉？儻上主一息不顧，則天地難以虛懸，萬物忽歸消滅。今無一人無一刻不受上主保存顧復之恩，而乃漠然不思所以事之報之，則絕天路，墮迷途，亦理之必然、事之必至者也。且人之惑異端、覬福田者，亦知與之爲取矣。矧天堂何福，升天堂何事，豈可以徒手得邪？夫天主萬福之總而至足之原也，何所藉於人，人亦惡乎與之？經云：市天價者艱難而已。則必克艱難以煉心，勞神苦形以樹德，渾畛域、忘讐怨以愛人，而罪宗七端漸克漸寡，以至於無。此皆天主所欲得於人，而吾人所當亟獻於主者也。第人心至迷，而爲善之力至弱也。苟無以聳動其瞻矚，則迷者不醒，無以夾輔其身心，則弱者不立。惟有堂以凜其對越，有同堂瞻禮之友以追琢其真修，而後人之心力，有以警動鼓舞，以日底於粹清。此聖堂之建，非上主有藉於人，乃吾人自爲脫罪升天之梯，而與琳宮梵宇萬萬不侔者也。閩省舊有聖堂，乃舊鐸德艾公所建。順治甲午，予奉命撫閩，揆奮之暇，訪今鐸德何公。仰瞻聖堂，而歎規制之未宏也，乃捐貲倡率。而司道郡邑諸大夫，暨鄉紳髦士，雅有同心，魏焕之觀，成之不日。入斯堂者，凜天威於咫尺，於以滌垢薦馨，陟光天而超幽谷，端在於此。諸大夫紳士捐助之美，與幕僚鳩董之勤，例得並書碑左，以志不朽。若夫規制之廣狹，堂廡之曲折，貲力之多寡，俱不暇悉。惟概論正教外教之異同、升陟隕墜之分界如此，使觀者省焉。

曾見《福州聖堂記》刻本，其敘次降生受難原委頗悉。後李息軒先生緘書示凝云："《福州聖堂記》乃甲午九月，佟撫臺托敝邑熊解元求某代筆。不意熊君十二月初始到家，某乃聞命。及某撰文寄去，則佟公不能久待，已命他友另作發刻矣。今刻者僅述耶穌降生受難始末，而於建堂之意無關。堂之所以當建者，正在動人愛慕上主之心，使發心愛慕者皆能脱離永苦，共躋天域，如此乃見撫臺建堂之功。若降生受難，諸刻俱已詳陳矣，又安用拾唾爲乎？仁兄所見者，必非拙作，謹將拙稿録呈。"凝受而讀之，洋洋纚纚，極有關係文字，惜未及勒諸貞珉也。

校勘記：

[1] 狠：疑當作"猥"。
[2] 土：原作"上"，據文意改。

建天主聖堂疏

李嗣玄

今上褒西極諸儒，賜之椑楔，表其昭事之堂曰"欽褒天學"矣。於是方夏都會，益知有天主之學矣。夫天主者何，即天地人物所由生，撫普世而父兆民者。人即至愚蒙、至傲怠，無敢不敬天者。顧世儒論天命，悉舉而歸諸虛無之理氣。此何足以警動人心，而使之知所畏乎？西儒之事天，匪獨主之，抑且父之，匪獨畏之，抑且愛之。其欽崇也，直以爲屬毛離裏之無可解，而愛慕瞻依之不容緩。以省察爲溫清，以悔解爲齋栗，以愛人如己爲聯胞與而體誠求。推愛慕普世之大父母，以及於生我治我訓我之父，而莫不愛，莫不慕。皆迫於不容已之至情，於以教孝、教忠、教敬，莫切於此矣。而又群天下萬國之人，莫不相親相愛。善不啻加諸膝，惡不啻納諸溝。有自責而無交瘉，有闇修而無隱慝。是教也行，即赫胥大庭之世，不沕穆於此矣。或者乃曰：西教即善，亦何以加於堯舜周孔之學？正惟世人不能堯舜周孔也，不得已明五刑以弼之，而罔生之徒，又莛莛逃於刑之所不及加。於是佛氏乃剽襲泰西上古報應之說，用以佐刑賞之窮，而鼓其趨避。乃其風俗人心愈下而愈不及古者，何也？則以佛氏之所謂報應，僅出於僭竊之刑章，而非真主之命討也。獨西儒所遵十戒，云是造物真主之所頒，古聖經典之所載，言之有倫，執之有要。守此則生蒙寵佑，永福錫於無窮；犯此縱生逭刑誅，而永苦淪於萬古。賞之所在，細民不遺；罰之所加，崇高不免。昭昭乎揭日月，而凜凜乎鑄刑書。果能此道，而後爲造物主之真肖子，堯舜周孔之真功臣，又何有於東海西海、此心此理之不同乎？西儒自利先生始入中華，厥後嗣至敷教者數十人。蒙神祖賓禮，今上欽褒。海內名公卿聆其微言奧旨，無不心折，以爲創千古所未聞，寔獲吾心所固有。兹天主陰隲下民，俾艾先生振鐸[1]八閩，暫遊綏邑，予與之反覆參訂。大抵吾儒之學多詳於身心以後，西儒之學直遡於性命之初。吾儒以畢世爲章程，西儒以終古爲究竟。此真開闢以來，大公至正之學也。二三志士，欲勉衆建立聖堂，以爲昭事講德地。予固知邑人士素明理道，豈有搆數椽以奉己之大父，而不踴躍趨事者。若天堂地獄，儒者罕言，則有"文王陟降，在帝左右"之詩，在邑人士其繹思之。

校勘記：

[1] 鐸：原作"擇"，據文意改。

大道行 有序

李祖白

不肖歸依天學,迄今越三十有七載矣。雖曰絕念科名,猶且縈情升斗,以致神功漫散,靈舍荒涼,往往感慨雞鳴,悽懷景夕。華滋已歇,俯憐進步之無多;錫祐維新,仰奮前修而益壯。幸際西傳定曆,上結殊知。渥寵忘形,再見衣黃衣白;造廬來訪,非徒問鬼問神。敬啟沃於一人,悅理義之先得。兆民永賴,率性同然。吾道其行,聖化旁通九萬里;私心以喜,幽吟自賞半千言。造物玄工,降生慈蹟。宗徒演法,鐸德遊華。語覯縷乎篇中,要歸蠡勺;意留連於覽者,共就津梁。

大道由來天下公,如何千古總濛濛。利子創傳揭日月,諸賢接踵觀華風。指點根原分作質,推詳真宰排虛空。真宰超然名象表,自立常存絕始終。全能知善三區別,又一非二思悟窮。色色形形皆後有,惟皇默轉洪鈞紐。以清以寧以潔齊,篤生我祖豈曰偶。謹率兒孫向上求,下瞰青蒼藐焉九。娑殫譎計佹蛇腹,鐫鑿良和元美瀆。漫把靈臺作祟叢,霎時大地爲涕谷。乾坤長夜五千載,依期降誕山之麓。景宿呈烋報遠王,空際弦歌趨瘖牧。慶逢兩性合天人,況是童貞恭乳育。母貞雖乳尚童初,恭育天人性兩儲。造物殷昌今覩此,它般猶想似粗疏。簡在還憑親召得,艫突垂綸市權胥。立登聖品曾私擬,喚鐵爲金鐵體除。起死驅魔平猛浪,神威到處轟歸向。妬殺模糊門面儒,藏頭閉目洶多謗。同人出代有因緣,豈肯辭難再惆悵。拚將一片可憐心,血洗塵氛十字上。十字山巔黯晝光,震驚垠堮失其常。無情頓覺含情慘,共證慈恩摯莫當。解脫古今延累盡,復活靈軀泫五傷。乘雲冉冉升真去,凡界由兹達帝鄉。宗徒效法歡奔走,頌説耶穌寶號章。道澤沛流薄海外,覃敷中夏自西洋。或創來傳或接踵,嘗遍艱辛彌昂簪。胸懸明鏡口懸河,智愚環聽興神竦。世間蠻觸等蝸尖,獨爲尊生剖真種。謝絶岐涂迅所之,信望弓張愛矢踊。帝坐恒通吸與呼,樂趣回旋藉勝寵。我聆此旨歲壬戌,夙汚瀚卻迪新吉。烏奕賓賢著述勤,欲贊同文我佐筆。燈窗廣覽理器函,本末精粗條貫悉。吾師定曆進鴻篇,雨化沾濡舊在燕。忠愛結知堯舜主,嘉名崇敕錫通玄。翠華臨邸道旁迎,降輦相看攜手行。共入茅廬坐高下,怡然交語不聞聲。爰咨教學本來歷,和盤托出數端的。虛受淵衷答笑顏,天聰奇縱果無敵。八十餘年此一時,蒸民指日起沈溺。俛身何以際休明,努力桑榆邁乃績。

戊戌夏五,然真李祖白。

登萊都察院孫爲謝雨事告示

孫元化

照得我地方官軍士民人等：仰賴聖旨積虔，皇天垂閔，祈一日而發雷，再日而施雨，不徐不疾，高下沾濡。主恩天恩，可不感激？然造物者有大主，能造之，則能保之。世人不求造物之大主，而奔走魔門，是爲背本事賊。況世人所以事魔者，曰牲酒，曰紙錢。人之大患爲有生，生之大患爲有衣食。使神而需牲酒也，猶凡人耳，豈足以爲主？塗車芻靈，所以殉死，若以奉人，必怒其詆。使神而喜紙錢也，更不如人矣，豈足以爲主？況杯酒殉情，賄賂賣法，賢者不爲。使神即需牲酒、需紙錢，而以牲酒之有無爲禍福厚薄、爲急緩也，猶之乎贓官矣，更不足以爲主。人有形，形能隔之，有形可匿；主無形，形不能隔之，無情能通，理甚易明也。孔子曰："獲罪於天，無所禱也。"不愈信乎？道之不明不行久矣。本院知之信之，忍不以告同類？今日告照舊冠服，本院出堂，旗鼓官仍奉聖號牌騎馬前行，各官在文廟前，候本院到行禮。本院回，請聖號牌入中堂，照常公坐。特諭衆知，須至示者。崇禎四年五月初十日。

絳州正堂雷爲尊天闢邪事告示

雷

照得開闢一天，萬古所尊，正道惟一而已。自堯舜禹湯、文武周孔以來，相傳所謂事天事上帝者是也。先儒解曰：上帝，天之主宰。今人以所見之蒼蒼者言天，是猶稱帝王曰朝廷也。即至愚之人，不識不知，未嘗不曰天爺、曰天命、曰天理、曰天報、曰天罰。可見性中帶來，非因勉強。自佛家、道家惑亂人心，使人不尊天而尊己，所以從古大儒極力闢之。更可恨者，非佛非道，有無爲教、金蟬教等名，欺天悖理，煽惑愚民，甚者結黨爲非，大干王法。幸有西儒高先生，修身事天，愛人如己，以教忠教孝爲第一事。上自聖天子、賢宰相，莫不敬禮之。以至縉紳學校諸君子，尊之如師傅，愛之如兄弟。百姓從其教者，皆化爲良民。其有功朝廷大矣。爾鄉民有心向善，何不歸於正道，乃甘從邪教，欲爲善而反得惡邪？夫聖天子固天縱之聰明，而賢宰相以下，皆孔聖之弟子也，豈識見不如爾鄉民？爾等又何疑焉，而不棄邪歸正哉？爲此出示，敢有倡率無爲、白蓮等教者，定行訪拏。其脅從之人，一并究治不貸。須至告示者。崇禎八年六月日。

建寧縣正堂左爲遵明旨褒天學以一趨向事

左光先

照得天主一教,其所昭事者,乃普世之共主、群生之大父,至尊至親,普天率土,咸當愛戴。無奈人心久迷,頓忘其本。泰西利先生首入中華,倡明景教。蒙神宗皇帝賓禮,廩於大官[1],賜以御葬。自是西儒接踵來賓,修曆法,守都城,歷著忠勤。蒙今上賜以田房,旌以扁額。內而公卿臺省,外而院司守令,莫不敬愛景仰。所題贈詩文,刻於《崇正集》者甚衆。而艾思及先生,在西儒中尤稱拔萃,所著書皆驚耳沁心,憬迷破夢。相國葉公敦請來閩,教鐸弘宣,八閩郡邑,咸建聖堂,以虔昭事。今幸振鐸來茲,本縣互質所學,尤深贊嘆。念列聖之所以欽褒,賢士大夫之所以愛敬,豈非以其立教甚正、修己甚嚴、愛人甚切之故邪!本縣不忍茲邑自後於四方,故倡率士民共創斯堂,以爲興善宥過之地。爾等須念大西諸儒,名利不罥於胸,世緣不攖其念,歷九萬里蛟龍之窟、殺人噉人之國,以至於此。無非不忍爾輩終背至尊至親之大主,以胥淪於永苦。此何等心?乃有無知愚民聲影生疑,皂白不辨,彼愛我而我反相仇,彼援我而我甘自溺。哀哉!本縣職司風教，深知西儒之學足輔王化。爲此示諭士民人等，其賢智者務虛心克己，將西儒所刻諸書體認研求，必且憬然會心，悚然愧汗。若乃愚民妄相揣度，則有《鴞鸞説》《用夏解》與《代疑》正、續二篇在，爾等其繹思之。特示。崇禎十四年六月初二日。

校勘記：

[1] 官：原作"宫"，據文意改。

恩　綸

皇帝敕諭太常寺卿管欽天監監正事湯若望。朕惟國家肇造鴻業，以授時定曆爲急務。羲和而後，如漢洛下閎、張衡，唐李淳風、僧一行諸人，於曆法代有損益。獨於日月朔望交會分秒之數，錯誤尚多，以致氣候刻應不驗。至於有元郭守敬，號爲精密，然經緯之度，尚未能符合天行，其後晷度亦遂積差矣。爾湯若望來自西洋，涉海十萬里，明末居京師，精於象緯，閎通曆法。其時大學士徐光啓特薦於朝，令修曆局中。一時專家治曆如魏文奎等，推測之法，寔不及爾。但以遠人之故，多忌成功，歷十餘年，終不見用。朕承天眷，定鼎之初，爰諮爾姓名，爲朕修《大清時憲書》[1]，迄於有成，可謂勤矣。爾又[2]潔身持行，盡心乃事，董率群官，可謂忠矣。比之古洛下閎諸人，不既優乎！今特錫爾嘉名爲通玄[3]教師，餘守秩如故。俾知天生賢人，佐佑定曆，補數千[4]年之闕略，成一代之鴻書，非偶然也。爾其益懋厥修，以服厥官，傳之史册，豈不美哉！故諭。

校勘記：

[1] 書：梵蒂岡本作"曆"。
[2] 又：此下梵蒂岡本有"能"字。
[3] 玄：梵蒂岡本作"微"。
[4] 千：原作"十"，據梵蒂岡本改。

御製天主堂碑記有銘

《易·序卦》：革而受之以鼎。革之《象》曰："澤中有火，革，君子以治曆明時。"鼎之《象》曰："木上有火，鼎，君子以正位凝命。"是以帝王膺承曆數，協和萬邦，所事者皆敬天勤民之事，而其要莫先於治曆。定四時以成歲功，撫五辰而熙庶績，使雨暘時若，民物咸亨，道必由之。矧開創之初，昭式九圍，貽謀奕葉，則治曆明時，固正位凝命之先[1]務也。粵稽在昔，伏羲制干支，神農分八節，黃帝綜六術，顓頊命二正。自時厥後，堯欽曆象，舜察璣衡，三統迭興，代有損益，見於經傳彰矣，而其法皆不傳。若夫漢之太初、唐之大衍、元之授時，俱號近天，元曆尤爲精密。然用之既久，亦多疏而不合。蓋積歲而爲曆，積月而爲歲，積日而爲月，積分而爲日，凡物與數之[2]成於積者，不能無差。故語有之曰：銖銖而稱之，至石必謬。寸寸而度之，至丈必差。況天體之運行，日月星辰之升降遲疾，未始有窮，而度以一定之法，是以久則差，差則敝而不可用。凡曆之立法雖積，而後不能無修改，亦理勢之必然也。自漢以還，迄於元末，修改者七十餘次，創法者十有三家。至於明代，雖改元授時曆爲大統之名，而積分之術，寔仍其舊。洎乎晚季，分至漸乖，朝野之言，僉云宜改。而西洋學者，雅善推步。於時湯若望航海而來，理數兼暢，被薦召試，設局授餐。奈衆議紛紛[3]，終莫能用。歲在甲申，朕仰承天眷，誕受多方，適當正位凝命之時，首舉治曆明時之典。仲秋月朔，日有食之，特遣大臣督率所司，登臺測驗。其時刻分秒、起復方位，獨與若望豫奏者悉相符合。及乙酉孟春之望再驗月食，亦纖毫無爽。豈非天生斯人，以待朕創制曆法之用哉！朕特任以司天，造成新曆，敕名時憲，頒行遠邇。若望素習泰西之教，不婚不宦，祗承朕命，勉受卿秩，洊歷三品，仍賜以"通玄[4]教師"之名。任事有年，益勤厥職。而都城宣武門内向有祠宇，素祀其教中所奉之神，近復取錫賚所儲而更新之。朕巡幸南苑，偶經斯地，見神之儀貌如其國人，堂牖器飾如其國制。問其几上之書，則曰：此天主教之説也。夫朕所服膺者，堯舜周孔之道；所講求者，精一執中之理。至於玄[5]

笈貝文所稱《道德》《楞嚴》諸書，雖嘗涉獵，而旨趣茫然。況西洋之書，天主之教，朕素未覽閱，焉能知其説哉？但若望入中國已數十年，而能守教奉神，肇新祠宇，敬慎蠲潔，始終不渝，孜孜之誠，良有可尚。人臣懷此心以事君，未有不敬其事者也。朕甚嘉之，因賜額名曰"通玄[6]佳境"而爲之記。銘曰：

大圜在上，周回不已。七精[7]之動，經緯有理。庶績百工，於焉終始。有器有法，爰觀爰紀。惟此遠臣，西國之良。測天治曆，克殫其長。敬業奉神，篤守弗忘。乃陳儀像，乃構堂皇。事神盡虔，事君盡職。凡爾疇人，永斯矜式。

順治十有四年歲在丁酉二月朔[8]日。

校勘記：

[1] 先：原作"光"，據梵蒂岡本改。
[2] 之：此下原衍一"之"字，據梵蒂岡本删。
[3] 紛：梵蒂岡本作"紜"。
[4][6] 玄：梵蒂岡本作"微"。
[5] 玄：梵蒂岡本作"縣"。
[7] 精：梵蒂岡本作"政"。
[8] 朔：梵蒂岡本作"望"。

修曆碑記

胡世安

蓋聞祥開策鼎,肇紀於綜術序官;法表律衡,合符於章蔀中氣。溯顓夏而人統,歷殷周以建殊,莫不御協三辰,用和萬國。雖經九黎之亂,何改六德之施？三代以來,七政漸謬。閏餘乖次,《春秋》有晦食之譏;推步疏浮,漢世失歲差之準。繇太初至大統,敬授精研;考合朔與交宫,承訛谿訂？惟西儒道未湯先生,沉酣天學,涉獵象占。胸鮮十二家之爭長,仰觀恒足;跡周八萬里之遐討[1],參暑彌親。載寶笈而燕遊,適正朔之廷議。玄扈徐文定公探儲促膝,快容成之再逢;闢局操觚,識守敬其未密。先生亘新儀制,測算拾前人所遺;幾閱寒暄,規畫求曆本攸當。無膠瑟柱,動四氣之和;止轉渾球,定千歲之至。如度分緯經於天地,如曜距赤道之高卑。以至星宿有本行、本輪,日月有真會、視會。歲差環轉,歲寔參差。節候分地而移,蒙氣憑虚而異。陽限不在二至,交食見各方隅。略舉數端,章明新法,咸疇人未及津逮,固靈臺所應珍藏。百卷著自崇禎,尚稽告朔;時憲頒諸順治,遂正撫辰。渾周髀勾股之異同,匪蠡測管窺之淺略。等一世於百世,洵可法而可傳。綸命付史館弘宣,肄習著官生永守。以述明光聖作，奧抉天人；取徵信釋群疑，見超今古。從此[2]克調玉燭，繼日策於軒皇；爰在璿衡，振風動於唐后。功非小補，學有偕宗。先是辭祿靖共，兼秩以常卿涖事；今者疏榮制諭，錫名曰通玄教師。詔富之典倍增，崇[3]賢之恩特煥。監弟子劉有慶等，貸靈麗澤，授指欽天。高寵辱之無驚，游情造物；淑理數於俱晰，創則明時。擬勒堅珉，用昭異數。以僕從遊夙誼，成美同心，輒邀筆墨之緣，載闡[4]澤火之治。於時斗杓東指，庭卉南萌。俶四序之如環，春熙芸案；歸兩儀於太極，籥叶葭灰。證考驗之一班，仰智能之雙絕。敬書端委，章示來兹。

校勘記：

[1] 訡：原作"計"，據梵蒂岡本改。
[2] 此：梵蒂岡本作"兹"。
[3] 崇：原作"榮"，據梵蒂岡本改。
[4] 闡：原作"闌"，據梵蒂岡本改。

天主新堂記

劉肇國

順治七年，歲在析木，日在鶉火，孟秋之望，肇國過從泰西湯先生所，聞匠石聲，叩之，云："稍新堂構，以事天主也。"爰請得而瞻仰焉。見其實實枚枚也，殖殖噲噲也。

制有縱橫，印持十字，倨句有倫，崇庳中度，樸屬堅好，周以瓴甋。即古人所謂審曲面埶，埶縣眂景者，未易及此。湯先生曰："西式應爾也。"檐霤之壁有兩石焉，先生指而言曰："一以著主教之因，一以敍建堂之緣起也。主教之說，非子所悉，余已自引其端。子稍知曆，幸爲我言治曆之事也。"肇國謝不敏，先生固請，肇國斂容曰："治曆者，先生久留之故也；傳教者，先生遠來之故也。肇國雖未悉先生之教，然亦聞其梗概矣。"先生曰："惟子言之。"肇國唯唯。因言曰：盡性知天，事匪細也；格物窮理，功匪易也。望而卻步，謙讓弗遑者，窒也。寔見得是，高譚侈論者，亦未能無敝也。泰西諸儒，遡原竟委，大無不括，小無不闕。知天所以生人之意，知人所以事天之理。以至設度審數，制器尚象，明其當然，又明其所以然。可變可通，可大可久，曲邕旁達，左右咸宜。所謂不規而自圓，不矩而自方者，非邪？又不敢自私其學，舟航八萬里來入中國，亦爲弘演教旨。俾大圜之内，厚載之上，凡具耳目心知者，罔不修身立命，無忝所生，始滿厥願云爾。而乃今以曆法特聞，不知曆法僅其緒餘也。雖探天地之高深，步日星之遠近，仰觀俯察，亦昭事之一端。要之心性學問寔不在此，然而先生亦良苦矣。適館授餐，殫精研思，所製測驗儀器凡數十事，皆古來曆家所未及見者也。翻譯載籍幾數百卷，其所言歲差環轉，歲實參差，天有緯度，地有經度，宿有本行，曜有本輪，以及真會、視會諸法，皆古來曆家所未及言者也。其所測日月交食，五星順逆，顯而可見者，無不密合，又治曆諸家所大相徑庭者也。彰明較著如此，尚猶豫因循，未能釐正者幾及廿年，況心性大事乎？雖然，識者知其有待也。逮皇清啓運，統一寰宇，曰遠人猶吾人也，廩餼有加，幹止如故，可不謂殊恩歟？聖政聿新，首察璣衡，旨曰：治曆明時，帝王首重。舊曆差訛，新法詳審。用以正曆，敬迓天庥。名曰時憲，以著憲天乂民之意。適仲秋之朔，日有交食，先生以時刻分秒、起復方位進。爰命大學士馮老師率官公同測驗。馮師素精於曆者，登臺比勘，諸法皆舛，而新法若符契然，乃覆奏報。旨曰：新法密合天行，盡善盡美。見今定造時憲新曆，頒行天下，悉依此法爲準，以欽崇天道，敬授人時。夫以廿年築舍之議，決之一旦，行之普天，又可不謂快舉歟？先生乃私幸曰：非遠人之功也。使遠人不負數十年苦心者，寔天主之能力也。迄今數年，遵用不忒，肄習者亦稍廣。先生乃因東偏之隟地構此[1]新堂，以報天主之仁慈，以明朝廷之優渥。先生之用心至此益苦矣，抑肇國睹斯堂而有感也。存心養性，所以事天。仁孝忠睦，百倫具舉。傲妒貪淫，百罹悉蠲。不能觸目而儆心，乃拘墟而睜眙之乎？生而眇者，揣籥扣槃，疑以爲日，知不然矣。不知天者，請視夫日；不知日者，請視夫曆；不知曆者，請視儀器。勿曰藝成而下也，技進乎道，道成而上矣。聖人既竭目力，繼之以規矩準繩，規矩方圓之至，聖人人倫之至。凡睹斯堂者，其亦重有感也夫！

校勘記：

［1］此：梵蒂岡本作"兹"。

壽　文

金之俊

歲辛丑某月日，敕錫通微教師加一品大銀臺道未湯公介七袞觴。大金吾諸君子謀言於余，以爲公壽。其辭曰：聞之軒皇肇甲子，則大撓董成；虞廷在璿璣，則羲和典職。《易》之革曰"天地革而四時成"，其《象》曰"君子以治曆明時"。帝王順天應人，必有精思博聞之佐，應運而出，窮神盡智，以成一代欽若之憲。先皇帝御世立極，敬天勤民，首以授時爲亟。而先生以生知異稟，秘授靈樞，闡元會運世之法，訂歲紀日分之訛。乃至析景別矔，平五方之氣，以利民用。順治十有八年間，戎衣大介，綏邦屢豐，痰癘無災，蜮蠋不育。先生匡贊英主，躋一世於仁壽，彰彰也。以兹集致大年，直取懷而券耳。公其有以進此者，爲先生颺言乎？余曰：唯唯。如諸君子之言，先生殆以術而寓乎道者，余謂先生則以道而忘乎術者。蓋先生之全乎道，非以術教而以身教者也。先生綜洽過偃韋，懸裁超甘石，其學不爲不博。毋俟稽讖披圖，而占緯常符，不假登臺上庫，而休咎畢協，其智識不爲不精。遭熙時，展碩抱，服被五章，位階九列，錫號媲於上真，其名業不爲不[1]尊以顯。然而博學不以長矜，識精不以市詭，名業尊顯，不以形驕倨。士大夫之朝夕習於先生者，欽其卑牧，飲其和醇，而知驕陽不介於其躬也。坦坦愉愉，絕町畦，捐城府，無刻核以示厲，而知沴陰不萌於其慮也。舉一切世態物情之爲疾雷震霆、凄風苦雨，無不有感而立消，忘言而自化，是以眚窊夭扎之患，蔑由而致。豈藉斤斤亶昏夕之期，候耕耘之節，以袪眚沴而召休嘉者乎？謂先生之壽其身以壽世，在此不在彼，詎曰不然？更進之而宣幽疏滯，攝護新天子冲德。大[2]之衍應五事，以驗庶徵；小之寓規折柳，以扶化育。祈天永命，無疆惟休。先生之學於是全乎大道，先生之壽於是結爲大年也已。諸君子躍然曰：是足以觴先生。遂書之爲祝。

　　光禄大夫、太傅兼太子太師、吏部尚書、中和殿大學士、前少傅兼太子太傅、充纂修順治大訓總裁、乙未科會試大主考、少保兼太子太保、吏兵工三部尚書、都察院左都御史、吏兵二部右侍郎、充丙戌己丑乙未三科殿試讀卷官、由己未科進士出身、通家侍生金之俊頓首拜撰。

校勘記：
　　[1]不：原脱，據梵蒂岡本補。
　　[2]大：原作"天"，據梵蒂岡本改。

壽　文

魏裔介

蓋聞命世大才、經綸名教者，不必華宗夏士；撥煩理亂，澄氛濟世者，不必八索九丘。信哉其言之也！以余觀於道未湯老先生，殆器大神宏，而無愧於古之聖賢者與！先生生於西海之濱，航海數萬里至中華之地。大海茫茫，風波萬丈，蛟蜃魚龍，揚鬣奮舞，或遇山石錯鍔，險若鋒刃，舟觸之則立碎。又海水鹽鹵，不可下咽，令人乾喝。所歷數十國，多鳥言卉服，鬼神出没。而先生風帆數載，若履平地。所謂以道德爲干櫓，仁義爲甲兵，水不濡而火不熱者，先生之謂也。前此，先生未至中華時，有利先生瑪竇者，宣揚其教，一時頗有信從之者，然猶汹闇未著。自先生由海壖北上，廣著鴻書，闡發至論，如《群徵》《緣起》《真福》諸籍，與此中好學之士，共聞共見。而又接引後來，勤勤不倦，樂於啓迪。所謂青天白日心事，光風霽月[1]襟懷，先生之謂也。自古帝王[2]治天下，最重曆法。堯命羲和敬授人時，以閏月定四時成歲，允釐百工，庶績咸熙。《夏小正》及《周禮》《月令》之書，莫不欽若昊天，茂對育物。降及漢晉，至於明初，皆以太史掌之。誠有見於天道爲人事之本原，而敬天乃治民之寔事也。故風雨以時，災沴[3]不作，百姓和樂，萬物生遂，則天下太平。否則衡石程書，無益於治；智盡能[4]索，反滋之亂也。乃先生精詳曆法，測驗布算，占星以分度，立表以窮景，日躔盈縮，月離遲疾，去極遠近，十二宮辰，不越掌握徑寸而得之。而歲差環轉，歲寔參差，天有緯度，地有經度，宿有本行，日月五星有本輪，日月有真會視會，又發前人所未發。是以密合天行，特膺綸眷。所謂博物君子，學貫天人者，先生之謂也。天下甚大，九州之外，復有萬國，其安危理亂，總以中華爲轉移。中華，萬國之斗杓也。故海不揚波，則越裳重譯而來朝。大林國有神鐵之山，若中國之君有道，神鐵即自流溢，鎔之爲劍，以貢方物。此類不可勝紀。然斗杓之轉，又在人主一心。先生任太史之寄，登靈臺，望雲物，如氛祲災祥，知無不言，言無不盡。而國家大事，有關係安危者，必直言以争之。雖其疏章謹密不傳，然而調燮幹旋，不止一端。維袞有闕，仲山甫補之，所謂以犯顏敢諫爲忠，救時行道爲急者，先生之謂也。或曰：先生之人，確然有道[5]者也。先生之教，疑之者半，信之者半，與儒者有異同。吾子將何擇焉？余曰：子未熟察夫先生之教也。夫先生之教，以天主爲名。原夫太始之元，虛廓無形，天地未分，混沌無垠，冥昭瞢闇，誰能極之？陰陽之合，何本何化？九重孰營，八柱何當？凡皆天帝之所爲也。主教尊天，儒教亦尊天；主教窮理，儒教亦窮理。孔子之言曰："下學而上達。知我者其天乎！"又曰："天生德於予。"又曰："獲罪於天無所禱。"孟子曰："存其心，養其性，所以事天也。夭壽不貳，修身以俟之，所以立命也。"《易》曰："天行健，君子以自強不息。"古聖賢凜凜於事天之學者如此，而後之儒者乃以隔膜之見，妄爲注釋。如所謂天爲理也，含糊不明。儒者如葛屺瞻諸人，固已辨其非。先生之論，豈不開發群蒙，而使天下之人各識其大父，而知所歸命哉？謂先生爲西海之儒，即中華之大儒可也。先生之言曰：各國各安，安於各法；萬國各安，安於公法。法之公，尚有公於天主者哉？至於闢[6]佛老縱橫逍遥之説，爲不足致太平，此尤廣廈細栴之上所宜切切留意者。又如教戒貪淫、教戒欺詐强暴等惡，尤爲理性平情之要旨。克己復禮，即參贊位育，皆可由此以致之。而謂先生之教與儒者有異同乎？余向聆先生之緒論，見其諄諄以興起教化爲念，而其著書之奧博宏贍[7]，嘗愧不能窮究其説。今春屆先生七襃之期，其門下諸君子以文爲請。余惟先生心同大虚，學超物表，方將延大椿之年，以[8]八千歲爲春，八千歲爲秋，與廣成先生入無窮之門。籛鏗安期之流，固不足道。特爲述先生之爲人，與先生之學，足以壽世壽國壽民，其器大神宏有如此。而百家之自私自利者，可以改絃易轍，而知所趨向矣。是爲序。

順治十八年辛丑夏四月之吉，賜進士出身、都察院左都御史、前加太子太保、左副都御史、提督四夷館、太常寺少卿、兵科都給事中、翰林國史院庶吉士柏鄉魏裔介頓首拜撰。

校勘記：

［1］月：原作"日"，據梵蒂岡本改。
［2］王：原脫，據梵蒂岡本補。
［3］沴：原作"殄"，據梵蒂岡本改。
［4］盡能：原作"能盡"，據梵蒂岡本改。
［5］道：原作"直"，據梵蒂岡本改。
［6］闢：原作"闡"，據梵蒂岡本改。
［7］瞻：原作"瞻"，據梵蒂岡本改。
［8］以：原脫，據梵蒂岡本補。

壽 文

龔鼎孳

道未先生崛起海表，不遠八萬里稅駕于[1]京師，道德洽聞，傾動朝著。時則貴臣擁彗，當宁訪疇，開局治書，都為百卷，燦然明備，待時而行。我國家肇造九有，卜年萬禩，敬天授人，首膺君[2]命。先生以精微之學，仰贊欽文，測景別躔，提義契和。作訛成易，上協乎辰紀；析因夷隩，俯考乎方輿。簡儀日晷，極制器尚象之能；三角割圓，有精義入神之法。於是兩儀之緯度經度，星宿之本行本輪，二曜之寔會視會。以至環轉參差，歲差歲寔之別；因時相地，交食凌犯之詳。莫不運以密心，深乎靈契。元會運世，表天官之書；迎日推策，布容成之算。是固一行之所卻步，守敬於焉遜心者矣。我世祖章皇帝蘊剖軒圖，悟兼性道。崆峒之問，遂叶風雲；柱下之言，並參帷幄。登靈臺而望雲物，正朔肇頒；執譜人以投虎豸，群妖底定。錫之師號，爵以上卿。夜半受釐，時席前於宣室；宸遊多暇，亦輦降於丹房。東第之冠烏如雲，尚方之問勞日至。魚水之合，鵷行所稀。先生因是感激恩知，誓捐形迹，睹時政之得失，必手疏以秘陳。於凡修身事天，展親篤舊，恤兵勤民，用賢納諫，下寬大之令，慎刑獄之威，磐固人心，鏃勵士氣，隨事匡建，知無不言。賈生太息，方當極治之朝；魏徵十漸，以成貞[3]觀之盛。乃至獵阻相如，表抗韓愈，抵觸忌諱，罔懾震霆，微聞拂耳，終諧納牖。最後則直陳萬世之大計，更爲舉朝所難言。司馬公之累表待罪，范[4]忠宣之頭鬚盡白，血誠輪囷，早見長慮。方諸古人，殆有過之無不及焉。先皇帝神聖之姿，群下莫及。獨於先生危言極論，化吁咈爲都俞，止輦轉圜，欣然樂受。豈非以其至誠約結，焚草之忠，匪同訐[5]激；而孤踪獨立，批鱗之勇，不縁旁贊哉。迄今龍髯初遠，丹[6]檻猶新；乃始發篋陳書，泫然流涕。感聖度之如天，慶孤臣之遭遇。而與先生遊者，亦幸得窺伏蒲叩閽之一斑，想造膝補天之盛事。舉手加額，信仁賢之有益人國，而益以見先皇帝虛懷從諫，貽宗社無疆之庥，爲千古所不再覯也。新天子手握乾符，光昭繼述，當周成負扆之年，正旦奭祈[7]天之日。先生以老臣[8]宿望，再被溫綸，晉號通微，俾仍師席。肇帶三錫，矢卷阿鳴鳥之音；精白兩朝，遲黃石赤松之駕。

爰值清和之令朔,蔚爲杖國之嘉辰。綠瞳赤舄,無須鳩玉之扶;鶴蓋文茵,均切鳧藻之忭[9]。高足弟子金吾潘君輩,以余緣慇圮履,賞辱纍琴,結縞帶之無愁,披翟羅而授簡。《書》曰"詢兹黃髮",言國家圖任耆碩,敦龐純固,以保我子孫黎民也,爲天子祝萬年焉。又曰"天壽平格",言世之正人君子,期頤難老,以其嘉言媺[10]行,集純嘏而綏邦家也,爲先生誦九如焉。天休兹至,咸有一德,景星卿雲,諸福總萃。然則先生之身,視乎國家之景運,綿綿其未有艾也。安期羡門窈眇無徵之言,烏足以申介眉而侑康爵哉?

國子監助教、前都察院左都御史、充乙未文武廷試讀卷官、户刑二部左右侍郎、翰林院提督四譯館、太常寺少卿、吏禮兵科都給事中、甲戌科同進士出身、通家侍生淮南龔鼎孳頓首拜撰。

校勘記:

[1] 于:梵蒂岡本作"乎"。

[2] 君:梵蒂岡本作"召"。

[3] 貞:原作"負",據梵蒂岡本改。

[4] 范:原作"苑",據梵蒂岡本改。

[5] 訏:原作"許",據梵蒂岡本改。

[6] 丹:原作"舟",據梵蒂岡本改。

[7] 祈:原作"析",據梵蒂岡本改。

[8] 臣:梵蒂岡本作"成"。

[9] 忭:原作"汴",據梵蒂岡本改。

[10] 嬔：原作"敬"，據梵蒂岡本改。

奉賀道未湯老先生榮廕序

胡世安

道未先生以治曆上襄聖治，中外奉正朔者幾達八維。新皇御極，疏恩大小臣工，而三品以上咸得蔭一子入成均，昭異數也。先生以大銀臺加品加級，而例格於教，或謂缺典。九月初旬，奉特旨："湯若望係外國之人，効力年久，原無妻室，不必拘例，其過繼之孫著入監。欽此。"遂得以撫養幼孫湯士弘，咨送國學，豈非異數中之尤異者哉？都人士莫不手額聖朝立賢之無方，而先生邀恩之獨渥[1]也。門下士某等丐余言志慶。余謂先生昌明天學，詎芥蒂於身名，矧復計承祧載責耶？然而國家酬庸大典，周洽靡遺。前者考績疏榮，及其先代，今又曲體其啓佑同倫，推錫嗣裔。從古未膺之榮，自先生而始被，非夙昔宣勞，上徹黼扆，烏能叨茲異數哉？《小宛》有云："螟蛉有子，蜾蠃負之。"先生胞與殷懷，不獨善其身之謂也。《法言》亦云："蜾祝類我，久則肖之。"在士弘異日者，黽勉於學，思媺修立名，圖所以肖先生，以上報特恩，斯亦諸士[2]所共願然[3]者矣。

順治辛丑長至日，光禄大夫、少[4]傅兼太子太傅、兵部尚書、武英殿秘書院大學士西蜀胡世安拜撰。

校勘記：

[1]渥：原作"握"，據梵蒂岡本改。
[2]士：原脱，據梵蒂岡本補。
[3]然：原脱，據梵蒂岡本補。
[4]少：原作"小"，據梵蒂岡本改。

奉賀道翁湯老先生榮廕序

王崇簡

《易》稱餘慶，必歸積善之家。王者恩施逮下，既被其躬，又及其子若孫。夫榮寵人心所希，而且及於數世。謂之餘慶，信非誣已。士之有志當代者，揣摸攻苦，致身青雲，因而功見名立，光增祖烈，澤廕孫枝，蓋往往而有也。至欲以絶域孤踪而渥帝眷，清修道範而傳世家，此則未之前聞。而運際休隆，明良契合，其魚水相歡，恩遇創見，又有非恒情所可逆計者。若我道翁湯老先生，産自西海，韶齡悟徹性命，辭骨肉，入修士會。年壯抱道東來，迪我中夏，如揭日月而行中天。嗣典曆務，感激世祖章皇帝特達之眷，昌言偉論，雲蒸霞蔚。末陳萬世大計，老成謀國，社稷寔永賴焉。今皇上繼天立極，推恩格外，特允送其撫養孫男，讀書太學，一時稱爲異數。而余以爲先生物外高人，結知英主，力佐創垂，功同補裕[1]。悃款報國之衷，超軼今古。則國家之所以報先生，又何得以例拘乎？此爲非常之恩，獨於先生有攸當也。先生之門有金吾潘君爾力，事先生久。凡先生夙夜在公，君左右之。章皇帝心鑒其勤勞，畀以今官。而今麽孫湯士弘，又即君之子也。然則爾力之獲庇於先生者甚厚，而先生真可謂澤及於其後、慶餘於其家也歟。司天諸君子謬謂余知言，索文爲先生侑一觴。余義不敢辭，遂泚筆敷陳其概云。

時順治十有八年歲在辛丑菊月之穀旦，太子太保、禮部尚書、前吏部左右侍郎、内翰林國史院學士、詹事府少詹、弘文院侍讀學士、國子監祭酒、秘書院侍讀、檢討、國史院庶吉士、纂修明史、會試同考、武會試總裁、武殿試讀卷、侍經筵、進士出身、通家侍生王崇簡頓首拜撰。

校勘記：

[1] 裕：原作"洛"，據梵蒂岡本改。

附：原書目録

首集

《絕徼同文紀序》　楊廷筠仲堅,淇園。浙江仁和人。萬曆壬辰進士。

《讀泰西諸書序》　呂圖南爾博。福建南安縣人。萬曆戊戌進士。

《刻天學初函題辭》　李之藻振之,我存,涼庵。浙仁和人。萬曆戊戌進士。

《天學小序》　李佺臺仲方,爲輿。福建南安縣人。萬曆丁未進士。

《聖德來遠序》　彭惟城芹生。江西廬陵人。萬曆辛丑進士。

《聖教信證敘》　韓霖雨公。

道集

《聖經直解自序》　陽[1]瑪諾演西。西洋波爾都瓦爾國人。耶穌會學士。

《天主降生言行紀略引》　艾儒略思及。西洋意大理亞國人。耶穌會學士。

《天主降生紀引》　艾儒略

《天主降生引義跋》　吳宿漢通。江西新昌人。

《天主降生出像經解引》　艾儒略

《進呈書像自序》 湯若望道未。西洋亞勒瑪尼亞國人。

《聖母行實目錄》 羅雅谷味韶。西洋意大理亞國人。

《聖人[2]行實自序》 高一志則聖。意大理亞國人。

《聖若瑟行實自序》 陽瑪諾

《彌撒祭義自序》 艾儒略

《滌罪正規小引》 楊廷筠

《聖體規儀序》 丘曰知松江上海人。

《聖體要禮》

《領主保聖人序引》 費奇規揆一。西洋波而都瓦爾國人。

《釋主保單之款目》 費奇規

《切向主保聖人之功》 費奇規

《訂正[3]總牘[4]序》 朱宗元維城。浙江鄞縣人。

《總牘撮要序》 萬濟國西洋多明我會學士。

《善終引》 伏若望定源。西洋波而都瓦爾國人。

《教要解略》

《經要直指》

《天主經解》

《聖母經解》

《龐子信經遺詮》

《十誡銘》 徐光啓子先,玄扈。松江府上海縣人。萬曆甲辰進士。

《八真福銘》 徐光啓

《十四哀矜銘》 徐光啓

《七克銘》 徐光啓

《天學十誡初解序》　葉向高進卿，臺山。福建。萬曆癸未進士。

《十誡直詮序》　朱宗元

《真福訓詮總論》

《哀矜行詮序》　李祖白白也。

《哀矜行詮引》　汪元泰本和。徽州婺源人。

《哀矜行詮自序》　羅雅谷

《哀矜行詮跋》　程廷瑞五符。徽州婺源人。

《齋克引》　羅雅谷

《聖教齋說》　艾儒略

《七克敘》　楊廷筠

《七克敘》　曹于汴自梁。山西安邑縣人。萬曆壬辰進士。

《七克序》　鄭以偉如蓮，方水。江西廣信府人。萬曆辛丑進士。

《七克引》　熊明遇良儒，壇石。江西進賢縣人。萬曆辛丑進士。

《七克篇序》　陳亮采惠父。萬曆己未進士。

《七克自序》　龐迪我順陽。西洋依西巴尼亞國人。

《西聖七編序》　彭端吾河南歸德府人。萬曆辛丑進士。

《西聖七編跋》　樊鼎遇

《大西洋龐子七克總序》　崔淐孟起，汀江。東直隸太平府人。萬曆辛丑進士。

《伏傲小序》一　崔淐太平府蕪湖人。

《平妬小序》二　崔淐

《解貪小序》三　崔淐

《息忿小序》　四　崔淐

《塞饕小序》　五　崔淐

《坊淫小序》　六　崔淐

《策怠小序》　七　崔淐

《七克後跋》　汪汝淳孟樸。徽州新都人。

《七克圖説》　賈宜睦九章。西洋依大理亞國人。

《唐景教碑頌正詮序》　陽瑪諾

《讀景教碑書後》　李之藻

《景教堂碑記》　徐光啓

《武榮出地十字架碑序》　張賡明皋,夏詹。福建晉江人。

《教要序論自序》　南懷仁敦伯,西洋法郎弟亞國人。

《聖教原流自叙》　朱毓樸

《聖教蒙引序》　佟國器匯白。遼東人。

《蒙引要覽序》　何大化德川。西洋波而都瓦爾國人。

《天主聖教百問答引》　柏應理信未。西洋法郎弟亞國人。

《進善録小引》

《天神會課小引》　潘國光用觀。西洋意大理亞國人。

《聖教四規序》　徐爾覺照齋,順之。松江府上海縣人。

《聖教四規後跋》　丘曰知

《主教要旨小引》　利類思再可。西洋意大理亞國人。

法集　卷二

《寰有詮序》　李之藻[5]

《山海輿地全圖總序》　馮應京可大,慕岡。鳳陽盱眙人。

萬曆壬辰進士。

《地輿萬國全圖總説》　利瑪竇西泰。西洋意大理亞國人。

《題萬國坤輿圖》　李之藻

《題萬國二圜圖序》　徐光啓

《題萬國坤輿圖》　祁光宗

《題萬國坤輿圖》　吳中明左海。徽州歙縣人。進士。

《題萬國坤輿圖》　楊景淳進士。

《跋萬國坤輿圖》　陳民志沘陽。

《題萬國小圖序》　張京元無始,鍾山。揚州府泰興縣人。進士。

《題萬國坤輿圖》　利瑪竇

《萬國圖小引》　艾儒略

《坤輿全圖引》　畢方濟各今梁。西洋意大理亞國人。

《題萬國圖小引》　程百二幼輿。徽州。

《方輿勝略引》　王錫爵元馭,荊石。直隸太倉州人。嘉靖壬戌進士。

《刻職方外紀序》　李之藻

《職方外紀序》　楊廷筠

《職方外紀序》　葉向高

《職方外紀自序》　艾儒略

《職方外紀小言》　瞿式穀蘇州常熟人,汝夔之子。

《職方外紀小言》　許胥臣浙江錢塘人。

《職方外紀跋》　熊士旂江西進賢人。

《地震解》

《驗氣説》

《西方答問序》　米嘉穗樵川。

《御覽西方要記》

《西學凡序》　何喬遠匪莪,穉孝。

《刻西學凡序》　楊廷筠

《西學凡引》　許胥臣

《西學凡跋》　熊士旂

《西儒耳目資自序》　金尼閣四表。西洋法郎弟亞國人。

《刻西儒耳目資序》　張問達誠守,德允。陝西涇陽縣人。萬曆癸未進士。

《西儒耳目資序》　王徵良甫,葵心。陝西涇陽縣人。天啓壬戌進士。

《刻西儒耳目資》　張緟芳敬一。陝西涇陽縣人。

《西儒耳目資釋疑》　王徵了一。

《譯引首譜小序》　金尼閣

《列音韻譜小序》　金尼閣

《列邊正譜小序》　金尼閣

《斐錄答彙跋》　梁雲構匠先,原名治麟。

《斐錄答彙序》　畢拱辰湖目。丙辰進士。

《泰西人身説概序》　畢拱辰

《聖教永曆》

《利西泰先生行蹟》

《張彌額爾遺跡序》　楊廷筠

《彌克兒遺斑弁言》　謝懋明溫陵。

《楊淇園先生事跡序》　張賡

《西海艾先生行略》

《杜公開先生度海苦跡記》

《本草補序》　劉凝

《活人丹方》　王徵

理集

《超性學要序》　胡世安菊潭，處靜。四川井研人，崇禎[6]戊辰進士。

《超性學要敍》　高層雲旻園。康熙丙辰進士。

《超性學要自敍》　利類思

《超性學要自序》論靈魂　利類思

《超性學要自序》論天神　利類思

《復活論自序》

《復活論小序》　姜修仁以道。

《天主實義序》　馮應京

《天主實義重刻序》　李之藻

《天主實義引》　利瑪竇

《重刻天主實義跋》　汪汝淳

《天主實義跋》　顧鳳翔雲間。

《刻畸人十篇序》　李之藻

《畸人十篇跋》　李之藻

《畸人十篇序》　劉胤昌淯水。安慶府桐城縣人。萬曆甲辰進士。

《重刻畸人十篇引》　周炳謨仙儜、念潛。常州府無錫人。萬曆甲辰進士。

《題畸人十篇小引》　王家植木仲。山東濱州人。萬曆甲辰進士。

《畸人十篇後跋》　汪[7]汝淳

《畸人十篇序》　吳載鰲畹庵。江西宜菴[8]人。天啓乙丑進士，戊辰殿試。

《天學略義序》　張賡

《辨敬錄張序》　張能信望先，成義。

《辨敬錄朱序》　朱宗元

《辨敬錄錢序》　錢廷煥文則。

《西士超言小引》　張汝霖萬曆乙未進士。

《形神寔義序》　李九功

《形神寔義自序》　賴蒙篤西洋。

《天主聖教寔錄引》　羅明堅復初。西洋意大利亞國人。

《靈言蠡勺引》　畢方濟今梁。

《主制群徵小引》　湯若望道未。

《主制群徵跋》　李祖白

《真主靈性理證小引》　衛匡國濟泰。西洋亞肋瑪尼亞國人。

《學紀物原二篇序》　張維樞子環。福建晉江縣人。萬曆戊戌進士。

《三山論學記序》　蘇茂相石水。萬曆壬辰進士。

《三山論學記序》　黃景昉可遠。福建晉江縣人。天啓乙丑進士。

《萬物真原小引》　艾儒略

《性學觕述序》一作《靈性篇》。　陳儀紹鳳。福建閩縣人。萬曆庚戌進士。

《性學自敍》　艾儒略

《性學序》　瞿式耜字伯略。蘇州府常熟縣人。萬曆丙辰進士。

《性學觕述引》　朱時亨德先。江西人。

《靈性篇序》　陳長祚

《靈性篇序》　邵捷春見心。福建侯官縣人。萬曆己未進士。

《則聖十篇引》　孫元化火東。松江府嘉定人。舉人。

《十慰總說》　高一志

《譬學序》　韓霖

《譬學自引》　高一志

《跋況義後》　謝懋明

《提正編敍》　佟國器

《交友論序》　馮應京

《大西域利公友論》　瞿汝夔大素。蘇州常熟人。

《友論小序》　陳繼儒仲醇,眉公。

《友論題詞》　朱廷策銘常。

《述友篇敍》　沈光裕仲連。錦衣衛籍,大興人。崇禎庚辰進士。

《述友篇序》　張安茂蓼匪。

《述友篇序》　徐爾覺

《述友篇敍》

《述友篇小引》　衛匡國

《交述合錄序》　劉凝聖名葆祿。二至、及齋。江西建昌府南豐縣人。

《重刻二十五言序》 馮應京

《跋二十五言》 徐光啓

《睡畫二答引》 李之藻

《畫答序》 諸葛羲基畫、混水。福建□□府晉江縣人。崇禎戊辰進士。

《聖夢歌序》 張賡

《聖夢歌小引》 林一儁用籲。福唐。

《聖夢歌跋》 李九標其香。福唐。

《聖記百言敍》 汪秉元初甫,幼起,素園。萬曆丙辰進士。

《聖記百言自序》 羅雅谷

《聖記百言跋》 程廷瑞

《四末真論序》 柏應理

《四末論序》 劉凝

《死説小引》 程廷瑞

《死説引》 羅雅谷

《代疑篇序》 李之藻

《代疑篇序》舊名《徵信篇》 王徵

《代疑續篇跋》 張賡

《題天釋明辨》 張賡

《辨學遺牘跋》 李之藻其二楊廷筠[9]。

《答客問原序》 張能信

《重訂答客問序》 蔡鐵石奴。瑞州府新昌人。

《答客問序》 漆宇興夢雛。瑞州府新昌人。順治庚子舉人。

《答客問今本序》　吳宿

《答客問序》　李奭南公。瑞州府新昌人。

《續答客問序》　李奭

《拯民略說自敘》　朱宗元

《崇正必辨序》　利類思

《崇正必辨自敘》　何世貞公介。

《聖水紀言序》　李之藻

《口鐸日鈔序》　張賡

《口鐸日鈔序》　林一儁

《口鐸日鈔小引》　李九標

《口鐸日鈔》第三卷紀事　李九標

《口鐸日鈔》第四卷小言　李九標

《勵修一鑑小引》　陳衷丹葵伯。

《勵修一鑑序》　李嗣玄又玄, 息軒。福建□□府建寧縣人。

《勵修一鑑自序》　李九功其敘。福唐。

《三山仁會小引》　葉益蕃君錫。福唐。

《未來辨論序》　許纘曾鶴沙。江南上海縣籍華亭縣人。順治己丑進士。

《合刻闢妄條駁序》　王世其

《闢略說條駁序》　洪濟梅民。

《闢略說條駁序》　張星曜

《闢略說條駁引言》　張星曜紫宸。

《論焚楮非理》　嚴贊化

《闢輪迴說》　嚴贊化

《論釋氏之非》 楊廷筠

器集
《譯幾何原本引》 利瑪竇
《刻幾何原本序》 徐光啓
《幾何原本雜議》 徐光啓
《題幾何原本再校本》 徐光啓
《幾何要法序》 鄭洪猷
《句股義序》 徐光啓
《句股義》 徐光啓
《題測量法義》 徐光啓
《同文算指通編序》 楊廷筠
《刻同文算指序》 徐光啓
《同文算指序》 李之藻
《籌算自序》 羅雅谷
《表度說序》 李之藻
《表度序》 熊明遇
《表度說序》 周子愚慈水人。

《題天問略》 周希令子儀。江西□□府寧州人。萬曆癸丑進士。房師徐光啓。

《天問略小序》 孔貞時中甫。應天句容籍，建德人。萬曆癸丑進士。房師徐光啓。

《刻天問略題詞》 王應熊非熊。四川重慶府巴縣人。萬曆癸丑進士。

《天問略自序》 陽瑪諾

《簡平儀説序》　徐光啓

《渾蓋通憲圖説序》　李之藻

《鍥渾蓋通憲圖説跋》　樊良樞致虛。江西□□府進賢縣人。萬曆甲辰進士。

《題測量圖説》　王臣夔

《圜容較義序》　李之藻

《新曆曉或》

《民曆鋪注解惑序》　胡世安

《民曆鋪注辨惑小引》　湯若望

《泰西水法敘》　曹于汴

《泰西水法敘》　鄭以偉

後集

《天教馴述》　熊士旂

《畏天愛人極論序》　鄭鄤謙止,峚陽。武進人。天啓壬戌進士。

《畏天愛人極論記言》　王徵

《論道術》　沈光裕

《天學傳概序》　許之漸青嶼。常州武進人。順治己未進士。

《不得已辨自序》　利類思

《不得已辨自序》　南懷仁

《天學説》　邵輔忠

《辨學》

《用夏解》　張賡

《天儒印說》 尚祜卿偉堂。

《天儒印說》 魏學渠子存。

《格言六則》 楊廷筠

《帝京景物略二則》 劉侗同人。湖廣□□府麻城人。崇禎甲戌進士。

《答鄉人書》 劉胤昌

《與黎茂才辨天學書》 李嗣玄

《福州重建天主聖堂記》 李嗣玄

《建天主聖堂疏》 李嗣玄

《大道行》 李祖白

《謝雨告示》 孫元化

《尊天闢邪告示》 雷

《遵明旨襃天學以一趨向告示》 左光先羅生,三山。桐城籍,涇縣人。天啓甲子舉人。

《世祖章皇帝恩綸》

《御製天主堂碑記》

《修曆碑記》 胡世安

《天主新堂記》 劉肇國阮儼,禾田。湖廣□□府潛江人。崇禎癸未進士。

《壽湯道未七襃文》 金之俊豈凡,彥章,息齋。浙江嘉興縣籍,江南吳江人。萬曆己未進士。

《壽湯道未七襃文》 魏裔介石生,昆林。真定柏鄉人。順治丙戌進士。

《壽湯道未七襃文》 龔鼎孳孝升,芝麓。江南□□府合肥人。崇禎甲戌進士。

《賀道未翁湯先生榮廕序》　胡世安

《賀道未翁湯先生榮廕序》　王崇簡敬哉。順天宛平人。崇禎癸未進士。

校勘記：
　　［１］陽：原作"楊"，據正文改。
　　［２］人：原作"母"，據正文改。
　　［３］正：原作"証"，據正文改。
　　［４］牘：原作"督"，據正文改。
　　［５］李之藻：原列於下文"地輿萬國全圖總説"條下。本條下作者原題馮應京，下文"山海輿地全圖總序"條下作者原題利瑪竇。今皆據正文予以調整。
　　［６］禎：原作"貞"，據文意改。
　　［７］汪：原作"王"，據正文改。
　　［８］菴：疑當作"黄"。
　　［９］其二楊廷筠：原置於"辨學遺牘跋"後，今據文意改置此。

明清間西學漢籍書目十種

整理説明

本部分所收書目十種，具體情況如下：

《福州府欽一堂書板目録》《北京刊行聖教書目》《杭州書板目録》《廣東書板目録》《廣東聖方濟各會堂書板目録》爲抄本，采自梵蒂岡圖書館藏抄本《類纂古文字考》（館藏號：Borg. cin 473）卷末，今據以整理。書後另抄有《聖教書數目》一種，亦并録之。《北京刊行聖教書目》後，原有《曆法格物窮理書目》，因後文據別本整理，故此處從略。《福州府欽一堂書板目録》與《廣東書板目録》標題末原有"開後"二字，福州目録標題後且題"唫萱集"，今爲體例統一，故皆刪去。法國國家圖書館藏抄本《聖教要緊的道理》（館藏號：Chinois 7046）卷末，亦抄有北京、福州、杭州書目三種，與梵蒂岡本略有異同，今擇優出校，稱"法圖本"。

《天主聖教書目·曆法格物窮理書目》爲刻印之長幅單頁，原藏梵蒂岡圖書館（館藏號：RACCOLTA GENERALE-ORIENTE STRAGRANDI 13a）。今據以整理。原件有破損闕文之處，分別據梵蒂岡藏單刻《天主聖教書目》（館藏號：RACCOLTA GENERALE-ORIENTE STRAGRANDI 13b）與《曆法格物窮理書目》（館藏號 RACCOLTA

GENERALE-ORIENTE STRAGRANDI 13c)補足，以中括號標識之，異文亦據以出校，稱"單刻本"。德國巴伐利亞圖書館另藏有長幅單頁抄本《曆法格物窮理書目·天主聖教書目》一種（館藏號：Cod. sin. 13），與梵蒂岡藏本在著錄典籍與排列次序上均有差異，今亦備錄以資參考。

《耶穌會西來諸位先生姓氏》原附於《梵蒂岡圖書館藏明清中西文化交流史文獻叢刊》（第一輯）影印清康熙刻本《聖教信證》（館藏號：RACCOLTA GENERALE ORIENTE III 246.6)卷末，《姓氏》原附於法國國家圖書館藏清刻本《聖教信證》（館藏號：Chinois 6905）卷末。後者爲前者之修訂本，主體部分大致相同，但細節出入甚多，故備錄之以資參考。二本中皆有墨釘或空白闕文處，據《姓氏》卷前引言所述，可知相當一部分是因事蹟不詳而暫付闕如，待查明後再修板補入。今見《姓氏》中，也有很明顯的修板痕迹。因其墨釘空白處有多至數行者，難於用闕文符號標識，且性質亦與尋常闕文有所不同，故以注釋形式，將較爲明顯者注出。法國藏本中訛誤脱漏較多，梵蒂岡本間亦有之，今以二本互相訂正。原文標以圓括號，訂補文字標以中括號。

目　録

福州府欽一堂書板目録 / 581

北京刊行聖教書目 / 582

杭州書板目録 / 586

廣東書板目録 / 587

廣東聖方濟各會堂書板目録 / 587

聖教書數目 / 588

天主聖教書目・曆法格物窮理書目 / 589

曆法格物窮理書目・天主聖教書目 / 595

耶穌會西來諸位先生姓氏 / 598

姓氏 / 620

福州府欽一堂書板目錄

《聖人行實》七卷　　　　　《聖母行實》三卷
《七克》七卷　　　　　　　《職方外紀》六卷
《口鐸日抄》八卷　　　　　《滌罪正規》四卷
《降生言行紀略》八卷　　　《畸人十篇》二卷
《天學實義》四卷　　　　　《善終助功》一卷
《性學觕述》四卷　　　　　《天釋明辨》一卷
《龐子遺詮》二卷（附《鬼神說》《人類原始說》）
《教要解略》一卷　　　　　《彌撒祭義》二卷
《勵修一鑑》一卷　　　　　《代疑篇》一卷
《振心總牘》一卷　　　　　《靈言蠡勺》二卷
《不得已辨》（附《御覽西方紀要》一卷）
《實義續篇》一卷　　　　　《天問略》一卷
《幾何要法》一卷　　　　　《三山論學》一卷
《唐景教碑頌詮》一卷　　　《聖教實錄》一卷
《十慰》一卷　　　　　　　《辯學遺牘》一卷
《西方答問》一卷　　　　　《聖母經解》一卷
《萬物真原》一卷
《聖像略說》一卷（附《死說》）《聖體要理》一卷
《遠鏡說》一卷　　　　　　《闢妄》一卷

《聖水紀言》一卷　　　　　《西學凡》一卷
《聖夢歌》一卷
《交友論》一卷（附《二十五言》）
《聖教約言》一卷　　　　　《聖紀百言》一卷
《悔罪要旨》一卷　　　　　《五十言餘》一卷
《睡畫[1]答》一卷　　　　　《聖若撒法行實》一卷
《聖經略[2]言》一卷　　　　《西字奇蹟》一卷
《四字經文》一卷　　　　　《小滌罪正規》一卷
《聖教蒙引》一卷　　　　　《小彌撒祭義》一卷
《聖教日課全部》三卷
以上共計五十二卷

校勘記：

[1]畫：此下法圖本有"二"字。

[2]略：法圖本作"約"。

北京刊行聖教書目

《昭事經典》一部[1]　　　　《聖教源流》一卷
《龐子遺詮》二卷　　　　　《真福訓詮》一卷
《靈魂[2]》六卷　　　　　　《善生福終正路》一卷
《聖體規儀》一卷　　　　　《原染虧益》二卷

《聖體要理》一卷
《周歲主保聖人單》
《聖教約言[3]》
《十誡勸諭[4]》一卷
《三山論學》一卷
《首人受造》四卷
《聖人行實》七卷
《聖體答疑》
《天神魔鬼說》
《聖教簡要》一卷
《正教約徵》一卷
《五十言》一卷
《經要直指》一卷
《四末真論》一卷
《求說》一卷
《百問答[7]》
《真福直指》二卷
《答客問》一卷
《聖教要理》一卷
《照迷鏡》一卷
《周歲警言》一卷
《避罪指南》一卷
《聖夢歌》一卷
《耶穌會例》

《不得已辯》一卷
《闢妄》一卷
《鴞鸞不並鳴》一卷
《司鐸課典》一部
《教要解略》二[5]卷
《告解原義》一卷
《七克》七卷
《未來辯》一卷
《辯鏡[6]錄》一卷
《司鐸典要》二卷
《超性學要》四卷
《天主降生》六卷
《聖若瑟行實》一卷
《彌撒祭義》二卷
《性靈詣主》一卷
《聖經直解》十四卷
《天主性體》六卷
《復活論》二卷
《聖依納爵行實》一卷
《聖教實錄》
《主制群徵》二卷
《提正編》六卷
《聖教略說》一卷
《拯民略說》一卷

《熙朝崇正集》四卷
《景教碑詮》一卷
《人類原始》一卷
《滌罪正規》一卷
《助善終經》一卷
《聖教信證》一卷
《天主經解》一卷
《三位一體》三卷
《降生引義》一卷
《聖方濟各沙勿略》一卷
《教要序論》一卷
《聖母經解》一卷
《萬物原始》一卷
《天主實義》二卷
《聖玻而日亞行實》一卷
《進呈書像》一卷
《畸人十篇》一[10]卷
《天學略義》一卷
《聖教問答》一卷
《聖像略説》一卷
《輕世金書》二卷
《主教要旨》一卷
《蒙引》一卷
《聖教撮言》一卷

《四末論》四卷
《靈魂道體説[8]》
《主教緣起》五卷
《寰宇始末》一[9]卷
《同善説》一卷
《辯學遺牘》一卷
《天神會課》一卷
《靈言蠡勺》一卷
《悔罪要指》一卷
《推歷年瞻禮法》一卷
《二十五言》一卷
《靈性理證》一卷
《性靈篇》一卷
《哀矜行詮》二卷
《死説》一卷
《則聖十篇》一卷
《七聖事理[11]典》一卷
《天神》五卷
《天主降生言行紀略》八卷
《聖若撒法行實》一卷
《出像經解》一卷
《十誡直詮》一卷
《形物之造》一卷
《聖母行實》三卷

《四字經[12]》一卷　　　　　《周歲聖人行略》
《天釋明辯》一卷　　　　　《實義續篇》一卷
《天階》一卷　　　　　　　《萬物真原》一卷
《十五端圖像》一卷　　　　《啓蒙》一卷
《齋克》二卷　　　　　　　《聖教要理》一卷
《永年瞻禮單》一卷　　　　《口鐸日抄》三卷
《十慰》一卷　　　　　　　《聖記百言》一卷
《默想規矩》一卷　　　　　《崇正必辨》二卷
《日課經》三卷　　　　　　《問世編》一卷
《身後篇》二卷

校勘記：

[1]部：法圖本作"卷"。

[2]魂：此下，法圖本有"説"字。

[3][7][8]此下，法圖本有"一卷"二字。

[4]論：原作"諭"，據法圖本改。

[5]二：法圖本作"一"。

[6]鏡：疑當作"敬"。

[9][10]一：法圖本作"二"。

[11]理：疑當作"禮"。

[12]經：此下，法圖本有"文"字。

杭州書板目錄

《聖經直解》四錢
《聖人行實》三錢
《七克》一錢二分
《天學實義》八分
《哀矜行詮》七分
《善終助功》七分
《泰西水法》五分
《聖母行實》八分
《出像經解》四分
《龐子遺詮》七分
《畸人十篇》四分
《教要解略》四分
《天主教實錄》三分
《天主降生引義》三分
《闢妄條駁合刻》三分
《萬物真原》二分四釐
《天主經解》四分
《聖母經解》三分
《聖體要理》二分四釐
《聖水紀言》一分
《述友篇》二分四釐
《教友篇》一分四釐
《天主教要》一分
《景教碑頌》一分
《拾慰》三分
《理證》四分
《大日課》一錢八分
《小日課》一錢
《聖教小引》一分
《二十五言》一分
《西方答問》三分
《闢妄》乙分
《聖教約言》一分
《要理六端》五釐
《答客問》三分
《天問略》三分
《辨學遺牘》一分六釐
《三山論學》二分

廣東書板目録

《聖母行實》三卷　　　　《教要序論》一本
《真福直指》二卷　　　　《善生福終正路》二卷
《天神會課》一卷　　　　《三山論學紀》一卷
《妄推吉凶辯》一卷　　　《妄占辯》
《豁疑論》一卷　　　　　《推驗正道論》一卷
《天主聖教約言》一卷　　《萬物真原》一卷
《天主聖教略説》一卷　　《聖教問答指掌》一卷
《聖教要理》一卷　　　　《聖教簡要》七頁

廣東聖方濟各會堂書板目録

《天主實義》　　　　　　《十戒勸諭》
《聖體要理》　　　　　　《童幼教育》
《滌罪正規》　　　　　　《教要序論》
《永福天衢》　　　　　　《闢妄》
《初會問答》　　　　　　《成人要集》
《默想神功》　　　　　　《三山論學》

《聖教約言》　　　　　　《聖教小引》
《聖教要訓》　　　　　　《永暫定衡》
《大總牘》　　　　　　　《聖母花冠》
《本末約言》　　　　　　《聖教領洗》
《聖教要略》　　　　　　《聖教要言》
《同善說》

聖教書數目

《若撒法》龍華民　一本　　《聖經約錄》　一本
《聖母經解》羅雅各　一本　《滌罪正規略》　小本
《闢妄》　　　　　　　　　《四字經文》
《滌罪正規》艾儒略　二本　《聖教蒙引》
《聖人行實》高一志　七本　《聖夢歌》
《天主實義》二本　　　　　《聖記百言》
《彌撒祭義》艾儒略　一本　《勵修一鑑》
《畸人十篇》利瑪竇　二本　《五十言餘》
《實義續篇》龐迪我　一本　《聖體要理》艾儒略　一本
《降生紀錄》艾儒略　二本　《天釋明辨》
《聖母行實》高一志　二本　《天主教要解略》
《十慰》高一志　一本　　　《靈言蠡勺》　畢方濟　一本
《天主聖教實錄》羅明堅　一本

《代疑篇》　　　　　　《龐子遺詮》　二本
《善終助功》　　　　　《七克》龐迪我　四本
《口鐸日抄》　四本

天主聖教書目·曆法格物窮理書目

引

　　夫天主聖教爲至真至實，宜信宜從，其確據有二：一在外，一在內。在內者則本教諸修士著述各端，極合正理之確論。其所論之事，雖有彼此相距甚遠者，如天地、神人、靈魂、形體、現世、後世、生死等項。然各依本性自然之明，窮究其理，總歸於一道之定向，始終至理通貫，并無先後矛盾之處。更有本教翻譯諸書百餘部，一一可考。無非發明昭事上帝，盡性命之道，語語切要，不涉虛玄。其在外之確據，以本教之功行蹤跡，目所易見者，則與吾人講求歸復大事，永遠禍福，闢邪指正而已。至若諸修士所著天學格物致知、乾象曆法等書，亦有百十餘部，久行於世，皆足徵天主聖教真實之理。願同志諸君子歸斯正道而共昭事焉。

天主聖教書目

《昭祀經典》一部
《靈魂》六卷
《聖體要理》一卷
《十[誡]勸論》一卷
《聖教約言》
《真福訓詮》一卷
《原染虧益》二卷
《蟻觀》
《司鐸課典》一部
《首人受造》四卷
《聖體答疑[1]》
《聖教簡要》一卷
《五十言》一卷
《四末真論》一卷
《告解原義》一卷
《未來辯》一卷
《司鐸典要》二卷
《天主降生》六卷
《彌撒祭義》二卷
《百問答》
《聖母小日課》

《龐子遺詮》二卷
《聖體規儀》一卷
《周歲主保聖人單》
《三山論學》一卷
《聖教源流》一卷
《善生福終正路》一卷
《[不]得已辯》一卷
《理生物辯》一卷
《教要解略》二卷
《聖人行實》七卷
《天神魔鬼說[2]》
《正教約徵》一卷
《經要直指》一卷
《求說》一卷
《七克》七卷
《辯鏡[3]錄》一卷
《超性學要》目錄四卷
《聖若瑟行實》一卷
《性靈詣主》一卷
《真福直指》二卷
《聖教要理》一卷

《照迷鏡》一卷
《避罪指南》一卷
《耶穌會例》
《聖經直解》十四卷
《復活論》二卷
《聖教實錄》一卷
《提正編》六卷
《古聖行實[4]》
《景教碑詮》一卷
《滌罪正規》一卷
《聖教信證》一卷[5]
《三位一體》三卷
《聖方濟各沙勿略》一卷
《靈魂道體說》一卷
《寰宇始末》二卷
《辯學遺牘》一卷
《靈言蠡勺》一卷
《推歷年瞻禮法》一卷
《聖母經解》一卷
《天主實義》二卷
《進呈書像》一卷
《天學略義》一卷
《聖像略說》一卷
《靈性理證》一卷

《周歲警言》一卷
《聖夢歌》一卷
《熙朝崇正集》四卷
《天主性體》六卷
《聖依納爵行實》一卷
《主制群徵》二卷
《聖教略說》一卷
《四末論》四卷
《人類原始》一卷
《助善終經》一卷
《天主經解》一卷
《降生引義》一卷
《教要序論》一卷
《主教緣起》五卷
《瞻禮單解》
《天神會課》
《悔罪要指》一卷
《二十五言》一卷[6]
《萬物原始》一卷
《聖玻而日亞行實》一卷
《畸人十篇》二卷
《聖教問答》一卷
《輕世金書》二卷
《性靈篇》一卷

《哀矜行詮》二卷
《則聖十篇》一卷
《天神》五卷
《聖若撒法行實》一卷
《主教要旨》一卷
《聖教撮言》一卷
《每日諸聖行略瞻禮》
《十五端圖像》一卷
《永年瞻禮單》一卷
《十誡直詮》一卷
《聖母行實》三卷
《實義續篇》一卷
《啓蒙》一卷
《口鐸日抄》三卷
《默想規矩》一卷
《身後篇》二卷
《問世編》一卷

[《死説》一]卷
《七聖事禮典》一卷
《天主降生言行紀略》八卷
《出像經解》一卷
《蒙引》一卷
《四字經》一卷
《天階》一卷
《齋克》二卷
《十慰》一卷
《形物之造》一卷
《周歲聖人行略》
《萬物真原》一卷
《聖教要理》一卷
《聖記百言》一卷
《日課經》三卷
《物元實證[7]》

曆法格物窮理書目

《康熙永年曆法》三十二卷
《日躔考晝夜刻分》
《曆引》一卷

《簡平儀》一卷
《測食略》二卷
《同文算指》十一卷

《簡平規總星圖》
《地震解》一卷
《西學凡》一卷
《儀象志》十四卷
《恒星曆指》[8]
《學曆小辯》一卷
《坤輿全圖》
《述友篇》一卷
《字考》一卷
《圜容較義》一卷
《西洋測日曆》
《測驗紀略》一卷
《熙朝定案》二卷
《奏疏》四卷
《渾天儀説》五卷
《恒星表》五[11]卷
《新曆曉或》一卷
《曆法不得已辯》一卷
《坤輿圖説》二卷
《辯揭》
《五緯曆指》九卷
《表度説》一卷
《比例規解》一卷
《西方答問》二卷

《西學治平》
《泰西水法》六卷
《進呈鷹論》一卷
《渾蓋通憲圖説》二卷
《大測》二卷
《籌算》一卷
《性學觕述》一[9]卷
《西儒耳目資》三卷
《儀象圖》二卷
《恒星出没》二卷
《測量法義》[10]
《乾坤體義》三卷
《交友論》一卷
《遠鏡説》一卷
《五緯表》十卷
《正球升度表》[12]
《寰有詮》[六]卷[13]
《職方外紀》二卷
《況義》一卷
《天問略》一卷
《月離曆指》四卷
《共譯各圖八線表》一卷
《空際格致》二卷
《奇器圖説》三卷

《西國記法》一卷
《測天約說》二卷
《月離表》四卷
《勾股義[15]》
《西學修身》十卷
《驗氣說》一卷
《楊淇園行略[17]》
《日躔曆指》一卷
《新法表異》二卷
《天星全圖》
《勵學古言》一卷
《畫答》一卷
《黃赤距度表[18]》
《交食曆指》七卷
《幾何要法》四卷
《童幼教育》二卷
《人身說概》二卷
《獅子說》一卷
極西耶穌會士仝著述

《利瑪竇行略》
《古今交食考[14]》
《新法曆指》一卷
《測量全義》十卷
《斐錄彙答》二卷
《西字奇蹟[16]》
《黃赤正球》一卷
《交食表》九卷
《幾何原本》六卷
《西學齊家》五卷
《譬學》一卷
《張彌克遺跡》
《日躔表》二卷
《曆法西傳》一卷
《赤道南北星圖》
《名理探》十卷
《睡答》一卷

校勘記：

[1][2][4][7][10][12][14][15][16][17][18] 此下，單刻本有"一卷"二字。

[3] 鏡：疑當作"敬"。

[5]此條後，單刻本有"神鬼正紀四卷"六字。
[6]此條後，單刻本有"善惡報答問一卷"七字。
[8]此下，單刻本有"四卷"二字。
[9]一：單刻本作"三"。
[11]五：單刻本作"二"。
[13]寰有詮六卷：此條單刻本置於"曆法不得已辯一卷"後。

曆法格物窮理書目・天主聖教書目

曆法格物窮理書目

《康熙永年曆法》三十二卷　《日躔考晝夜刻分》
《測食略》二卷　《簡平規總星圖》
《西學治平》　《進呈鷹論》一卷
《儀象志》十四卷　《學曆小辯》一卷
《籌算》一卷　《坤輿全圖》
《字考》一卷　《況義》一卷
《辯揭》　《空際格致》二卷
《利瑪竇行略》　《勾股義》
《驗氣說》一卷　《西字奇蹟》
《楊淇園行略》　《譬學》
《張彌克遺跡》　《幾何要法》四卷
《童幼教育》二卷　《儀象圖》二卷

《西洋測日曆》
《測驗紀略》一卷
《熙朝定案》二卷
《正球升度表》
《坤輿圖説》二卷
《共譯各圖八線表》一卷
《測天約説》二卷
《黃赤正球》一卷
《幾何原本》六卷
《勵學古言》一卷
《曆法西傳》一卷
《名理探》十卷
《獅子説》一卷

《測量法義》
《乾坤體義》三卷
《恒星表》五卷
《寰有詮》六卷
《表度説》一卷
《比例規解》一卷
《古今交食考》
《新法表異》二卷
《天星全圖》
《黃赤距度表》
《赤道南北星圖》
《人身説概》二卷
《睡答》一卷

天主聖教書目

《昭祀經典》一部
《聖體規儀》一卷
《十誡勸諭》一卷
《真福訓詮》一卷
《鴞鸞不並鳴》一卷
《首人受造》四卷
《四末真論》一卷

《靈魂》六卷
《周歲主保聖人單》
《聖教源流》一卷
《原染虧益》二卷
《司鐸課典》一部
《經要直指》一卷
《求説》一卷

《未來辯》一卷
《四末論》四卷
《聖教問答》一卷
《輕世金書》二卷
《性靈篇》一卷
《則聖十篇》一卷
《出像經解》一卷
《司鐸典要》二卷
《聖若瑟行實》一卷
《百問答》一卷
《照迷鏡》一卷
《避罪指南》一卷
《熙朝崇正集》四卷
《聖依納爵行實》一卷
《提正編》六卷
《拯民略說》一卷
《天主經解》一卷
《聖方濟各沙勿略》一卷
《天神會課》一卷
《萬物原始》一卷
《進呈書像》一卷
《聖教撮言》一卷
《天階》一卷
《齋克》二卷

《辯鏡[1]錄》一卷
《人類原始》一卷
《聖像略說》一卷
《靈性理證》一卷
《死說》一卷
《天神》五卷
《蒙引》一卷
《天神魔鬼說》
《性靈詣主》一卷
《聖教要理》一卷
《周歲警言》一卷
《耶穌會例》
《天主性體》六卷
《聖教實錄》一卷
《聖教略說》一卷
《聖教信證》一卷
《三位一體》三卷
《寰宇始末》二卷
《推歷年瞻禮法》
《聖玻而日亞行實》一卷
《天學略義》一卷
《四字經》一卷
《十五端圖像》一卷
《永年瞻禮單》一卷

《十誡直詮》一卷　　《形物之造》一卷
《周歲聖人行略》　　《實義續篇》一卷
《啓蒙》一卷　　　　《聖教要理》一卷
《默想規矩》一卷　　《身後篇》二卷
《崇正必辯》二卷　　《問世篇》一卷
《問答指掌》昭事堂藏板

校勘记：

[1] 鏡：疑當作"敬"。

耶穌會西來諸位先生姓氏
後學晉絳韓霖閩漳張賡暨同志公述

方濟各沙勿略聖人

納襪辣國人。明嘉靖三十一年壬子，甫至廣東屬地三洲島，即去世。其肉軀迄今不朽，現在小西洋臥亞府天主堂内。其在世及逝後，行多靈異，至今不絕。有《行實》行世。

利瑪竇字西泰。

意大理亞國人。明萬曆九年辛巳至，先傳教粵東諸郡，轉至江西，後寓金陵。二十八年庚子，同龐迪我齋方物進朝。神宗恩賚極厚，欽賜官職，固辭不受。蒙上眷注，始留京師，偕龐迪我僦屋以居，日用取給於光禄，遵上命也。至三十八年庚戌四月卒，御賜祭葬，墓在北京阜城門外滕公栅欄。有《行略》行世。

著《天主實義》二卷、《畸人十篇》二卷、《辯學遺牘》一卷、《幾何原本》六卷、《交友論》一卷、《同文算指》十一卷、《西字奇蹟》、《西國記法》、《測量法義》、《萬國輿圖》、《乾坤體義》三卷、《勾股義》、《二十五言》一卷、《渾蓋通憲圖説》二卷、《圜容較義》一卷。

羅明堅字復初。

意大理國人。明萬曆九年辛巳至，傳教廣東，後回本國。

著《聖教實録》。

巴範濟字庸樂。

意大理亞國人。明萬曆十一年癸未至，傳教[1]，後回廣東，卒。墓在香山墺。

孟三德字寧寰。

路西大尼亞國人。明萬曆十三年乙酉至，傳教廣東[2]。墓在香山墺。

---

[1] 此下有墨釘七字。
[2] 此下有墨釘七字。

麥安東字立修。

　　路西大尼亞國人。明萬曆十三年乙酉至，傳教江西，後回廣東，卒①。墓在香山嶴。

石方西字鎮宇。

　　意大理亞國人。明萬曆十八年庚寅至，傳教江西，後回廣東，卒②。墓在韶州府。

郭居靜字仰鳳。

　　意大理亞國人。明萬曆二十二年甲午至，傳教江寧。後往上海，復往浙江，卒於杭州。墓在杭州方井南。

　　著《性靈詣主》，未刻。

蘇如漢字瞻清。

　　路西大尼亞國人。明萬曆二十三年乙未至，傳教廣東，卒③。墓在香山嶴。

　　著《聖教約言》。

龍華民字精華。

　　西濟利亞國人。明萬曆二十五年丁酉至，先傳教江西，後進都中。至大清順治十年癸巳卒。蒙世祖章皇帝

---

① 此下空二格。
② 此下空二格。
③ 此下空五格。

賜銀三百兩,遣内侍祭奠,欽賜繪容一軸。墓在北京阜城門外滕公柵欄。

著《聖教日課》、《念珠默想規程》、《靈魂道體說》、《急救事宜》、《地震解》、《死說》、《聖若撒法行實》、《聖人禱文》。

羅儒望字懷中。

路西大尼亞國人。明萬曆二十六年戊戌至,傳教嘉定縣,後至浙江,天啓癸亥年卒。墓在杭州方井南。

龐迪我字順陽。

依西把尼亞國人。明萬曆二十七年己亥至,即同西泰利先生進朝,遂留都中傳教。後回墺,卒。墓在香山墺。

著《七克》七卷、《人類原始》、《龐子遺詮》二卷、《實義續篇》、《天神魔鬼說》、《受難始末》、《辯揭》一卷。

李瑪諾字海嶽。

路西大尼亞國人。明萬曆二十九年辛丑至,傳教江西等處。後回廣東,卒。墓在香山墺。

黎寧石字攻玉。

路西大尼亞國人。明萬曆三十二年甲辰至,先傳教於浙江,後至上海,復至浙江,卒。墓在杭州方井南。

費奇規字揆一。

路西大尼亞國人。明萬曆三十二年甲辰至，傳教河南，後至江西建昌，復往廣東，卒。墓在①。

著《振心總牘》、《周年主保聖人單》、《玫瑰經十五端》。

杜祿茂字濟宇。

意大理亞國人。明萬曆三十二年甲辰至，傳教江西，復往廣東，卒。墓在②。

高一志字則聖。

意大理亞國人。明萬曆三十三年乙巳至，傳教山西，崇禎③年卒。墓在絳州南門外。

著《西學修身》十卷、《西學齊家》五卷、《西學治平》、《四末論》四卷、《聖母行實》三卷、《聖人行實》七卷、《則聖十篇》、《十慰》、《斐錄彙答》二卷、《勵學古言》、《童幼教育》二卷、《譬學》、《空際格致》二卷、《寰宇始末》二卷、《教要解略》二卷。

林斐理字如泉。

路西大尼亞國人。明萬曆三十三年乙巳至，傳教江寧，卒。墓在江寧聚寶門外雨花臺側。

---

① 此處疑有闕文。
② 此下有墨釘七字。
③ 此下有墨釘二字。

駱入禄字甸西。

路西大尼亞國人。明萬曆三十三年乙巳至①,卒。墓在香山墺。

熊三拔字有綱。

意大理亞國人。明萬曆三十四年丙午至,傳教北京。天啟年間,欽取修曆,後回廣東,卒。墓在香山墺。

著《泰西水法》六卷、《簡平儀》、《表度説》。

陽瑪諾字演西。

路西大尼亞國人。明萬曆三十八年庚戌至,傳教北京、江南等處,後駐浙江,至大清順治②年卒。墓在杭州方井南。

著《聖經直解》十四卷、《十誡(真誠)[直詮]》、《景教碑詮》、《天問略》、《輕世金書》、《避罪指南》未刻、《聖若瑟行實》、《天神禱文》。

金尼各字四表。

拂覽第亞國人。明萬曆三十八年庚戌至,傳教浙江,崇禎二年己巳卒。墓在杭州方井南。

著《西儒耳目資》三卷、《況義》、《推歷年瞻禮法》。

---

① 此下有墨釘十一字。
② 此下有墨釘二字。

畢方濟字今梁。

納玻理國人。明萬曆四十一年癸丑至，欽召進京，尋往河南。後徐文定公延歸上海，傳教吳下諸郡。嗣往浙江，轉入閩中，復至金陵，又往粵東。明末時卒於廣州府，墓在省城北門外。

著《靈言蠡勺》《睡答》《畫答》。

艾儒略字思及。

意大理亞國人。明萬曆四十一年癸丑至。先進朝，徐文定公迎歸上海，轉行浙江，弘宣聖教。葉相國福唐復延入閩，閩中稱爲西來孔子，受教者甚衆。至大清順治二年乙酉卒，墓在福州。

著《天主降生言行紀略》八卷、《降生引義》、《昭事祭義》二卷、《滌罪正規》、《萬物真原》、《三山論學》、《西學凡》、《性靈篇》、《性學觕述》、《職方外紀》五卷、《西方答問》二卷、《幾何要法》四卷、《景教碑頌》注解、《聖體要理》、《聖體禱文》、《出像經解》、《十五端圖像》、《聖夢歌》、《利瑪竇行實》、《熙朝崇正集》四卷、《楊淇園行略》、《張彌克遺跡》、《悔罪要旨》、《五十言》、《四字經》。

史惟貞字一覽。

熱而瑪尼亞國人。明萬曆四十一年癸丑至，傳教江西，卒。墓在江西。

曾德昭字繼元。

路西大尼亞國人。明萬曆四十一年癸丑至，傳教杭州，轉金陵，復回廣東，卒。墓在香山墺。

著《字考》。

鄔若望字瞻宇。

達而瑪濟亞國人。明萬曆四十八年庚申至，傳教江南，卒。墓在江寧府聚寶門外雨花臺側。

鄧玉函字涵璞。

熱而瑪尼亞國人。明天啓元年辛酉至，傳教①。後入都中，佐理曆局。善醫，格究中國本草八千餘種。惜未翻譯，遽卒於京師。墓在阜城門外滕公栅欄。

著《人身説概》二卷、《奇器圖説》三卷、《測天約説》二卷、《黄赤距度表》、《正球升度表》、《大測》二卷。

傅汎濟字體齋。

路西大尼亞國人。明天啓元年辛酉至，傳教浙江、陝西等處。復往廣東香山墺，卒。墓在香山墺。

著《寰有詮》六卷、《名理探》十卷。

① 此下有墨釘二字。

湯若望字道未。

　　熱而瑪尼亞國人。明天啓二年壬戌至，欽召入京，修政曆法。至大清定鼎，特命修時憲曆，授欽天監監正，加太常寺卿，敕賜通微教師。除通政使司通政使，加二品，又加一級，進光祿大夫。康熙五年丙午疾卒。八年己酉十月，欽賜祭葬銀五百二十四兩，遣官至墓諭祭。墓在北京阜城門外滕公柵欄。

　　著《進呈書像》、《主制群徵》二卷、《主教緣起》五卷、《渾天儀説》五卷、《真福訓詮》、《古今交食考》、《西洋測日曆》、《遠鏡説》、《星圖》、《交食曆指》七卷、《交食表》九卷、《恒星曆指》、《恒星表》五卷、《共譯各圖八線表》一卷、《恒星出没》二卷、《學曆小辯》一卷、《測食略》二卷、《測天約説》二卷、《大測》二卷、《奏疏》四卷、《新曆曉或》一卷、《新法曆引》一卷、《曆法西傳》一卷、《新法表異》二卷。

費樂德字心銘。

　　路西大尼亞國人。明天啓二年壬戌至，傳教河南。究習中國文學，儒者多服其論。崇禎十六年壬午卒，墓在開封府。

　　著《聖教源流》一卷、《總牘内經》、《念經勸》一卷。

伏若望字定源。

　　路西大尼亞國人。明天啓四年甲子至，傳教杭州，崇禎十三年庚辰六月卒。墓在方井南。

著《助善終經》《苦難禱文》《五傷經規》。

羅雅谷字味韶。

意大理亞國人。明天啓四年甲子至，傳教山西絳州。崇禎四年辛未，欽取來京修曆，於①年卒。墓在阜城門外滕公栅欄。

著《齋克》二卷、《哀矜行詮》二卷、《聖記百言》一卷、《天主經解》、《聖母經解》、《求說》未刻、《周歲警言》一卷、《測量全義》十卷、《比例規解》一卷、《五緯表》十卷、《五緯曆指》九卷、《月離曆指》四卷、《月離表》四卷、《日躔曆指》一卷、《日躔表》二卷、《黄赤正球》一卷、《籌算》一卷、《曆引》一卷、《日躔考晝夜刻分》。

盧安德字盤石。

波羅尼亞國人。明天啓六年丙寅至，傳教福建，於②年卒。墓在福州府。

顏爾定字務本。

拂覽第亞國人。明崇禎二年己巳至，傳教江西，後至江寧，卒。墓在聚寶門外雨花臺側。

---

① 此處疑有闕文。
② 此下有墨釘四字。

瞿西滿字弗溢。

路西大尼亞國人。明崇禎二年己巳至，傳教福建，後進都中，復往廣東，大清順治十七年庚子卒。墓在香山墺。

著《經要直指》。

方德望字玉清。

法郎濟亞國人。明崇禎三年庚午至，傳教陝西漢中等處。有聖德，多顯奇跡。至順治十六年己亥卒，墓在漢中府。

聶伯多字石宗。

意大理亞國人。明崇禎三年庚午至，傳教福建等處，後往江西，至大清康熙十四年乙卯卒。墓在南昌府。

林本篤字存元。

路西大尼亞國人。明崇禎三年庚午至，傳教廣東，順治八年辛卯卒。墓在瓊州府。

金彌格字端表。

拂覽第亞國人。明崇禎三年庚午至，傳教山西等處。大清康熙四年乙巳往廣東，七年戊申卒。墓在廣州府河之南。

謝貴禄字天爵。

　　意大理亞國人。明崇禎三年庚午至，傳教江西。① 年卒，墓在南昌府。

杜奧定字公開。

　　意大理亞國人。明崇禎四年辛未至，傳教陝西，後往福建。② 年卒，墓在福州府海邊。

郭納爵字德旌。

　　路西大尼亞國人。明崇禎七年甲戌至，傳教陝西等處，後轉福建。大清康熙四年乙巳往廣東，五年丙午四月卒。墓在廣州府河之南。

　　著《原染虧益》上、下二卷，未刻；《身後編》上、下二卷。

李範濟字仁方。

　　路西大尼亞國人。明崇禎九年丙子至，傳教河南，後至廣東，復回小西洋，卒。

何大化字德川。

　　路西大尼亞國人。明崇禎九年丙子至，傳教福建等處。至大清康熙十六年丁巳卒。墓在福州府北門外。

---

① 此下有墨釘五字。
② 此下有墨釘五字。

著《蒙引》。

盧納爵字燠貴。

路西大尼亞國人。明崇禎十年丁丑至，傳教福建，後至江南、上海，復往廣東，後回小西洋，卒。

孟儒望字士表。

路西大尼亞國人。明崇禎十年丁丑至，傳教江西，後往浙江，復回小西洋，卒。

著《辯敬錄》、《照迷鏡》、《天學略義》。

賈宜睦字九章。

西濟利亞國人。明崇禎十年丁丑至，傳教浙江、江南等處。大清順治十六年，卒於蘇州常熟縣，墓在虞山鐵拐亭之北。

著《提正編》六卷。

利類思字再可。

西濟利亞國人。明崇禎十年丁丑至，傳教江南、浙江、四川等處。清朝定鼎，駐修輦轂下。蒙今上時加寵渥。[1]

著《超性學要》目錄四卷、《天主性體》六卷、《三位一體》三卷、《萬物原始》一卷、《天神》五卷、《六日工》一卷、

---

① 此下有墨釘三行半。

《靈魂》六卷、《首人受造》四卷、《主教要旨》、《不得已辯》、《昭事經典》、《司鐸典要》、《七聖事禮典》、《司鐸課典》、《聖教簡要》、《正教約徵》、《獅子說》、《進呈鷹論》。①

潘國光字用觀。

　　西濟利亞國人。明崇禎十年丁丑至，傳教江南蘇、松等處。駐上海，被化甚衆。大清康熙四年乙巳，往廣東。十年辛亥，卒於廣州府。後回葬上海南門外。

　　著《聖體規儀》《十誡勸論》《天神會課》《聖教四規》《未來辯論》《天階》。

萬密克字潘修。

　　熱而瑪尼亞國人。明崇禎十一年戊寅至，傳教山西。十六年甲申卒。墓在山西蒲州。

徐日昇字左恒。

　　熱而瑪尼亞國人。明崇禎十一年戊寅至，傳教杭州，卒。墓在方井南。

李方西字六宇。

　　意大理亞國人。明崇禎十三年庚辰至，傳教陝西等處。大清康熙五年丙午，往廣東。十年辛亥，自粵東歸西

---

① 此下有墨釘四行半。

安。行至江南安慶府，卒，回葬西安府，墓在會城東南三里之沙坡。

安文思字景明。

路西大尼亞國人。明崇禎十三年庚辰至，傳教四川等處。遭寇亂危險，幾死者數次。大清順治五年戊子來京，恭遇世祖章皇帝，時荷寵渥。至康熙十六年丁巳卒，蒙今上憫恤，親製諭文，賜銀緞營葬。墓在阜城門外滕公栅欄。

著《復活論》二卷。

梅高字允調。

路西大尼亞國人。明崇禎十三年庚辰至，傳教陝西，後往江西，卒。墓在南昌府。

衛匡國字濟泰。

意大理亞國人。明崇禎十六年癸未至，傳教浙江。後進京，復往福建、廣東等處，仍至浙江。大清順治十八年辛丑卒。墓在方井南。①

著《靈性理證》《逑友篇》。

穆尼各字如德。

波羅尼亞國人。明崇禎十六年癸未至，傳教。② 大清

---

① 此下有墨釘三行。
② 此處疑有闕文。

順治十年進京，後至廣東肇慶府，卒。墓在肇慶府城外。

瞿安德字體泰。

　　熱而瑪尼亞國人。順治六年己丑至，傳教廣西。十三年丙申卒。墓在廣西。

卜彌格字致遠。

　　波羅尼亞國人。順治七年庚寅至，傳教廣西。十六年己亥①卒。墓在廣西。

汪儒望字聖同。

　　法郎濟亞國人。順治八年辛卯至，傳教山東。②

成際理字竹君。

　　路西大尼亞國人。順治八年辛卯至，傳教江南。③

張瑪諾字仲金。

　　路西大尼亞國人。順治八年辛卯至，傳教江南、淮陽等處。康熙十六年丁巳卒。墓在江寧府聚寶門外雨花臺側。

---

　　① 此下空二格。
　　② 此下有墨釘四行。
　　③ 此下有墨釘二行半。

利瑪第字聖先。

路西大尼亞國人。順治十三年丙申至，傳教廣東瓊州府。後於康熙二年癸卯往江西、江南等處，仍回廣東香山墺。後卒。①

王若翰字振先。

意大理亞國人。順治十三年丙申至，傳教廣東瓊州府。今回香山墺。②

聶仲遷字若瑞。

法郎濟亞國人。順治十四年丁酉至，傳教江西。③
著《古聖行實》，未刻。④

傅若望字遐及。

法郎濟亞國人。順治十四年丁酉至，傳教廣東瓊州府。順治十八年庚子卒，墓在瓊州府。

劉迪我字聖及。

法郎濟亞國人。順治十四年丁酉至，傳教江南、江西贛州，後至上海。康熙十四年乙卯卒，墓在上海南門外。

---

① 此下有墨釘五字。
② 此下有墨釘八字。
③ 此下有墨釘四行半。
④ 此下有墨釘四行。

洪度貞字復齋。

　　法郎濟亞國人。順治十四年丁酉至，傳教杭州。康熙十二年癸丑卒，墓在方井南。

穆宜各字全真。

　　法郎濟亞國人，即格我、迪我同胞之弟。順治十四年丁酉，與二兄同至，傳教江西，不三月卒，同志惜之。墓在南昌府東門外。康熙十七年，移葬於湖廣武昌府。

穆格我字來真。

　　法郎濟亞國人。順治十四年丁酉至，傳教陝西漢中。康熙十年，自廣回陝。甫至江西，卒，墓在南昌府東門外。康熙十七年，移葬於湖廣武昌府。

穆迪我字惠吉。

　　法郎濟亞國人。順治十四年丁酉至，傳教湖廣。[1]

樂類思字能慮。

　　法郎濟亞國人。順治十四年丁酉至，傳教福建，轉江西。十六年己亥，卒。墓在南昌府東門外。

---

[1]　此下有墨釘三行半。

林瑪諾字能定。

路西大尼亞國人。順治十四年丁酉至，傳教江西，後往江南，卒。墓在江寧府聚寶門外雨花臺側。

蘇納字德業。

熱而瑪尼亞國人。順治十六年己亥，欽取來京，佐修曆務。因水土不服成疾，詔令養病山東，不久卒。墓在濟南府。

郎安德字最樂。

路西大尼亞國人。順治十六年己亥至，傳教淮安，後轉福建。至十七年庚子，卒。墓在福州。

吳爾鐸字紹伯。

拂覽第亞國人。順治十六年己亥至，傳教山西，復回小西洋，卒。

畢嘉字鐸民。

意大理亞國人。順治十六年己亥至，傳教江南。今奉旨駐陝西。[①]

柏應理字信未。

拂覽第亞國人。順治十六年己亥至，傳教福建、浙

---

① 此下有墨釘五行半。

江、江南等處。①

著《百問答》、《永年瞻禮單》、《聖玻而日亞行實》、《四末真論》、《聖若瑟禱文》、《周歲聖人行略》未刻。②

魯日滿字謙受。

拂覽第亞國人。順治十六年己亥至，傳教江南。康熙十五年丙辰，卒於太倉州。墓在常熟縣北門外鐵拐亭之北。

著《問世編》《聖教要理》。

殷鐸澤字覺斯。

西濟利亞國人。順治十六年己亥至，傳教江西。今在杭州。③

著《耶穌會例》、《西文四書直解》三卷。④

南懷仁字敦伯。

拂覽第亞國人。順治十六年己亥至，傳教陝西。十七年，欽召入京，纂修曆法。康熙八年己酉，特命治理曆法，授欽天監，加太常寺卿，又加通政使司通政使，加一級。⑤

---

① 此下有墨釘二行半。
② 此下有墨釘四行。
③ 此下有墨釘十二字。
④ 此下有墨釘四行。
⑤ 此下有墨釘六行半。

著《儀象志》十四卷、《儀象圖》二卷、《測驗紀略》一卷、《驗氣説》、《坤輿全圖》、《坤輿圖説》二卷、《熙朝定案》二卷、《曆法不得已辯》一卷、《康熙永年曆法》三十二卷、《教要序論》一卷、《告解原義》一卷、《聖體答疑》一卷、《赤道南北星圖》、《簡平規總星圖》。①

瞿篤德字天齋。
　意大理亞國人。順治十六年己亥至，傳教廣東瓊州府等處。後往江西贛州，今仍在瓊州府。②

白乃心字葵陽。
　熱爾瑪尼亞國人。順治十六年己亥，欽取來京，佐修曆務。後回本國。

陸安德字泰然。
　納玻理國人。順治十六年己亥至，傳教廣東，後往江南等處。③
　著《真福直指》二卷、《聖教略説》一卷、《聖教問答》一卷、《萬民四末圖》未刻、《默想大全》未刻、《聖教撮言》一卷、《善生福終正路》一卷、《聖教要理》一卷、《默想規矩》一卷。④

---

① 此下有墨釘六行。
② 此下有墨釘四行半。
③ 此下有墨釘五行半。
④ 此下有墨釘二行半。

恩理格字性涵。

　　熱而瑪尼亞國人。順治十七年庚子至，傳教山西。康熙十年辛亥，爲曆法欽取來京。十五年丙辰告假，奉旨往山西絳州。①

　　著《文字考》未刻。②

方瑪諾字允中。

　　法郎濟亞國人。康熙三年甲辰，由香山澳至，傳教福建等處。十五年丙辰卒，墓在福州府。

羅迪我字天祐。

　　路西大尼亞國人。康熙三年甲辰，由香山澳至廣州府。今仍回澳。③

楊若瑟字伯和。

　　路西大尼亞國人。康熙三年甲辰，由香山澳至廣州府。今仍回澳。④

石嘉樂字悅天。

　　意大理亞國人。康熙七年戊申至廣東，⑤卒。墓在廣

---

① 此下有墨釘二行半。
② 此下有墨釘三行半。
③ 此下有墨釘九字。
④ 此下有墨釘九字。
⑤ 此下有墨釘八字。

州府河之南。

閔明我字德先。

意大理亞國人。康熙十年辛亥,欽取來京佐理曆法。①

鄭瑪諾字惟信。

廣東香山墺人。自幼往西國羅瑪京都,習格物窮理超性之學,並西音語言文字。康熙十年辛亥來京,十三年甲寅卒。墓在阜城門外滕公柵欄。

徐日昇字寅公。

路西大尼亞國人。康熙十二年癸丑,奉上諭,特差部員,往廣東香山墺,欽取來京,佐理曆法。②

姓　氏

自遠西至中國九萬里,來傳天主教耶穌會諸修士,皆西國考取文學、理學、道學三科進士也。今將各姓氏、各所生之本國,遠西有名之國約有三十。及其所至中華之年、所

---

① 此下有墨釘六行半。
② 此下有墨釘二行半。

譯著之書，並其歿時所葬之塋墓，在何省何地，統詳列於左。其有尚未查明者，則於本姓氏下空缺，俟後查明開載。①

方濟各沙勿略聖人

納襪辣國人。明嘉靖三十一年壬子，甫至廣東屬地三洲島，即去世。其肉軀迄今不朽，現在小西洋臥亞府天主堂内。聖人在世時及逝世後，行多靈異，迄今不絕。有《行實》行世。

利瑪寶字西泰。

意大理亞國人。明萬曆九年辛巳至，先傳教粵東諸郡，轉入江西，後留金陵。二十八年庚子，同龐迪我齎方物進朝。神宗恩賚極厚，欽賜官職，固辭榮爵。蒙上垂意，始安意京師，偕龐迪我僦屋以居，日用取給於光禄，遵上命也。至三十八年庚戌四月卒，御賜葬，墓在北京平子門外二里溝。有《行略》行世。

著有《天主實義》二卷、《畸人十篇》二卷、《辯學遺牘》、《幾何原本》六卷、《交友論》、《西字奇蹟》、《西國記法》一卷、《測量法義》、《乾坤體義》三卷、《勾股義》、《二十五言》一卷、《渾蓋通憲圖説》二卷、《圜容較義》一卷、《萬國輿圖》。

---

① 本段文字原置於《姓氏》前頁，今改置標題下。

羅明堅字復初。

意大理亞國人。明萬曆九年辛巳至，傳教廣東，後回本國。

著：《聖教實錄》一卷。

巴範濟字庸樂。

意大理亞國人。明萬曆十一年癸未至，傳教①，後回廣東，卒。墓在香山嶴。

孟三德字寧寶。

路西大尼亞國人。明萬曆十三年乙酉至，傳教廣東。② 墓在香山嶴。

麥安東字立修。

路西大尼亞國人。明萬曆十三年乙酉至，傳教江西，後回廣東，③卒。墓在香山嶴。

石方西字鎮宇。

意大理亞國人。明萬曆十八年庚寅至，傳教江西，後回廣東，④卒。墓在韶州府。

---

① 此下空九格。
② 此下空十一格。
③ 此下空六格。
④ 此下空七格。

郭居靜字仰鳳。

意大理亞國人。明萬曆二十二年甲午至，傳教江寧。後往上海，復往浙江。卒於杭州，墓在方井南。

著《性靈詣主》。

蘇如漢字瞻清。

路西大尼亞國人。明萬曆二十三年乙未至，傳教廣東，①卒。墓在香山嶴。

著《聖教約言》。

龍華民字精華。

西濟利亞國人。明萬曆二十五年丁酉至，傳教江西，後進都中。至大清順治十一年甲午七月卒。蒙世祖章皇帝賜銀叁百兩，遣內侍祭奠，欽賜繪容一軸。墓在北京阜城門外滕公柵欄。

著《聖教日課》、《念珠默想規程》、《靈魂道體說》一卷、《急救事宜》、《地震解》一卷、《死說》一卷、《聖若撒法行實》一卷、《聖人禱文》。

羅儒望字懷中。

路西大尼亞國人。明萬曆二十六年戊戌至，傳教嘉定縣，後至浙江。天啓癸亥年卒，墓在杭州方井南。

---

① 此下空九格。

著《啓蒙》。

龐迪我字順陽。

依西把尼亞國人。明萬曆二十七年己亥至，即同西泰利先生進朝，遂留都中傳教。後回廣東香山嶴，卒。墓在香山嶴。

著《七克》七卷、《人類原始》、《龐子遺詮》二卷、《實義續篇》一卷、《天神魔鬼說》、《受難始末》、《辯揭》。

李瑪諾字海嶽。

路西大尼亞國人。明萬曆二十九年辛丑至，傳教江西等處。後回廣東，卒。墓在香山嶴。

黎寧石字攻玉。

路西大尼亞國人。明萬曆三十二年甲辰至，先傳教於浙江，後至上海，復至浙江，卒。墓在杭州方井南。

費奇規字揆一。

路西大尼亞國人。明萬曆三十二年甲辰至，傳教河南，後至江西建昌，復往廣東，卒。墓在①。

著《振心總牘》《周年主保聖人單》《玫瑰經十五端》。

---

① 此处疑有阙文。

杜禄畝字濟宇。

　　意大理亞國人。明萬曆三十二年甲辰至,傳教江西,復往廣東,卒。墓在①。

高一志字則聖。

　　意大理亞國人。明萬曆三十三年乙巳至,傳教山西。崇禎②卒,墓在絳州南門外。

　　著《西學修身》十卷、《西學齊家》五卷、《西學治平》、《四末論》四卷、《聖母行實》三卷、《聖人行實》七卷、《則聖十篇》、《十慰》、《斐録彙答》二卷、《勵學古言》一卷、《童幼教育》二卷、《譬學》二卷、《空際格致》二卷、《寰宇始末》二卷、《教要解略》二卷、《神鬼正紀》四卷。

林斐理字如泉。

　　路西大尼亞國人。明萬曆三十三年乙巳至,傳教江寧,至四十一年卒。墓在江寧聚寶門外雨花臺側。

駱入禄字甸西。

　　路西大尼亞國人。明萬曆三十三年乙巳至③。墓在香山墺。

---

① 此处疑有闕文。
② 此下空六格。
③ 此下空十四格。

熊三拔字有綱。

意大理亞國人。明萬曆三十四年丙午至，傳教北京。天啓年間，欽命修曆。後回廣東，卒。墓在香山隩。

著《泰西水法》六卷、《簡平儀》、《表度說》。

陽瑪諾字演西。

路西大尼亞國人。明萬曆三十八年庚戌至，傳教北京江南等處，後駐浙江。至大清順治①年卒，墓在杭州方井南。

著《聖經直解》十四卷、《十誡直詮》一卷、《景教碑詮》一卷、《天問略》一卷、《輕世金書》二卷、《避罪指南》、《聖若瑟行實》一卷、《天神禱文》。

金尼各字四表。

拂覽第亞國人。明萬曆三十八年庚戌至，傳教浙江。崇禎二年己巳卒，墓在杭州方井南。

著《西儒耳目資》三卷、《況義》一卷、《推曆年瞻禮法》一卷。

畢方濟字今梁。

納玻理國人。明萬曆四十一年癸丑至，欽召進京，尋往河南。徐文定公延歸上海，傳教吳下諸郡。嗣往浙江，

---

① 此下空六格。

轉入閩中，復至金陵，又往粵東。明末時卒於廣州府，墓在省城北門外。

著《靈言蠡勺》二卷、《睡答》一卷、《畫答》一卷。

艾儒略字思及。

意大理亞國人。明萬曆四十一年癸丑至。先進朝，徐文定公迎歸上海，轉行浙江，弘宣聖教。葉相國福唐復延入閩，閩中稱爲西來孔子，受教者甚衆。至大清順治六年己丑卒，墓在福州府北門外十字山。

著《天主降生言行紀略》八卷、《降生引義》一卷、《彌撒祭義》二卷、《滌罪正規》一卷、《萬物真原》一卷、《三山論學》一卷、《西學凡》一卷、《性靈篇》一卷、《性學觕述》、《職方外紀》五卷、《西方答問》二卷、《幾何要法》四卷、《景教碑頌》注解、《聖體要理》一卷、《聖體禱文》、《出像經解》一卷、《十五端圖像》一卷、《聖夢歌》一卷、《利瑪竇行略》一卷、《熙朝崇正集》四卷、《楊淇園行略》一卷、《張彌克遺跡》一卷、《悔罪要旨》一卷、《五十言》一卷、《四字經》一卷。

史惟貞字[一]覽。

熱而瑪尼亞國人。明萬曆四十一年癸丑至，傳教江西，①卒。墓在江西。

---

① 此下空十格。

曾德昭字繼元。

路西大尼亞國人。明萬曆四十一年癸丑至，傳教杭州，轉金陵，復回廣東，卒。墓在香山墺。

著《字考》。

鄔若望字瞻宇。

達而瑪濟亞國人。明萬曆四十八年庚申至，傳教江南，卒。墓在江寧府聚寶門外雨花臺側。

鄧玉函字涵璞。

熱而瑪尼亞國人。明天啓元年辛酉至，傳教①。後入都，欽命修曆。善醫，格究中國本草八千餘種，惜未翻譯。崇禎三年庚午，卒於京師。墓在阜城門外滕公柵欄。

著《人身說概》二卷、《奇器圖說》三卷、《測天約說》二卷、《黃赤距度表》二卷、《正球升度表》、《大測》二卷。

傅汎濟字體齋。

路西大尼亞國人。明天啓元年辛酉至，傳教浙江、陝西等處。後往廣東香山墺，卒。墓在香山墺。

著《寰有詮》六卷、《名理探》十卷。

---

① 此下空二格。

湯若望字道未。

熱而瑪尼亞國人。明天啓二年壬戌至，欽召入京，修政曆法。至大清定鼎，特命修時憲曆。授欽天監監正，加太常寺卿，敕賜通微教師。除通政使司通政使，加二品，又加一級，進光禄大夫。蒙世祖章皇帝恩寵甚厚，頻幸其宅。康熙四年乙巳疾卒。八年己酉十月，欽賜祭葬銀五百二十四兩，遣官至墓諭祭。墓在北京阜城門外滕公柵欄。

著《進呈書像》一卷、《主制群徵》二卷、《主教緣起》四卷、《渾天儀說》五卷、《真福訓詮》、《古今交食考》一卷、《西洋測日曆》、《遠鏡說》一卷、《星圖》、《交食曆指》七卷、《交食表》九卷、《恒星曆指》四卷、《恒星表》五卷、《共譯各圖八線表》一卷、《恒星出沒》二卷、《學曆小辯》一卷、《測食略》二卷、《測天約說》二卷、《大測》二卷、《奏疏》四卷、《新曆曉或》一卷、《新法曆引》一卷、《曆法西傳》一卷、《新法表異》二卷、《民曆鋪注解惑》一卷。

費樂德字心銘。

路西大尼亞國人。明天啓二年壬戌至，傳教河南。究習中國文學，儒者多服其論。於崇禎十六年壬午卒，墓在開封府。

著《聖教源流》一卷、《總牘內經》、《念經勸》一卷。

伏若望字定源。

路西大尼亞國人。明天啓四年甲子至，傳教杭州。

崇禎十三年庚辰六月卒,墓在方井南。

著《助善終經》一卷、《五傷經規》、《苦難禱文》。

羅雅谷字味韶。

意大理亞國人。明天啓四年甲子至,傳教山西絳州。崇禎三年庚午,欽取來京修曆,於十一年戊寅歲卒。墓在阜城門外滕公栅欄。

著《齋克》二卷、《哀矜行詮》二卷、《聖記百言》一卷、《天主經解》一卷、《聖母經解》一卷、《求說》一卷、《周歲警言》一卷、《測量全義》十卷、《比例規解》一卷、《五緯表》十卷、《五緯曆指》九卷、《月離曆指》四卷、《月離表》四卷、《日躔曆指》一卷、《日躔表》二卷、《黃赤正球》一卷、《籌算》一卷、《曆引》一卷、《日躔考晝夜刻分》。

盧安德字盤石。

波羅尼亞國人。明天啓六年丙寅至,傳教福建。於[①]卒,墓在福州府北門外。

顏爾定字務本。

拂覽第亞國人。明崇禎二年己巳至,傳教江西,後至江寧[②],卒。墓在聚寶門外雨花臺側。

---

① 此下空七格。
② 此下空八格。

瞿西滿<small>字弗溢</small>。

路西大尼亞國人。明崇禎二年己巳至，傳教福建，後都中，復往廣東。大清順治十七年庚子卒，墓在香山墺。

著《經要直指》。

方德望<small>字玉清</small>。

法郎濟亞國人。明崇禎三年庚午至，傳教陝西漢中等處。有聖德，多顯奇跡。至大清順治十六年己亥卒，墓在漢中府。

聶伯多<small>字石宗</small>。

意大理亞國人。明崇禎三年庚午至，傳教福建等處，後往江西。至大清康熙十四年乙卯卒，墓在南昌府。

林本篤<small>字存元</small>。

路西大尼亞國人。明崇禎三年庚午至，傳教廣東。至大清順治八年辛卯卒，墓在瓊州府。

金彌格<small>字端表</small>。

拂覽第亞國人。明崇禎三年庚午至，傳教山西等處。大清康熙四年乙巳，往廣東。七年戊申卒，墓在廣州府河之南。

謝貴禄字天爵。

　　意大理亞國人。明崇禎三年庚午至,傳教江西,①卒,墓在南昌府。

杜奧定字公開。

　　意大理亞國人。明崇禎四年辛未至,傳教陝西,後往福建,②卒,墓在福州府海邊。

　　著《渡海苦績紀》。

郭納爵字德旌。

　　路西大尼亞國人。明崇禎七年甲戌至,傳教陝西等處,後轉福建。大清康熙四年乙巳,往廣東。五年丙午四月卒,墓在廣州府河之南。

　　著《原染虧益》二卷、《身後編》二卷、《老人妙處》、《教要》。

李範濟字仁方。

　　路西大尼亞國人。明崇禎九年丙子至,傳教河南,後至廣東,復回小西洋,卒。

何大化字德川。

　　路西大尼亞國人。明崇禎九年丙子至,傳教福建

---

① 此下空八格。
② 此下空八格。

等處。至大清康熙十六年丁巳卒,墓在福州府北門外。

著《蒙引》一卷。

盧納爵字燒貴。

路西大尼亞國人。明崇禎十年丁丑至,傳教福建,後至江南、上海,復往廣東。後回小西洋,卒。

孟儒望字士表。

路西大尼亞國人。明崇禎十年丁丑至,傳教江西,後往浙江,復回小西洋,卒。

著《辯敬錄》《照迷鏡》《天學略義》。

賈宜睦字九章。

西濟利亞國人。明崇禎十年丁丑至,傳教浙江、江南等處。大清順治十六年己亥,卒於蘇州常熟縣,墓在虞山鐵拐亭之北。

著《提正編》六卷。

利類思字再可。

西濟利亞國人。明崇禎十年丁丑至,傳教江南、浙江、四川等處。清朝定鼎,駐修輦轂下。蒙今上時加寵渥。康熙二十一年臥疾,屢荷皇上遣侍衛存問。至危篤之日,復遣侍衛捧上諭,至前宣讀。賜銀二百兩、大緞十疋。及逝亡時，特差侍衛大①三員賜茶酒哭奠。迨出葬之辰，差侍衛三員送至塋地。

著《超性學要》目錄四卷、《天主性體》六卷、《三位一體》三卷、《萬物原始》一卷、《天神》五卷、《形物之造》一卷、《靈魂》六卷、《首人受造》四卷、《主教要旨》一卷、《不得已辯》一卷、《昭(紀)[事]經典》一部、《司鐸典要》一部、《七聖事禮典》一部、《司鐸課典》一部、《聖教簡要》一卷、《正教約徵》一卷、《獅子説》一卷、《進呈鷹論》一卷、《聖母小日課經》一卷、《善終瘞塋禮典》一卷、《已亡者日課經》一卷。

潘國光字用觀。

西濟利亞國人。明崇禎十年丁丑至，傳教江南蘇、松等處。駐上海，被化甚眾。大清康熙四年乙巳，往廣東。十年辛亥，卒於廣州府。後回葬上海，墓在縣城南門外。

著《聖體規儀》一卷、《十誡勸論》一卷、《天神會課》一卷、《聖教四規》一卷、《未來辯論》、《天階》一卷。

萬密克字潛修。

熱而瑪尼亞國人。明崇禎十一年戊寅至，傳教山西。十六年甲申卒，墓在山西蒲州。

---

① 此處疑有闕誤。

徐日昇字左恒。

　　熱而瑪尼亞國人。明崇禎十一年戊寅至，傳教杭州，[1]卒。墓在方井南。

李方西字六字。

　　意大理亞國人。明崇禎十三年庚辰至，傳教陝西等處。大清康熙四年乙巳，往廣東。十年辛亥，自粵東歸西安。行至江南安慶府，卒。回葬西安府。墓在會城東南三里之沙坡村。

安文思字景明。

　　路西大尼亞國人。明崇禎十三年庚辰至，傳教四川等處。遭寇亂危險，幾死者數次。大清順治五年戊子來京，恭遇世祖章皇帝，時荷寵渥。至康熙十六年丁巳卒，蒙今上憫恤，親製諭文，賜銀二百兩、大緞十疋殯葬。前在世時，欽賜繪容一軸。至出葬日，特差內臣三員送至塋地。墓在阜城門外滕公柵欄。

　　著《復活論》二卷。

梅高字允調。

　　路西大尼亞國人。明崇禎十三年庚辰至，傳教陝西，後往江西，[2]卒。墓在南昌府。

---

① 此下空八格。
② 此下空二十四格。

衛匡國字濟泰。

　　意大理亞國人。明崇禎十六年癸未至，傳教浙江。後進北京，復往福建、廣東等處，仍至浙江。大清順治十八年辛丑卒，墓在杭州方井南。

　　著《靈性理證》、《述友篇》一卷。

穆尼各字如德。

　　波羅尼亞國人。明崇禎十六年癸未至，傳教江寧。至大清順治十年進京，欲往奉天府等處傳教。蒙旨：關東一帶少人煙，不必往，中國內地任隨傳教。後往廣東，至肇慶府，①卒。墓在肇慶府城外。

瞿安德字體泰。

　　熱而瑪尼亞國人。順治六年己丑至，傳教廣西，②卒。墓在廣西。

卜彌格字致遠。

　　波羅尼亞國人。順治七年庚寅至，傳教廣西，③卒。墓在廣西。

---

① 此下空三格。
② 此下空十二格。
③ 此下空十四格。

汪儒望字聖同。

　　法郎濟亞國人。順治八年辛卯至，傳教山東。

成際理字竹君。

　　路西大尼亞國人。順治八年辛卯至，傳教江南。

張瑪諾字仲金。

　　路西大尼亞國人。順治八年辛卯至，傳教江南淮陽等處。康熙十六年丁巳卒。墓在江寧府聚寶門外雨花臺側。

利瑪第字聖先。

　　路西大尼亞國人。順治十三年丙申至，傳教廣東瓊州府。後於康熙二年癸卯，往江西、江南等處，仍回廣東香山墺。復往小西洋，卒。

王若翰字振先。

　　意大理亞國人。順治十三年丙申至，傳教廣東瓊州府。今回香山墺。

聶仲遷字若瑞。

　　法郎濟亞國人。順治十四年丁酉至，傳教江西。
　　著《古聖行實》。

傅若望字退及。

　　法郎濟亞國人。順治十四年丁酉至，傳教廣東瓊州府。順治十八年庚子卒，墓在瓊州府。

劉迪我字聖及。

　　法郎濟亞國人。順治十四年丁酉至，傳教江南、江西贛州，後至上海縣。康熙十四年乙卯卒，墓在上海南門外。

洪度貞字復齋。

　　法郎濟亞國人。順治十四年丁酉至，傳教浙江。康熙十二年癸丑卒，墓在杭州方井南。

穆尼各字全真。

　　法郎濟亞國人，即格我、迪我同胞之弟。順治十四年丁酉，與二兄同至，傳教江西。不三月卒，同志惜之。墓在南昌府東門外。康熙十七年，移葬於湖廣武昌府。

穆格我字來真。

　　法郎濟亞國人。順治十四年丁酉至，傳教陝西漢中。康熙十年，自廣回陝。甫至江西，卒。墓在南昌府東門外。康熙十七年，移葬於湖廣武昌府。

穆迪我字惠吉。

　　法郎濟亞國人。順治十四年丁酉至，傳教湖廣。

樂類思字能慮。

法郎濟亞國人。順治十四年丁酉至，傳教福建，轉江西。十六年己亥，卒。墓在南昌府東門外。

林瑪諾字能定。

路西大尼亞國人。順治十四年丁酉至，傳教江西，後往江南，卒。墓在江寧府聚寶門外雨花臺側。

蘇納字德業。

熱而瑪尼亞國人。順治十六年己亥，在香山墺，欽取來京，佐修曆務。因水土不服成疾，詔令養病山東，不久卒。墓在濟南府。

郎安德字駿生。

路西大尼亞國人。順治十六年己亥至，傳教淮安，後轉福建。至十七年庚子卒。墓在福州府北門外。

吳爾鐸字紹伯。

拂覽第亞國人。順治十六年己亥至，傳教山西，復回小西洋，卒。

畢嘉字鐸民。

意大理亞國人。順治十六年己亥至，傳教江南。今奉旨駐陝西西安府。

柏應理字信未。

拂覽第亞國人。順治十六年己亥至，傳教福建、浙江、江南等處。

陸安德號泰然。

意大理亞國人。順治十六年己亥至，傳教廣東，後江南等處。今仍回廣東。

著有《真福直指》二卷、《聖教略説》一卷、《聖教問答》一卷、《萬民四末圖》未刻、《默想大全》未刻、《聖教撮言》一卷、《善生福終正路》一卷、《聖教要理》一卷、《默想規矩》一卷。

恩理格字性涵。

亞肋瑪尼亞國人。順治十七年庚子至，傳教山西。康熙十年辛亥，爲曆法欽取來京。十五年丙辰告假，奉旨往山西絳州調養。

聶仲遷字若水。

法郎濟亞國人。順治十四年丁酉至，傳教江西等。

[殷鐸澤字覺斯。]

西濟利亞國人。順治十六年己亥至，傳教江西。今在杭州。

著《耶穌會例》、《西文四書直解》(卷三)[三卷]。

南懷仁字敦伯。

拂覽第亞國人。順治十六年己亥至，傳教陝西。十七年，欽召入京，纂修曆法。康熙八年己酉，特命治理曆法。授欽天監，加太常寺卿，又加通政使司通政使，加一級。

著《聖體答疑》一卷、《教要序論》一卷、《告解原義》一卷、《（象儀）[儀象]志》十四卷、《儀象圖》二卷、《康熙永年曆法》三十二卷、《曆法不得已辯》一卷、《測驗紀略》一卷、《熙朝定案》三卷、《驗氣説》一卷、《坤輿圖説》二卷、《坤輿全圖》、《簡平規總星圖》、《赤道南北星圖》。

瞿篤德字天齋。

意大理亞國人。順治十六年己亥至，傳教廣東瓊州府等處。後往江西贛州，復進京都。今仍回瓊州府。

白乃心字葵陽。

熱爾瑪尼亞國人。順治十六年己亥，在香山隩，欽取來京，佐修曆務。後回本國。

陸安德字泰然。

納玻理國人。順治十六年己亥至，傳教廣東。後往江南等處，進京都，復往廣東。

著《真福直指》二卷、《聖教略説》一卷、《聖教問答》一卷、《萬民四末圖》、《默想大全》、《聖教撮言》一卷、《善生福終正路》一卷、《聖教要理》一卷、《默想規矩》一卷。

恩理格字性涵。

熱而瑪尼亞國人。順治十七年庚子至，傳教山西。康熙十年辛亥，爲曆法欽取來京，時在内庭供奉。十五年丙辰告假，奉旨准往山西絳州。於二十三年六月初六日逝亡。山西巡撫穆咨文到部，治理曆法南即以奏聞。荷蒙皇上綸音憫恤，御筆賜"海隅之秀"扁額旌嘉，特遣侍衛捧至南等寓所。復欽差閔明我先生，恭捧宸翰，往山西絳州營葬。

方瑪諾字允中。

法郎濟亞國人。康熙三年甲辰，由香山墺至，傳教福建等處。十五年丙辰卒，墓在福州府北門外。

羅迪我字天祐。

路西大尼亞國人。康熙三年甲辰，由香山墺至廣州府傳教。今仍回墺。

楊若瑟字伯和。

路西大尼亞國人。康熙三年甲辰，由香山墺至廣州府傳教。今仍回墺。

石嘉樂字樂天。

意大理亞國人。康熙七年戊申，由香山墺至廣州府傳教，即於是年卒。墓在府城外河之南。

閔明我字德先。

意大理亞國人。康熙十年辛亥，在廣東，欽取來京，佐理曆法。

鄭瑪諾字惟信。

廣東香山墺人。自幼往西國羅瑪京都，習格物窮理超性之學，並西音語言文字。康熙十年辛亥來京，十二年癸丑卒。墓在阜城門外滕公柵欄。

徐日昇字寅公。

路西大尼亞國人。康熙十二年癸丑，奉上諭特差部員往廣東香山墺，欽取來京，佐理曆法。

圖書在版編目(CIP)數據

明清之際西學漢籍序跋目錄集 / 謝輝整理. —上海：上海古籍出版社，2021.11
ISBN 978-7-5732-0051-8

Ⅰ.①明… Ⅱ.①謝… Ⅲ.①圖書目録-西方國家-明清時代 Ⅳ.①Z835

中國版本圖書館 CIP 數據核字(2021)第 227615 號

明清之際西學漢籍序跋目錄集
謝　輝　整理
上海古籍出版社出版發行
(上海市閔行區號景路 159 弄 1－5 號 A 座 5F　郵政編碼 201101)
(1) 網址：www.guji.com.cn
(2) E-mail：guji1@guji.com.cn
(3) 易文網網址：www.ewen.co
上海天地海設計印刷有限公司印刷
開本 787×1092　1/32　印張 21.25　插頁 2　字數 392,000
2021 年 11 月第 1 版　2021 年 11 月第 1 次印刷
ISBN 978-7-5732-0051-8
K・3038　定價：98.00 元
如有質量問題，請與承印公司聯繫